퍼블리시티권의 이론적 구성

-인격권에 의한 보호를 중심으로-

권 태 상

景仁文化社

책머리에 ▌

사람이 초상, 성명 등 자신의 동일성(identity)의 상업적 이용을 통제할 수 있는 권리를 퍼블리시티권이라고 한다. 최근에는 연예인, 스포츠선수 등이 퍼블리시티권 침해를 주장하는 사건들이 많아지면서, 많은 사람들이 퍼블리시티권에 관심을 갖게 되었다.

필자가 퍼블리시티권에 관심을 갖게 되었던 것은, 변호사로 근무할 때 담당했던 법률자문 때문이었다. 어느 기업이 유명한 가수그룹의 노래가사와 춤동작을 이용한 광고를 만들고 나서, 그 광고가 퍼블리시티권을 침해할 가능성이 있는지 묻는 질의를 하였다. 필자는 먼저 우리나라의 판결들을 찾아보았는데, 퍼블리시티권을 인정한 판결과 부정한 판결이 모두 존재한다는 것을 알게 되었고, 이처럼 서로 모순되는 판결들이 존재하는 이유가 무엇인지 궁금해졌다.

이후 필자는 퍼블리시티권에 관심을 갖고 관련 문헌들을 찾아보았는데, 그 과정에서 퍼블리시티권은 미국에서 발생하여 인정되는 권리이고, 독일에서는 이와 유사한 내용의 권리가 인격권으로 인정되고 있다는 점을 알게 되었다. 즉, 사람의 동일성이 갖는 재산적 이익을 미국에서는 퍼블리시티권에 의하여 보호하고, 독일에서는 인격권에 의하여 보호하고 있는 것이다. 그렇다면 우리나라에서는 사람의 동일성이 갖는 재산적 이익을 법적으로 어떻게 규율하는 것이 바람직한지 문제되는데, 본서는 이러한 의문에 대한 연구의 결과물이다.

본서는, 사람의 동일성이 갖는 재산적 이익을 법적으로 어떻게 규율하는 것이 바람직한지 검토하고, 현실적으로 발생하는 법률문제에 대하여 바람직한 해결책을 제시하는 것을 목적으로 하였다. 이를 위하여, 미국의 퍼블리시티권에 의한 보호방법(제2장)과 독일의 인격권에 의한 보호방법(제3장)을 살펴본 다음, 우리나라의 판례와 학설을 살펴보고(제4장), 우리나라에서 바람직한 규율방법을 모색하였다(제5장). 이 과정에서 현실적으로 발생하는 법률문제 3개를 쟁점으로 정하여 각 보호방법에 따른 해결책을 비교하였다. 다른 사람의 동일성을 상업적으로 이용하는 자의 보호, 사망자의 동일성의 재산적 이익 보호, 권리 침해에 대한 구제수단 등이 그러한 쟁점이다.

본서를 출판하려니 여러 부족한 부분들이 눈에 띈다. 특히 인격권의 개념과 내용에 대하여 더욱 깊이 연구할 필요성을 느끼는데, 이는 앞으로의 과제로 삼고자 한다. 본서의 출판과 관련하여, 먼저 고향에 계신 부모님께 감사드린다. 필자가 어렸을 때부터 지금까지 항상 부모로서의 모범을 보여주시는 부모님은 필자가 공부를 계속할 수 있었던 든든한 버팀목이었다. 또한 필자의 지도교수인 김재형 교수님께도 감사드린다. 언제나 제자를 따뜻하게 맞아 주시고 많은 가르침을 주시는 김재형 교수님 덕분에 본서가 완성될 수 있었다. 끝으로 여러 업무에 바쁜 필자에게 따뜻한 가정을 만들어 주는 아내에게도 고마운 마음을 전한다.

2013년 7월
권 태 상

목 차

제3장 독일의 인격권에 의한 보호 ▌ 119

제1장 서 론

제1절 문제의 제기

1. 광고와 미디어 산업 등의 발전에 의해 연예인, 스포츠선수 등을 중심으로 초상, 성명 등 사람의 동일성(identity)을 나타내는 표지를 광고 등에 상업적으로 이용하는 현상이 증가하고 있다. 이에 따라, 인기가 많은 연예인, 스포츠선수 등은 광고모델료로 많은 수입을 올리고 있다.[1] 이처럼 사람의 동일성표지를 상업적으로 이용하는 현상이 증가하면서, 이에 관한 분쟁 역시 증가하고 있다.[2]

2. 사람의 동일성표지가 상업적으로 이용되는 현상[3]이 증가하고 이를

---

1) 2011. 2. 16.자 머니투데이 기사(이영애 12억·고현정 10억 ... 연예인 '몸값' 순위)는, 가수, 배우, 아이돌, 스포츠스타 등에 대하여 각 매니지먼트사가 제시하는 광고모델료를 기준으로 업계에서 산정한 자료에 의하면, 1년 기준 광고모델료가 A급은 5억원 이상이라고 하였다. 구체적으로는, 탤런트 이영애가 12억원, 가수 '비' 정지훈이 10억원, 아이돌그룹 빅뱅이 11억원, 스포츠스타인 김연아와 박태환이 각 8억원에 이른다고 하였다. mnb.mt.co.kr/mnbview.php?no=201102151 5503012930(검색일: 2011년 8월 15일)

2) 분쟁의 주요 형태는, 사람의 초상, 성명 등 동일성표지를 허락 없이 상업적으로 이용하는 것에 대하여, 피해자가 금지청구 또는 손해배상청구를 하는 것이다.

3) 안병하(2009a), 72면은, 인격의 상품화 현상은 두 가지 종류의 인격표지, 즉 무형의 인격표지(초상, 성명, 음성 등의 인간의 동일성표지)와 유형의 인격표지(신체의 일부, 신체물질, 사체 등) 모두에 공히 해당된다고 한다. 그리고 후자의 상품화에 대해서는 인간존엄의 윤리에서 도출되는 반발이 제기되고 있으나, 전자의 상품화는 어떠한 도덕적 의문에도 부딪히지 않고 일상의 현상이 되었다고 지적한다.

둘러싼 분쟁이 증가함에 따라, 이러한 현상을 법적으로 어떻게 규율해야
하는지 문제된다. 즉, 사람의 동일성이 갖는 재산적 이익을 법적으로 어떻
게 규율해야 하는지 문제된다.

　이와 관련하여 미국에서는 퍼블리시티권(the right of publicity)이라는
새로운 권리를 인정하여 사람의 동일성이 갖는 재산적 이익을 보호하고
있다. 퍼블리시티권은 1950년대 미국 판결에서 프라이버시권과 구별되는
독립적 권리로 인정되었고, 그 개념과 내용 등에 대한 논의가 계속 진행
되고 있으나, 미국의 많은 주(State)는 퍼블리시티권을 독립적 권리로 인
정한다.

　우리나라에서도, 사람의 동일성이 갖는 재산적 이익을 보호하기 위하여
퍼블리시티권이라는 독립된 재산권을 인정해야 한다는 견해가 있다. 판결
중에는 1995년 판결4)이 퍼블리시티권에 대하여 최초로 언급하였고, 이후
많은 하급심 판결들이 퍼블리시티권을 독립된 재산권으로 인정하였다. 학
설에서도 이에 찬성하는 견해들이 많이 등장하였다. 그리고 이 과정에서
미국의 퍼블리시티권 논의가 주로 소개되었다.5) 실제로도, 공정거래위원회
가 작성한 대중문화예술인에 대한 표준전속계약서6)는 퍼블리시티권에 관
한 규정을 포함하고 있다.7) 퍼블리시티권을 "초상재산권"이라는 형태로

---

4) 서울지방법원 1995. 6. 23. 선고 94카합9230 판결(이휘소 사건). 이 판결은 "퍼블
　 리시티권이라 함은 재산적 가치가 있는 유명인의 성명, 초상 등 프라이버시에 속
　 하는 사항을 상업적으로 이용할 권리(right of commercial appropriation)"라고 판
　 시하였다.
5) 남형두(2007a), 143면은, 퍼블리시티권 등 지적재산권 분야는 미국 판례가 우리
　 법정에 직수입되는 영역이라고 할 수 있다고 설명한다.
6) 표준약관 제10062호 대중문화예술인(가수 중심) 표준전속계약서, 제10063호 대
　 중문화예술인(연기자 중심) 표준전속계약서이다.
7) 제9조(퍼블리시티권 등)
　 ① 갑은 계약기간에 한하여 본명, 예명, 애칭을 포함하여 을의 모든 성명, 사진,
　　 초상, 필적, 음성, 기타 을의 동일성(identity)을 나타내는 일체의 것을 을의
　　 연예활동 또는 갑의 업무와 관련하여 이용할 수 있는 권한을 가지며, 계약기

저작권법의 내용으로 규정하는 저작권법 개정안이 발의되기도 하였다.8)

그러나 다른 한편으로는, 우리나라에서 퍼블리시티권을 독립된 재산권으로 인정하는 것에 반대하는 견해도 존재한다. 1995년 이전의 판결들은 사람의 초상이 허락 없이 상업적으로 이용된 사안에서 초상권 침해를 인정하였고, 이후에도 초상, 성명 등이 무단으로 상업적으로 이용된 경우에 초상권, 성명권 등 인격권 침해를 인정하는 판결들이 여전히 존재한다. 특히 2002년 서울고등법원의 판결9)은 성문법주의를 취하고 있는 우리나라에서 독점·배타적 재산권인 퍼블리시티권을 인정하기 어렵다고 명시적으로 판단하였다. 학설에서도 퍼블리시티권을 독립된 재산권으로 인정하는 것에 반대하는 견해들이 최근 증가하고 있다. 이러한 견해들은, 우리나라에서 인정되고 있는 인격권에 의하여 사람의 동일성이 갖는 재산적 이익을 보호할 수 있다고 한다.

3. 결국, 우리나라에서 사람의 동일성이 갖는 재산적 이익을 법적으로 어떻게 규율해야 할 것인지에 대해서는 견해가 대립하고 있으며, 판례의 입장도 일치되어 있지 않다. 퍼블리시티권에 관한 대법원의 판결은 아직 존재하지 않으며, 고등법원 이하 하급심의 판결들 중에는 퍼블리시티권을 인정한 판결과 부정한 판결이 모두 존재한다. 또한 퍼블리시티권을 독립

간이 종료되면 그 이용권한은 즉시 소멸된다.

② 갑은 제1항의 권한을 행사함에 있어 을의 명예나 기타 을의 인격권이 훼손하는 방식으로 행사할 수 없다.

8) 2009. 4. 16. 이성헌 의원 등 10인이 이러한 내용의 저작권법 개정안을 발의하였으나, 이 개정안은 제18대 국회의 임기만료로 2012. 5. 29. 폐기되었다. 과거에도 2005. 11. 9. 박찬숙 의원 등 31인이 비슷한 내용의 저작권법 개정안을 발의하였다가 이 개정안이 제17대 국회의 임기만료로 2008. 5. 29. 폐기된 사실이 있다.

9) 서울고등법원 2002. 4. 16. 선고 2000나42061 판결(제임스딘Ⅳ 사건). 이 판결은, "성문법주의를 취하고 있는 우리 나라에서 법률, 조약 등 실정법이나 확립된 관습법 등의 근거 없이 필요성이 있다는 사정만으로 물권과 유사한 독점·배타적 재산권인 퍼블리시티권을 인정하기는 어렵다"고 판단하였다.

된 재산권으로 인정한 판결들도 퍼블리시티권의 양도성, 상속성, 구제수단 등 구체적 쟁점에 있어서는 그 내용이 통일되어 있지 않다. 퍼블리시티권을 독립된 재산권으로 인정하지 않고 초상권 등 인격권 침해를 인정한 판결들도 역시 그 내용이 통일되어 있지 않다.

따라서 사람의 동일성이 갖는 재산적 이익을 법적으로 어떻게 규율하는 것이 바람직한지 검토할 필요가 있다. 이는 미국의 퍼블리시티권과 같은 내용의 권리를 우리나라에서도 독립된 재산권으로 인정하는 것이 바람직한지의 문제라고 할 수 있다. 또한 이는 인격권의 본질과 보호범위를 어떻게 파악할 것인지의 문제이기도 하다. 즉, 우리나라의 학설과 판례는 인격권을 인정하고 있는데, 인격권에 의하여 사람의 동일성이 갖는 재산적 이익도 보호할 수 있는지 문제되는 것이다.

제2절 연구의 목적과 구성

Ⅰ. 연구의 목적

본서는, 사람의 동일성이 갖는 재산적 이익을 법적으로 어떻게 규율하는 것이 바람직한지 검토하고, 이에 관하여 현실적으로 발생하는 법률문제에 대하여 바람직한 해결책을 제시하는 것을 목적으로 한다. 즉, 사람의 동일성이 갖는 재산적 이익을 규율하기 위하여 미국의 퍼블리시티권과 같은 내용의 권리를 우리나라에서도 독립된 재산권으로 인정하는 것이 바람직한지, 아니면 이러한 내용의 권리를 인격권의 내용으로 포섭하고 인격권에 의하여 규율하는 것이 바람직한지 검토하고자 한다. 그리고 이와 관련하여 현실적으로 발생하는 여러 법률문제에 대해서도 바람직한 해결책을 제시하고자 한다.

퍼블리시티권에 대해서는, 우리나라에서도 최근에 많은 연구가 행해지고 있다. 그런데 연방국가인 미국에서 각 주(State)는 퍼블리시티권에 대해 다양한 입장을 취하고 있는데, 우리나라의 기존 논의에서 이러한 점은 별로 부각되지 않았던 것으로 보인다. 이에 본서는 미국의 각 주(State)가 다양한 입장을 취하고 있다는 점에 주목하고자 한다. 이는 미국 퍼블리시티권의 모습을 정확하게 인식하는데 도움이 될 수 있을 것이다.

한편, 인격권은 현재 우리나라에서 인정되는 권리이며, 사회의 발전에 따라 그 보호범위가 점차 확대되고 있다. 그러나 인격권의 개념과 보호범위는 명확하게 규명되어 있다고 보기 어렵다. 본서는, 사람의 동일성이 갖는 재산적 이익을 인격권에 의하여 보호할 수 있는지, 그리고 인격권에 의한 보호방법이 구체적 법률문제에서 어떠한 해결책을 제시할 수 있는지 살펴보고자 한다. 이는 지금까지 별로 행해지지 않았던 인격권의 재산권적 측면에 대한 검토로서, 인격권의 개념과 보호범위를 규명하는데 도움이 될 수 있을 것이다.

또한 본서는 인격권이 인정되는 우리나라 법체계에서 퍼블리시티권을 독립된 재산권으로 인정하는 것이 어떤 의미를 가지고 또한 어떤 문제점을 발생시키는지 검토하고자 한다. 이는 인격권과 퍼블리시티권이라는 두 권리의 본질을 보다 잘 파악할 수 있는 기회를 제공할 수 있을 것이다. 나아가, 이는 새로운 권리를 우리나라 법체계에 도입할지 여부가 문제되는 경우에 그 해결책을 모색하는 하나의 사례가 될 수 있을 것이다.

II. 연구의 방법과 범위

본서는, 미국의 퍼블리시티권에 의한 보호방법과 독일의 인격권에 의한 보호방법을 살펴본 다음, 이를 기초로 우리나라에서 사람의 동일성이 갖는 재산적 이익을 어떤 방법으로 규율하는 것이 바람직한지 검토하는 방법에 의한다. 그리고 현실적으로 발생하는 주요한 법률문제를 3개의 쟁점으로 정하여, 이를 각 보호방법별로 비교하는 방법에 의한다.

미국의 퍼블리시티권에 의한 보호방법과 독일의 인격권에 의한 보호방법에 대해서는, 우선 퍼블리시티권과 인격권이 어떠한 권리인지를 파악하기 위하여 그에 대한 일반적 논의를 살펴본다. 그리고 현실적으로 발생하는 법률문제로 3개의 쟁점을 정하여, 이에 관한 미국과 독일의 논의를 살펴본다. 미국의 경우는, 퍼블리시티권의 양도와 이용허락, 사망 후 퍼블리시티권, 퍼블리시티권 침해에 대한 구제수단을 그 쟁점으로 설정하였다.

독일의 경우는, 다른 사람의 동일성을 상업적으로 이용하는 자의 보호, 사망자의 동일성이 갖는 재산적 이익의 보호, 인격권 침해에 대한 구제수단을 그 쟁점으로 설정하였다.

우리나라의 경우에 대해서는, 먼저 사람의 동일성이 갖는 재산적 이익 보호에 관한 판례와 학설을 살펴본다. 이 분야에서는 지금까지 판례가 많은 역할을 담당했다고 할 수 있는데, 퍼블리시티권에 의한 보호를 인정한 판결과 초상권 등 인격권에 의한 보호를 인정한 판결이 모두 존재한다. 그러므로 판결들을 2개의 유형으로 분류하여 시기별로 그 내용을 살펴본다. 그리고 학설에서도 퍼블리시티권에 의한 보호를 주장하는 견해와 인격권에 의한 보호를 주장하는 견해의 내용을 살펴본다.

다음으로, 우리나라에서 사람의 동일성이 갖는 재산적 이익을 어떠한 방법으로 규율하는 것이 바람직한지 검토한다. 이를 위하여 먼저 인격권의 개념을 정립하고, 사람의 동일성이 갖는 재산적 이익이 인격권의 보호범위에 해당되는지, 우리나라에서 퍼블리시티권을 독립된 재산권으로 인정하는 것이 어떤 의미와 문제점을 갖는지 살펴본다. 그리고 현실적으로 발생하는 법률문제로 설정한 3개의 쟁점 즉 다른 사람의 동일성을 상업적으로 이용하는 자의 보호, 사망자의 동일성의 재산적 이익 보호, 권리 침해에 대한 구제수단 등에서 퍼블리시티권에 의한 보호방법과 인격권에 의한 보호방법 중 어떠한 방법이 타당한 해결책을 제시할 수 있는지 검토한다.

한편, 미국에서도 퍼블리시티권은 표현의 자유와 충돌하므로 그 권리행사를 제한해야 한다는 점이 논의되고 있다. 그런데 초상권 등 인격권의 경우도 그 권리행사에는 일정한 제한이 따른다. 즉, 퍼블리시티권에 의한 보호방법과 인격권에 의한 보호방법 중 어떠한 방법을 취하더라도 그 권리가 절대적인 것이 아니고 일정한 제한이 필요하다는 점에서는 동일하다. 물론 구체적 사안에서 이익형량의 결론에 차이가 발생할 가능성을 배제할 수는 없다. 그러나 이러한 차이가 어떠한 규율방법을 취해야 하는가라는 문제에 큰 영향을 끼친다고 보기는 어려우므로, 퍼블리시티권의 제한, 인격권의 제한에 대해서는 상세히 다루지 않고자 한다.

Ⅲ. 연구의 구성

본서의 구성은 다음과 같다. 제1장 서론에 이어, 제2장에서는 미국의 퍼블리시티권에 의한 보호방법을 살펴본다. 여기서는 퍼블리시티권의 연혁, 법적성격, 현황과 보호대상 등을 살펴본 다음 구체적 쟁점으로 퍼블리시티권의 양도와 이용허락, 사망 후 퍼블리시티권, 퍼블리시티권 침해에 대한 구제수단 등을 살펴본다. 제3장에서는 독일의 인격권에 의한 보호방법을 살펴보는데, 인격권 일반에 대한 논의와 사람의 동일성이 갖는 재산적 이익의 보호방법에 대한 논의를 살펴보고, 구체적 쟁점으로 다른 사람의 동일성을 상업적으로 이용하는 자의 보호, 사망자의 동일성이 갖는 재산적 이익 보호, 인격권 침해에 대한 구제수단 등을 살펴본다.

제4장에서는 사람의 동일성의 재산적 이익 보호에 관한 우리나라의 판례와 학설을 살펴본다. 제5장에서는 우리나라에서 바람직한 규율방법을 모색하는데, 인격권의 개념과 사람의 동일성이 갖는 재산적 이익이 인격권의 보호범위에 포함되는지 여부, 퍼블리시티권을 독립된 재산권으로 인정하는 경우의 문제점 등을 살펴본다. 이후 구체적 쟁점으로 다른 사람의 동일성을 상업적으로 이용하는 자의 보호, 사망자의 동일성의 재산적 이익 보호, 권리 침해에 대한 구제수단 등에 있어 어떠한 해결책을 제시할 수 있는지 검토한다. 제6장에서는 논의를 종합하고 결론을 제시한다.

제2장 미국의 퍼블리시티권에 의한 보호

제1절 개설

미국의 경우, 유명인의 이름과 초상을 상업적으로 이용하는 산업이 번성하여 왔고,[1] 사람의 동일성이 갖는 재산적 이익을 퍼블리시티권에 의해 보호하고 있다. 우리나라에서 사람의 동일성이 갖는 재산적 이익을 퍼블리시티권에 의해 보호해야 한다는 견해들은, 미국에서 인정되는 퍼블리시티권과 같은 내용의 권리를 우리나라에서도 인정해야 한다고 주장하는 것으로 볼 수 있다. 그러므로 이러한 주장의 타당성을 검토하기 위한 전제로 미국의 퍼블리시티권이 어떠한 권리인지 살펴보고 미국에서 퍼블리시티권에 대하여 어떠한 논의가 행해지고 있는지 살펴보는 것이 필요하다.

이 장[2]에서는, 먼저 퍼블리시티권이 어떠한 권리인지 파악하기 위하여 퍼블리시티권의 연혁, 법적 성격, 현황, 보호대상 등을 살펴본다. 그리고 현실적으로 발생하는 법률문제로 3가지 구체적 쟁점을 살펴본다. 즉, 퍼블리시티권의 양도와 이용허락, 사망 후 퍼블리시티권, 퍼블리시티권 침

---

1) 남형두(2005), 92면, 각주22)는, 이와 관련한 미국의 가장 대표적인 3개의 엔터테인먼트 회사로, 제임스딘을 비롯하여 주로 고인이 된 스포츠, 영화, 음악 등의 유명인사들의 재단을 대리하여 그들의 초상과 이름을 법적으로 보호해주는 것을 주업으로 하고 있는 CMG Worldwide Inc., 오프라 윈프리의 모든 활동을 관리해주고 있는 Harpo Entertainment Group, 타이거 우즈의 이미지 마케팅을 관리하는 ETW Corporation을 소개한다.

2) 이 장의 내용은 주로 McCarthy(2009, Volume 1, 2) 중 관련되는 부분을 기초로 하였다. McCarthy는 미국에서 퍼블리시티권을 인정하는 것에 적극적으로 찬성하는 학자이다.

해에 대한 구제수단 등에 대하여 미국의 학설과 판례 등 논의를 살펴본다. 한편, 미국의 각 주(State)는 퍼블리시티권에 대하여 다양한 입장을 취하고 있으므로, 엔터테인먼트산업이 발달한 뉴욕주와 캘리포니아주를 중심으로 하여 각 주(State)의 구체적 입장도 살펴보기로 한다.

제2절 퍼블리시티권의 연혁

Ⅰ. 1950년대 이전의 프라이버시권

1. 프라이버시권의 탄생

프라이버시권은 1890년 Warren과 Brandeis가 발표한 논문 "The Right to Privacy"[1]에 의해 탄생했다고 일반적으로 인정된다.[2] Warren과 Brandeis는, 사람이 그 자신과 재산에 대해 충분한 보호를 받아야 한다는 원리가 오래 전부터 존재하였으나, 그러한 보호의 정확한 성격과 범위는 시대에 따라 새롭게 정의될 필요가 있다고 하였다.[3] 그리고 사람의 생각, 감정, 느낌을 법적으로 인식하고 이에 필요한 보호를 제공하는 것이 그동안 보통법에 의하여 가능했으나, 새로운 발명과 사업 방법의 등장으로 이제 개인에게 "홀로 있을"(to be let alone) 권리를 보장하기 위한 다음 단계가 필요하다고 주장하였다.[4] 즉, 언론이 모든 방면에서 예의와 품위의 명백한 경계를 넘어서고 있고, 가십(gossip)은 거래대상이 되어 끈질기고 몰염치하게 추구되며, 현대의 기업과 발명은 프라이버시의 침해를 통하여

---

1) Warren & Brandeis(1890), pp. 193ff.
2) McCarthy(2009, Volume 1), p. 15는, 이 논문이 가장 유명하고 영향력 있는 논문들 중 하나이며, 독자적으로 미국법의 새로운 영역을 시작하였다고 평가한다.
3) Warren & Brandeis(1890), p. 193.
4) Warren & Brandeis(1890), p. 195.

사람에게 단순한 육체적 상해에 의한 경우보다 훨씬 큰 정신적 고통을 발생시키고 있다 하였다.[5]

그리고 글이나 미술에 의하여 표현된 생각, 감정, 느낌을 공표되는 것으로부터 보호하는 것은 개인이 홀로 있을 권리라는 일반적 권리가 적용되는 경우라고 하였다.[6] 또한 개인이 사적으로 쓴 문서와 기타의 지적 또는 정서적 생산물을 보호하는 원리가 프라이버시권(the right to privacy)이라고 하면서, 이를 개인의 외모, 발언, 행위, 사적 관계 등에 확대할 경우 다른 새로운 원리를 만들어낼 필요가 없다고 주장하였다.[7]

2. 프라이버시권의 인정

(1) Roberson 판결

1902년 뉴욕주 대법원(Court of Appeals)[8]이 판단한 Roberson 사건[9]에서, 프라이버시권을 인정할 수 있는지 여부가 다투어졌다. 이 판결의 사실관계와 법원의 판단 내용은 다음과 같다.

원고는 Abigail Roberson이라는 젊은 여성이었는데, 자신의 사진이 피고의 밀가루 광고에 허락없이 이용되고, 가게 등 공공장소에 약 25,000장의 광고가 게시되자, 이에 대한 금지명령과 손해배상을 청구하였다. 원고는 광고에 나타난 자신의 얼굴을 알아본 사람들의 비웃음에 의해 몹시 굴욕감을 느

---

5) Warren & Brandeis(1890), p. 196.
6) Warren & Brandeis(1890), p. 205. 개인이 사적으로 쓴 문서 등을 공표로부터 보호하는 원칙은, 사적 재산권의 원칙이 아니라, 불가침의 인격(inviolate personality)의 원칙이라고 하였다.
7) Warren & Brandeis(1890), p. 213.
8) 뉴욕주에서는, 1심 법원을 Supreme Court가 담당하고, 항소심은 Appellate Divisions of Supreme Court가 담당하며, 최고법원은 Court of Appeal로 부른다.
9) Roberson v. Rochester Folding Box Co., 171 N.Y. 538, 64 N.E. 442 (1902).

껐으며 육체적, 정신적 고통을 입었다는 등의 주장을 하였다. 항소심 법원은 피고가 원고의 소위 "프라이버시권"을 침해하였다고 인정하였으나, 뉴욕주 대법원은 프라이버시권을 인정할 수 없다는 취지로 항소심 판결을 파기하였다. 뉴욕주 대법원의 다수의견은, 선례가 존재하지 않고, 만일 프라이버시권을 인정하면 막대한 양의 소송이 발생할 것이라고 하면서, 이전의 판결들을 살펴보면 소위 "프라이버시권"은 아직 법체계에 자리를 잡지 못하였고 이를 인정할 경우 확립된 법 원칙들을 침해하게 될 것이라고 판단하였다.10) 다만, 누구도 다른 사람의 영상(picture) 또는 이름을 그의 동의 없이 광고 목적으로 이용하는 것이 허용되지 않는다고 입법부에서 규정하는 것은 가능하며, 그 경우는 법률에서 규정된 사안에만 이를 적용하면 될 것이므로 법 일반에 충격을 야기하지 않을 것이라고 판시하였다.11)

(2) 뉴욕주의 법률 제정

위 판결에 대해서는 많은 비판이 행해졌다. 이에 따라, 위 판결이 선고된 다음해인 1903년 뉴욕주 입법부는 New York Session Laws 1903, ch. 132 §§ 1-2를 제정하였다.12) 그 내용은, 다른 사람의 이름, 초상(portrait) 또는 영상(picture)을 서면 동의 없이 광고 목적이나 영업 목적으로 사용하는 것은 경범죄(misdemeanor)13)와 불법행위에 해당한다는 것이었다.

이 법률은 Warren과 Brandeis가 주장한 것과 같은 넓은 프라이버시 개념을 채택하기 위해서가 아니라 Roberson 사건의 사실관계에 대한 판결을 번복하기 위한 목적으로 제정되었으며, 이에 따라 뉴욕주의 법을 Roberson 사건의 사실관계에 대한 법률의 틀에 한정시키는 모순을 초래

---

10) 이 판결은 본 사안의 경우 명예훼손이 성립할 가능성을 배제하지 않았으나, 원고가 명예훼손을 주장하지 않았다고 판단하였다.

11) McCarthy(2009, Volume 1), p. 26은, 이러한 판시 내용이 받아들여져, 결국 현재까지 뉴욕의 법을 제정된 법률의 틀에 한정하는 결과를 초래하였다고 설명한다.

12) 이는 현재 N.Y. Civil Rights Law §§ 50 to 51로 되어 있다.

13) McCarthy(2009, Volume 1), p. 998은, 비록 법률에서 형사상 경범죄에 해당한다고 규정하고 있으나, 지금까지 이에 의해서 형사 유죄판결이 선고된 경우는 없다고 한다.

했다고 평가된다.[14)]

(3) Pavesich 판결

1905년 조지아주 대법원이 판단한 Pavesich 사건[15)]에서, 프라이버시권을 인정할 수 있는지 여부가 다시 문제되었다. 이 판결의 사실관계와 법원의 판단 내용은 다음과 같다.

> 원고는 Paolo Pavesich라는 예술가였는데, 자신의 사진이 피고의 생명보험 광고에 동의 없이 이용되고, 또한 그 광고에 자신이 피고의 생명보험에 가입하였다고 말하는 내용의 진술이 기재되자, 명예훼손과 프라이버시 침해를 이유로 하여 손해배상을 청구하였다.
> 조지아주 대법원은, 판사들 모두가 동의하여, 프라이버시권을 인정할 수 있다고 판결하였다. 즉, 프라이버시권은 자연법(natural law)으로부터 도출되는 권리이며, 미국 헌법과 조지아주 헌법 중 적법절차에 의하지 않고는 자유를 박탈당하지 않는다는 규정에 의하여 개인에게 보장되는 권리라고 판단하였다. 그리고 프라이버시권을 인정하는 경우 다른 권리 특히 표현의 자유와의 경계를 정하는 것이 문제가 된다고 하면서도, 본 사안의 경우 원고의 프라이버시가 침해되었고, 피고가 표현의 자유에 대한 헌법적 보장에 의하여 면책을 주장할 수 없다는 결론을 내리는 것에 아무런 어려움이 없다고 하였다. 즉, 단지 광고 목적으로 그리고 돈을 벌기 위한 동기에서 다른 사람의 외형(likeness)을 동의 없이 공표하는 경우 표현의 자유를 주장할 수 없다고 하였다.[16)]

이 판결 이후, 미국 각 주의 판결들은 Roberson 판결에 따라 프라이버

---

14) McCarthy(2009, Volume 1), p. 27.

15) Pavesich v. New England Life Ins. Co., 122 Ga. 190, 50 S.E. 68 (1905).

16) 이 판결은, 원고가 피고의 보험에 가입하지 않은 사실을 고려하면, 광고에 원고가 진술한 것으로 기재되어 있는 진술 부분이 완전히 허위이고, 이에 따라 원고가 비열한 사람이 되고 거짓말쟁이로 될 것이라 하면서, 원고의 명예훼손(libel) 주장도 인정할 수 있다 하였다.

시권을 부정한 판결과 Pavesich 판결에 따라 프라이버시권을 긍정한 판결로 나누어졌으나, 1940년대에 이르러 대체적인 흐름은 프라이버시권을 인정하게 되었다고 한다.17)

3. 유명인의 프라이버시권

유명인의 경우 이른바 "홀로 있을 권리"인 프라이버시권을 주장할 수 있는지가 문제되었다. 1941년 연방 제5고등법원의 O'Brien 판결18)이 이에 관한 대표적 판결이다. 이 판결의 사실관계와 법원의 판단 내용은 다음과 같다.

> 원고는 O'Brien이라는 유명한 미식축구 선수였는데, 피고가 미식축구 경기 일정을 나타내는 달력을 작성하면서 원고의 사진을 맥주병, 맥주잔 등과 함께 달력에 나타내자, 프라이버시권이 침해되었다고 주장하며 손해배상을 청구하였다.19)
>
> 1심 판결은, 원고가 유명한 미식축구 선수이고 그의 성명과 사진을 완전히 공표하였으므로 프라이버시권 침해가 인정되지 않으며, 문제된 달력의 내용이 원고가 피고의 맥주의 이용자라거나 원고가 피고의 맥주를 추천한다고 해석될 수 없다고 판단하여, 원고의 청구를 기각하였다.
>
> 연방 제5고등법원의 다수의견도, 원고는 사인(私人, private person)이 아니며 또한 널리 알려지는 것을 계속 추구하여 이를 취득하였고, 원고의 사진 이용과 관련하여 허위의 진술 또는 원고에게 손해를 가할 수 있는 진술 등이 존재하지 않는다고 하면서, 1심 판결의 판단이 옳다고 판단하였다.20)

---

17) McCarthy(2009, Volume 1), p. 30.

18) O'Brien v. Pabst Sales Co., 124 F.2d 167 (C.C.A. 5th Cir. 1941).

19) 원고는, 자신이 젊은 사람들의 알콜 섭취를 막으려는 목적을 가진 단체의 회원이고, 맥주와 알콜 음료를 보증해달라는 요청들을 받았지만 이를 거부했다고 증언하였다.

20) 또한 원고가 자신이 맥주를 보증한 것에 대한 합리적 대가를 청구하는 것이 아니라 자신은 피고의 맥주를 보증하지 않았고 보증하려 하지도 않았을 것이라고 주장하였다는 점을 근거로, 이 사건은 제품 광고에 이용된 원고의 성명에 대한 대

그러나 반대의견은, 성명 또는 초상을 상업적 광고를 위하여 이용하는 권리는 프라이버시권과 구별되며 이는 재산권이라고 하였다. 그리고 다수의견에 의하면, 사람이 인기가 있고 자신의 재능과 업적이 알려지는 것을 허용하면 상업적 광고업자들이 그 유명세를 아무런 보상 없이 이용할 수 있게 되는데, 이는 거래 시장의 관습에 반한다고 비판하였다.[21]

이 판결은 유명인이 자신의 동일성을 물건을 판매하기 위하여 이용하는 것을 반대하는 경우 "프라이버시" 개념이 발생시키는 어려움을 잘 보여준다고 평가된다.[22] 또한 이 판결은 원고가 피고의 맥주에 대한 보증을 거부한 것을 그 보증에 대한 합리적 가치에 근거하는 손해배상청구권의 포기로 보았고, 광고를 위한 사진 사용의 대가를 청구하는 것을 그 상품의 묵시적 보증으로 보았으나, 이는 잘못된 전제라고 비판된다.[23]

II. 퍼블리시티권의 탄생과 기초 형성

1. 퍼블리시티권의 탄생

퍼블리시티권은 1953년 연방 제2고등법원의 Haelan 판결[24]에서 처음으로 인정되었다. 이 판결의 사실관계와 법원의 판단 내용은 다음과 같다.

가를 구하는 사건이 아니라고 하였다.

21) 또한 원고가 재산권 침해 또는 프라이버시권 침해로 손해배상을 받을 수 있는 사실관계를 주장하였다고 하면서, 사실관계에 대하여 옳은 법을 적용하는 것이 법원의 의무라고 하였다.

22) McCarthy(2009, Volume 1), pp. 48f.

23) McCarthy(2009, Volume 1), pp. 47f. 예컨대 마약 판매에 초상 등이 허락없이 이용된 경우, 손해배상을 청구하는 것이 불법적인 마약을 승인하는 것을 의미하지 않는다고 설명한다.

24) Haelan Laboratories, Inc. v. Topps Chewing Gum, Inc., 202 F.2d 866 (2d Cir. 1953).

원고는 껌 판매자인데, 야구선수들과 계약을 체결하여 야구선수들의 사진을 일정 기간 동안 껌 판매에 독점적으로 사용할 권리를 취득하였다. 그런데 경쟁 껌 제조자인 피고가, 원고의 계약에 대해 알면서도, 고의적으로 야구선수를 유도하여 피고의 껌 판매에 야구선수의 사진을 사용하는 계약을 체결하고, 실제로 사진을 이용하자, 원고가 소를 제기하였다.

피고는, 위와 같은 사실이 입증되더라도, 원고가 체결한 계약은 New York Civil Rights Law에 규정된 프라이버시권 침해로 인해 발생할 책임을 야구선수가 원고에게 면제하는(release) 것에 불과하고, 법률에 의한 프라이버시권은 개인적이고(personal) 양도불가능하므로, 원고는 피고의 행위에 의해 침해될 재산권 또는 다른 법적 권리를 취득하지 못하였다고 주장했다.

법원은, 이러한 피고의 주장에 대하여, 원고가 체결한 계약에서 야구선수가 다른 사람에게 유사한 면제를 주지 않기로 약속한 점을 간과했다 하면서, 만일 피고가 계약에 대해서 알고 고의적으로 야구선수를 유도하여 그 계약을 위반하게 하였다면 이는 불법행위가 된다고 하였다.

그리고 이와 달리 제3자가 야구선수와 체결한 계약을 피고가 양도받은 경우와 피고가 원고의 독점권을 알면서 야구선수의 동의 없이 그의 사진을 이용한 경우에도, 야구선수와 원고의 계약에 의해 책임면제만 발생한다는 피고의 주장을 인정할 수 없다 하면서, 퍼블리시티권을 언급하였다. 즉, "프라이버시권에 추가적으로 그리고 프라이버시권과 독립적으로, 사람은 자신의 사진의 공표가치(publicity value)에 대한 권리 즉 그의 사진을 공표할 배타적 특권을 부여할 권리를 가지며, 그러한 부여(grant)는 '단독으로' 즉 사업 등을 함께 이전하지 않고도 유효하게 이루어질 수 있다"고 판시하였다. 그리고 많은 유명인들이 외형(likeness)의 공표에 의하여 감정에 상처를 입는 것이 아니라 광고를 허락함에 대한 대가를 받지 못하면 심한 박탈감을 받게 될 것이라는 점은 상식이므로, 이 권리를 "퍼블리시티권(a right of publicity)"이라 부를 수 있다고 하였다. 또한 퍼블리시티권이 다른 광고업자들의 이용을 금지할 수 있는 배타적 부여의 대상이 될 수 없다면, 이 권리는 아무런 이득을 발생시키지 않을 것이라고 하였다.[25]

---

25) 제3자가 야구선수와 체결한 계약을 피고가 양도받은 경우에 대해서는, 야구선수가 원고에게 배타적 부여를 한 것에 의하여 그 이용기간 내에는 이후 행해진 부여가 무효로 되므로, 제3자와 야구선수가 체결한 계약을 피고가 양수하였다는 사실은 항변이 되지 않는다고 하였다.

이 판결은 미국에서 프라이버시권과 구별되는 퍼블리시티권을 처음으로 언급하였다. 이에 대하여, 뉴욕 법이 1903년 법률의 틀에 갇힌 상태에서, 법원이 새로운 개념을 통하여 새로운 방향으로 나아갔으며, 이처럼 법률의 범위를 벗어나자 새로운 상업적 권리를 자유롭게 형성할 수 있었던 것이라고 평가된다.[26]

2. 퍼블리시티권의 기초 형성

Nimmer[27]는 위 판결이 선고된 다음해에 "The Right of Publicity"[28]라는 논문을 발표하였는데, 이 논문으로 퍼블리시티권의 기초를 형성하였다고 평가된다.[29] 그는, 기존의 전통적 법 영역들이 사람의 동일성이 갖는 재산적 이익을 적절히 보호하기에 부족하다고 지적하고, "공표가치(publicity value)"라는 개념을 중심으로 퍼블리시티권을 파악하였다.

즉, 커뮤니케이션, 광고, 엔터테인먼트 기술의 발전으로 인하여 대중적으로 알려진 인물(public personality)의 이름, 사진, 외형(likeness)이 가지는 금전적 가치를 "공표가치"라고 하면서,[30] 퍼블리시티권이란 "자신이 스스로 창조하였거나 타인으로부터 매수한 공표가치를 통제하고 그로부터 이익을 얻을 수 있는 권리"[31]라고 하였다.[32] 그리고 만일 공표가치가 유효하게 매도될 수 없으면 공표가치의 금전적 가치가 매우 감소할 것이

---

26) McCarthy(2009, Volume 1), p. 52.
27) Nimmer는 Paramount 영화사의 변호사로 활동하였다.
28) Nimmer(1954), pp. 203-223.
29) McCarthy(2009, Volume 1), p. 54.
30) Nimmer(1954), p. 204.
31) "the right of each person to control and profit from the publicity values which he has created or purchased"
32) Nimmer(1954), p. 216. 이처럼 공표가치를 중심으로 퍼블리시티권을 파악함에 따라, Nimmer는 퍼블리시티권의 주체를 자연인에 한정하지 않고, 법인 등 단체는 물론 심지어 동물에게도 퍼블리시티권을 인정해야 한다는 입장을 취한다.

라고 하면서,[33) 퍼블리시티권은 양도 가능하고 양수인이 이후 행사할 수 있는 "재산권(a property right)"으로 인정되어야 한다고 하였다.[34)

또한 Nimmer는 퍼블리시티권을 정당화하기 위하여 이른바 노동이론(Labor theory)[35)을 언급하였다. 즉, 대부분의 경우 사람은 많은 시간, 노력, 기술, 금전 등을 들인 이후에야 상당한 금전적 가치를 지니는 공표가치를 취득한다고 하면서, 다른 중요한 공공 정책적 고려가 존재하지 않는 한 누구나 자신의 노동의 과실(the fruit of his labors)에 대한 권리를 갖는다는 것이 영미법의 첫째 원칙이고 가장 근본적 성격의 원리인 것으로 보인다고 하였다.[36) 이러한 퍼블리시티권의 정당화논거로서의 노동이론은, 이후에 선고된 판결에서 언급되기도 하였으나,[37) 반면에 충분한 논거가 되지 못한다고 비판되기도 하였다.[38)

---

33) Nimmer(1954), p. 212.

34) Nimmer(1954), p. 216.

35) 이는 John Locke가 자연상태로부터 소유권이 발생하는 것을 설명하기 위해 주장한 이론이다. Locke는, "대지와 인간 이하의 모든 생물은 모든 사람에게 공동의 것이지만, 사람은 그 자신에 대하여 소유권을 갖는다; 이에 대해서는 본인 외의 누구도 어떠한 권리를 갖지 못한다. 자신의 육체의 노동과 그의 손의 일은 그 사람의 것이라고 말할 수 있다. 그러므로 자연이 제공하고 놓아둔 상태로부터 그가 이동시킨 모든 것에, 그는 그의 노동을 혼합하고, 자신의 것을 결합시켰으며, 따라서 이는 그의 소유물이 된다."고 하였다. 이는 John Locke, The Second Treatise of Government, § 27 (Thomas P. Peardon ed., Bobbs-Merrill, 1952) (1690) 일부를 번역한 것이다.

36) Nimmer(1954), p. 216.

37) Uhlaender v. Henricksen, 316 F. Supp. 1277, 1971 Trade Cas. (CCH) P73,414 (D. Minn. 1970)은, 메이저리그 프로야구 선수들의 이름과 타율 등의 통계정보를 이용한 게임을 제작하여 판매된 것이 문제된 사건에서, 유명인은 연습과 경쟁의 시간들을 그의 공적 인격(public personality)에 투자했다고 보아야 하며, 그의 성명, 외형, 통계, 기타 인적 특성에 나타나는 동일성은 그의 노동력의 과실로 재산의 한 유형이라고 하였다.

38) Madow(1993), pp. 183f.는 노동이론을 퍼블리시티권에 적용하는 것은 현대사회에서 명성(fame)이 만들어지고 공적 이미지(public image)가 형성되는 과정에 대한 대한 오해에 근거한 것이라고 비판한다. 즉, 유명인의 공적 이미지는 언제나

III. 프라이버시권의 발전

1. Prosser의 프라이버시권 분류

프라이버시권의 존재는 점차 인정되었으나, 정작 프라이버시권의 내용이 무엇인지는 명확하지 않았다. 이러한 상황에서, Prosser는 1960년에 발표한 "Privacy"라는 논문[39]에서 프라이버시권의 내용을 제시하였다. 그는, 프라이버시권이 서로 다른 이익을 보호하는 4개의 침해 즉, 사적 영역에 대한 침입(intrusion), 사생활의 공개(public disclosure of private facts), 공중에게 잘못된 인식을 심어주는 행위(false light in the public eye), 도용(appropriation) 등으로 구성된다고 하였다. 그리고 4개의 침해가 공통된 이름으로 결합되어 있으나, "홀로 있을"(to be let alone) 권리를 침해한다는 점을 제외하고는 거의 공통점이 없다고 하였다.[40]

Prosser는, 4개의 유형 중 하나로 도용(盜用, appropriation)을 들었는데, 이는 피고가 자신의 이익을 위하여 원고의 이름 또는 외형을 도용하는 것으로 구성된다고 하였다.[41] 그리고 도용이 나머지 유형들과 성격이 다르다는 것이 명백하고, 도용에 의하여 보호되는 이익은 정신적 이익이라기보다 재산적 이익이라고 하였다.[42] 또한 이에 관한 권리가 재산권으로 분류되어야 하는지 논쟁하는 것은 의미가 없으며, 만일 재산권이 아니라 하

복잡한 사회적 과정의 산물이며, 그 과정에서 유명인의 노동은 단지 하나의 요소에 불과하다고 비판한다. Madow(1993), p. 195.

39) Prosser(1960), pp. 383-423.

40) Prosser(1960), p. 389. 이러한 4개의 침해 유형들은, 적어도 몇몇 측면에서는, 서로 다른 법원칙의 적용을 받는다고 하였다.

41) Prosser(1960), p. 401. 한편, Prosser/Keeton(1984), p. 851은, 법원에서 가장 먼저 인정된 프라이버시 침해의 유형이 원고의 성명 또는 외형의 도용이라고 설명한다.

42) Prosser(1960), p. 406.

더라도, 일단 법에 의해 보호되면 적어도 그 가치에 대한 권리가 존재하고 권리자는 이를 이용허락(license)을 통해 이용할 수 있다고 하였다.43)

그러나 피고가 "자신의 이익을 위하여" 도용할 것과 관련하여, 법률에 의하면 피고가 금전적 이익을 위해 도용할 것이 요구되지만, 보통법은 이처럼 제한적이지 않을 것이라고 하였다.44) 즉, 도용이 재산적 이익을 위한 경우에만 성립하는 것은 아니라고 이해한 것이다.45) 결국, Prosser는 프라이버시권의 유형 중 하나인 도용의 내용에 현재 퍼블리시티권으로 불리는 내용을 포함시켜서 이해한 것으로 보인다. 이와 관련하여, Prosser가 프라이버시권의 유형 중 하나인 도용과 퍼블리시티권을 명확하게 구별하지 못하여 여러 문제와 혼란이 발생했다고 비판되기도 한다.46)

2. Bloustein의 인간의 존엄성 강조

Bloustein은, 1964년 발표한 논문을 통하여, Prosser가 프라이버시권을 4개의 불법행위로 분류한 것에 반대하고, 프라이버시권은 인간의 존엄을 보호하는 것이라고 주장하였다. 그는, Prosser의 분류에 의하면, 프라이버시권은 단지 껍데기로 축소되고, 프라이버시권 침해라는 새롭고 독립적인 불법행위가 존재하는 것이 아니라 전통적 불법행위가 행해지는 새로운 방법만 존재하게 된다고 비판하였다.47) 그리고 프라이버시에 관한 불법행위 사건들은 같은 종류이며 단일한 불법행위와 관련된다 하였다.48) 즉, 프라

---

43) Prosser(1960), p. 406.
44) Prosser(1960), p. 405.
45) Prosser/Keeton(1984), p. 854 역시 도용에 관한 판결들의 효과는 개인에게 배타적 권리를 인정하거나 창조하는 것이라고 하면서도, 다른 한편 원고의 개인적 감정에 대한 보호라는 요소가 무시되어서는 안 된다고 설명한다.
46) McCarthy(2009, Volume 1), p. 41.
47) Bloustein(1964), pp. 965f.
48) Bloustein(1964), p. 1000. 또한 엿보기, 도청 등을 금지하는 형사 법률, 정부기관

이버시는 인간의 존엄에 대한 불법행위로 보아야 하며, 그 불법행위에 의해 발생하는 침해는 개성(individuality)과 인간으로서의 존엄에 대해 행해진다고 하였다.[49]

이에 따라, Prosser가 도용으로 분류한 유형에 대해서도, 누구도 자신의 의사에 반하여 다른 사람에 의해 이용될 것을 원하지 않고, 사람의 사진을 거래 목적으로 이용하는 것은 그 사람을 상품으로 만들고 다른 사람의 경제적 요구와 이익을 충족시키도록 만든다고 하면서, 이는 사람의 품위를 떨어뜨리는 것이라 하였다.[50] 또한 모든 사람은 그의 인격이 상업적으로 이용되는 것을 막을 권리를 가지는데, 이는 그 상업적 가치 때문이 아니라, 이러한 권리를 실행할 수 없다면 인간의 존엄성을 비하하게 될 것이기 때문이라고 하였다.[51] 나아가, 당사자가 피해를 입었다고 생각하지 않거나 결과적으로 이득이 된 경우에도, 동의 없이 사진 또는 외형을 상업적 목적으로 이용하는 것은 그 사람에 대한 지배권의 불법적 행사가 되는데, 이는 개인의 자유의 객관적 침해이기 때문이라고 하였다.[52]

3. 1977년 불법행위 리스테이트먼트

1977년에 미국 법조 협회(American Law Institute)가 발간한 불법행위에 관한 리스테이트먼트(Restatement of the Law, Torts)는, Prosser의 분류를

이 취득한 은밀한 정보의 공개를 금지하는 형사 법률이나 행정 규정 등에도 같은 원칙이 존재한다고 주장하였다. Bloustein(1964), pp. 1000f.

49) Bloustein(1964), pp. 1002f.

50) Bloustein(1964), p. 988.

51) Bloustein(1964), p. 989. 퍼블리시티권(right to publicity)은 실제로 존재하지 않고, 상황에 따라서 프라이버시를 포기하는 것에 대하여 상업적 대가를 받을 권리만 존재하며, 소위 퍼블리시티권(right to publicity)은 몇몇 사람이 자신의 프라이버시를 지킬 권리를 판매하는 대가를 가리키는 것일 뿐이라고 하였다.

52) Bloustein(1964), p. 990.

받아들였다.53) 이에 따라, 프라이버시 침해 유형의 하나로 "이름 또는 외형의 도용"을 인정하였는데, § 652C에서 "다른 사람의 이름 또는 외형을 자신의 이용 또는 자신의 이익을 위해 도용한 사람은 그 다른 사람에게 프라이버시 침해에 대한 책임이 있다"고 규정하였다.54) 그러나 이 법원칙에 의해 발생하는 권리가 재산권의 성질을 갖고, 이 권리의 행사를 위해 제3자에게 배타적 이용허락(exclusive license)을 부여할 수 있으며, 배타적 이용허락을 받은 자는 이를 보호하기 위해 소를 제기할 수 있다고 하였다.55)

이에 대하여, 이는 도용을 불법행위 방식으로 규율하는 것이 부적당함을 인정하면서도 그대로 불법행위로 놓아 둔 것이라거나,56) 도용이라는 프라이버시가 감정적 손해와 재산적 손해를 포함한다고 설명하여 도용이라는 프라이버시를 불명료하게 만들었다는57) 등의 비판이 존재한다.

IV. 퍼블리시티권의 발전

1. 1950년대의 퍼블리시티권

퍼블리시티권이 탄생한 1950년대의 경우, 퍼블리시티권은 아직 그 내용이 불확실하였고, 법원도 이러한 새로운 개념에만 근거하여 책임을 인정하는 것을 꺼렸다고 한다.58)

다만, 일부 판결은 프라이버시권과 같은 인적인 권리와 구별되는 재산권 개념을 인정하였다. 1956년 연방 제3고등법원의 Ettore 판결59)은, 복

---

53) Prosser는 Restatement, Second, Torts의 보고자(reporter)였다.
54) Restatement, Second, Torts § 652C (1977).
55) Restatement, Second, Torts § 652C, comment a. (1977).
56) Goodenough(1996), p. 762.
57) McCarthy(2009, Volume 1), p. 43.
58) McCarthy(2009, Volume 1), p. 57.

싱선수였던 원고의 예전 경기 영상이 TV의 상업적 프로그램에 방송된 사
건에서, 프로 선수의 경우 그 활동의 결과물에 대한 일종의 재산권이 인
정되는 것으로 보인다고 판단하였다.[60]

2. 1960년대의 퍼블리시티권

1960년대에는, 학계에서 프라이버시권과 퍼블리시티권을 엄격하게 구
별해야 한다는 견해들이 증가하였다. Gordon은, 1960년 발표한 논문에서,
감정에 대한 손해가 부차적인 의미를 갖는 경우에도 프라이버시 침해를
원인으로 소가 제기되고 있어 여러 혼란과 충돌이 발생하고 있다고 지적
하였다.[61] 그리고 사람의 성명, 초상 등을 상업적으로 도용하는 경우 재
산권이라는 징표가 중요하게 되었고, 이는 금전적 가치를 갖는 청구와 상
처입은 감정에 대한 청구를 구별하는 굳건한 기초를 제공한다고 하였
다.[62] 또한 Warren과 Brandeis의 이론도 재산권에 전제를 두었다고 하면
서, 위 2개의 청구를 구별하는 것이 손해의 유형을 잘 이해하고 다양한 사
안에 적절한 구제수단을 적용할 수 있게 한다고 주장하였다.[63]

Kalven은, 1966년 발표한 논문에서, Warren과 Brandeis는 사적(私的)인
진실한 사항을 언론에서 공개하는 것에만 관심을 두었다고 지적하면서,[64]
도용(appropriation)이라는 유형의 불법행위를 인정하는 것이 타당하다고 하

---

59) Ettore v. Philco Television Broadcasting Corp., 229 F.2d 481, 108 U.S.P.Q.
    (BNA) 187, 58 A.L.R.2d 626 (3rd Cir. 1956).
60) 당초 원고는 경기를 영화로 촬영하는 것에 동의하였다. 그러나 이 판결은, TV를
    새로운 매체로 인정하여, 원고가 위 권리를 포기하였다는 피고의 항변을 배척하
    였다.
61) Gordon(1960), p. 554.
62) Gordon(1960), p. 607.
63) Gordon(1960), p. 613.
64) Kalven(1966), p. 330.

였다.[65] 그리고 이러한 보호를 인정하는 논거는 신용(good will)의 절취로 인한 부당이득을 금지한다는 단순한 것이며, 원고의 어떤 측면이 시장 가치를 갖고 통상 이에 대한 대가를 지급받는 경우 피고가 이를 무료로 취득하도록 함에 의하여 어떠한 사회적 목적도 달성되지 않는다고 주장하였다.[66]

1960년대의 판결 중에는 일부 판결들이 퍼블리시티권을 인정하고 이에 대하여 판단하였으나, 퍼블리시티권과 관련하여 비교적 중요한 발전은 없었다고 평가된다.[67]

3. 1970년대의 퍼블리시티권

(1) 퍼블리시티권의 발전

1970년대에는 많은 판결들이 퍼블리시티권을 새로운 독립된 권리로 인정하였고,[68] 학계에서도 퍼블리시티권에 대한 논의가 활발하게 이루어졌다.

특히, 사망자의 퍼블리시티권이 침해되었다고 주장하는 사건들이 발생하면서, 사망 후 퍼블리시티권(postmortem right of publicity)을 인정할 수 있는지 문제되기 시작하였고, 이에 대하여 다양한 판결과 학설들이 등장했다.[69] 또한 퍼블리시티권을 주장하기 위한 요건으로 그 퍼블리시티권을 사전에 이용하였을 것이 요구되는지 여부도 논의되기 시작하였다.

---

65) Kalven(1966), p. 333.

66) Kalven(1966), p. 331. 이러한 Kalven의 주장은 1977년 미국 연방 대법원 판결에 그대로 인용되었다. Zacchini v. Scripps-Howard Broadcasting Co., 433 U.S. 562, 576, 97 S. Ct. 2849, 53 L. Ed. 2d. 965, 2 Media L. Rep. 2089, 205 U.S.P.Q. (BNA) 741 (1977).

67) McCarthy(2009, Volume 1), p. 60.

68) Price v. Hal Roach Studios, Inc., 400 F. Supp. 836 (S.D. N.Y. 1975); Hirsch v. S.C. Johnson & Son, Inc., 90 Wis.2d 379, 280 N.W.2d 129, 205 U.S.P.Q (BNA). 920 (1979) 등.

69) 이에 대한 자세한 논의는 제2장 제5절 참조.

퍼블리시티권을 인정하는 것이 자원 배분의 효율성을 위해 필요하다는 경제적 논거도 제시되었다. Poser는, 프라이버시의 한 유형인 도용에 대하여, 광고 목적으로 이용된 사진에 재산권을 인정하는 것은 경제적으로 충분한 근거가 있다고 하였다.[70] 즉, 이러한 재산권을 인정하면 그 사진을 가장 가치있게 여기는 광고업자가 이를 구매할 것이고, 만일 그 사진을 광고업자들의 공동 재산으로 만들면 이러한 목적을 달성할 수 없을 것이라고 하였다.[71] 이러한 퍼블리시티권의 정당화논거는, 이후에도 학설[72]과 판결[73]에서 언급되었으나, 반면에 충분한 논거가 되지 못한다고 비판되기도 하였다.[74]

(2) 1977년 미국 연방 대법원의 Zacchini 판결

1970년대에 무엇보다 중요한 점은 미국의 연방 대법원이 퍼블리시티권을 판결에서 최초로 언급하였다는 것이다. 즉, 1977년 연방 대법원은 Zacchini 판결[75]에서 퍼블리시티권을 언급하고 이를 인정하는 전제에서

---

70) Posner(1978), p. 411.
71) Posner(1978), p. 411.
72) Grady(1994), p. 98은, 퍼블리시티라는 자산이 이를 가급적 빨리 이용하려는 경쟁에 의해 낭비되지 않도록 하기 위해 퍼블리시티권이 필요하고, 퍼블리시티권은 공공재를 사유화(私有化)하여 그 사회적 자산을 더 분별있게 이용하도록 장려한다고 하였다.
73) Matthews v. Wozencraft, 15 F.3d 432, 22 Media L. Rep. 1385, 30 U.S.P.Q.2D (BNA) 1025 (5th Cir. 1994)는, 사람의 외형(likeness)의 보호에 의해 창조되는 인공적 희소성이 없으면 그 외형은 가치가 없어질 때까지 상업적으로 이용될 것이라고 하면서, 인공적 희소성을 창조하는 것이 그 가치를 본인, 광고업자, 소비자 모두에게 보존한다고 하였다.
74) Madow(1993), pp. 222-224는, 먼저 상품화(merchandising)의 경우 유명인의 사진이 많이 이용될수록 그 가치가 하락할 것인지는 명확하지 않으며, 그 반대의 경우도 존재할 수 있다고 하였다. 또한 광고의 경우도 거래비용이 존재하기 때문에 그 이용이 소수의 부유한 광고업자들에게로 왜곡될 수 있다고 하였다.

판결을 선고하였다.76)

　　원고 Hugo Zacchini는 "인간 포탄" 공연을 하는 예능인이었는데, 이 공연
은 그가 대포에서 약 200피트 떨어진 그물로 발사되는 것으로, 15초 정도 진
행되었다.77) 원고가 공연을 녹화하지 말라고 요청했음에도, 피고 방송국의
리포터가 전체 공연을 녹화하였고, 피고는 뉴스 프로그램에서 약 15초 정도
의 공연을 녹화한 영상을 방송하였다. 원고는 손해배상을 청구하였다. 오하
이오주 대법원은, 원고의 청구가 공연의 공표가치에 대한 권리에 근거한다
고 하면서도, TV방송국은 정당한 공적 이익이 있는 사항을 뉴스에서 보도할
특권을 갖는다고 하여 원고의 청구를 배척하였다.
　　연방 대법원은 오하이오주 대법원의 판결을 파기하였는데, 보호되는 언
론 보도와 보호되지 않는 언론 보도의 경계를 어떠한 지점에 설정되어야 하
는지에 상관없이, 공연자의 전체 공연을 동의 없이 방송하는 언론이 헌법상
면책되지 않는다는 것은 확실하다고 판단하였다. 또한 Kalven의 논문을 인
용하여 퍼블리시티권을 보호하는 근거가 신용의 절취로 인한 부당이득을 금
지하는 것이라고 하면서, 원고의 전체 공연을 녹화하여 방송하는 것은 공연
의 경제적 가치에 실제적 위험을 초래하고,78) 원고가 예능인으로서 그의 생
활비를 버는 능력의 핵심과 관련된다고 하였다. 나아가, 이 판결은 퍼블리시
티권을 보호하는 것이 공중에게 유익한 공연을 만들기 위해 요구되는 투자
를 할 경제적 요인을 제공하며, 이와 동일한 고려가 특허법과 저작권법의 기
초라고 하였다.

---

75) Zacchini v. Scripps-Howard Broadcasting Co., 433 U.S. 562, 97 S. Ct. 2849, 53
　　L. Ed. 2d. 965, 2 Media L. Rep. 2089, 205 U.S.P.Q. (BNA) 741 (1977).
76) 南馨斗(2008), 366면은, 미국 저작권법과 달리 우리나라 저작권법은 저작물이 되
　　기 위해 고정될 것(fixation)을 요건으로 하지 않으므로, 우리나라에서라면 이 사
　　건은 굳이 퍼블리시티권으로 하지 않더라도 저작권법에 의한 보호가 가능할 수
　　있었다고 한다. 반면에, 박준석(2009), 316-317면은, 한국에서라도 실연에 관하여
　　타인이 그것을 동일하게 복제하였든 실질적으로 유사한 표현을 하였는지에 불문
　　하고 모두 퍼블리시티 법리가 적용되도록 하는 것이 더 합리적일 것이라고 한다.
77) 원고는 박람회에서 이 공연을 하고 있었는데, 박람회에 참가한 사람들은 원고의
　　공연을 보기 위하여 입장료를 별도로 지급할 필요는 없었다.
78) 이 판결은, 공연을 방송함으로 인한 효과가 마치 원고에게 입장료를 받는 것을
　　금지하는 것과 유사하다고 판단하였다.

이 판결은 사람의 동일성이 광고 목적으로 이용되는 전형적인 사안에 대한 것은 아니지만, "퍼블리시티권"이라는 용어를 계속하여 사용하였고, 또한 퍼블리시티권이 실제적이고 행사할 수 있는 권리라는 점에 의문을 나타내지 않았다.[79] 이처럼 연방 대법원이 퍼블리시티권을 언급한 점만으로도 사람들의 주목을 받게 되었고, 이후 모든 사람들이 퍼블리시티권을 더욱 진지하게 받아들이게 되었다고 한다.[80]

이 판결은 퍼블리시티권의 존재가 사회적으로 유용한 행위를 하는 것에 대한 경제적 유인(incentive)이 된다는 이른바 유인 이론(Incentive theory)을 제시하였다는 점에서도 의미를 갖는다. 그러나 이러한 퍼블리시티권의 정당화논거에 대해서도 퍼블리시티권을 인정하는 충분한 논거가 되지 못한다는 비판[81]이 존재한다.

또한 이 판결은 실제 공연 전체의 도용이 문제된 경우에 관한 것이지만, 퍼블리시티권 관련 사안에서 공연자의 전체 또는 일부의 행위가 문제되는 경우는 많지 않으며 대부분의 퍼블리시티권 관련 사안에서는 이름, 외형 등의 도용이 문제된다고 지적되기도 한다.[82]

---

79) McCarthy(2009, Volume 1), pp. 66f.

80) McCarthy(2009, Volume 1), p. 68.

81) Madow(1993), pp. 209f.는, 상업적으로 이용가능한 명성을 발생시키는 행위들 자체에 대하여 충분한 보상이 행해지며, 퍼블리시티권이 없더라도 스타가 되는 것에 대한 대가가 창조적 노력과 성취를 적정 수준 이상으로 발생시키기에 충분하다고 비판한다.

McCarthy(2009, Volume 1), p. 106도, 비유명인이 퍼블리시티권을 주장하는 경우 이 논거는 거의 영향력이 없고, 특정 사건과 관련되어 보통의 사람이 비자발적으로 일시적 유명인이 된 경우도 퍼블리시티권의 존재 여부가 동기 부여와 관련이 없다고 비판한다.

82) Hoffman(1980), p. 124. 이에 따라, Zacchini 판결이 퍼블리시티권의 윤곽을 결정함에 있어 표현의 자유라는 헌법상 권리를 고려할 필요성을 배제한 것은 아니라고 평가한다.

Cardtoons, L.C. v. Major League Baseball Players Ass'n, 95 F.3d 959, 24 Media L. Rep. 2281, 39 U.S.P.Q.2D (BNA) 1865 (10th Cir. 1996)도, 위 판결의 논거는

4. 1980년대와 1990년대의 퍼블리시티권

(1) 퍼블리시티권의 발전

1980년대와 1990년대에는, 퍼블리시티권에 대한 관심이 더욱 증가하였다. 퍼블리시티권에 관한 많은 논문들이 발표되었고, 퍼블리시티권을 인정하는 판결도 계속 증가하였다. 이와 관련하여, 뉴욕주의 예외가 있기는 하지만, 퍼블리시티권이 무엇인지 그리고 퍼블리시티권이 존재하는지 여부를 문제삼는 첫째 단계는 역사 속으로 지나갔다고 평가되기도 한다.83)

(2) 퍼블리시티권의 정당성에 대한 논의

퍼블리시티권의 존재가 어떤 이유에서 정당화될 수 있는지는 이전에도 논의되었으나, 이 기간 동안에 더욱 활발하게 논의되었다.

먼저, Madow는 퍼블리시티권을 인정하는 근거에 대하여 의문을 제기하였다. 그는, 1993년에 발표한 논문에서, 퍼블리시티권은 대중 문화에 대한 사적 검열(private censorship)을 가능하게 하고,84) 퍼블리시티권의 숨겨진 의미는 사회에서의 의미의 생산과 배포에 대한 통제권이라고 주장하였다.85) 즉, 유명인의 초상은 기호적이고 상징적인 기초 소재인데,86) 유명인에게 퍼블리시티권을 인정하면 그에게 사회에서의 의미의 생산과 배포에 대한 통제권을 부여하게 된다고 하였다.87) 이에 따라, 퍼블리시티권

공연에 관한 권리가 문제되는 경우는 설득력이 있으나, 더 전형적인 퍼블리시티권 사안인 동일성의 도용이 문제되는 경우는 그렇지 못하다고 비판한다.
83) McCarthy(2009, Volume 1), p. 71.
84) Madow(1993), p. 138.
85) Madow(1993), p. 142.
86) Madow(1993), p. 143.
87) Madow(1993), p. 145.

이 문화적 의미를 형성하는 힘의 배분과 관련된다고 하면서, 문화의 기초 소재에 재산권을 창조하는 것은 그로 인하여 실제적인 사회적 이익이 충족된다는 것이 명확하게 입증되지 않는 한 허용되어서는 안 된다고 주장하였다.[88]

반면에, Kwall은 이러한 주장을 반박하며 퍼블리시티권을 인정하는 것에 찬성하였다. 그는, 1997년 발표한 논문에서, 미국에서 명성(fame)이 매우 높게 평가되었고 사람들이 명성에 매료되어 왔다는 점을 소개한 다음,[89] 퍼블리시티권은 미국의 민주주의적 성격, 자본주의적 성격, 미디어 문화 등과 일치한다고 하였다.[90] 따라서 저작권 등에 유추하여 퍼블리시티권을 재산권으로 인식하는 것이 타당하다고 하였다.[91] 그리고 퍼블리시티권이 사적 검열을 가능하게 한다는 Madow의 주장에 대해서는, 이는 단지 주장일 뿐이며 이에 관한 증거가 없다고 비판하였다.[92]

한편, 일부 학자들은 독일 관념철학의 이론을 퍼블리시티권의 정당화논거로 제시하였다. Hughes는, 1988년 발표한 논문에서, 헤겔철학에서 개인의 "의지(will)"는 그 개인이라는 존재의 핵심으로서 끊임없이 세상에서 실현되는 것을 추구하며, "인격(personality)"은 의지가 자신을 실현하려는 투쟁이라고 하였다.[93] 또한 의지는 자신을 세계에 강요하여 외부 세계를 전유(專有)하는 것을 추구하는데 이것이 재산권의 진정한 목적이라고 하였다.[94] Hughes는, 이러한 헤겔의 인격이론을 지적재산권의 정당화논거

---

88) Madow(1993), p. 239.
89) Kwall(1997), pp. 4ff.
90) Kwall(1997), p. 34.
91) Kwall(1997), pp. 35ff. 명성이 다른 사람들에 의해 부여된다는 비판에 대해서는, 이는 다른 지적재산의 경우도 마찬가지라고 하였다. 즉, 특정 상표의 명성도 광고와 대중 호소에 반응하여 존재한다고 하였다. Kwall(1997), p. 46.
92) Kwall(1997), p. 56.
93) Hughes(1988), p. 331.
94) Hughes(1988), p. 333. 또한 사람과 재산권의 관계는 의지가 자신을 목적물에 나타내는 동안만 계속된다고 하면서, 이에 의해 시효제도와 양도를 설명한다.

로 제시하면서, 특히 개인의 공적 이미지인 페르소나(persona)는 인격이론
에 의해 정당화되는 이상적 재산권이라고 하였다.[95]

또한 Haemmerli는, 1999년에 발표한 논문에서, 칸트철학에서 사람의
근본적 성격은 자율적·정신적 존재이고, 사람이 자신의 주인이 되는 특성
에 의해 자유가 성립된다 하면서,[96] 이러한 자율성 개념이 퍼블리시티권
의 철학적 정당화를 제공할 수 있다고 주장하였다.[97] 그리고 칸트철학에
서 재산은 인간 자유의 결과물이라고 하면서,[98] 사람의 페르소나
(persona)가 객관화된 것에 대한 이용권과 통제권 역시 이 관념철학에 근
거를 둘 수 있다고 하였다.[99] 이에 의하면, 퍼블리시티권은 자유에 근거
한 재산권으로서 정신적 특질과 경제적 특질을 모두 가진다고 새롭게 인
식할 수 있다고 하였다.[100]

(3) 1995년 부정경쟁 리스테이트먼트

1995년에 미국 법조 협회가 발간한 부정경쟁에 관한 리스테이트
먼트(Restatement of the Law, Unfair Competition)는, 퍼블리시티권
을 부정경쟁방지법의 한 내용으로 파악하였다.[101] 즉, 퍼블리시티권
은 "영업 가치의 도용"에 포함되어 "영업 비밀" 등과 함께 설명되었

Hughes (1988), p. 334.

95) Hughes(1988), p. 340. 페르소나(persona)는 사회와 인격의 반응이며, 이에 대해
서는 "표현(expression)"과 같은 어떠한 중간개념도 필요하지 않다고 하였다.

96) Haemmerli(1999), p. 414.

97) Haemmerli(1999), p. 416.

98) Haemmerli(1999), p. 417.

99) Haemmerli(1999), p. 417. 이는 사람이 자신의 이용에 대하여 갖는 자율적 통제
권이 자신을 객관화한 이미지 등에도 마찬가지로 적용될 수 있다는 것을 의미
한다.

100) Haemmerli(1999), p. 422.

101) 이는 "부정경쟁(unfair competition)"을 시장에서 다른 영업자의 정당한 상업적
이익을 부당하게 침해하는 경쟁방법이라는 의미로 넓게 파악한 결과이다.

다. 퍼블리시티권의 개념에 관한 내용을 살펴보면, "§ 46. 사람의 동일성의 상업적 가치의 도용: 퍼블리시티권(Appropriation of the Commercial Value of a Person's identity: The Right of Publicity)" 이라는 표제 하에 "사람의 이름, 외형 또는 다른 동일성표지를 동의 없이 영업 목적으로 사용하여 그 사람의 동일성의 경제적 가치를 도용한 사람은 § 48 [금지명령]과 § 49 [손해배상]에 기재된 법원 칙에 따른 적절한 구제를 위한 책임을 부담한다"고 규정하였다.[102]

그리고 퍼블리시티권을 인정하는 것이 여러 근거에 의해 정당화되어 왔으나, 그 정당화논거는 상표 또는 영업 비밀에 관한 권리의 경우와 비교하여 설득력이 강하지 않다고 하였다.[103] 또한 프라이버시권과 마찬가지로 인간의 존엄과 자율이 퍼블리시티권의 기초가 된다고 하면서, 이에 따라 퍼블리시티권은 자연인에게 한정되는 것으로 보았다.[104]

이처럼 부정경쟁 리스테이트먼트가 퍼블리시티권을 규정한 것에 대해서는, 부정경쟁이라는 다른 법 영역에 있는 불필요한 요소들을 퍼블리시티권에 차용하지 않은 것이 다행이라고 하면서도,[105] 오래된 불만족스러운 개념적 구조를 그대로 사용하여 새로운 구별을 시도하지 못하였다고 비판하기도 한다.[106]

5. 2000년대 이후의 퍼블리시티권

2000년대에 이후에도 퍼블리시티권에 관한 여러 논문들이 발표되었고,

---

102) Restatement Third, Unfair Competition § 46 (1995).
103) Restatement Third, Unfair Competition § 46, comment c (1995).
104) Restatement Third, Unfair Competition § 46, comment d (1995).
105) Goodenough(1996), p. 775.
106) Goodenough(1996), p. 777f. 이 견해는, 프라이버시와 퍼블리시티의 구분을 통합하면서, "보호되는 이익들"과 "손해의 유형들"에서의 대체로 부적절한 혼란들은 무시되어도 좋다고 주장한다.

퍼블리시티권에 관한 판결도 계속하여 선고되고 있다. 특히, 퍼블리시티권과 언론의 자유가 충돌하는 경우 어떻게 형량할 것인지가 많이 문제되고 있다.

퍼블리시티권의 개념에 대하여, McCarthy는 현재 퍼블리시티권을 "자신의 동일성(identity)의 상업적 이용을 통제하는 모든 사람의 고유한 권리"[107]라고 명확하게 말할 수 있다고 한다.[108] 즉, 그는 퍼블리시티권을 인간의 고유한 권리라는 관점에서 파악한다. 그러나 퍼블리시티권의 역사는 끝난 것이 아니고, 퍼블리시티권이 잘 다듬어진 윤곽을 갖는 법적 권리가 되기 위해서는 많은 일이 남아 있으며, 이는 각 세대의 사회와 가치에 따라 조절되어야 하기 때문에 결코 끝마쳐질 일도 아니라고 한다.[109]

다만, McCarthy는, 퍼블리시티권이 새로운 이름을 가진 새로운 권리를 창조하는 것이었기 때문에 많은 논쟁을 불러일으켰다고 하면서,[110] 정신적 고통에 대한 손해배상과 상업적 손실에 대한 손해배상을 모두 인정하는 예컨대 "동일성에 대한 권리(right of identity)"와 같은 독특한 권리(a sui generis)를 인정하는 것으로 발전하였다면 현재의 법이 더 일관되고 깔끔했을 것이라고 설명하기도 한다.[111]

---

107) "the inherent right of every human being to control the commercial use of his or her identity"
108) McCarthy(2009, Volume 1), p. 3.
109) McCarthy(2009, Volume 1), pp. 68f.
110) McCarthy(2009, Volume 1), p. 81.
111) McCarthy(2009, Volume 1), p. 82.

제3절 퍼블리시티권의 현황과 보호대상

Ⅰ. 퍼블리시티권의 법적 성격

1. 재산권

(1) 학설

미국에서 퍼블리시티권은 일반적으로 재산권으로 여겨진다. Nimmer는 공표가치를 보호하는데 전통적 법 이론이 부적당하다 하면서 퍼블리시티이 재산권으로 여겨져야 한다 하였고,[1] Gordon 역시 이에 찬성하며 금전적 가치를 갖는 청구권과 상처 입은 감정에 관한 청구권을 구별하는데 재산권 개념이 확고한 기초를 제공한다 하였다.[2] Sims는 성명과 외형의 이용을 통제하고 그 도용을 방지하는 능력에 존재하는 상업적 가치에 의하여 퍼블리시티권이 본질적으로 재산권적 성격을 갖는다 하였고,[3] Kwall은 퍼블리시티권을 재산권으로 하는 것이 미국의 역사, 국가성, 문화, 유명인 관념 등과 일치하며[4] 이는 저작권 등의 유추에 의하여 쉽게 이해할 수 있다고 하였다.[5] 부정경쟁에 관한 리스테이트먼트는 사람의 동일성의

---

1) Nimmer(1954), p. 216.
2) Gordon(1960), p. 607.
3) Sims(1981), p. 456.
4) Kwall(1997), pp. 16ff.

상업적 가치에 관한 권리가 재산권의 성격을 갖는다고 설명한다.6)

한편, 불법행위에 관한 리스테이트먼트는, 프라이버시권의 한 유형인 도용(Appropriation)에 대하여, 정신적 고통에 대한 사람의 감정 보호가 도용에 관한 법리를 인정하게 된 중요한 요소이지만, 이에 의해 창조된 권리는 재산권의 성격을 갖는다고 설명한다.7)

(2) 주 법률

몇몇 주의 법률은 명시적으로 퍼블리시티권을 재산권이라고 규정한다.8) 예컨대, 캘리포니아주의 California Civil Code § 3344.1 (b)는 사망 후 퍼블리시티권을 "재산권(property rights)"이라고 하면서, 그 전부 또는 일부를 자유롭게 양도 또는 상속할 수 있다고 규정한다.

(3) 판례

판례도 퍼블리시티권을 재산권으로 파악한다. 1975년 뉴욕주 연방남부 지방법원의 판결9)은, 판결과 학설이 퍼블리시티권의 상업적 성격을 고려하여 그 양도가능성을 인정하는 점과 사람의 사망으로 퍼블리시티권이 종결할 논리적 이유가 없어 보이는 점 등이 퍼블리시티권이 재산권으로 여겨지는 이유일 것이라고 판시하였다. 그리고 1988년 연방 제9고등법원의

---

5) Kwall(1997), pp. 35ff.
6) Restatement Third, Unfair Competition § 46, comment g (1995).
7) Restatement, Second, Torts § 652C, comment a. (1977). 이 권리의 행사를 위해 배타적 이용허락이 부여될 수 있고, 이를 취득한 사람은 이를 보호하기 위해 소를 제기할 수 있다고 설명한다.
8) 캘리포니아주, 인디아나주, 켄터키주, 오클라호마주, 테네시주, 텍사스주, 워싱턴주 등이다.
9) Price v. Hal Roach Studios, Inc., 400 F. Supp. 836 (S.D. N.Y. 1975).

Bette Midler 판결[10]은, 사망자의 퍼블리시티권을 재산권이라고 한 캘리포니아 법률의 규정[11]을 유추하여 보통법상 퍼블리시티권 역시 재산권이라고 판단했다. 1992년 연방 제9고등법원의 Tom Waits 판결[12] 역시 원고가 목소리 도용을 주장하는 것은 그 목소리에 구현되어 있는 동일성의 이용을 통제할 퍼블리시티권 즉 재산권 침해를 주장하는 것이라고 판단했다.

(4) 퍼블리시티권을 재산권으로 인정하는 의미

재산권이라는 개념의 의미가 명확한 것은 아니다. "재산(property)"이라는 것은 유연한 개념으로 여러 다른 의미를 가질 수 있고, 무엇이 재산이고 무엇이 재산이 아닌지도 시대에 따라 변할 수 있다.[13] 예컨대, 1929년 캘리포니아주 대법원의 판결[14]은, 재산이라는 용어가 매우 포괄적이어서 모든 종류의 부동산과 동산, 사람이 소유하고 양도할 수 있는 모든 것을 포함하며, 이는 그 자체를 향유할 수 있고 금전적 가치를 부여할 수 있는 모든 권리와 이익에까지 확장된다고 하였다.[15] 퍼블리시티권을 최초로 인정한 1953년 연방 제2고등법원의 Haelan 판결[16]도 퍼블리시티권을 재산권으로 분류할 것인지는 중요하지 않다고 하였다. Prosser 역시 프라이버시권의 한 유형인 도용(appropriation)에 의해 보호되는 이익이 정신적이

---

10) Midler v. Ford Motor Co., 849 F.2d 460, 15 Media L. Rep. 1620, 7 U.S.P.Q.2D (BNA) 1398 (9th Cir. 1988).
11) 현재의 California Civil Code § 3344.1 (b)를 가리킨다.
12) Waits v. Frito-Lay, Inc., 978 F.2d 1093 (9th Cir. 1992).
13) McCarthy(2009, Volume 2), p. 485.
14) Yuba River Power Co. v. Nevada Irr. Dist., 207 Cal. 521, 279 P. 128 (1929).
15) 이 사건에서는 강에서 물을 끌어오는 권리가 쟁점이 되었는데, 이 판결은 Code of Civil § 738에서 규정한 재산에 관한 분쟁에 본 사안이 해당한다고 판단한 것이다.
16) Haelan Laboratories, Inc. v. Topps Chewing Gum, Inc., 202 F.2d 866 (2d Cir. 1953).

라기보다 재산적인 것이라고 하면서도, 이 권리가 재산권으로 분류되어야 하는지 논쟁하는 것은 의미가 없다고 하였다.[17]

그러나 재산권의 개념이 명확하지 않음에도 불구하고, 퍼블리시티권을 재산권으로 분류하는 것은 퍼블리시티권에 대한 생각을 정리함에 있어 도움이 된다고 한다. 즉, 퍼블리시티권을 재산권으로 분류하는 것은 그 양도가능성, 세법, 부부재산법(marital property law), 사망한 경우의 상속성, 준거법의 선택(choice of law), 시효, 손해배상액의 산정, 자본자산(capital asset), 대출에 대한 담보(security) 등과 관련하여 중요한 의미를 갖는다고 한다.[18]

2. 지적재산권

퍼블리시티권은 또한 지적재산권의 한 형태로 보는 것이 타당하다고 설명된다.[19] 즉, 퍼블리시티권은 무형 자산의 상업적 가치에 관한 법적으로 행사가능한 권리라는 의미의 지적재산권이며, 이는 상표권, 저작권과 공통된 점이라고 한다.[20]

일부 판결도 이러한 태도를 취하고 있다. 1983년 연방 제11고등법원의 판결[21]은, 적용할 준거법의 결정을 위해 사안의 성격을 확정하는 단계에서, 퍼블리시티권을 무체재산권(intangible personal property right)이라고 판단하였다.[22] 그리고 1998년 연방 제11고등법원의 판결[23]은, 유명 운동

---

17) Prosser(1960), p. 406. 만일 재산권이 아니라 하더라도, 일단 법에 의해 보호되면, 이는 이용허락을 부여하는 방법으로 이용할 수 있는 가치에 대한 권리는 적어도 된다고 설명한다.

18) McCarthy(2009, Volume 2), pp. 486f.; Felcher and Rubin(1979), p. 1593.

19) McCarthy(2009, Volume 2), p. 483.

20) McCarthy(2009, Volume 2), p. 411.

21) Acme Circus Operating Co., Inc. v. Kuperstock, 711 F.2d 1538, 9 Media L. Rep. 2138, 221 U.S.P.Q. (BNA) 420 (11th Cir. 1983).

22) 이어서 California Civil Code § 946에 근거하여 재산권에 대하여 그 소유자의 주소지법이 적용된다고 판단하였다.

선수가 자신의 외형을 포함한 카드의 판매를 허락한 이후 그 카드를 구입
하여 재판매하는 행위가 문제된 사건에서, 지적재산권에 적용되는 "최초
판매 원칙(first sale doctrine)"[24]이 보통법상 퍼블리시티권에도 적용된다
고 판단하였다.

3. 자유권으로 파악하는 견해

퍼블리시티권은 일반적으로 재산권이라고 여겨지나, 이에 반대하며 퍼
블리시티권은 자유권에 속한다고 보는 견해가 있다. Terrell과 Smith는,
퍼블리시티권에 특정성(specificity)이 결여되어 있다는 점을 근거로, 퍼블
리시티권이 실제로는 유명인이 자신의 프라이버시권을 포기하는 권리에
불과하다고 주장했다.[25] 즉, 재산권이 성립하기 위해서는 권리의 대상이
존재할 것이 요구되는데, 명성(fame)이라 불리는 것은 성질상 권리의 대
상이 될 수 없으므로, 명성에 근거한 청구권은 재산권이 아니라 자유권이
라고 하였다.[26] 또한 법학에서는 단순히 이익 창출을 위해 이용할 수 있
다는 사실만으로 재산권을 인정할 수 없다 하면서, 예컨대 사람이 보도를
걷는 권리는 분명히 자유권인데, 어떠한 개인이 레스토랑을 광고하는 게
시판을 갖고 걷기로 합의하여 이 권리를 이용하더라도, 이러한 이용에 의
하여 자유권이 재산권으로 변화되지 않는다고 설명했다.[27] 그리고 이처럼

---

23) Allison v. Vintage Sports Plaques, 136 F.3d 1443, 46 U.S.P.Q.2D (BNA) 1138
(11th Cir. 1988).

24) 송영식 등(2008), 650-651면은, 최초판매의 원칙은 권리소진의 원칙(doctrine of
exhaustion)을 저작권법적인 측면에서 일컫는 것으로서, 저작권자가 저작물의 복
제물을 최초로 배포하고 이에 대하여 보상을 받은 경우 저작권자가 그 복제물을
처분하는 것에 대하여 통제할 수 있는 권리를 종료시키는 원칙이라고 설명한다.
우리나라의 저작권법 제20조도 최초판매원칙을 인정한다.

25) Terrell & Smith(1985), p. 6.

26) Terrell & Smith(1985), pp. 26f.

27) Terrell & Smith(1985), p. 27. 다만, 개인과 레스토랑 사이의 계약 그 자체는 소

퍼블리시티권에 특정성이 결여되어 있다는 점이, 연방 저작권법, 특허법, 상표법 등에 의해 창조된 지적재산권과 퍼블리시티권을 구별하는 근거가 된다고 하였다.[28]

II. 미국 각 주(State)의 퍼블리시티권 현황[29]

1. 연방주의

미국은 연방정부 외에 주정부가 독립적으로 존재하는 연방주의를 채택하고 있다. 50개의 개별 주는 연방정부와 독립된 주정부를 갖추고 있으며 각 주정부는 독자적인 입법부·사법부 및 행정부를 보유하고 있다.[30] 이에 따라, 각 주는 독자적으로 법률을 제정할 수 있고, 사법부 체계도 주에 따라 동일하지 않다. 심지어 주에 따라 법체계 자체가 다른 경우도 있다.[31]

연방헌법 제6조 제2항은, 연방헌법과 연방법률이 미국의 최고법(the supreme Law of the Land)이며, 어느 주의 헌법이나 법률이 이에 위배되는 경우 연방헌법과 연방법률에 따라 판단해야 한다고 규정한다. 반면, 수정헌법 제10조는 헌법에 의하여 연방에 위임되지 않았고 또한 헌법에 의

유할 수 있는 대상이며, 계약에 근거한 청구권은 재산권이라고 하였다. Terrell & Smith(1985), p. 28.

28) Terrell & Smith(1985), p. 6. 한편, 예컨대 명성이 나타난 대상인 레코드, 영화, 책 등은 특정성 요건을 갖추고 있으므로 재산이라고 하였다.

29) 이 부분은 권태상(2010a), pp. 216-223을 기초로 하여 다소 수정한 것이다.

30) 李相潤(2009), 27면.

31) 李相潤(2009), 23-24면에 의하면, 루이지애나주는 당초 프랑스의 통치하에 있었기 때문에 대륙법의 영향을 받아 지금도 미국 내에서 유일하게 성문법주의를 채택하고 있다고 한다.

해 주에 금지되지 않은 권한은 각 주 또는 국민에게 속한다고 규정한
다.32) 이에 따라, 연방법률이 존재하는 경우 이에 위배되는 주법은 적용
되지 않으나, 반면 연방법률이 제정되어 있지 않은 분야에 대해서는 주정
부가 이를 규율할 수 있게 된다.33)

2. 미국 각 주(State)의 퍼블리시티권 현황

퍼블리시티권에 대한 연방법률은 아직 제정되어 있지 않으며, 그 결과
퍼블리시티권에 대한 규율은 각 주에 맡겨져 있다. 이에 따라 각 주는 퍼
블리시티권에 대하여 다양한 태도를 취하고 있다.

2009년을 기준으로, 미국의 여러 주 중에서 총 30개의 주가 퍼블리시
티권을 인정하고 있다. 퍼블리시티권이 인정되는 방법에 따라 이를 분류
하면, 보통법에 의한 퍼블리시티권만 인정하는 주가 12개 주,34) 퍼블리시
티권의 대부분 내용을 포함하는 법률을 갖고 있는 주가 뉴욕주를 비롯한
10개 주,35) 보통법에 의한 퍼블리시티권을 인정하고 또한 퍼블리시티권
의 내용을 포함하는 법률을 갖고 있는 주가 캘리포니아주를 비롯한 8개
주36)이다.37)

---

32) 장영진·하혜경(2008), 36면은, 미국의 13개 식민지는 독립전쟁을 통해서 독립된
    주권 국가로 만들어졌는데, 이러한 각 주의 지위는 1789년의 연방헌법상의 일부
    권리를 양보하는 범위 내에서만 제한되어졌다고 한다.
33) 李相潤(2009), 153-155면. 이와 관련하여, 장영진·하혜경(2008), 48-49면은, 연방
    의회가 이른바 보충적 연방입법원칙(연방법률은 국가정책의 성공을 위한 필요한
    범위 내에서만 적용된다는 원칙)을 따르고 있기 때문에, 많은 부분이 여전히 주
    법률의 영역으로 남아있다고 설명한다.
34) 아리조나주, 알라바마주, 코넥티컷주, 조지아주, 하와이주, 미시간주, 미네소타주,
    미주리주, 뉴햄프셔주, 뉴저지주, 유타주, 웨스트 버지니아주 등이다.
35) 인디아나주, 매사추세츠주, 네브라스카주, 네바다주, 뉴욕주, 오클라호마주, 로드
    아일랜드주, 테네시주, 버지니아주, 워싱턴주 등이다. 이들 중 몇몇 주에서는 프
    라이버시에 관한 법률이 퍼블리시티권의 내용을 포함하고 있다.

이처럼 미국의 각 주는 퍼블리시티권에 대하여 다양한 입장을 취하고 있으며, 각 주의 퍼블리시티권 내용도 동일하지 않다.[38] 이에 따라, 많은 혼란이 야기되고 있으며, 통일적이고 조화된 보호를 위해 퍼블리시티권에 관한 연방법을 제정해야 한다는 주장도 제기되고 있다.[39]

아래에서는 대표적으로 캘리포니아주와 뉴욕주의 경우를 비교하여 퍼블리시티권의 내용을 살펴본다. 캘리포니아주와 뉴욕주는 미국에서 엔터테인먼트산업이 가장 발달된 곳이며, 지금까지 프라이버시권과 퍼블리시티권에 관한 여러 판결들이 선고된 곳이다.

3. 캘리포니아주의 경우

(1) 보통법에 의한 퍼블리시티권 보호

미국의 경우, 보통법이 먼저 발달하고 법률은 새로운 현상이나 특정의 사항과 같은 상대적으로 좁은 분야에 대하여 제정되었으며, 그에 따라 사건의 해결에 있어 어떠한 입법적 간극(gap)이 발생하더라도 포괄적이고 일반적인 보통법에 의해 메워져왔다고 한다.[40]

캘리포니아주에서는 보통법(common law)에 의한 퍼블리시티권이 인정되며, 이러한 보통법에 의한 퍼블리시티권이 퍼블리시티권 발전의 주요한

---

36) 캘리포니아주, 플로리다주, 일리노이주, 켄터키주, 오하이오주, 펜실베니아주, 텍사스주, 위스콘신주 등이다.
37) McCarthy(2009, Volume 1), pp. 821f.
38) McCarthy(2009, Volume 1), p. 831은, 퍼블리시티권에 관한 각 주의 법률을 어떤 유형으로 분류하기 어려우며, 각 주의 법률은 그 시간적, 장소적 영향의 결과물인 별개의 유형이라고 한다.
39) Goodman(1999), pp. 242ff.는 통일 연방법(uniform federal law)의 제정이 필요하다고 한다. 퍼블리시티권에 관한 연방법 제정을 주장하는 견해들의 논거와 제정 방안에 대해서는 이영록(2003), 71-73면 참조.
40) 장영진·하혜경(2008), 86면.

역할을 담당하였다.[41] 예컨대, 1988년 연방 제9고등법원이 판단한 Bette Midler 사건[42]에서, 유명한 가수인 원고의 노래를 다른 사람이 흉내내어 부른 것을 포드(Ford) 자동차 회사가 광고에서 사용한 것이 문제되었다. 법원은, California Civil Code § 3344에 의해 사용이 금지되는 원고의 목소리를 피고가 이용하지 않았다고 판단하였다. 광고에 사용된 목소리는 원고의 목소리가 아니라 이를 흉내낸 다른 사람의 목소리라는 이유에서였다. 그러나 위 법률이 원고가 보통법에 의해 갖는 청구원인을 주장하는 것을 배제하지 않는다고 하면서, 널리 알려진 가수의 독특한 목소리를 상품 판매를 위해 고의로 흉내낸 것은 도용이며 불법행위[43]에 해당한다고 판단하였다.

1992년 연방 제9고등법원이 판단한 Vanna White 사건[44]에서는, 미국의 유명한 TV 게임 쇼에서 글자판을 넘기는 역할을 하고 있는 원고와 헤어스타일, 의상, 자세 등이 유사한 로봇을 이용하여 삼성전자가 비디오 카셋트 녹화기(VCR) 광고를 한 것이 문제되었다. 법원은, 예컨대 원고의 정확한 얼굴모습을 따라 만든 마네킨과 달리, 기계적 용모를 가진 로봇은 California Civel Code § 3344에서 규정한 원고의 "외형(likeness)"에 해당하지 않는다고 하여 이 법률에 의한 청구를 배척하였다. 그러나 보통법에 의한 퍼블리시티권은 동일성의 도용이 특정 수단에 의해 실행되는 것을 요구하지 않으며, 중요한 것은 피고가 어떻게 원고의 동일성을 도용했는

---

41) McCarthy(2009, Volume 1), p. 837.
42) Midler v. Ford Motor Co., 849 F.2d 460, 15 Media L. Rep. 1620, 7 U.S.P.Q.2D (BNA) 1398 (9th Cir. 1988).
43) 이 판결은, 사망 이후의 퍼블리시티권이 재산권이라는 California Civil Code § 990 (b)의 유추에 의해 보통법에 의한 권리 역시 재산권이라고 한 다음, 캘리포니아주에서 이러한 보통법에 의한 권리를 도용하는 것은 불법행위가 된다고 판단하였다.
44) White v. Samsung Electronics America, Inc., 971 F.2d 1395, 20 Media L. Rep. 1457, 23 U.S.P.Q.2D (BNA) 1583 (9th Cir. 1992).

지가 아니라 피고가 원고의 동일성을 도용했는지 여부라고 하면서 보통법
에 의한 퍼블리시티권 침해를 인정하였다.[45]

(2) 법률에 의한 퍼블리시티권 보호

캘리포니아에서 퍼블리시티권 관련 법률로 볼 수 있는 최초의 것은
1972년에 시행된 California Civil Code § 3344이다.[46] 현재 이 조항의 주
된 내용은, 누구든지 다른 사람의 이름, 목소리, 서명, 사진 또는 외형을
사전 동의 없이 고의적으로 생산품 등에 사용하거나 광고나 판매 등의 목
적으로 사용한 경우 그로 인한 손해배상책임을 부담해야 한다는 것이다.

이 법률은 1985년에 개정되었는데, 개정의 주요 목적 중 하나는 1979
년 캘리포니아주 대법원의 Lugosi 판결[47]에서 부정된 사망 후 퍼블리시
티권(postmortem right of publicity)을 법률로 인정하려는 것이었다. 이에
따라 사망 후 퍼블리시티권을 인정하는 새로운 조항인 California Civil
Code § 990이 추가되었다. 이 조항은 캘리포니아 퍼블리시티권 발전에
있어서 보통법이 주요 역할을 했던 것에 대한 중요한 예외로 평가된다.[48]

---

45) 그러나 이 판결의 다수의견에 대해서는 미국 내에도 많은 비판이 존재한다. 우리
　　나라 문헌 중에도 이 판결을 비판한 것으로 황보영(1994), 40-49면과 정재훈
　　(1998), 89-133면 등이 있다.

46) McCarthy(2009, Volume 1), pp. 876f.은, 비유명인의 이름이 허락없이 이용된 것
　　에 대한 정신적 고통과 관련하여 이 법률이 제정되었고, 비유명인이 손해를 입증
　　하는 어려움을 피하기 위하여 최소 손해배상금액에 관한 내용을 두었다고 설명
　　한다. 참고로, 현재 최소 손해배상금액은 $750로 규정되어 있다.

47) Lugosi v. Universal Pictures, 25 Cal.3d 813, 160 Cal. Rptr. 323, 603 P.2d 425,
　　5 Media L. Rep. 2185, 205 U.S.P.Q. (BNA) 1090, 10 A.L.R.4th 1150 (1979).

48) McCarthy(2009, Volume 1), p. 838.

4. 뉴욕주의 경우

(1) 프라이버시 보호를 위한 법률의 제정 (1903년)

이미 살펴본 바와 같이, 1902년 뉴욕주 대법원의 Roberson 판결[49]이 프라이버시권을 인정할 수 없다는 취지로 판단하자, 그 다음해인 1903년 뉴욕주 입법부는 New York Session Laws 1903, ch. 132 §§ 1-2를 제정하였다.[50] 이 법률은 미국에서 최초로 제정된 프라이버시에 관한 법률이다. 그 내용은, 다른 사람의 이름, 초상(portrait) 또는 영상(picture)을 서면 동의 없이 광고 목적이나 영업 목적으로 사용하는 것은 경범죄(misdemeanor)와 불법행위에 해당한다는 것이었다. 이 법률의 내용은 현재까지 유지되고 있는데, 1995년 개정에서 목소리에 대한 보호가 추가되었다.[51]

(2) 보통법에 의한 퍼블리시티권의 부정

퍼블리시티권을 처음으로 인정한 1953년 연방 제2고등법원이 판단한 Haelan 사건[52]은, 퍼블리시티권을 뉴욕주 보통법의 하나로 인정했다. 그러나 이후의 뉴욕주 법원들은 법률에 의해 인정되는 권리와 별도로 보통법에 의한 퍼블리시티권을 인정할 것인지에 대하여 견해가 일치되지 않았다.

그러던 중, 뉴욕주 대법원은 1984년 Stephano 판결[53]에서 보통법에 의한 퍼블리시티권을 명시적으로 부정하였다. 이 사건에서는, 프로 모델인 원고의 사진을 피고가 잡지에 사용하면서 당초 합의된 가을 패션에 관한 기사 외에 새로운 상품과 서비스에 관한 정보를 제공하는 칼럼에 사용한

---

49) Roberson v. Rochester Folding Box Co., 171 N.Y. 538, 64 N.E. 442 (1902).

50) 이는 현재 N.Y. Civil Rights Law §§ 50 to 51로 되어 있다.

51) 다만, 목소리에 대한 보호는 N.Y. Civil Rights Law § 51에만 규정되어 있다.

52) Haelan Laboratories, Inc. v. Topps Chewing Gum, Inc., 202 F.2d 866 (2d Cir. 1953).

53) Stephano v. News Group Publication, Inc., 64 N.Y.2d 174, 485 N.Y.S.2d 220, 474 N.E.2d 580, 11 Media L. Rep. 1303 (1984).

것이 문제되었다. 뉴욕주 대법원은, N.Y. Civil Rights Law § 51의 문언에
의하면 명성을 추구하거나 자신의 이름 등을 상업적 목적으로 이용하는
사람에게도 이 법률이 적용된다고 한 다음, 퍼블리시티권은 프라이버시권
의 한 측면으로 이 법률에 포함되므로, 원고가 이와 독립적인 보통법에
의한 퍼블리시티권을 주장할 수 없다고 판단하였다.[54]

　　이후 뉴욕주에서는 보통법에 의한 퍼블리시티권을 부정하는 태도가 유
지되고 있다.[55] 즉, 뉴욕주에서는 법률 특히 1903년에 프라이버시 보호를
위해 제정된 현재의 N.Y. Civil Rights Law에 의해서만 퍼블리시티권이
인정되고, 보통법에 의한 퍼블리시티권은 인정되지 않는다.

Ⅲ. 퍼블리시티권으로 보호되는 주체의 범위[56]

1. 퍼블리시티권이 비유명인에게도 인정되는지 여부

(1) 비유명인의 퍼블리시티권에 대한 논의

　　비유명인의 퍼블리시티권을 부정하는 견해는 미국 학설 중 소수이다.
Felcher와 Rubin은, 퍼블리시티권이 입증된 경제적 가치를 갖는 재산에

---

54) 한편, 이 판결은, 뉴스가치를 갖는 예외는 정치적 사건과 사회적 동향의 보도 뿐
　　만 아니라 패션계의 발전을 포함하는 소비자의 이익에 관한 새로운 소식이나 기
　　사에도 적용될 수 있다고 판시하였다.

55) 예컨대, Allen v. Men's World Outlet, Inc., 679 F. Supp. 360, 15 Media L. Rep.
　　1001, 5 U.S.P.Q.2D (BNA) 1850 (S.D. N.Y. 1988) 판결은, 원고의 부당이득 청
　　구가 자신의 외형을 이용할 권리 즉 퍼블리시티권을 주장하는 것이라고 본 다음,
　　뉴욕 법률이 이러한 보통법에 의한 청구원인을 배제한다(preempt)는 것을 뉴욕주
　　대법원에서 명시적으로 판시하였다 하면서, 원고의 부당이득 청구 부분을 기각하
　　였다.

56) 이 부분은 권태상(2010a), pp. 223-228을 기초로 하여 다소 수정한 것이다.

대한 손해라는 사고에 기초하므로, 이전에 자신의 특성을 상업적 방법으로 이용하지 않았던 사람의 이름 또는 외형을 도용한 경우는 여전히 프라이버시의 문제일 뿐이라고 하였다.[57] Hoffman도, 퍼블리시티권은 자신의 이름과 외형의 공표가치의 이용으로부터 금전적 보상을 의식적으로 추구하는 사람에게만 인정된다고 하였다.[58]

그러나 학설 중 다수는 비유명인의 퍼블리시티권을 긍정한다. Nimmer 는, 모든 사람이 퍼블리시티권을 가져야 하고 다만 퍼블리시티권의 침해에 대하여 청구할 수 있는 손해배상액이 도용된 공표가치에 따라 결정해야 한다고 주장하였다.[59] 1995년 부정경쟁 리스테이트먼트 역시, 알려지지 않은 사람의 동일성도 경제적 가치를 가질 수 있으며, 원고의 명성에 대한 평가는 적절한 구제수단을 결정하는 것과 더 관련성이 있다고 하였다.[60]

McCarthy도, 비유명인의 동일성을 피고가 이용한 사실로부터 그 경제적 가치가 추정되고, 이전에 원고가 자신의 동일성을 이용하지 않았다는 것은 아무 관련이 없으며, 비유명인이 광고출연에 대하여 보수를 지급받고 있는 시장에서의 관습도 비유명인의 동일성이 경제적 가치 있다는 견해를 뒷받침한다고 설명한다.[61] 또한 비유명인의 퍼블리시티권을 부정하는 견해는 사람이 자발적으로 명성에서 이득을 실현하기 전에는 그 동일성에 경제적 가치가 발생하지 않는다는 사고에 근거하지만, 이는 자신의 동일성의 상업적 이용을 통해 이득을 취득하지 않기로 결정한 유명인도 자신의 동일성의 허락없는 이용을 금지할 권리를 갖는다는 점을 간과하였다고 반박한다.[62]

---

57) Felcher and Rubin(1979), p. 1591 n.78. 또한 원고가 손해배상을 받기 위해서는 확인가능한 손해를 입증해야 한다고 하면서, 이는 창조적 노력을 촉진시키는 정책과 직접 관련된다고 하였다. Felcher and Rubin(1979), p. 1615.

58) Hoffman(1980), p. 112. 다만, 현대는 누구라도 미디어에 노출됨에 의하여 즉각적인 명성을 취득할 수 있는 공표 중심의 사회이므로, 퍼블리시티 사건의 원고가 될 잠재적 사람들이 많다고 한다. Hoffman(1980), p. 114.

59) Nimmer(1954), p. 217.

60) Restatement Third, Unfair Competition § 46, comment d (1995).

61) McCarthy(2009, Volume 1), pp. 223f.

(2) 캘리포니아주와 뉴욕주의 경우

캘리포니아주의 경우, 법률에 의한 퍼블리시티권과 보통법에 의한 퍼블리시티권 모두 비유명인에게 인정된다. California Civil Code § 3344는 "다른 사람(another)"이라고 규정하는데, 이 문언에 따라 법원은 이 법률이 유명인에게 제한되지 않는다고 해석하였다.[63] 그리고 1993년 캘리포니아주 항소법원의 Dora 판결[64]은, 원고의 보통법에 의한 청구 부분에 대하여, 유명인과 비유명인 모두 그의 이름과 외형을 권한 없이 이용당하지 않을 권리가 있다고 판단하였다.[65]

뉴욕주의 경우도, 법률에 의한 퍼블리시티권이 비유명인에게 인정된다. N.Y. Civil Rights Law § 51는 "어떠한 사람이든(Any Person)"이라고 규정한다. 1984년 뉴욕주의 1심 법원 판결[66]은, 상대적으로 알려지지 않은 사람부터 세계적으로 유명한 사람에 이르는 모든 지위의 사람이 탐욕스러운 상업적 이용으로부터 보호되어야 한다는 것이 이 법률과 이를 해석한

62) McCarthy(2009, Volume 1), p. 228.
63) KNB Enterprises v. Matthews, 78 Cal. App. 4th 362, 92 Cal. Rptr. 2d 713, 28 Media L. Rep. 1435, 53 U.S.P.Q.2D (BNA) 1885 (2d Dist. 2000). 이 사건에서는, 비유명인 모델들의 에로틱 사진들을 피고가 권한 없이 자신의 상업적 웹사이트에 전시한 것이 문제되었다. Christoff v. Nestle USA, Inc., 62 Cal. Rptr. 3d 122, 35 Media L. Rep. 2002 (Cal. App. 2d Dist. 2007)도, 위 규정은, 손해배상 등을 청구하기 위하여 원고가 유명인일 것을 요구하지 않는다고 판단하였다.
64) Dora v. Frontline Video, Inc., 15 Cal. App. 4th 536, 18 Cal. Rptr. 2d 790, 21 Media L. Rep. 1398, 26 U.S.P.Q.2D (BNA) 1705 (2d Dist. 1993).
65) 이 사건에서는, 서핑(surfing)의 전설적 인물이었던 원고의 인터뷰와 사진을 피고가 비디오 다큐멘터리에 사용된 것이 문제되었다. 법원은, 원고가 유명인으로 여겨지는지 비유명인으로 여겨지는지와 관계없이, 그리고 원고가 감정의 손상에 대한 배상을 구하는지 상업적 가치에 대한 배상을 구하는지에 관계없이, 다큐멘터리의 중심 내용이 공공의 이익에 관한 것이어서 헌법상 보호를 받는다고 판단하였다.
66) Onassis v. Christian Dior-New York, Inc., 122 Misc.2d 603, 472 N.Y.S.2d 254, 10 Media L. Rep. 1859 (Sup 1984).

판결들에 나타나는 원칙이라고 하였다. 1984년 뉴욕 법원 항소부의
Cohen 판결[67] 역시, 이 법률에 의한 권리는 공적 인물은 물론 평범한 개
인 등 모든 사람에게 적용된다고 판단하였다.

2. 법인 등 단체에게 퍼블리시티권이 인정되는지 여부

(1) 법인 등 단체의 퍼블리시티권에 대한 논의

법인 등 단체의 퍼블리시티권을 긍정하는 견해는 미국 학설 중 소수이
다. Nimmer는, 사업체, 조합, 법인 등이 프라이버시권에 의해 보호를 받
지 못한다는 점을 지적한 다음,[68] 사업체나 기타단체도 공표가치를 가질
수 있으므로 법인 등 단체의 퍼블리시티권을 소유하는 사람이 퍼블리시티
권을 가져야 한다고 주장하였다.[69]

그러나 학설의 다수는 법인 등 단체의 퍼블리시티권을 부정한다. 1995
년 부정경쟁에 관한 리스테이트먼트는, 퍼블리시티권의 기초가 개인의 존
엄과 자율이라고 하면서, 이에 따라 퍼블리시티권은 자연인에게 한정된다
고 하였다.[70] McCarthy는, 퍼블리시티권이 인정되는 기초적 논거는 인간
의 동일성이 갖는 독특함이고, 퍼블리시티권을 지지하는 가장 설득력 있
는 근거는 인간의 동일성이 자연적이고 자명한 재산권이라는 점이라고 하

---

67) Cohen v. Herbal Concepts, Inc., 100 A.D.2d 175, 473 N.Y.S.2d 426, 10 Media
   L. Rep. 1561 (1st Dep't 1984).
68) Nimmer(1954), p. 210.
69) Nimmer(1954), p. 216. 그리고 부정경쟁의 경우와 달리, 피고와 원고와 경쟁관계
   에 있는지 여부나 피고가 자신의 상품을 원고의 상품이라고 기망하였는지
   (passing-off) 여부에 상관없이 이 권리가 존재해야 한다고 주장하였다.
70) Restatement Third, Unfair Competition § 46, comment d (1995). 법인 또는 단체
   의 동일성을 권한 없이 사용하는 것에 대한 보호는 상표와 상호에 대한 규율에
   의해 결정된다고 하였다.

면서, 퍼블리시티권을 자연인의 동일성을 나타내는 징표를 넘어서 확대하
는 것에 반대한다.[71] 또한 법인 등 단체의 퍼블리시티권을 인정하면, 상
표 또는 상호의 침해를 주장하는 것에 비하여 퍼블리시티권 침해를 주장
하는 것이 더 쉬우므로, 상표와 상호에 관한 법의 대부분이 불필요하게
될 것이라고 주장한다.[72]

　미국 판결도, 대부분 법인 등 단체의 퍼블리시티권을 부정한다. 다만, 음
악을 연주하는 그룹에 대해서는 퍼블리시티권을 인정한 판결들이 있다.[73]

(2) 캘리포니아주와 뉴욕주의 경우

　캘리포니아주의 경우, California Civil Code § 3344와 § 3344.1 모두
자연인의 동일성만을 보호하는 것으로 해석된다. § 3344의 내용과 관련
하여 법인이 자연인처럼 "목소리, 서명, 사진"을 가질 수 없다는 점, 사
망 이후 퍼블리시티권을 규정한 § 3344.1 (h)항이 명시적으로 "자연인
(natural person)"이라는 표현을 사용하고 있다는 점 등이 이러한 해석의
근거로 제시된다.[74]

---

71) McCarthy(2009, Volume 1), p. 282.
72) McCarthy(2009, Volume 1), pp 277f. 이 견해는, 상표법에서의 혼동가능성
　　(likelihood of confusion)을 입증하는 것보다 퍼블리시티권의 동일성 요건을 입
　　증하는 것이 쉽다는 것을 그 이유로 든다.
73) Bi-Rite Enterprises, Inc. v. Button Master, 555 F. Supp. 1188, 9 Media L. Rep.
　　1531, 217 U.S.P.Q. (BNA) 910 (S.D. N.Y. 1983) 판결은, 프라이버시권과 달리
　　퍼블리시티권이 경제적 가치의 보호를 추구한다는 점을 내세우면서, 시장 가치를
　　발전시킨 그룹은 그 이름에 퍼블리시티권을 가져야 한다고 판단하였다. 그리고
　　Apple Corps Ltd. v. A.D.P.R., Inc., 843 F. Supp. 342, 22 Media L. Rep. 1562,
　　30 U.S.P.Q.2D (BNA) 1372 (M.D. Tenn. 1993) 판결은, 그룹 이름 "The Beatles"
　　를 이용한 것에 대하여, 테네시주 법률이 개인만을 보호한다고 해석하는 것은 법
　　률의 의도를 왜곡하는 것이고, 그룹의 예명 역시 그룹을 구성하는 개인의 이름과
　　동일한 보호를 받는다고 판단하였다.
74) McCarthy(2009, Volume 1), p. 881.

뉴욕주의 경우도, N.Y. Civil Rights Law § 50은 보호대상을 "살아있는 사람(living person)"으로 규정하고 있다. 한편, N.Y. Civil Rights Law § 51는 "사람(person)"이라고만 규정하고 있으나, 이는 § 50 규정과 일치하게 해석되어야 한다고 설명된다.[75] 1965년 뉴욕 법원의 항소부 판결[76]도, 위 법률 조항들이 살아있는 사람만을 보호한다고 판단하였다.

3. 동물의 퍼블리시티권을 인정할 수 있는지 여부

Nimmer는, 공표가치 개념을 중시하여, 동물도 종종 중요한 공표가치를 갖게 되나, 프라이버시권 이론에 의해서는 그 공표가치의 권한없는 이용을 막을 수 없다 하면서,[77] 동물의 소유자가 퍼블리시티권을 가져야 한다고 주장하였다.[78]

그러나 McCarthy는, 동물의 퍼블리시티권을 인정하더라도 실무에서 많은 차이가 발생하지 않을 것이므로 이를 특수한 범주로 인정하는 것을 용인할 수 있으나, 퍼블리시티권을 인간의 동일성에 한정하고 법인 등 단체의 동일성에 인정하지 않도록 유지하는데 필요하다면 동물의 퍼블리시티권을 부정해야 한다는 입장을 취한다.[79]

미국 판결에서 동물의 퍼블리시티권 인정 여부를 명시적으로 판단한 경우는 없으나, 프라이버시권과 관련된 판결은 다소 존재한다. 1945년 뉴

---

75) McCarthy(2009, Volume 1), p. 269 n.1.

76) University of Notre Dame Du Lac v. Twentieth Century-Fox Film Corp., 22 A.D.2d 452, 256 N.Y.S.2d 301, 144 U.S.P.Q. (BNA) 454 (1st Dep't 1965). 원고들 중 대학교 총장은 위 법률 조항에 의한 프라이버시권이 침해되었다고 주장하였으나, 원고들 중 대학교는 위 법률 조항을 주장하지 않았다.

77) Nimmer(1954), p. 210.

78) Nimmer(1954), p. 216. 나아가, 무생물의 경우도 그 소유자가 퍼블리시티권을 가져야 한다고 주장하였다.

79) McCarthy(2009, Volume 1), p. 266.

욕주 1심 법원의 판결[80]은, 애완견의 사진을 권한 없이 광고에 사용한 사건에서, 법률에 의한 프라이버시권이 개 또는 개의 사진의 경우에 적용되지 않는다는 것이 명백하다고 판단하였다.[81] 그리고 1972년 미주리주 대법원의 판결[82]은, 말을 촬영하여 그 사진을 광고에 사용한 사건에서, 광고에 사용된 말의 사진이 원고와 동일시되지 않는다고 하면서 원고의 프라이버시가 침해되지 않았다고 판단하였다.

Ⅳ. 퍼블리시티권으로 보호되는 객체의 범위[83]

1. 개설

Prosser가 분류한 프라이버시권의 한 유형인 도용의 경우, 이름 또는 외관이라는 개별 요소보다 사람의 동일성이 보호객체라고 할 수 있다. Prosser는, 원고의 이름이나 외형을 이용하지 않고 그를 흉내내는 것에 의해 동일성을 도용하는 것이 가능하다고 하였다.[84] 그리고 이름의 경우 단지 이름 자체가 아니라 동일성의 표상으로서의 이름이 문제되며, 피고가 자신에게 이익이 되도록 원고의 동일성을 약탈하기 위해 원고의 이름을

---

80) Lawrence v. Ylla, 184 Misc. 807, 55 N.Y.S.2d 343, 65 U.S.P.Q. (BNA) 342 (Sup 1945).
81) 그러나 이 판결은 원고에게 사진에 대한 권리가 있다는 이유에서 애완견 사진의 추가적인 복제 또는 사용을 금지하였다. Nimmer(1954), p. 221은, 사진 촬영 계약의 당사자가 아닌 피고들에게까지 이러한 금지를 명한 점을 들어, 이 판결이 퍼블리시티권의 묵시적 적용으로 가장 잘 설명될 수 있다고 하였다.
82) Bayer v. Ralston Purina Co., 484 S.W.2d 473, 87 A.L.R.3d 1275 (Mo. 1972).
83) 이 부분은 권태상(2010a), pp. 229-240을 기초로 하여 다소 수정한 것이다.
84) Prosser(1960), p. 401 n.155.

이용한 경우만 책임을 부담한다고 하였다.[85]

퍼블리시티권의 경우도, 개별 요소 자체보다는 사람의 동일성이 갖는 재산적 가치가 궁극적 보호대상이라고 할 수 있다. 미국의 판결도 특정한 개별 요소를 중시하지 않고 특정인의 동일성이 인식가능한지 여부를 기준으로 판단하고 있다. 이와 관련하여, "persona"라는 용어가 사용되기도 한다. McCarthy는, 이 용어가 ① 사람의 동일성에 나타나 있는 상업적 가치들의 집합, ② 사람의 동일성이 인식될 수 있는 여러 방법들 등의 의미를 갖는다고 하면서, 원고를 인식할 수 있는 다양한 표지들을 언급하는 편리한 용어로 "persona"라는 용어를 사용하는 것이 유용하다고 설명한다.[86]

2. 이름

이름은 사람을 가리키는 가장 명확한 방법이다. 그러나 동일하거나 유사한 이름을 가진 사람이 여러 명 존재할 수 있으므로, 어떤 이름의 사용이 특정인을 가리키는 것으로 볼 수 있는지 여부가 문제된다. 이와 관련하여, 그 이름이 사용된 상황(context)이 가장 중요한 요소라고 설명된다.[87]

퍼블리시티권의 보호대상인 이름은 성과 이름이 합쳐진 것만을 의미하지 않으며, 성을 제외한 이름(first name)도 그에 의해 원고가 인식될 수 있으면 보호대상이 된다. 1980년 텍사스주 연방서부지방법원의 판결[88]은, 집안일에 관한 신문칼럼과 책들을 저술한 유명한 작가 Heloise Bowles의 이름 중 Heloise를 광고문구 등으로 사용한 사건에서, 이것이 동일성 도용에 해당한다고 판단하였다. 1993년 테네시주의 연방중부지방법원의 판

---

85) Prosser(1960), p. 403.
86) McCarthy(2009, Volume 1), p. 286.
87) McCarthy(2009, Volume 1), p. 297.
88) National Bank of Commerce v. Shaklee Corp., 503 F. Supp. 533, 207 U.S.P.Q. (BNA) 1005 (W.D. Tex. 1980).

결[89])도, 비틀즈를 모방한 그룹의 광고를 위해 비틀즈 멤버들의 성을 제외한 이름인 John, Paul, George, Ringo를 결합하여 이용한 사건에서, 이는 다른 사람의 이름 또는 외형을 동의 없이 광고 목적으로 사용하는 것을 금지하는 테네시주 법률을 위반한 것이라고 판단하였다.

원고가 별명, 예명으로 알려진 경우, 이러한 별명, 예명도 보호대상이 될 수 있다. 1979년 위스콘신주 대법원의 Hirsch 판결[90])은, 유명한 미식축구 선수인 원고의 별명 "Crazylegs"를 피고가 여성용 면도 젤 제품에 사용한 사건에서, 실제 이름이 아닌 별명을 사용하였다는 사실에 의해 청구권원(cause of action)[91])이 배제되지 않으며, 필요한 것은 그 이름이 원고를 명확하게 지칭하는 사실이라고 하면서, 영업 목적으로 다른 사람의 이름을 도용하는 것에 대한 청구권원이 위스콘신 보통법에 존재한다고 판단하였다.

피고가 원고의 이름을 변형하여 사용한 경우도, 합리적인 사람이 그 상황에서 원고를 인식할 수 있으면 인식가능성 요건이 충족된다.[92]) 1964년 캘리포니아주 항소법원의 판결[93])은, 어떤 사람이 이름을 "Peter Lorie"로 변경하려고 한 사건에서, Peter Lorre가 세계적으로 유명한 배우이고 그의 이름은 엔터테인먼트 산업에서 독특할 뿐만 아니라 그의 독특한 역할, 스타일, 말투, 외모 등을 의미하는 2차적 의미를 갖는다 하면서 이름 변경을 허가하지 않았다. 1983년 연방 제6고등법원이 판단한 사건[94])에서는, 유명

---

89) Apple Corps Ltd. v. A.D.P.R., Inc., 843 F. Supp. 342, 22 Media L. Rep. 1562, 30 U.S.P.Q.2D (BNA) 1372 (M.D. Tenn. 1993).

90) Hirsch v. S.C. Johnson & Son, Inc., 90 Wis.2d 379, 280 N.W.2d 129, 205 U.S.P.Q. (BNA) 920 (1979).

91) 이는 소인(訴因)으로 번역되기도 하나, 본서에서는 청구권원으로 번역한다.

92) McCarthy(2009, Volume 1), p. 300.

93) In re Eugene Weingand for Change of Name. Weingand v. Lorre, 231 Cal. App. 2d 289, 41 Cal. Rptr. 778 (2d Dist. 1964).

94) Carson v. Here's Johny Portable Toilets, Inc., 698 F.2d 831, 9 Media L. Rep. 1153, 218 U.S.P.Q. (BNA) 1 (6th Cir. 1983).

한 텔레비전 프로그램의 진행자인 원고 John W. Carson이 소개되는 문구인 "Here's Johnny"를 피고가 "The World's Foremost Commodian"이라는 문구와 함께 휴대용 변기 제품에 사용한 것이 문제되었다. 법원은, 유명인의 동일성이 상업적으로 이용되었다면, 그의 "이름 또는 외형"이 이용되었는지 여부와 상관없이, 그의 퍼블리시티권95)이 침해된 것이라고 하면서, 원고의 동일성이 이용되었다고 판단하였다. 이 판결과 관련하여, 이름의 이중적 의미 또는 이름에 대한 말장난이 재미있는 이유가 그것이 원고를 가리키기 때문인 경우에는, 원고의 동일성이 이용된 것이라고 설명되기도 한다.96)

3. 초상 등 영상

초상 등 영상의 경우도 그것이 누구를 가리키는지 인식할 수 있어야 퍼블리시티권으로 보호될 수 있다. 그러나 사람의 얼굴이 나타나는 것이 그 사람을 인식하기 위해 필수적인 것은 아니다. 1984년 뉴욕주 대법원이 판단한 Cohen 사건97)에서, 원고와 그녀의 딸이 나체로 목욕하는 모습의 사진이 광고에 사용된 것이 문제되었는데, 사진에서 두 사람의 얼굴은 볼 수 없었으나 뒷모습과 옆모습을 볼 수 있었다. 법원은, N.Y. Civil Rights Law의 "초상 또는 영상"이라는 문구가 인식가능한 얼굴 묘사가 꼭 존재할 것을 요구하지 않으며, 이 법률은 사람의 "외형"을 상업적으로 이용하는 어떤 경우에도 적용된다고 판단하였다.

초상 등 영상이 표현되는 방법도 제한되지 않는다. 1978년 뉴욕주 연방

---

95) 이 판결은, Prosser가 분류한 프라이버시의 4가지 유형 중 마지막 유형인 도용을 퍼블리시티권으로 인식하였다.

96) McCarthy(2009, Volume 1), p. 295. 참고로, "John"은 변기의 속어이며, "commode"도 변기라는 의미를 갖고 있다.

97) Cohen v. Herbal Concepts, Inc., 100 A.D.2d 175, 473 N.Y.S.2d 426, 10 Media L. Rep. 1561 (1st Dep't 1984).

남부지방법원이 판단한 Muhammad Ali 사건[98]에서, 권투 링 코너에 앉아 있는 흑인의 그림이 성인 잡지에 사용된 것이 문제되었다. 법원은, N.Y. Civil Rights Law § 51에 규정된 "초상 또는 영상"은 사진에 한정되지 않고 원고의 외형으로 인식할 수 있는 묘사를 일반적으로 포함한다 하면서, 이 그림에 나타난 얼굴의 특징들, 양 손을 로프에 얹고 권투 링 코너 의자에 앉아 있는 점, 원고를 지칭하는 "the Greatest"라는 문구가 기재된 점 등에 의하면 묘사된 사람이 원고라는 사실을 인정할 수 있다고 판단하였다.[99]

또한 원고와 유사한 모습을 한 사람의 초상을 이용한 경우도, 일반인들이 이를 원고로 인식한다면, 그 초상에 의해 원고가 인식가능하다고 볼 수 있다. 1984년 뉴욕주의 1심 법원이 판단한 사건[100]에서, 케네디 대통령의 부인이었던 원고와 닮은 사람의 사진을 의류광고에 사용한 것이 문제되었다. 법원은, 금지되는 것의 본질은 사람의 동일성의 이용이고, "초상 또는 영상"은 사진보다 더 넓은 범위를 의미하여 사람의 본질과 외형을 전달하는 표현을 포함하며, 여기에는 실제 그 사람에 대한 것은 물론 의도적으로 그와 아주 유사한 사람에 대한 것도 포함된다고 하였다.[101] 1993년 테네시주 연방중부지방법원의 판결[102]도, 비틀즈를 모방한 그룹

---

98) Ali v. Playgirl, Inc., 447 F. Supp. 723, 3 Media L. Rep. 2540, 206 U.S.P.Q. (BNA) 1021 (S.D. N.Y. 1978).

99) 이 판결은, 뉴욕주의 판결들이 재산권인 퍼블리시티권과 N.Y. Civil Rights Law § 51의 프라이버시권을 보통 구별하지 않으며, 많은 판결들이 사람의 외형 또는 명성의 재산적 이익 침해에 대하여도 § 51에 의해 배상청구권을 인정한다고 하였다.

100) Onassis v. Christian Dior-New York, Inc., 122 Misc.2d 603, 472 N.Y.S.2d 254, 10 Media L. Rep. 1859 (Sup 1984).

101) 이 판결은, 프라이버시권에 의해 금지명령을 명할 충분한 근거가 인정되는 이상, 퍼블리시티권 침해에 관한 문제는 해결할 필요가 없다고 판시하였다.

102) Apple Corps Ltd. v. A.D.P.R., Inc., 843 F. Supp. 342, 22 Media L. Rep. 1562, 30 U.S.P.Q.2D (BNA) 1372 (M.D. Tenn. 1993).

의 광고를 위해 비틀즈 멤버들의 모습, 머리스타일, 옷차림, 태도 등을 모방한 포스터 사진 등이 이용된 사건에서, 다른 사람의 이름 또는 외형을 동의 없이 광고 목적으로 사용하는 것을 금지하는 테네시주 법률을 위반하였다고 판단하였다.

4. 목소리

사람의 목소리가 독특한 경우 이를 통하여 사람의 동일성이 인식될 수 있으므로, 목소리도 퍼블리시티권의 보호대상에 포함될 수 있다. 그리고 원고와 유사한 목소리를 이용한 경우도, 일반인들이 이를 원고의 목소리로 인식한다면, 그에 의해 원고가 인식가능하다고 볼 수 있다. 1988년 연방 제9고등법원의 Bette Midler 판결[103]은, California Civil Code § 3344에 의해 사용이 금지되는 원고의 목소리를 피고가 이용하지 않았다고 판단하였으나, 위 법률이 원고가 보통법에 의해 갖는 청구원인을 주장하는 것을 배제하지 않는다고 하면서, 널리 알려진 가수의 독특한 목소리를 상품 판매를 위해 고의로 흉내낸 것은 도용이며 불법행위에 해당한다고 판단하였다.[104] 1992년 연방 제9고등법원의 Tom Waits 판결[105]도, 가수인 원고의 노래를 다른 사람이 흉내내어 부른 것을 콘칩 라디오 광고에 사용한 사건에서, 위 Bette Midler 판결에서 인정된 불법행위가 퍼블리시티권 침해의 일종이라고 하면서, 그 판시가 여전히 유효하다고 하였다. 이에 따라, 원고의 목소리가 독특하고 잘 알려져 있으며, 이러한 원고의 목소리를 고의로 흉내낸 광고에 의해 피고가 원고의 퍼블리시티권을 침해하였다는

---

103) Midler v. Ford Motor Co., 849 F.2d 460, 15 Media L. Rep. 1620, 7 U.S.P.Q.2D (BNA) 1398 (9th Cir. 1988).

104) 이 사건에서, 피고들은 문제된 노래의 저작권 보유자로부터 이용허락을 취득한 상태였으므로, 오직 원고의 목소리 자체가 보호대상이 되는지 여부만이 문제되었다.

105) Waits v. Frito-Lay, Inc., 978 F.2d 1093 (9th Cir. 1992).

1심법원의 판단을 그대로 인정하였다.

그러나 목소리를 퍼블리시티권의 보호대상으로 인정하지 않는 주도 존재한다. 2008년 미시간주 연방동부지방법원의 판결106)은, 락 밴드의 노래가 기타 연주 비디오 게임에 이용된 사건에서, 설령 목소리가 독특한 경우라도 미시간주는 목소리에 퍼블리시티권을 인정하지 않으며 소리의 결합에 대해서도 역시 퍼블리시티권을 인정하지 않는다고 판단하였다.107)

5. 역할, 캐릭터

어떤 배우가 특정 역할을 연기하여 유명해진 경우, 그 배우는 그 특정 역할에서 나타난 모습을 통해서 인식될 수 있다. 그런데 역할은 다른 배우에 의해서도 연기될 수 있는 경우가 많다. 그러므로 특정 역할 또는 그 역할에서 나타난 모습을 이용하는 경우, 피고가 이용한 것이 사람과 독립된 역할을 가리키는지 또는 특정한 사람을 가리키는지가 쟁점이 된다.108) 이와 관련하여, 그 역할이 배우의 페르소나(persona)의 일부가 되었는지 여부, 배우의 연기가 독특하여 그 특정 역할이 배우와 분리할 수 없게 결합되어 있는지 여부 등이 판단기준으로 제시된다.109)

배우가 독특한 역할을 직접 창조하여 연기한 경우, 그 역할이 배우의 동일성을 나타낸다고 판단될 가능성이 높다. 1981년 뉴욕주 연방남부지방법원이 판단한 Marx Brothers 사건110)에서, 유명한 코미디언들의 사망 후 그

---

106) The Romantics v. Activision Pub., Inc., 532 F. Supp. 2d 884, 36 Media L. Rep. 1193, 85 U.S.P.Q.2D (BNA) 1630 (E.D. Mich. 2008).

107) 이 사건의 피고는 문제된 노래의 저작권자로부터 이용허락을 취득하여 게임을 제작하였으며, 법원은 문제된 비디오 게임이 수정헌법 제1조의 보호를 받는 예술적 표현물이라고 하였다.

108) McCarthy(2009, Volume 1), p. 337.

109) McCarthy(2009, Volume 1), pp. 346f.

110) Groucho Marx Productions, Inc. v. Day and Night Co., Inc., 523 F. Supp. 485,

들의 독특한 외모, 스타일, 동작 등을 모방한 뮤지컬 연극이 문제되었다.
법원은, 이 코미디언들이 스스로 창조한 독특한 역할을 이용해 생계를 유
지했고, 그들의 명성은 즉시 인식할 수 있고 인기있는 역할을 발전시킨 노
력의 직접적 결과라고 하면서, 이 코미디언들은 스스로 창조한 역할에 존
재하는 퍼블리시티권을 이용했다고 판단하였다. 그리고 피고의 연극 제작
이 Marx Brothers 역할에 존재하는 원고들[111]의 퍼블리시티권을 침해했다
고 판단하였다. 다만, 이 판결은 항소심에서 다른 이유로 파기되었다.[112]

배우가 다른 사람에 의해 창조된 역할을 연기한 경우에는, 그 배우가 역
할과 어느 정도로 결합되어 있는지 여부에 따라 판단해야 한다. 이는 결국
사람들의 인식을 기준으로 해야 하나, 그 판단이 쉽지 않을 수 있다. 1994
년 연방 제3고등법원이 판단한 사건[113]에서는, 배우인 McFarland가 영화에
서 맡았던 캐릭터의 이름과 사진 등을 이용한 것이 문제되었다. 이 배우는
유명한 영화 시리즈에서 Spanky라고 불리는 개구쟁이 역할을 담당했는데,
피고는 레스토랑 이름을 "Spanky McFarland's"로 정하고 레스토랑 벽에 영

---

212 U.S.P.Q. (BNA) 926, 7 Media L. Rep. 2030, (S.D. N.Y. 1981), judgment
rev'd, 689 F.2d 317, 216 U.S.P.Q. (BNA) 553, 8 Media L. Rep. 2201 (2d Cir.
1982).

111) 이 사건의 원고들은, Marx Brothers의 구성원인 코미디언 Harpo의 유언에 의한
재산 수탁자, 코미디언 Groucho가 살아있을 때 그와의 계약으로 권리를 양수받
은 자, 코미디언 Chico가 사망한 이후 그 미망인과의 계약에 의해 권리를 양수
받은 자 등이었다.

112) 1982년 연방 제2고등법원의 판결은, 이 사건에 캘리포니아 법이 적용되어야 하
는데, 캘리포니아의 Lugosi 판결은 퍼블리시티권의 상속을 인정하지 않는 것으
로 해석되거나 유명인이 살아있는 동안 퍼블리시티권을 이용하여 광고한 상품
또는 용역에 대해서만 퍼블리시티권의 상속을 인정하는 것으로 해석된다고 하
면서, 이 판결을 파기하였다. Groucho Marx Productions, Inc. v. Day and Night
Co., Inc., 689 F.2d 317, 216 U.S.P.Q. (BNA) 553, 8 Media L. Rep. 2201 (2d
Cir. 1982).

113) McFarland v. Miller, 14 F.3d 912, 22 Media L. Rep. 1205, 29 U.S.P.Q.2D
(BNA) 1586 (3d Cir. 1994).

화 중 이 배우의 모습이 포함된 장면을 전시했으며, 메뉴 이름에도 Spanky 등 영화에 나오는 용어들을 사용했다. 법원은, 그 역할이 배우와 결합되어 있는지를 고려해야 한다고 하면서, 배우의 영화 속 페르소나(persona)가 그 배우의 대중적 이미지와 분리하기 어려울 정도로 결합되어 있는 경우 배우가 그 이미지에 대한 권리를 취득하며 이 권리에 의하여 그 이미지를 다른 사람이 권한 없이 사용하는 것을 막을 수 있다고 판단하였다.[114]

6. 특정인과 밀접하게 관련된 물건

특정인과 어떤 물건이 밀접하게 관련되어 있는 경우, 그 물건에 의하여 특정인이 인식될 수도 있다. 이와 관련하여, 이름은 사람의 육체적 속성은 아니지만 특정인을 인식하게 하고 다른 사람들과 구별하도록 하는데, 특정인과 밀접하게 관련된 물건도 이름과 같은 기능을 수행할 수 있다고 설명된다.[115]

1974년 연방 제9고등법원이 판단한 Motschenbacher 사건[116]에서, 경주용 자동차의 프로운전선수인 원고의 자동차를 찍은 사진을 피고 회사가 텔레비전에 방영된 담배 광고에 이용한 것이 문제되었다. 원고의 자동차는 독특하게 장식되어 있었는데, 피고 회사는 자동차의 번호를 변경하는 등 다소 사진을 수정하여 광고에 사용하였다. 법원은, 원고의 외형 그 자체를 인식할 수는 없으나, 원고의 자동차에 있는 독특한 장식에 의해 사람들이 이 자동차를 원고의 자동차로 생각하고 또한 이 자동차를 운전하는 사람이 원고라고 추론하게 만든다고 판단하였다.[117]

---

114) 이에 따라 1심 판결을 파기하고 추가적인 심리를 위해 환송하였다.
115) McCarthy(2009, Volume 1), p. 383.
116) Motschenbacher v. R. J. Reynolds Tobacco Co., 498 F.2d 821 (9th Cir. 1974).
117) 이 판결은, 사람의 동일성에 관한 이익의 상업적 측면을 몇몇 주에서는 프라이버시 이론으로 보호하고, 몇몇 주에서는 재산권 또는 퍼블리시티권으로 보호한다고 하면서, 본 사안에서는 캘리포니아 법원이 어떠한 방법으로 이러한 이익을

7. 캘리포니아주와 뉴욕주의 경우

(1) 캘리포니아주의 경우

현재 California Civil Code는 이름, 목소리, 서명, 사진, 외형을 보호 객체로 규정하고 있는데, 목소리와 서명은 1985년 개정에서 추가된 것이다. 그런데 캘리포니아주는 보통법에 의한 퍼블리시티권을 인정하고 있으므로, 법률에 규정되어 있지 않은 객체도 보통법에 의한 퍼블리시티권에 의해 보호될 수 있다.

보통법은 포괄적이고 일반적인 성격을 가지며, 따라서 보통법이 존재하는 경우 법률에 대한 확장해석이 불필요하다고 설명된다.[118] 캘리포니아주의 경우, 특정 가수와 유사한 목소리로 노래를 흉내내어 부른 것을 이용한 사건들[119]에서, 원고의 목소리 자체를 이용한 것이 아니므로 법률에 의한 퍼블리시티권이 침해되지 않았다고 판단한 다음 보통법에 의한 퍼블리시티권 침해를 인정하였는데, 이 역시 법률에 대한 확장해석을 하지 않고 보통법을 적용한 경우로 볼 수 있을 것이다.

(2) 뉴욕주의 경우

뉴욕주에서는 법률에 의한 퍼블리시티권만 인정되므로, 퍼블리시티권으로 보호되는 객체 역시 N.Y. Civil Rights Law의 규정과 해석에 의해 결정된다. 이름, 초상, 영상은 1903년 법률 제정 당시부터 보호 객체로 규

보호할 것인지에 대해서까지 결정할 필요는 없다고 하였다.

118) 장영진·하혜경(2008), 86면.

119) Midler v. Ford Motor Co., 849 F.2d 460, 15 Media L. Rep. 1620, 7 U.S.P.Q.2D (BNA) 1398 (9th Cir. 1988); Waits v. Frito-Lay, Inc., 978 F.2d 1093 (9th Cir. 1992).

정되어 있으며, 1995년 개정에 의해 목소리가 보호 객체로 추가되었다. 그러나 역할이나 캐릭터는 지금까지도 보호 객체로 규정되어 있지 않으며, 이에 따라 2008년의 뉴욕주 연방남부지방법원 판결[120]은 캐릭터에 대한 보호를 부정하였다. 특정인과 밀접하게 관련된 물건 역시 보호 객체로 인정되기 어려울 것으로 보인다.

한편, 유명인과 유사한 모습을 한 사람의 사진이 이용된 사건[121]에서 법률에 규정된 "초상 또는 영상"을 넓게 해석하였는데, 이는 보통법에 의한 퍼블리시티권이 인정되지 않는 상황에서 법률을 확장하여 해석한 것으로도 볼 수 있을 것이다. 그러나 뉴욕주 법률이 항상 넓게 해석되는 것은 아니다. 예컨대, 1968년 뉴욕주 연방남부지방법원의 판결[122]은, 실제 이름이 아닌 가장된(assumed) 이름 또는 필명은 뉴욕 법률에 의해 보호되는 이름이 아니라고 판단하였다.

---

120) Burck v. Mars, Inc., 571 F. Supp. 2d 446 (S.D. N.Y. 2008). 이 판결은 뉴욕 법률에 의한 프라이버시권이 허구의 캐릭터에 확장되지 않는다고 판시하였다. 사람이 연기하는 캐릭터는 법률에 규정된 "살아있는 사람"에 해당되지 않는다는 것이 그 이유였다.

121) Onassis v. Christian Dior-New York, Inc., 122 Misc.2d 603, 472 N.Y.S.2d 254, 10 Media L. Rep. 1859 (Sup 1984).

122) Geisel v. Poynter Products, Inc., 295 F. Supp. 331, 160 U.S.P.Q. (BNA) 590 (S.D. N.Y. 1968). 이 사건에서 원고의 필명 "Dr. Seuss"가 원고의 동의 없이 인형 판매에 이용된 것이 문제되었는데, 법원은 위와 같은 이유에 의하여 뉴욕주 법률에 의한 프라이버시권 청구를 기각하였다.

제4절 퍼블리시티권의 양도와 이용허락

Ⅰ. 개설

미국의 경우, 퍼블리시티권은 발생 당시부터 양도가능한 권리로 여겨졌고, 이후에도 퍼블리시티권의 양도성에 대해서는 별로 다투어지지 않았다. 이러한 퍼블리시티권의 양도성은 프라이버시권과 구별되는 점이라고 인정된다.

퍼블리시티권의 이용허락도 인정된다. 그런데 퍼블리시티권의 이용허락은 그 내용에 따라 배타적 이용허락과 비배타적 이용허락으로 구별되며, 이에 따라 이용허락을 취득한 자의 법적 지위가 다르게 인정되고 있다.

Ⅱ. 프라이버시권의 양도불가능성

프라이버시권은 일반적으로 양도할 수 없다고 여겨진다. 즉, 프라이버시권은 개인적(personal) 권리이고, 그 프라이버시가 침해된 사람에게만 속한다.[1] 또한 그 청구권원을 양도할 수 없으며, 이는 가족 구성원과 같은 다른 사람에 의해서 주장될 수도 없다.[2] 이러한 전통적 프라이버시권

---

1) Restatement, Second, Torts § 652I, comment a. (1977).
2) Restatement, Second, Torts § 652I, comment a. (1977). 다만, 프라이버시권의 유

의 양도불가능성은 독립적인 퍼블리시티권 개념이 만들어진 중요한 이유 중 하나라고 평가된다.3)

판결에서도 프라이버시권의 양도불가능성에 대한 판시는 쉽게 확인할 수 있다. 1983년 뉴욕주 연방남부지방법원의 판결4)은, 락 그룹(rock group)으로부터 이용허락을 취득하여 기념품을 제조하는 회사가 경쟁업자를 상대로 소를 제기한 사건에서, 이용허락을 취득한 회사가 이용을 허락한 사람의 양도불가능하고 개인적인 프라이버시권을 주장할 수 없다고 판단하였다.

III. 퍼블리시티권의 양도

1. 퍼블리시티권의 양도성

(1) 학설

퍼블리시티권의 양도는, 양도인이 퍼블리시티권에 관한 모든 권리를 양수인에게 이전하고 이에 따라 양수인이 양도인의 지위에 들어서는 것을 의미한다.5) 미국에서 퍼블리시티권은 일반적으로 양도가능하다고 여겨진다. Nimmer는, 만일 공표가치가 유효하게 매도될 수 없으면 그 공표가치의 금전적 가치가 매우 감소할 것이며,6) 퍼블리시티권은 양도가 가능하고 양수

형 중 성명 또는 외형의 도용과 관련하여 배타적 이용허락을 취득한 사람이 소를 제기할 수 있는 것은 예외라고 설명한다.

3) McCarthy(2009, Volume 2), p. 479.

4) Bi-Rite Enterprises, Inc. v. Button Master, 555 F. Supp. 1188, 9 Media L. Rep. 1531, 217 U.S.P.Q. (BNA) 910 (S.D. N.Y. 1983).

5) McCarthy(2009, Volume 2), p. 491.

6) Nimmer(1954), p. 212.

인이 이후 행사할 수 있는 재산권으로 인정되어야 한다고 하였다.[7] 1995
년 부정경쟁에 관한 리스테이트먼트 역시, 사람의 동일성의 상업적 가치에
관한 권리는 자유롭게 다른 사람에게 양도할 수 있다고 설명한다.[8]

 퍼블리시티권은 사람의 동일성에 존재하는 공표가치에 권리를 부여하
는 것이기 때문에, 상표의 양도에서 요구되는 것과 같이 사업의 신용
(good will)과 결합이 요구되어서는 안 된다고 한다.[9] Nimmer도, 부정경
쟁 이론에 의하면 이름을 이용할 권리의 취득은 그와 결합된 사업과 신용
을 매수하는 경우만 가능하게 되나, 이는 실제로는 공표가치의 매매가 봉
쇄된다는 것을 의미한다고 하였다.[10] 1995년 부정경쟁에 관한 리스테이
트먼트 역시 퍼블리시티권은 사람의 동일성과 상품 또는 재화의 특정 출
처의 결합에 의존하는 것이 아니므로 퍼블리시티권은 그 자체로 양도할
수 있다고 설명한다.[11]

(2) 주 법률

 몇몇 주의 법률은 명시적으로 퍼블리시티권이 양도가능하다고 규정한
다.[12] 예컨대, 캘리포니아주의 California Civil Code § 3344.1.(b)는 사망
후 퍼블리시티권에 대하여 계약, 신탁, 유언에 의해 그 전부 또는 일부를
자유롭게 양도가능하다고 규정한다.

---

7) Nimmer(1954), p. 216.
8) Restatement Third, Unfair Competition § 46, comment g (1995).
9) McCarthy(2009, Volume 2), p. 496.
10) Nimmer(1954), p. 212f. 공표가치를 매도하려는 사람은 보통 자신의 사업과 관련
    하여 공표가치를 확립한 것이 아니며, 사업을 통하여 명성을 취득한 경우에도 사
    업을 매도해야 한다면 그러한 거래를 하지 않으려 할 것이라고 설명한다.
11) Restatement Third, Unfair Competition § 46, comment g (1995).
12) 캘리포니아주, 플로리다주, 테네시주 등이다.

(3) 판례

판례도 퍼블리시티권의 양도성을 긍정한다. 1978년 연방 제2고등법원의 판결13)은, Elvis Presley가 유효한 재산권 즉 그의 성명과 외형을 출판, 공표, 배포할 배타적 권한을 Boxcar Enterprises, Inc.에게 양도한 사실에 의문이 없다고 판단하였다. 1982년 조지아주 대법원의 판결14)도, 퍼블리시티권은 유명인이 살아있는 동안 양도할 수 있는데, 왜냐하면 이러한 특성이 없으면 성명과 외형의 완전한 상업적 이용이 실제로 불가능하기 때문이며, 따라서 만일 양도성이 인정되지 않는다면 퍼블리시티권은 권리라고 부르기 어려울 것이라고 판단하였다. 1983년 연방 제11고등법원의 판결15) 역시, 서커스를 운영하던 사람이 자신의 성명을 이용한 서커스 이름 등에 대한 권리를 배우자에게 양도한 사실을 인정하였다.

2. 퍼블리시티권 양도의 효과

퍼블리시티권의 양도는 그 소유권을 양수인에게 이전하는 것이며, 이에 따라 양수인은 그 권리를 다른 사람에게 주장할 수 있다.16) 퍼블리시티권의 양도는 양도인에 대해서도 구속력이 있으며, 따라서 양도인은 이후 양도의 내용과 충돌하는 방법으로 자신의 동일성의 상업적 가치를 이용할 수 없다.17) 한편, 양도는 양수인의 이용에 대한 동의(consent)로 기능하므

---

13) Factors Etc., Inc. v. Pro Arts, Inc., 579 F.2d 215, 4 Media L. Rep. 1144, 205 U.S.P.Q. (BNA) 751 (2d Cir. 1978).

14) Martin Luther King, Jr. Center for Social Change, Inc. v. American Heritage Products, Inc., 250 Ga 135, 296 S.E.2d 697, 8 Media L. Rep. 2377, 216 U.S.P.Q. (BNA) 711 (1982).

15) Acme Circus Operating Co., Inc. v. Kuperstock, 711 F.2d 1538, 9 Media L. Rep. 2138, 221 U.S.P.Q. (BNA) 420 (11th Cir. 1983).

16) Restatement Third, Unfair Competition § 46, comment g (1995).

로, 양도의 내용 범위 내에서 이루어지는 양수인의 행위는 양도인의 퍼블
리시티권과 프라이버시권 침해 책임으로부터 면제된다고 한다.[18]

3. 퍼블리시티권 양도가 행해지는 이유

사람이 자신의 동일성의 상업적 이용에 대한 모든 권리를 완전히 양도
하도록 허용하는 것이 이상하게 보일 수도 있지만, 이러한 양도에는 다음
과 같은 실제적이고 강력한 이유들이 있다고 한다.[19]

첫째, 유명인이 자신의 퍼블리시티권의 관리와 이용을 독립된 법인이나
신탁에게 맡기기 위하여 퍼블리시티권을 양도하는 경우가 있다. 예컨대,
Elvis Presley는 자신의 퍼블리시티권을 Boxcar Enterprises, Inc.에 양도하
였다. 이 법인은 그 권리를 상품화하는 역할을 담당하였고, Elvis Presley는
법인의 일정 지분을 갖고 이후 사용료의 일부를 지급받았다.[20] 또한 그룹
Beatles는 각 구성원이 지분을 갖는 Apple Corps Ltd.를 설립하고 그룹
Beatles와 각 구성원의 퍼블리시티권을 이 법인에 양도하였으며, 이 법인
으로 하여금 Beatles의 독특한 요소와 특징들을 이용하도록 하였다. 이에
따라, Apple Corps Ltd.는 많은 소송에서 원고가 되어 Beatles의 권리를
주장하였다.[21]

---

17) Restatement Third, Unfair Competition § 46, comment g (1995).
18) Restatement Third, Unfair Competition § 46, comment f, g (1995). 이는 퍼블리
    시티권의 이용허락도 마찬가지라고 한다.
19) McCarthy(2009, Volume 2), pp. 497f.
20) Factors Etc., Inc. v. Pro Arts, Inc., 579 F.2d 215, 4 Media L. Rep. 1144, 205
    U.S.P.Q. (BNA) 751 (2d Cir. 1978). 이 사건에서는 Elvis Presley의 사망 이후
    Boxcar Enterprises Inc.로부터 배타적 이용허락을 취득한 Factors Etc., Inc.이 원
    고가 되어 Elvis Presley의 사진을 이용한 기념 포스터의 발행 및 판매의 금지
    등을 청구하였다.
21) Apple Corps Ltd. v. Adirondack Group, 124 Misc. 2d 351, 476 N.Y.S.2d 716
    (Sup 1983) (Beatles 노래를 허락 없이 레코드 앨범과 테이프로 제작하여 판매한

둘째, 나이든 유명인이 배우자나 자녀에게 권리를 직접적으로 이전하기 위하여 퍼블리시티권을 양도하기도 한다. 예컨대, 서커스를 운영하던 Clyde Beatty는, 사망하기 1달 전 자신의 성명을 이용한 서커스 이름 등에 대한 권리를 배우자에게 양도하였고, 이후 그 배우자가 서커스 이름에 대한 권리를 행사하였다.[22]

그런데 퍼블리시티권 양도의 경우 양도인이 자신의 동일성의 상업적 이용에 대한 통제권을 완전히 상실하는 것은 아닌지 문제된다. 이에 대하여, McCarthy는, 퍼블리시티권이 양도되는 경우, 양수인인 법인의 전부 또는 일부를 양도인이 소유하거나, 양수인이 부여한 이용허락의 계속적 사용료를 양도인이 지급받거나, 양수인이 배우자 등인 경우에는 사실상 신탁관계가 형성된다고 하면서, 퍼블리시티권 양도에 의해 사람이 자신의 동일성에 대한 통제를 상실한다는 우려는 비현실적이라고 주장한다.[23]

4. 캘리포니아주와 뉴욕주의 경우

(1) 캘리포니아주의 경우

사망자의 법률상 퍼블리시티권에 대해서는, California Civil Code § 33 44.1(b)가 이를 자유롭게 양도가능한 재산권이라고 명시적으로 규정하고 있으므로, 그 양도성이 인정된다.

사건); Apple Corps Ltd. v. A.D.P.R., Inc., 843 F. Supp. 342, 22 Media L. Rep. 1562, 30 U.S.P.Q.2D (BNA) 1372 (M.D. Tenn. 1993) (Beatles를 흉내내어 연주하고 이를 광고한 사건); Apple Corps. Ltd. v. Button Master, P.C.P., Inc., 47 U.S.P.Q.2D (BNA) 1236 (E.D. Pa. 1998) (Beatles의 그룹 로고와 외형 등을 새긴 단추를 제작하여 판매한 사건).

22) Acme Circus Operating Co., Inc. v. Kuperstock, 711 F.2d 1538, 9 Media L. Rep. 2138, 221 U.S.P.Q. (BNA) 420 (11th Cir. 1983).

23) McCarthy(2009, Volume 2), p. 499.

그런데 살아있는 사람의 법률상 퍼블리시티권에 대하여, California Civil Code § 3344는 그 양도성에 대해 아무런 언급을 하지 않고 있다. 오히려, 문언에 의하면 그 동일성표지의 주체로부터 직접 이용에 대한 동의를 취득해야 한다는 것을 의미한다고 해석되기도 한다.24) 반면, 살아있는 사람에게 인정되는 보통법에 의한 퍼블리시티권은 명백하게 양도가능한 것으로 보인다고 설명된다.25)

(2) 뉴욕주의 경우

N.Y. Civil Rights Law는 이 법률에 의한 권리의 양도가능성에 대해 규정하고 있지 않다. 이 법률은 보통 프라이버시에 관한 법률로 여겨지는데, 1975년 뉴욕주 연방남부지방법원의 판결26)은 고전적 프라이버시권이 뉴욕주에서 법률에 의한 권리라고 하면서 이는 살아있는 동안 양도할 수 없는 권리라고 판단하였다. 이에 따라, N.Y. Civil Rights Law에 의한 법률상 권리는 양도할 수 없는 것으로 이해된다.27) 또한 뉴욕주에서는 보통법에 의한 퍼블리시티권은 아예 인정되지 않는다. 결국 뉴욕주에서는 퍼블리시티권의 양도가 불가능하다. 이에 대한 해결책으로, 다른 사람을 대리인(agent)으로 지정하고, 그에게 이용허락을 할 권한을 부여하는 방법이 제시되기도 한다.28)

---

24) McCarthy(2009, Volume 1), p. 905. 그러나 이 조항이 다른 사람을 대리인(agent)으로 지명하여 동의와 이용허락을 할 권한을 부여하는 것을 배제하는 것으로 보이지는 않는다고 한다.

25) McCarthy(2009, Volume 1), p. 905.

26) Price v. Hal Roach Studios, Inc., 400 F. Supp. 836 (S.D. N.Y. 1975).

27) Savell(1983), p. 38.

28) McCarthy(2009, Volume 1), p. 1055. 권리의 침해가 있을 경우, 대리인이 본인의 이름으로 침해자를 상대로 소를 제기할 수 있을 것이라고 설명한다.

IV. 퍼블리시티권의 이용허락

1. 퍼블리시티권 이용허락의 개념

퍼블리시티권의 이용허락은, 권리를 완전히 이전하는 퍼블리시티권의 양도와 달리, 이용을 허락한 사람의 동일성을 제한된 범위 내에서 이용허락을 취득한 사람이 이용할 수 있도록 허락하는 것이다. 권리가 이전되지 않기 때문에, 이용허락을 한 이후에도 이용을 허락한 사람(licensor)이 그대로 권리를 보유한다. 1995년 부정경쟁에 관한 리스테이트먼트는, 이용허락이 동의(consent)의 한 형태라고 하면서, 이용허락을 취득한 사람은 이용을 허락한 사람의 동일성을 이용할 수 있으나, 이는 그 동일성이 갖는 상업적 가치의 소유권 이전을 의미하는 것은 아니라고 한다.29)

2. 비배타적 이용허락(Nonexclusive licenses)

(1) 의의

비배타적 이용허락은, 이용을 허락하는 사람의 동일성을 제한된 범위 내에서 이용할 수 있도록 허락하면서, 이용을 허락하는 사람이 제3자에게 같은 범위 내에서 이용허락을 하지 않겠다는 약속을 하지 않은 것을 가리킨다. 그러므로 비배타적 이용허락을 한 경우, 동일한 범위 내에서 제3자에게 다시 이용허락을 하는 것이 법적으로 제한되지 않는다.30)

---

29) Restatement Third, Unfair Competition § 46, comment g (1995).
30) McCarthy(2009, Volume 2), p. 501.

(2) 비배타적 이용허락을 취득한 사람의 지위

비배타적 이용허락을 취득한 사람은, 이용을 허락한 사람의 동일성을 권한 없이 이용한 제3자를 상대로 자신의 권리를 주장하여 소를 제기할 수 없다고 한다.[31] 판례도 이러한 입장을 취하고 있다. 1983년 뉴욕주 연방남부지방법원의 판결[32]은, 락 그룹(rock group)으로부터 이용허락을 취득하여 기념품을 제조하는 회사가 경쟁업자를 상대로 소를 제기한 사건에서, 비배타적 이용허락을 취득한 사람은 퍼블리시티권에 대한 어떠한 재산적 이익을 취득하지 못하며 따라서 그 권리의 침해를 이유로 소를 제기할 지위를 갖지 못한다고 판단하였다. 1997년 캘리포니아주 연방남부지방법원의 판결[33]도, 운동선수가 자필로 서명한 기념품을 판매하는 원고가 경쟁업자를 상대로 소를 제기한 사건에서, 위 판결을 인용하면서, 비록 캘리포니아법에서 퍼블리시티권이 양도될 수 있다 하더라도 비배타적 이용허락을 취득한 사람은 그 권리를 주장할 수 없다고 판단하였다.[34]

3. 배타적 이용허락(Exclusive licenses)

(1) 의의

배타적 이용허락은, 이용을 허락하는 사람의 동일성을 제한된 범위 내

---

31) McCarthy(2009, Volume 2), p. 501.
32) Bi-Rite Enterprises, Inc. v. Button Master, 555 F. Supp. 1188, 9 Media L. Rep. 1531, 217 U.S.P.Q. (BNA) 910 (S.D. N.Y. 1983).
33) Upper Deck Authenticated, Ltd. v. CPG Direct, 971 F. Supp. 1337 (S.D. Cal. 1997).
34) 이 사건에서 원고가 운동선수와 체결한 계약서에는 배타적 권리를 부여하는 것으로 규정되어 있었으나, 그에 대한 많은 예외들도 규정되어 있어, 결국 비배타적 이용허락을 부여하는 것으로 판단되었다.

에서 이용하도록 허락하면서, 이용을 허락하는 사람이 제3자에게 같은 범위 내에서 이용허락을 하지 않겠다는 명시적 또는 묵시적 약속을 한 것을 가리킨다. 이러한 배타성은 종종 이용허락을 취득하는 사람에게 큰 상업적 가치를 가지며, 이용을 허락하는 사람도 배타적 이용허락에 의해 자신의 동일성이 상충되는 방법으로 이용되는 것을 제한할 수 있다.[35]

배타적 이용허락을 한 경우, 이용을 허락한 사람에게 같은 범위 내에서 제3자에게 이용허락을 할 권리가 남지 않으므로, 같은 범위 내에서 제3자에게 이용허락을 하는 것은 무효가 될 수 있다고 설명된다.[36] 1953년 연방 제2고등법원의 Haelan 판결[37]도, 야구선수가 원고에게 배타적 부여를 한 것에 의하여 그 이용기간 내에는 이후 행해지는 부여가 무효로 된다고 판단하였다.

(2) 배타적 이용허락을 취득한 사람의 지위

배타적 이용허락을 취득한 사람은, 이용허락 범위 내의 권리를 침해한 제3자를 상대로 소를 제기할 수 있다. 다만, 배타적 이용허락을 취득한 사람이 소를 제기할 권리는 이용을 허락한 사람 자신이 스스로 소를 제기할 권리를 배제하지 않는다고 한다.[38] 1995년 부정경쟁에 관한 리스테이트 먼트도, 이용허락을 취득한 사람은 동일성의 상업적 가치에 대한 소유권을 취득하지 않으므로 그 동일성을 다른 사람이 이용하는 것에 반대할 지위를 갖지 못하는 것이 보통이나, 판례는 배타적 이용허락을 취득한 사람에게 그 배타적 권리의 범위를 침해하는 상업적 이용에 반대할 지위를 인

---

35) McCarthy(2009, Volume 2), p. 503.
36) McCarthy(2009, Volume 2), p. 502.
37) Haelan Laboratories, Inc. v. Topps Chewing Gum, Inc., 202 F.2d 866 (2d Cir. 1953).
38) McCarthy(2009, Volume 2), p. 578. 당사자들이 이용허락 계약에서 소를 제기할 지위에 대하여 달리 정하는 것도 가능하다고 한다.

정한다고 설명한다.[39]

판례도 배타적 이용허락을 취득한 사람이 제3자를 상대로 소를 제기할 수 있다고 인정한다. 1953년 연방 제2고등법원의 Haelan 판결[40]은, 퍼블리시티권이 만일 다른 광고자들의 이용을 금지하는 배타적 허락의 대상이 될 수 없다면 권리자에게 수익을 가져다 줄 수 없을 것이라고 하면서, 프로야구 선수들의 퍼블리시티권의 배타적 허락을 취득한 원고가 제3자인 피고를 상대로 권리를 주장할 수 있다고 판단하였다. 1983년 뉴욕주 연방남부지방법원의 판결[41]은, 락 그룹(rock group)으로부터 이용허락을 취득하여 기념품을 제조하는 회사가 경쟁업자를 상대로 소를 제기한 사건에서, 퍼블리시티권의 배타적 이용허락을 취득한 사람은 그 이용허락에 나타나 있는 배타적 권리를 침해하는 사람 누구에 대해서나 자신의 권리를 보호할 지위를 갖는다고 판단하였다.[42] 이에 따라, 원고 Bi-Rite Enterprises가 배타적 이용허락을 취득한 경우는 원고로서의 지위를 인정하고, 비배타적 이용허락을 취득한 경우는 원고로서의 지위를 인정하지 않았다. 1998년 일리노이주 연방북부지방법원의 판결[43]도, 유명한 농구선수 Michael Jordan의 이름을 레스토랑 사업에 이용할 배타적 이용허락을 취득한 회사가 새로이 Michael Jordan의 이름을 이용한 레스토랑을 개업하려는 사람을 상대로 소를 제기한 사건에서, 도용이라는 불법행위는 퍼블리시티권에 존재하는 경제적 이익을 전제로 하므로 퍼블리시티권이 양도가능한 정도에 따라 도용

---

39) Restatement Third, Unfair Competition § 46, comment g (1995).
40) Haelan Laboratories, Inc. v. Topps Chewing Gum, Inc., 202 F.2d 866 (2d Cir. 1953).
41) Bi-Rite Enterprises, Inc. v. Button Master, 555 F. Supp. 1188, 9 Media L. Rep. 1531, 217 U.S.P.Q. (BNA) 910 (S.D. N.Y. 1983).
42) 특히, 이 판결은 양도에 의해 퍼블리시티권이 전부 이전되는 것과 같이 배타적 이용허락에 의해 퍼블리시티권이 일부 이전된다고 판시하였고, 또한 배타적 이용허락에 의해 퍼블리시티권을 취득한다고 판시하였다.
43) MJ & Partners Restaurant Ltd. Partnership v. Zadikoff, 10 F. Supp. 2d 922 (N.D. Ill. 1998).

에 대한 소를 제기할 수 있는 사람의 범위가 확대된다고 하면서, 원고가
도용에 대한 청구를 할 수 있다고 판단하였다. 특히, 원고가 Michael
Jordan의 성명을 시카고 지역에서 레스토랑과 관련하여 이용할 배타적 이
용허락을 취득하였으므로, 문제가 되는 것은 Michael Jordan 본인의 동의
가 아니라 원고의 동의 없이 그 이름을 도용하였는지 여부라고 하였다.44)

4. 미성년자의 경우

대부분의 주에서, 미성년자는 계약을 체결할 능력을 갖지 못하고, 미성
년자인 상태에서 체결한 계약은 이후에 취소할 수 있다고 한다.45) 그런데
일부 주46)의 법률은, 미성년자의 법률상 프라이버시권 또는 법률상 퍼블
리시티권에 관한 동의 또는 이용허락을 그 부모 또는 후견인으로부터 취
득해야 한다고 규정한다. 이러한 규정에 따라 부모 또는 후견인이 동의
또는 이용허락을 한 경우, 미성년자가 이를 번복할 수 있는지 문제된다.

판결은 부모가 행한 동의가 미성년자에게도 구속력이 있는 것으로 해석
한다. 1983년 뉴욕주 대법원이 판단한 Brook Shields 사건47)에서는, 여배
우 Brook Shields가 10세일 때 그녀의 어머니와 후견인의 동의 하에 촬영
된 나체 사진들이 5년 후 잡지에 게재된 것이 문제되었다. 법원의 다수의
견은, 보통법상 미성년자는 자신의 서면 동의 또는 다른 사람이 그를 대신
하여 한 동의를 철회할 수 있으나, 법률이 명시적으로 미성년자와 어떤 종
류의 합의를 허용하는 경우 그 합의가 유효하고 집행가능하다고 판단하였

---

44) 이 사건에서 Michael Jordan도 피고에 포함되었으며, 원고는 Michael Jordan이
    피고 일부와 새로운 레스토랑을 개업할 계획을 세우고 있다고 주장하였다.
45) McCarthy(2009, Volume 2), p. 544.
46) 캘리포니아주, 네브라스카주, 뉴욕주, 오클라호마주, 테네시주, 유타주, 버지니아
    주, 위스콘신주 등이다.
47) Shields v. Gross, 58 N.Y.2d 338, 461 N.Y.S.2d 254, 448 N.E.2d 108, 9 Media
    L. Rep. 1466 (1983).

다. 즉, N.Y. Civil Rights Law § 51가 미성년자의 동의를 취득하는 방법을 규정하고 있으므로, 이에 따라 부모가 한 동의는 미성년자에게 구속력이 있으며, 결국 동의는 유효하고 철회할 수 없다고 하였다.[48) 1986년 연방 제5고등법원의 판결[49)에서는, 6세 여자아이와 4세 남자아이의 나체 사진을 촬영하여 성(性)에 관한 교과서에 이용하는 것에 그 어머니가 동의하였는데, 이후 성인잡지가 그 교과서 등에 관한 서평, 발췌를 하면서 아이들의 나체 사진을 게재한 것이 문제되었다.[50) 법원은, California Civil Code § 3344가 아이들의 사진을 촬영하는 것에 대한 부모의 권한을 인정하고 있다 하면서, 이 사건에서 어머니가 행한 동의가 유효하다고 판단하였다.

---

48) 그러나 이 판결의 반대의견은, 뉴욕주에서 오랫동안 미성년자에게 거의 절대적인 철회권이 인정되어 왔고 법률이 이러한 권리를 폐지한 것이 아니라고 하였다. 즉, 법률에서 미성년자의 부모에게 동의할 권리를 부여한 것은 미성년자를 위한 추가적 보호를 규정한 것이고, 미성년자의 철회권도 이와 함께 존속해야 한다고 하였다.

49) Faloona by Fredrickson v. Hustler Magazine, Inc., 799 F.2d 1000, 13 Media L. Rep. 1353 (5th Cir. 1986).

50) 성인잡지사는 교과서 출판사로부터 5,000단어의 발췌와 그에 수반하는 사진들을 발행할 권리를 매수하였다.

제5절 사망 후 퍼블리시티권

Ⅰ. 개설

퍼블리시티권이 등장한 초기에는 살아있는 사람의 동일성을 상업적으로 이용하는 것이 주로 문제되었으나, 유명한 가수 등이 사망한 후 그 동일성을 상업적으로 이용하는 경우가 발생하면서 이러한 경우에도 퍼블리시티권을 주장할 수 있는지 문제되었다.[1] 특히 기술의 발전에 의하여 사망자의 동일성을 상업적으로 이용하는 것이 용이하게 되면서,[2] 앞으로도 이에 관한 분쟁이 증가할 가능성이 크다. 이 문제는, 사망자의 동일성이 갖는 재산적 이익이 유족에게 상속된다고 볼 것인지 아니면 사회 일반의 공동 자산으로 되었다고 볼 것인지에 관한 문제라고 할 수 있다. 이와 관련하여, 이른바 "사망 후 퍼블리시티권(Postmortem Right of Publicity)"을 인정할 수 있는지, 이를 인정한다면 그 요건은 무엇인지, 존속기간은 어떠한지 등이 논의되었다.

---

1) 이러한 사건들 중에는 특히 Elvis Presley와 관련된 사건들이 많다. Elvis Presley 는 1977년 테네시주의 멤피스시에서 사망하였는데, 이에 따라 그의 사망 후 퍼블리시티권에 관한 여러 사건들이 테네시주에서 발생하였다.

2) 이호열(1999), 360면에 의하면, 1992년에 루이암스트롱 등의 사망한 배우들과 생존하고 있는 엘튼존이 함께 출연하는 것처럼 영상화시킨 다이어트콜라의 텔레비전 광고가 성공을 거두었고, 1994년 제작된 포리스트 검프라는 영화에서도 주인공인 톰 행크스를 사망한 케네디, 존슨, 닉슨 대통령과 함께 좌담을 하는 것처럼 정교한 컴퓨터 시뮬레이션기술이 발휘되었다고 한다.

II. 사망 후 프라이버시권, 명예의 보호 여부

미국의 경우, 사망 후 프라이버시권은 인정되지 않는다. 프라이버시권은 개인적 권리로서 그 프라이버시가 침해된 사람에게 특유하고, 그 청구권원은 양도할 수 없으며 가족 등 다른 사람에 의해서 유지될 수 없다.[3] 다만, 이에 대한 유일한 예외가 다른 사람의 성명 또는 외형을 도용하는 경우라고 설명된다.[4] 그러나 이러한 설명에 대해서는, 프라이버시권의 한 유형인 도용을 퍼블리시티권과 분리하지 않고 혼합하여 파악한 것에서 비롯된 혼란스러운 설명이라고 비판된다.[5]

사망자의 명예가 훼손된 경우도 마찬가지로 보호되지 않는다. 사망자의 명성에 대하여 유족이 갖는 이익에는 보통법에 의한 법적 보호가 인정되지 않으며, 따라서 법률에서 특별히 규정하지 않는 한 사망자의 명예가 훼손되었음을 이유로 손해배상을 청구할 수 없다고 설명된다.[6]

---

3) Restatement, Second, Torts § 652I, comment a.
4) Restatement, Second, Torts § 652I, comment a.
5) McCarthy(2009, Volume 2), p. 396.
6) Restatemetn, Second, Torts § 560, comment a. 또한 Prosser/Keeton(1984), p. 779 는, 몇몇 주의 법률이 사망자에 대한 명예훼손을 범죄로 규정하지만, 이는 공익과 사망자에 대한 기억을 보호하기 위한 취지로 해석되므로, 그 친척들에게 민사소송을 허용하는 것은 아니라고 한다.

Ⅲ. 사망 후 퍼블리시티권에 대한 논의[7]

1. 논의의 대상

사망자의 동일성의 상업적 이용과 관련하여, "사망 후 퍼블리시티권 (Postmortem Right of Publicity)"을 인정할 것인지 문제된다. 이는 퍼블리시티권이 유족에게 상속되거나 유증될 수 있는지의 문제이다. 실제적으로는, 사망자의 동일성의 상업적 이용에 대해 유족이 이용허락을 할 수 있는지, 그리고 사망자의 동일성이 무단으로 이용될 경우 유족이 소를 제기할 수 있는지 등이 문제된다.[8]

2. 사망 후 퍼블리시티권의 인정 여부에 관한 논의

(1) 퍼블리시티권의 법적 성격과 관련하여

사망 후 퍼블리시티권을 긍정하는 견해는 퍼블리시티권이 재산권이므로 그 상속성을 인정해야 한다고 주장한다. Gordon은, 사람이 자신의 이름, 외형과 같은 무형물에 재산권을 갖고 있으면, 이 권리는 사망 이후 공공의 영역(public domain)에 속하지 않고 사망자의 유산에 속하게 된다고 하였다.[9] Sims도, 재산권을 개인의 상업적 또는 금전적 이익을 보호하는 권리로 정의할 경우 대부분의 재산권은 상속가능하다고 하면서, 유명인의

---

7) 이 부분은 권태상(2010b), pp. 482-493을 기초로 하여 수정, 보완한 것이다.
8) McCarthy(2009, Volume 2), pp. 402f.은, 이와 구별하여, 사람이 살아있는 동안 권리가 침해되었으나 이후 그 사람이 사망한 경우에 청구권원 또는 소를 제기할 권리가 존속하는지의 문제는 "survivability"의 문제라고 한다.
9) Gordon(1960), p. 612.

퍼블리시티권은 본질적으로 재산적 성격을 갖는다고 하였다.[10]

1975년 뉴욕주 연방남부지방법원의 판결[11]도 같은 입장을 취하였다. 이 사건에서는, 유명 코미디언 Laurel과 Hardy가 사망한 이후 그들의 성명과 외형을 상품화하는 권리가 누구에게 속하는지 문제되었다. 법원은, 프라이버시권과 퍼블리시티권이 본질적으로 다른 개념이라 하면서, 감정에 대한 침해를 방지하기 위한 프라이버시권은 사망에 의해 논리적으로 종결된다고 하였다. 그러나 퍼블리시티권의 경우는 보호되는 권리의 상업적 성격을 고려해야 하며, 보호되는 사람의 사망에 의해 권리가 종결될 논리적 이유가 없다고 판단하였다.

그러나 이에 대해서는, 퍼블리시티권에 관한 쟁점을 재산권에 관한 법을 적용하여 결정하는 것은 의심스러운 3단 논법을 허용하는 것이라고 비판된다.[12] 이 견해는, 재산권은 법에 의해 창조되고 법원에서 인정되는 한도에서 존재하는 것이며, 어떠한 권리에 재산권의 지위가 부여되더라도 그 재산권의 범위는 다른 권리들을 실현하는 수많은 법에 의해 제한된다고 한다.[13]

(2) 정책적 측면과 관련하여

(가) 사망 후 퍼블리시티권을 부정하는 견해

사망 후 퍼블리시티권을 부정하는 견해는, 이를 인정하면 해결하기 어

---

10) Sims(1981), p. 456.
11) Price v. Hal Roach Studios, Inc., 400 F. Supp. 836 (S.D. N.Y. 1975).
12) Hoffman(1980), p. 134. 퍼블리시티권은 재산권이다, 재산권은 상속가능하다, 그러므로 퍼블리시티권은 상속가능하다는 3단 논법을 의미한다.
13) Hoffman(1980), pp. 134f. 또한 McCarthy(2009, Volume 2), pp. 407f.도, 퍼블리시티권을 인적 권리인지 재산권인지 분류하는 결정에 근거하여 사망 후 퍼블리시티권에 대해 결정하는 것에는 순환논법의 요소가 있다고 지적되어 왔다고 하면서, 모든 재산권이 반드시 상속가능할 필요는 없다고 한다.

러운 문제들이 발생하거나 바람직하지 않은 결과가 초래된다고 주장한다.

1955년 뉴욕주 연방지방법원의 판결14)은, 사망한 유명 작곡가 Schuman의 삶을 다룬 영화가 그의 성명에 대한 재산권을 침해했는지 여부가 문제된 사건에서, 원고들이 청구권원을 구성하기에 충분한 사실을 주장하지 못했다고 하여, 원고들의 청구를 배척하였다.15) 그리고 만일 원고들의 주장이 옳다면, 예컨대 세익스피어 등의 삶을 다룬 영화의 상영자와 많은 극작가, 작가 등이 그 후손들로부터 소송을 당하게 될 것이라고 하였다.16)

1980년 연방 제6고등법원이 판단한 Memphis Development 사건17)에서는, 사망한 가수 Elvis Presley의 기념 동상을 세우기로 계획한 비영리재단이, 그 재원 마련을 위해 $25 이상을 기부하는 사람에게 기념 동상과 같은 모양의 작은 동상을 주는 것이 문제되었다.18) 법원은, 퍼블리시티권의 상속성을 인정하면 그 권리가 언제까지 존속하는지, 그 권리에 과세하는 것이 가능한지, 표현의 자유와 어떤 지점에서 충돌하는지 등 실제적인 일련의 문제가 발생할 것이라고 하면서, 이것이 퍼블리시티권의 상속성을 부정할 강력한 이유라고 하였다. 또한 명성(fame)은 종종 우연적이고 순간적이며, 공중과 언론의 참여에 의해 만들어지고, 좋은 행동뿐 아니라 나쁜 행동에 의해서도 만들어진다는 등의 이유를 들어, 상속인이 이를 상업

---

14) Schumann v. Loew's Inc., 144 N.Y.S.2d 27 (Sup 1955).
15) 이 판결은, 설령 원고들의 주장대로 Schumann이 자신의 성명에 재산권을 갖고 있었고 이 권리가 양도될 수 있다 하더라도, Schumann의 증손 중 일부인 원고들이 현재 그 권리를 갖고 있다는 것을 뒷받침할 사실이 없다고 하였다.
16) Schuman은 이 사건의 판결 선고시로부터 약 100년 전인 1856년에 사망하였다.
17) Memphis Development Foundation v. Factors Etc., Inc., 616 F.2d 956, 5 Media L. Rep. 2521, 205 U.S.P.Q. (BNA) 784 (6th Cir. 1980).
18) Elvis Presley는 살아있을 때 자신의 퍼블리시티권을 Boxcar Enterprises Inc.에 양도했는데, 그의 사망 이후 Boxcar Enterprises Inc.는 Factors Etc., Inc.에게 이 용허락을 하였다. Factors Etc., Inc.은, 이 사건의 당사자가 되어, 위 비영리재단이 작은 동상을 판매하는 것이라고 주장하였다.

화하는 것은 법 전통에 어긋나고 윤리적 전제에도 위반될 수 있다고 하였
다. 이에 따라, 유명인의 이름, 기억, 이미지 등을 모두가 이용할 수 있도
록 하는 것이 더 공정하고 효율적이며, 유명인의 기억, 이름, 영상 등은 공
유해야 할 공동 자산으로, 그리고 자유시장 체제에서 이용가능한 경제적
기회로 여겨져야 한다고 하였다.[19]

  Hoffman은, 사망 후 퍼블리시티권에 찬성하는 논거들은 기본적으로 퍼
블리시티권을 인정하는 것에 찬성하는 논거들이지만, 유명인 자신이 아니
라 그 상속인들에게 적용될 경우는 논거들의 설득력이 약하다고 하였
다.[20] 즉, 사망 후 퍼블리시티권은 유명인의 재산적 이익을 단지 간접적
으로 보호할 뿐이고, 상속인이 명성을 상업적으로 이용하는 것에 대한 소
망은 상대적으로 약한 동기가 되며, 공표가치를 창조한 노동을 한 사람은
유명인 자신이므로 그 상속인이 이용료 또는 손해배상을 받을 권리가 있
다면 이는 부당이득으로 문제될 수 있다고 하였다.[21] 반면에, 위
Memphis 판결의 내용 등 사망 후 퍼블리시티권을 부정한 논거들이 설득
력이 강하며,[22] 퍼블리시티권을 사망 시점에 종료시키는 것이 서로 상충
되는 이익들을 더 잘 수용하는 방법이라고 하였다.[23] 또한 Terrell과
Smith는, 사망 후 퍼블리시티권의 거래는 그 권리에 관계된 가치가 잘못
측정될 위험성이 더 크다는 이유에서 퍼블리시티권은 상속될 수 없다고
하였다.[24]

---

19) 이 판결에 대해서는, 비영리재단이 Elvis Presley의 초상을 순전히 상업적으로 이
    용한 것은 아니라는 점을 고려했다고 이해할 수도 있다. 이러한 점에 대한 지적
    으로는, Felcher and Rubin(1980), p. 1132 n.30 참조.
20) Hoffman(1980), pp. 136f.
21) Hoffman(1980), pp. 136f.
22) Hoffman(1980), pp. 137. 또한 사망 후 퍼블리시티권의 존속 기간은 어떻게 정하
    더라도 자의적이 될 것이고, 이는 그 기능에 있어 일반적으로 입법으로 생각되며
    법원의 권한을 넘어서는 것이라고 하였다. Hoffman(1980), p. 138.
23) Hoffman(1980), pp. 139.
24) Terrell & Smith(1985), pp. 5-7.

그러나 이처럼 사망 후 퍼블리시티권을 부정하는 견해에 대해서는, 이러한 논거의 핵심은 사망 후 퍼블리시티권이 인정될 경우 법원이 직면하게 될 문제들에 대한 불안으로 보이며,[25] 합리적인 재산적 권리를 단지 표현의 자유와 충돌할 수 있다는 이유에서 그 존재를 아예 부정하는 것은 지나치게 가혹하며 표현의 자유의 역사에도 부합하지 않는다고 비판된다.[26]

(나) 사망 후 퍼블리시티권을 긍정하는 견해

사망 후 퍼블리시티권을 긍정하는 견해는, 사망 후 퍼블리시티권을 인정하지 않는 것이 오히려 바람직하지 않은 결과를 초래한다고 주장한다.

Kwall은, 퍼블리시티권의 상속성을 인정하지 않을 경우, 제3자가 사망자의 동일성을 이용하여 뜻밖의 횡재를 취득하고 사망자의 상속인과 양수인에게 손해를 입히는 것을 허용하는 근본적인 불공정이 발생한다고 하면서, 이것이 퍼블리시티권의 상속성을 인정할 가장 강력한 논거라고 하였다.[27]

1987년 테네시주 항소법원의 판결[28]도 유사한 입장을 취하였다. 이 판결은, 사망한 가수 Elvis Presley의 성명을 단체의 이름에 이용하는 권리가 누구에게 속하는지 문제된 사건에서, 위 1980년 Memphis 판결이 테네시법에 대한 부정확한 해석에 근거했다고 비판하였다. 그리고 퍼블리시티권의 상속성을 인정하는 것이 테네시법에 존재하는 중요한 정책들에 부합한다고 하였다. 즉, 퍼블리시티권의 상속성을 인정하는 것이, 유언에 의해 재산을 배분하는 권리가 본질적 권리라는 인식과 일치하고, 부당이득을 금지하는 원칙과 일치하며, 유명인이 자신의 사망 후 상속인과 양수인에

---

25) McCarthy(2009, Volume 2), p. 417.

26) McCarthy(2009, Volume 2), p. 419.

27) Kwall(1983), p. 213. 또한 위 1980년 Memphis 판결은 이러한 논거를 간과하였다고 비판한다.

28) State ex rel. Elvis Presley Intern. Memorial Foundation v. Crowell, 733 S.W.2d 89, 14 Media L. Rep. 1043, 2 U.S.P.Q.2D (BNA) 1663 (Tenn. Ct. App. 1987).

게 이득이 될 가치 있는 자산을 창조하고 있다는 기대와 일치하고, 유명
인의 성명과 외형을 이용할 권리를 취득한 사람의 계약상 권리를 인정하
는 것이 되며, 상품과 서비스의 후원 등에 관한 사기(deception)로부터 안
전할 공중의 이익을 촉진하고, 기만적으로 유사한 단체의 이름을 이용하
는 부정경쟁에 반대하는 정책과 일치한다고 하였다.

이후 연방 제6고등법원도 1987년 판결[29]에서 테네시주 법에 대한 위
판결을 거부하지 않을 것이라고 판시하여,[30] Memphis 판결을 선고할 때
와는 다른 입장을 취하기에 이르렀다.

(3) 사망 후 퍼블리시티권의 현황

2009년을 기준으로, 사망 후 퍼블리시티권을 인정하는 주는 19개인데,
캘리포니아주 등 14개 주[31]는 법률에 의하여, 그리고 5개 주[32]는 보통법
에 의하여, 사망 후 퍼블리시티권을 인정하고 있다.[33] 그러나 후술하는
바와 같이, 뉴욕주는 사망 후 퍼블리시티권을 인정하지 않는다.

---

29) Elvis Presley Enterprises, Inc. v. Elvisly Yours, Inc., 817 F.2d 104, 14 Media
    L. Rep. 1053, 2 U.S.P.Q.2D (BNA) 1660.
30) 당사자들이 같은 주에 속하지 않는 사건(diversity case)의 경우, 주의 항소법원이
    주법에 대해 한 판결은 그 주의 최고법원이 다르게 판단할 것이라는 징후가 존재
    하는 경우를 제외하고는 연방 고등법원이 거부하지 않는다고 하였다. 그리고 본
    사건에서, 테네시주 대법원이 다르게 판단할 것이라는 징후가 존재하지 않는다고
    하였다.
31) 캘리포니아주, 플로리다주, 일리노이주, 인디아나주, 켄터키주, 네바다주, 오하이
    오주, 오클라호마주, 펜실베니아주, 테네시주, 텍사스주, 워싱턴주, 네브라스카주,
    버지니아주 등이다.
32) 코넥티컷주, 조지아주, 미시간주, 뉴저지주, 유타주 등이다. 이들 주는 사람이 생
    존 중에 가지는 퍼블리시티권도 보통법에 의해서만 인정하고 있다.
33) McCarthy(2009, Volume 2), p. 445.

3. '생전 이용' 요건이 필요한지 여부

(1) '생전 이용(lifetime exploitation)' 요건을 인정한 판결과 학설

사망 후 퍼블리시티권을 인정하기 위한 요건으로 사람이 살아있는 동안 자신의 퍼블리시티권을 행사하였을 것이 요구되기도 하였다. 이를 명시적으로 언급한 최초의 판결은 1978년 뉴욕주 연방남부지방법원의 판결[34]이다. 이 판결은, 유명한 추리소설 작가인 Agatha Christie의 사망 이후 그녀가 살아있을 때의 사건을 다룬 소설과 영화의 배포가 문제된 사건에서, 퍼블리시티권은 살아있는 동안 이 권리를 이용했다고 인정되는 경우만 권리자의 사망 이후에도 존속한다고 연방 제2고등법원의 판결[35]이 판단했다고 하였다. 그리고 Agatha Christie가 살아있는 동안 그녀의 이름을 이용했다고 인정하였으나,[36] 수정헌법 제1조에 의한 표현의 자유 보호가 원고들이 갖는 퍼블리시티권과 비교하여 더 중요하다고 하여[37] 원고들의 청구를 기각하였다.

1979년 캘리포니아주 대법원의 Lugosi 판결[38]도 그 의미가 명확하지는 않으나 생전 이용 요건을 언급하였다. 이 사건에서는, 배우 Bela Lugosi

---

34) Hicks v. Casablanca Records, 464 F. Supp. 426, 204 U.S.P.Q. (BNA) 126, 4 Media L. Rep. 1497 (S.D. N.Y. 1978).

35) Factors Etc., Inc. v. Pro Arts, Inc., 579 F.2d 215, 4 Media L. Rep. 1144, 205 U.S.P.Q. (BNA) 751 (2d Cir. 1978).

36) 그녀가 살아있는 동안 자신의 책에 근거한 영화와 연극과 관련하여 자신의 이름 이용에 대한 계약들을 체결했다는 점, 자신의 문학작품에 대한 권리를 양도했다는 점, 이와 유사한 권리를 유증했다는 점 등을 근거로 하였다.

37) 피고들의 영화와 소설에 고의적인 위조가 없고, 논쟁이 되는 사건을 사실인 것처럼 제시한 점이 없다는 것 등을 근거로 하였다.

38) Lugosi v. Universal Pictures, 25 Cal.3d 813, 160 Cal. Rptr. 323, 603 P.2d 425, 5 Media L. Rep. 2185, 205 U.S.P.Q. (BNA) 1090, 10 A.L.R.4th 1150 (1979).

가 사망한 이후 그가 연기했던 드라큘라 백작 캐릭터에 대하여 피고 영화
사가 제3자에게 이용허락을 부여하고 이익을 취득하는 것이 문제되었다.
법원은, 이름과 외형을 이용할 권리를 그 소유자가 양도하는 것은 이 권
리를 행사하는 것과 같으나, 사망자가 이용하지 않았던 이름과 외형을 상
업적 상황에 이용하는 권리를 상속인들이 주장하는 것은 권한 있는 사람
의 권리 행사가 아니라고 판단하였다. 그리고 이름과 외형을 이용할 권리
는 그 예술가에게 개인적이며 그가 살아있는 동안 행사되었어야 한다고
판단하였다. 이에 따라, 배우 Bela Lugosi가 드라큘라 백작 역할에 가지는
재산권 또는 재산적 권리가 상속인들[39]에게 상속되었다고 인정한 원심판
결을 파기하였다.[40]

1982년 연방 제2고등법원의 Marx Brothers 판결[41]은 위 Lugosi 판결
을 다음과 같이 해석하였다. 이 사건에서는, 유명한 코미디언들의 사망 후
그들의 독특한 외모, 스타일, 동작 등을 모방한 뮤지컬 연극이 문제되었
다. 법원은, 본 사건에 캘리포니아 법이 적용되어야 하는데,[42] Lugosi 판
결은 캘리포니아에서 퍼블리시티권의 상속을 인정하지 않는 것으로 해석
되거나 유명인이 살아있는 동안 퍼블리시티권을 이용하여 광고한 상품 또
는 용역에 대해서만 퍼블리시티권의 상속을 인정하는 것으로 해석된다고
하였다. 그리고 어떠한 해석방법에 의하든 원고의 퍼블리시티권 주장이
인정될 수 없다고 하면서, 1심 판결을 파기하였다.

---

39) 이 사건은 Bela Lugosi의 사망 이후 그의 부인과 아들이 제기하였다.

40) McCarthy(2009, Volume 2), pp. 428은, 이 판결에 대하여, 생전 이용 요건이 판결
   의 결과를 결정하는 것으로 보이는 유일한 판결이라고 한다. 그러나 이 판결은
   사망 후 퍼블리시티권 자체를 부정하였다고 해석될 가능성도 있으므로, 이러한
   평가도 명확한 것이 아니라고 한다.

41) Groucho Marx Productions, Inc. v. Day and Night Co., Inc., 689 F.2d 317, 216
   U.S.P.Q. (BNA) 553, 8 Media L. Rep. 2201 (2d Cir. 1982).

42) 원고들이 캘리포니아주 법인과 주민이고, 코미디언들의 퍼블리시티권을 양도하
   는 계약이 캘리포니아주에서 체결된 점 등을 근거로 하여, 비록 뉴욕주에서 침해
   행위가 발생하였지만 캘리포니아법이 적용된다고 판단하였다.

학설 중에서는, Felcher와 Rubin이 생전 이용 요건을 적극적으로 주장하였다. 이들은, 1979년 발표한 논문에서, 퍼블리시티권은 입증된 경제적 가치에 대한 재산권에 관한 손해라는 사고에 근거하므로, 이전에 자신의 속성을 상업적 방법으로 이용하지 않은 사람의 이름 또는 외형의 도용에는 적용되지 않고, 이는 여전히 프라이버시 사안에 해당한다고 하였다.43) 그리고 1980년 발표한 논문에서도, 표현의 자유와의 충돌을 막기 위하여, 퍼블리시티권은 진취성과 창조적 노력에 대하여 동기를 부여한다는 사회적 정책 충족의 증거가 있는 경우만 인정되어야 한다고 하였다.44) 이에 따라, 자신의 속성을 상업적 방법으로 이용하여 생계를 유지하는 사람의 경우와 자신이 살아있는 동안 이러한 이용에 대한 계약을 체결한 사람의 경우만 상속가능한 퍼블리시티권이 인정된다고 주장하였다.45)

(2) '생전 이용' 요건에 대한 비판

생전 이용 요건을 인정한 판결에 대한 주요한 비판은, 이러한 요건이 선례를 잘못 해석하여 판결에 등장했다는 것이다.46) 생전 이용 요건을 최초로 명시적으로 언급한 1978년 뉴욕주 연방남부지방법원의 판결47)은, 사망

---

43) Felcher and Rubin(1979), p. 1591. n.77. 그러나 이들은 프라이버시권, 퍼블리시티권, 명예훼손 등은 자명한 법적 원칙이 아니라 단지 법적 결과를 말하는 방법에 불과하다 하면서, 언론매체가 사람을 묘사하는 것에 대하여 언론매체의 목적, 인식가능한 손해 등을 기준으로 하는 새로운 원칙을 제시하였다. Felcher and Rubin(1979), pp. 1595ff.

44) Felcher and Rubin(1980), p. 1130. 즉, 사망 이후뿐만 아니라 일반적으로도, 퍼블리시티권은 이를 통하여 사람이 적어도 생계의 일부를 유지하는 경우에만 인정되어야 한다고 주장하였다.

45) Felcher and Rubin(1980), p. 1131.

46) McCarthy(2009, Volume 2), pp. 425f.

47) Hicks v. Casablanca Records, 464 F. Supp. 426, 204 U.S.P.Q. (BNA) 126, 4 Media L. Rep. 1497 (S.D. N.Y. 1978).

한 Elvis Presley에 관한 1978년 연방 제2고등법원의 판결[48]이 생전 이용 요건을 언급했다고 하면서 이에 따른 것이었다. 그러나 1978년 연방 제2고등법원의 판결은, Elvis Presley가 Boxcar에게 양도한 배타적 권리는 살아있는 동안 Elvis Presley가 이용했기 때문에 그의 사망 이후에도 존속한다고 하였으나, 만일 그가 살아있는 동안 권리를 이용하지 않은 경우 이 권리가 사망 이후에 존속하는지 여부는 판단할 필요가 없다고 하였다. 즉, 1978년 연방 제2고등법원의 판결은 살아있는 동안 퍼블리시티권이 이용되지 않은 경우에 대해서는 판단을 유보하였는데, 그럼에도 불구하고 이를 잘못 해석하여 생전 이용 요건이 판결에서 명시적으로 등장했다는 것이다.

학설의 다수도 생전 이용 요건에 대하여 비판적이다. Sims는, 생전 이용 요건의 주된 논거는 유인 이론(Incentive theory)이고, 이는 저작권법을 유추한 것이라고 하였다.[49] 그러나 퍼블리시티권과 저작권을 비교하면 여러 차이점이 존재하고,[50] 유인 이론은 퍼블리시티권에 적용할 경우 저작권법의 경우에 비하여 훨씬 더 가정적이라고 비판하였다.[51] 그리고 개인적 감수성 등의 이유에서 자신의 이름 등을 상업적으로 이용하기를 원하지 않는 유명인도 자신의 사망 후 자녀가 그 명성으로부터 이익을 취득할 것을 희망할 수 있고, 유명인이 갑자기 일찍 사망함으로 인해 생전에 이용할 기회를 놓칠 수도 있다고 하면서,[52] 어떤 경우에도 유명인이 퍼블리

---

48) Factors Etc., Inc. v. Pro Arts, Inc., 579 F.2d 215, 4 Media L. Rep. 1144, 205 U.S.P.Q. (BNA) 751 (2d Cir. 1978).

49) Sims(1981), p. 472.

50) Sims(1981), pp. 473ff. 저작권법과 비교하면, 퍼블리시티권은 유명인의 업적을 직접적으로 보호하지 않고, 유명인에 대한 대중의 관심은 사망 이후 계속 유지되는 경우가 드물며, 퍼블리시티권으로 보호되는 더 중요한 업적은 유명인이 어린 나이에 이룬 업적이고, 최근까지 법원 등이 퍼블리시티권의 상속성을 거부하였다는 점 등을 지적한다.

51) Sims(1981), p. 476. 특히, 최근까지 법원 등이 퍼블리시티권의 상속성을 거부하였으므로, 많은 유명인들이 그들의 후손이 퍼블리시티권의 이익을 누릴 것이라는 생각에 의해 동기를 부여받았다고 가정하는 것은 의심스럽다고 한다.

시티권을 이용했는지 여부는 그의 기대, 동기, 업적 등에 관해서 결정적이
지 않다고 비판하였다.[53) Kwall도, 퍼블리시티권의 상속성을 인정해야 하
는 가장 강력한 논거는 이를 부정할 경우 사망자의 동일성을 이용하여 기
업이 뜻밖의 횡재를 거두고 상속인이나 양수인이 손실을 입는 불공정성을
허용하게 되는 것이라고 하면서,[54) 생전 이용 요건은 모든 사람이 자신의
성명과 외형에 갖는 재산적 이익과 이를 권한없이 도용함으로 인해 발생
하는 부당이득을 무시하는 것이라고 비판하였다.[55) 또한 살아있을 때 의
식적으로 이용을 회피한 유명인의 성명 또는 외형의 이용으로부터 더 큰
이익이 발생할 수도 있으며, 생전 이용 요건은 일반인의 퍼블리시티권의
상속성을 배제하는 불공정한 결과를 발생시킨다고 비판하였다.[56)
McCarthy 역시, 생전 이용 요건은 실패한 법적 실험이라 하면서, 이는 논
리적, 법적, 정책적으로 확고한 기초를 갖지 못했다고 비판한다.[57)

(3) '생전 이용' 요건의 배척

현재 미국 판결의 대부분은 생전 이용 요건을 인정하지 않는다. 대표적
으로 1982년 조지아주 대법원의 판결[58)은, 시민 평등권 운동의 지도자
Dr. Martin Luter King이 사망한 후 그의 플라스틱 흉상을 권한없이 제조
하여 판매한 사건에서, 생전 이용 요건을 명시적으로 최초로 언급한 1978

---

52) Sims(1981), p. 479.
53) Sims(1981), p. 480.
54) Kwall(1983), p. 213. 퍼블리시티권의 상속성에 관한 이 논거는, 퍼블리시티권 자
   체의 존재를 정당화하는 부당이득 논거의 확장이라고 설명한다.
55) Kwall(1983), p. 223.
56) Kwall(1983), pp. 224f.
57) McCarthy(2009, Volume 2), p. 435.
58) Martin Luther King, Jr. Center for Social Change, Inc. v. American Heritage
   Products, Inc., 250 Ga 135, 296 S.E.2d 697, 8 Media L. Rep. 2377, 216
   U.S.P.Q. (BNA) 711 (1982).

년 뉴욕주 연방남부지방법원의 판결[59])이 이전의 판결들을 잘못 적용하였음을 지적하고,[60]) 자신의 명성을 상업적으로 이용한 사람의 경우만 사망 이후에 보호해야 할 이유가 없다고 판단하였다. 즉, 어떤 사람에게 자신의 이름과 외형을 상업적으로 이용하는 것이 매력적이지 않았다는 사실이, 그의 이름과 외형을 상업적으로 이용할 권리를 다른 사람이 갖는다는 것을 의미하지 않으며, 또한 그에 대한 지위와 기억을 통제하고 보존할 권리와 이에 대한 권한없는 사용을 방지할 권리를 그의 가족 등으로부터 박탈하는 것도 아니라고 하였다.

미국 각 주의 법률도 생전 이용 요건을 채택하지 않았다. 캘리포니아주의 경우, 1985년 법률 개정으로 사망 후 퍼블리시티권을 인정하였는데, 이 법률에서 "사망자(deceased personality)"란 살아있는 동안 성명 등을 상업적 목적으로 이용했는지 여부와 관계없이 사망 당시에 그 성명 등이 상업적 가치를 갖는 사람을 의미한다고 규정하여,[61]) 생전 이용 요건을 명시적으로 배척하였다. 테네시주의 경우도, 1984년 퍼블리시티권에 관한 법률을 제정하였는데, 모든 사람이 자신의 이름, 사진, 외형의 이용에 관한 재산권을 갖는다고 하면서, 살아있는 동안 이 권리를 상업적으로 이용했는지 여부와 상관없이 이 권리는 사람의 사망으로 종결하지 않는다고 규정하였다.[62])

1995년 부정경쟁에 관한 리스테이트먼트도, 이 요건은 불필요한 불확실성을 발생시킨다고 하면서, 생전 이용이 도용된 동일성의 가치를 정하는 것에 관련될 수 있으나 이를 상속의 요건으로 요구해서는 안 된다고

---

59) Hicks v. Casablanca Records, 464 F. Supp. 426, 204 U.S.P.Q. (BNA) 126, 4 Media L. Rep. 1497 (S.D. N.Y. 1978).

60) 또한 이 판결은 수정헌법 제1조에 의한 표현의 자유 보호가 원고들이 갖는 퍼블리시티권과 비교하여 더 중요하다고 인정하였으므로, 생전 이용 요건이 퍼블리시티권의 상속을 위해 필요하다는 판시가 불필요했다는 점 역시 지적하였다.

61) 현재의 California Civil Code § 3344.1(h).

62) 현재의 Tennessee Code Annotated § 47-25-1103(b).

하였다.63)

4. 사망 후 퍼블리시티권의 존속기간

(1) 존속기간 제한의 논거

사망 후 퍼블리시티권을 인정할 경우 그 존속기간을 둘 것인지 다시 문제되는데, 거의 모든 견해가 일정한 존속기간을 두는데 찬성한다. 그 논거로는, 너무 먼 후손이 유명한 선조의 상업적 이익을 취득하는 것을 방지할 필요가 있다는 점, 표현의 자유와 자유경쟁의 이익과 균형을 맞출 필요가 있는데 이러한 이익은 시간이 지남에 따라 증가하여 어느 시점에는 상속인의 이익보다 커지게 된다는 점, 상업적 예측가능성과 확실성을 위해서는 쉽게 계산할 수 있는 확정된 기간이 바람직하다는 점 등이 제시된다.64)

(2) 적절한 존속기간

사망 후 퍼블리시티권의 존속기간에 대해서는 학자들의 수만큼이나 다양한 견해가 제시되고 있는데,65) 사안에 따라 달리 결정해야 한다는 견해66)와 그 동일성이 상업적으로 이용되는 한 존속해야 한다는 견해67) 등

---

63) Restatement Third, Unfair Competition § 46, comment h (1995).
64) McCarthy(2009, Volume 2), pp. 438f.
65) 5년 내지 10년을 주장하는 견해부터 최대 100년을 주장하는 견해까지 다양하다. 그 개괄적 내용은 McCarthy(2009, Volume 2), pp. 439f. 참조.
66) Kwall(1983), p. 252f.은, 퍼블리시티권과 수정헌법 제1조의 관계를 "공정사용(fair use)" 이론에 의해 설명하면서, 기간에 대해서도 "공정 사용"의 다른 요소들을 적용할 때와 같은 정도의 융통성을 법원이 나타내야 한다고 주장한다. 그러면서도, 최소 20년, 최대 100년이라는 보호의 한계를 설정한다.
67) Saret and Stern(1981), p. 698은, 상표와 마찬가지로, 퍼블리시티권이 이용에 의해 발생하고, 성명 또는 외형의 이용이 끝나면 퍼블리시티권의 보호가 종결된다

도 존재한다.

학설의 다수는 연방 저작권법에서 규정하는 저작권의 존속기간을 유추 적용하는 것에 찬성하고 있다. 연방 저작권법은 저작권의 존속기간을 저작자의 사망 후 50년까지로 규정하였다가 1998년 개정으로 사망 후 70년까지로 확대하였는데, 이를 사망 후 퍼블리시티권에 유추하여 적용하자는 것이다. Felcher와 Rubin은, 저작권과 퍼블리시티권이 모두 진취성과 창조에 대한 유인(Incentive)을 제공하는 정책에 기초를 두고 있는 점, 수정헌법 제1조와 충돌 가능성이 있는 점 등의 유사성이 있으므로 퍼블리시티권에 대하여 저작권을 유추하는 것이 적절하다고 하면서, 시간적 한계에 대해서도 저작권법을 유추하는 것이 유용하다고 하였다.[68] 1979년 캘리포니아주 대법원의 Lugosi 판결[69]의 반대의견도, 1977년 미국 연방 대법원의 Zacchini 판결[70]을 인용하면서, 퍼블리시티권이 인정하는 무형 재산에 존재하는 이익이 저작권법으로 보호되는 창조물과 여러 측면에서 유사하므로 저작권법이 지침이 될 수 있고, 사망 후 퍼블리시티권도 저작권과 동일한 기간 동안 보호되어야 한다고 하였다. 그러나 이러한 견해에 대해서는, 퍼블리시티권과 연방 저작권은 서로 다른 목적을 위해 창조된 별개

한다.

이에 대하여, McCarthy(2009, Volume 2), pp. 443f.는, 상표는 이용에 의해 창조되지만, 퍼블리시티권은 모든 사람이 출생시에 갖는 고유한 권리로서 훨씬 절대적 재산권이므로 이용되지 않는 것이 중요한 의미를 갖지 않는다고 하며 이 견해에 반대한다.

68) Felcher and Rubin(1980), pp. 1129-1131.

69) Lugosi v. Universal Pictures, 25 Cal.3d 813, 160 Cal. Rptr. 323, 603 P.2d 425, 5 Media L. Rep. 2185, 205 U.S.P.Q. (BNA) 1090, 10 A.L.R.4th 1150 (1979).

70) Zacchini v. Scripps-Howard Broadcasting Co., 433 U.S. 562, 97 S. Ct. 2849, 53 L. Ed. 2d. 965, 2 Media L. Rep. 2089, 205 U.S.P.Q. (BNA) 741 (1977). 이 판결은, 퍼블리시티권을 보호하는 것이 공중에게 유익한 공연을 만들기 위해 요구되는 투자를 할 경제적 유인을 제공하며, 이와 같은 고려가 특허법과 저작권법의 기초라고 하였다.

의 개념이므로 유추에 문제가 있다고 지적되기도 한다.[71]

각 주의 법률도 사망 후 퍼블리시티권의 존속기간을 20년에서 100년의 범위 내에서 다양하게 규정하고 있다.[72] 이 중에는, 사용이 계속되는 한 존속한다고 규정하거나,[73] 존속기간에 대한 규정을 두지 않는 경우[74]도 있다.

5. 캘리포니아주와 뉴욕주의 경우

(1) 캘리포니아주의 경우

(가) 사망 후 퍼블리시티권을 법률에 규정

이미 언급한 바와 같이, 1979년 캘리포니아주 대법원의 Lugosi 판결[75]은 이름과 외형을 이용할 권리는 그 예술가에게 개인적이며 그가 살아있는 동안 행사되었어야 한다고 판단하였는데, 이 판결은 이후 법률에 의해 번복되었다.

캘리포니아주에서는 California Civil Code § 3344가 사람의 성명, 사진 등을 상업적 목적으로 이용하는 것에 대한 손해배상책임을 규정하고 있었는데, 1985년 법률 개정으로 § 990가 추가되었다. 이 조항은, 사람의 사망 후 50년간[76] 존속하는 사망 후 퍼블리시티권을 명시적으로 규정하였고,

---

71) McCarthy(2009, Volume 2), p. 442. 이 견해는, 사망 후 퍼블리시티권의 존속기간이 10년 내지 20년 정도면 충분할 것이라고 하면서도, 연방 저작권의 존속기간이 문제해결에 강한 영향을 발휘하고 있음을 인정한다. McCarthy(2009, Volume 2), p. 444.

72) McCarthy(2009, Volume 2), p. 445.

73) 테네시주이다. 현재의 Tennessee Code Annotated § 47-25-1104(b)는 사망 이후 10년이 지난 이후에는 2년 동안 이름, 외형, 이미지 등을 상업적 목적으로 사용되지 않았다는 것이 증명되면 권리가 소멸된다고 규정하고 있다.

74) 네브라스카주이다.

75) Lugosi v. Universal Pictures, 25 Cal.3d 813, 160 Cal. Rptr. 323, 603 P.2d 425, 5 Media L. Rep. 2185, 205 U.S.P.Q. (BNA) 1090, 10 A.L.R.4th 1150 (1979).

생전 이용 요건은 명시적으로 배척하였다. 이 법률은 1999년에 다시 개정
되었는데, 조항의 번호를 변경하여 § 990를 § 3344.1로 하였고, 사망 후
퍼블리시티권의 존속기간을 50년에서 70년으로 연장하였다.[77]

그런데 2007년 뉴욕주 연방남부지방법원이 판단한 사건[78]에서, 유명한
여배우 Marilyn Monroe의 사망 후 퍼블리시티권이 유언에 의해 양도되지
않았다고 판단되었다. 캘리포니아에서 사망 후 퍼블리시티권을 인정하는
법률이 시행되기 이전인 1962년에 그녀가 사망했다는 것이 그 이유였다.
법원은, 그녀가 사망할 당시 갖고 있지 않은 재산을 처분하는 것은, 뉴욕
법이나 캘리포니아법 중 어느 법에 의해서도 허용되지 않는다고 판단했
다.[79] 그러자, 2007년 10월 California Civil Code가 다시 개정되었다. 즉,
사망 후 퍼블리시티권은 1985년 1월 1일 이전에 사망한 사람의 사망 시
점에 존재했던 것으로 간주한다고 규정하였다.[80]

(나) 사망 후 퍼블리시티권의 내용

California Civil Code에 의하면, 퍼블리시티권은 생전에 양도되거나 사
망시 신탁, 유언 등으로 이전되지 않은 경우 남아있는 배우자나 자녀 등
에게 속하며, 구체적으로는 그 지분의 1/2을 넘는 권리를 가진 사람들에
의해 권리가 행사될 수 있다.[81] 그리고 퍼블리시티권이 이전되지도 않고

---

76) McCarthy(2009, Volume 1), p. 907은, 이 50년이라는 기간은 1978년 연방 저작
권법으로부터 차용된 것이 분명하다고 설명한다.
77) McCarthy(2009, Volume 1), pp. 907f.은, 1998년 저작권법 개정으로 대부분 저작
권의 존속기간이 사망 후 70년으로 연장되었다고 한다.
78) Shaw Family Archives Ltd. v. CMG Worldwide, Inc., 486 F. Supp. 2d 309, 35
MediaL. Rep. 1936, 83 U.S.P.Q.2D (BNA) 1241 (S.D. N.Y. 2007).
79) 이 사안에서는 Marilyn Monroe가 사망할 당시 살고 있던 곳의 법이 적용되어야
했는데, 그녀가 사망할 당시 뉴욕주에 살았는지 캘리포니아주에 살았는지 다투어
졌다.
80) California Civil Code § 3344.1.(b).
81) California Civil Code § 3344.1(d). 다만, 권리의 행사로 인한 이익은 지분을 갖는

남아있는 배우자나 자녀 등도 없는 경우에는 권리가 종결된다.[82] 나아가, 이 법률은 등록제를 채택하고 있다. 즉, 사망자의 권리를 상속한 사람이나 그 이용허락을 받은 사람(licensee)은 일정한 사항을 등록할 수 있으며, 이러한 등록 전에 발생한 이용에 대해서는 손해배상을 청구하지 못한다고 규정되어 있다.[83]

(2) 뉴욕주의 경우 - 사망 후 퍼블리시티권의 불인정

N.Y. Civil Rights Law § 50는 다른 사람의 이름, 초상 또는 영상을 그 사람의 서면 동의 없이 상업적으로 사용하는 것이 경범죄(misdemeanor)에 해당된다고 하면서, 보호대상을 "살아있는 사람(living person)"으로 규정하고 있다. 그리고 같은 법률 § 51는 다른 사람의 이름, 초상, 영상 또는 목소리를 상업적으로 사용하는 경우에 대한 손해배상책임 등을 정하면서 보호대상을 "어떠한 사람이든(any person)"으로 규정하고 있으나, 이것 역시 살아있는 사람만을 의미하는 것으로 해석된다.[84] 따라서 뉴욕주 법률은 살아있는 사람만을 보호하는 것이 되며, 사망 후 퍼블리시티권은 부정된다. 또한 뉴욕주에서는 보통법에 의한 퍼블리시티권이 인정되지 아니하므로, 보통법에 의하여 사망 후 퍼블리시티권이 인정될 수도 없다. 결국, 뉴욕주에서 사망 후 퍼블리시티권은 인정되지 않는다.

판결도 이러한 입장을 취하고 있다. 1990년 연방 제2고등법원의 판결[85]도, 사망한 프로야구 선수 Babe Ruth의 사진을 달력 제작에 이용한

모든 권리자에게 속한다.

82) California Civil Code § 3344.1(e).

83) California Civil Code § 3344.1(f). McCarthy(2009, Volume 1), p. 913은, 이러한 등록제는 사망자의 동일성을 상업적으로 이용하기 위한 이용허락을 취득하려는 사람에게 일정 사항을 알리기 위한 목적을 갖고 있다고 설명한다.

84) McCarthy(2009, Volume 1), p. 269 n.1은, § 51는 같은 주제에 대한 것으로 § 50와 함께 해석된다고 한다.

사건에서, N.Y. Civil Rights Law에 의한 보호가 살아있는 사람에 한정되며, 또한 뉴욕주에서 보통법에 의한 퍼블리시티권도 인정되지 않는다는 이유를 들어, 퍼블리시티권에 근거한 청구를 배척하였다.

---

85) Pirone v. MacMillan, Inc., 894 F.2d 579, 17 Media L. Rep. (BNA) 1472, 13 U.S.P.Q.2D 1799 (2d Cir. 1990).

제6절 퍼블리시티권 침해에 대한 구제수단

Ⅰ. 개설

퍼블리시티권 침해의 경우 피해자가 어떤 구제수단을 행사할 수 있는지 문제된다. 퍼블리시티권 침해에 대하여 특별한 구제수단이 존재하는 것은 아니며, 피해자는 일반적인 불법행위에 대하여 인정되는 구제수단을 퍼블리시티권 침해의 경우도 행사할 수 있다. 다만, 그 구제수단이 어떠한 내용을 갖는지 문제된다. 아래에서는 퍼블리시티권 침해에 대한 구제수단으로 금지명령, 손해배상청구와 이익반환청구, 징벌적 손해배상 등에 대하여 살펴본다.

Ⅱ. 금지명령

1. 금지명령

(1) 학설

퍼블리시티권 침해의 경우, 법원이 피고에게 금지명령(Injunctions)[1]을

---

1) 尹眞秀(2003), 88면은, "injunction"은 그 내용에 따라 禁止的 留止命令(prohibitory

할 수 있다고 인정된다. 1995년 부정경쟁 리스테이트먼트는, 퍼블리시티권 사건에서 금지명령이 통상적 구제수단이라고 한다.[2] 즉, 불법행위의 경우 보통의 구제수단은 손해배상이고 형평법상 구제수단인 금지명령은 전통적으로 손해배상이 부적당한 경우만 이용할 수 있었는데,[3] 퍼블리시티권 침해의 경우 그 손해액과 인과관계를 입증하는 것이 어려우므로 손해배상으로 금전적 손해를 쉽게 배상받을 수 없다고 설명한다.[4] 또한 사람의 동일성의 상업적 이용이 계속적 불법행위인 경우 금지명령이 특히 적절하다고 한다.[5] McCarthy도, 지적재산권에 관한 사안에서 금지명령이 표준적 구제수단인데,[6] 퍼블리시티권도 지적재산권의 한 형태이므로 형평법상 구제수단에 관한 유사한 원칙을 적용할 수 있어야 한다고 설명한다.[7] 그리고 사람의 동일성을 허락 없이 장래에 그리고 계속하여 이용하는 것에 대하여 금전에 의한 손해배상이 적절한 경우는 생각하기 어렵다고 한다.[8]

(2) 주 법률

몇몇 주의 법률은 금지명령에 대하여 명시적으로 규정한다.[9] 예컨대,

---

injunction)과 作爲的 留止命令(mandatory injunction)으로 분류된다고 설명한다. 그런데 퍼블리시티권 침해의 경우 주로 전자가 문제되므로, 이하에서는 "injunction"을 "금지명령"으로 번역하기로 한다.

2) Restatement Third, Unfair Competition § 48, comment b. (1995).
3) Restatement Third, Unfair Competition § 48, comment a. (1995).
4) Restatement Third, Unfair Competition § 48, comment b. (1995).
5) Restatement Third, Unfair Competition § 48, comment b. (1995).
6) 부정경쟁, 상표, 저작권 사안에서, 장래의 침해에 대한 손해배상은 거의 자동적으로 부적당하다고 여겨지기 때문이라고 한다.
7) McCarthy(2009, Volume 2), p. 681.
8) McCarthy(2009, Volume 2), p. 681. 만일 금지명령이 부정될 경우, 이는 법원이 원고에게 피고가 권리를 계속 침해하는 것을 그대로 지켜보라고 말하는 결과가 될 것이라 한다.
9) 플로리다주, 일리노이주, 인디애나주, 매사추세츠주, 네바다주, 뉴욕주, 오하이오

New York Civil Rights Law § 51는, 자신의 이름, 초상, 영상 또는 목소리가 광고 목적이나 거래 목적으로 서면 동의 없이 이용된 사람은, 그 이용을 막기 위하여 형평법상 소를 제기할 수 있다고 규정한다.[10]

(3) 판결

판결도 퍼블리시티권 침해에 대하여 금지명령을 내릴 수 있다고 인정한다. 1970년 미네소타주 연방지방법원의 Uhlaender 판결[11]은, 메이저리그 프로야구 선수들의 이름과 타율 등의 통계정보를 이용한 게임을 제작하여 판매한 것이 문제된 사건에서, 유명인은 그의 공적 인격(public personality)에 정당한 재산적 이익을 가지는데, 피고들이 원고들의 이름과 통계를 상업적 목적으로 권한없이 이용하여 원고들의 권리를 침해했다고 인정하였다. 그리고 유명인이 이름과 외형에 대해 갖는 재산적 이익은 독특하기 때문에 금지명령이라는 구제수단이 적절하다는 것에 심각한 의문이 존재하지 않는다고 판단하였다. 1975년 뉴욕주 연방남부지방법원의 판결[12]도, 유명 코미디언 Laurel과 Hard가 사망한 이후 그들의 성명과 외형을 상품화하는 권리가 누구에게 속하는지 문제된 사건에서, 이러한 권리가 Laurel과 Hardy의 사망으로 종결되지 않고 상속인들에게 이전되었다고 하면서, 피고들에게 영구적 금지명령[13]을 내리는 것이 적절하다고 판단하였다. 1985

주, 오클라호마주, 로드 아일랜드주, 테네시주, 유타주, 버지니아주, 워싱턴주, 위스콘신주 등이다.

10) Welch v. Mr. Christmas Inc., 57 N.Y.2d 143, 454 N.Y.S.2d 971, 440 N.E.2d 1317, 8 Media L. Rep. 2366 (1982)는, 이 규정에 의해 금지명령을 내릴 수 있다고 하였다.

11) Uhlaender v. Henricksen, 316 F. Supp. 1277, 1971 Trade Cas. (CCH) P73,414 (D. Minn. 1970).

12) Price v. Hal Roach Studios, Inc., 400 F. Supp. 836 (S.D. N.Y. 1975).

13) Dobbs(1993), p. 184는, 영구적 금지명령(permanent injunction)이 반드시 실제로도 영구적이어야 하는 것은 아니라고 한다. 즉, 영구적 금지명령은 완전한 심리

년 뉴욕주 연방남부지방법원의 Allen 판결[14] 역시, 영화감독이자 코미디언
인 원고의 모습을 흉내낸 사람이 비디오 회사의 광고에 등장한 사건에서,
원고를 닮은 사람에게 더 이상 광고에 등장하는 것을 금지하는 명령을 내
렸다.[15] 다만, 이 판결은 원고가 피고회사를 보증하였는지 여부에 대한 소
비자의 혼동이 야기될 수 있다는 이유에서 Lanham Act[16] 위반을 인정한
것으로, 프라이버시에 관한 New York Civil Rights Law 위반 주장에 대해
서는 명확하게 판단하지 않았지만, 어떠한 법률 위반을 인정하든 원고에게
인정되는 구제수단이 실질적으로 동일하다고 하였다.

2. 예비적 금지명령

금지명령과 마찬가지로 예비적 금지명령(Preliminary injunction)[17]도
인정된다. 법원들은 예비적 금지명령을 할 것인지 결정하기 위하여 여러
요소들을 고려하는데,[18] 피해자가 회복할 수 없는 손해를 입을 염려가 있

(full trial) 이후에 발령되는 금지명령이며, 이 용어는 완전한 심리가 행해지기 전
에 발령되는 금지명령과 구분하기 위한 것이라고 설명한다.

14) Allen v. National Video, Inc., 610 F. Supp. 612, 630, 226 U.S.P.Q. (BNA) 483
(S.D. N.Y. 1985).

15) 이 판결은, 합리적 사람이 원고를 닮은 사람을 실제로 원고라고 믿거나 원고가
그 외모 사용을 승인했다고 믿을 가능성을 야기하는 광고에 출연하는 것만을 금
지하면서, 이와 달리 단지 원고와 닮은 사람이고 원고는 아무 관련이 없다는 것
이 명백한 상황에서는 원고를 닮은 사람이 계속 활동할 수 있도록 하였다.

16) 미국의 연방 상표법으로, 상표법 위반은 물론 허위 광고 등도 규제하고 있다.

17) Dobbs(1993), p. 184는, 예비적 금지명령은 임시의 금지명령의 일종으로서, 적법
절차가 요구하는 완전한 심리(full trial)와 비교하여 약화된 심리에 의하여 발령
된다고 설명한다. 그리고 예비적 금지명령은 그 자체가 취소되거나, 영구적 금지
명령이 발령되거나, 원고청구가 기각될 때까지 효력을 갖는다고 한다.

18) McCarthy(2009, Volume 2), p. 684f.는, 본안에서의 승소가능성, 회복할 수 없는
손해를 입을 염려, 분쟁 이전의 상황이 보호되는지 여부, 당사자들의 곤란함의
형량, 제3자 보호에 유용한지 여부 등을 기준으로 설명한다.

는지 여부가 중요한 기준 중 하나이다.

1978년 뉴욕주 연방남부지방법원의 Muhammad Ali 판결[19]은, 권투 링 코너에 앉아 있는 흑인의 그림이 성인 잡지에 사용된 사건에서, 원고가 자신의 외형과 명성에 갖는 상업적으로 가치 있는 재산적 이익을 피고들이 불법적으로 도용한 경우 그 손해배상 또는 부당이득의 입증이 매우 어렵다고 하였다. 또한 피고들이 원고의 시장성 있는 명성에도 손해를 가하고 있는데,[20] 이러한 손해는 금전으로 측정하기 어렵다고 하였다. 그리고 금전적 손해배상액을 정하는 것이 이처럼 어려우므로 예비적 금지명령을 위한 회복할 수 없는 손해가 인정된다고 하였다. 1978년 연방 제2고등법원의 판결[21]도, Elvis Presley가 사망한 이후 그의 사진을 이용한 포스터를 피고가 작성하여 판매한 사건에서, Elvis Presley 관련 기념품을 제작하여 판매할 배타적 권리를 피고가 침해하였다고 하면서, 예비적 금지명령을 선고한 1심 판결을 그대로 인정하였다.[22] 1981년 뉴저지주 연방지방법원의 판결[23] 역시, 사망한 Elvis Presley의 외형이 나타나 있는 펜던트 또는 레코드의 판매에 의해 회복불가능한 손해가 발생할 수 있다고 하면서 이를 금지하는 예비적 금지명령을 선고하였다.[24]

---

19) Ali v. Playgirl, Inc., 447 F. Supp. 723, 3 Media L. Rep. 2540, 206 U.S.P.Q. (BNA) 1021 (S.D. N.Y. 1978).

20) 이 사건에서는 원고의 벌거벗은 앞모습 그림이 이용되었는데, 이로 인해 그의 시장성 있는 명성에 손해가 발생한다는 것을 의미한다.

21) Factors Etc., Inc. v. Pro Arts, Inc., 579 F.2d 215, 4 Media L. Rep. 1144, 205 U.S.P.Q. (BNA) 751 (2d Cir. 1978).

22) 이 판결 이후 원고는 영구적 금지명령도 청구하였는데, 법원은 이것 역시 인정하였다. Factors Etc., Inc. v. Pro Arts, Inc., 496 F. Supp. 1090, 208 U.S.P.Q. (BNA) 529 (S.D. N.Y. 1980).

23) Presley's Estate v. Russen, 513 F. Supp. 1339, 211 U.S.P.Q. (BNA) 415 (D.N.J. 1981).

24) 이 판결은 Elvis Presley를 흉내낸 사람이 등장하는 쇼에 대해서도 예비적 금지명령을 하였는데, 이에 대해서는 서비스표권 침해와 부정경쟁 등에 의하여 회복할 수 없는 손해가 발생할 수 있다고 판단하였다. 즉, 피고가 출처에 대한 혼동을

III. 손해배상청구와 이익반환청구

1. 손해배상청구의 인정

(1) 학설

퍼블리시티권 침해의 경우 피해자가 손해배상을 청구할 수 있는데, 그 손해배상의 내용은 재산적 손해의 배상을 중심으로 설명된다. Nimmer는, 퍼블리시티권 침해의 경우 손해배상액은 피고가 도용한 공표가치의 측면에서 산정되어야 한다고 하였다.[25] 1995년 부정경쟁에 관한 리스테이트먼트 역시, 퍼블리시티권 침해에 대한 손해배상액 산정은 원고의 금전적 손해 또는 피고의 부당한 금전 이득에 초점을 맞춘다고 하였다.[26] McCarty도, 퍼블리시티권이 프라이버시권과 구별되는 중요한 특질은 퍼블리시티권이 사람의 동일성에 재산적 가치와 상업적 가치를 인정하는 것이라고 하면서, 퍼블리시티권 침해는 상업적인 재산적 이익 또는 재산권의 침해에 의해 발생한다고 설명한다.[27] 그리고 그 손해배상액은 동산(personal property)의 절도 사안에 적용되는 기준과 유사한 기준으로 산정되어야 하고, 또한 다른 지적재산권 침해의 경우 손해배상액을 산정하는 법이 유추될 수 있다고 한다.[28]

야기할 수 있는 이름과 표지를 계속 사용할 경우, 원고는 그 서비스의 품질에 대한 통제권을 박탈당하여 심각한 손해를 입을 것이라 하면서, 이를 회복할 수 없는 손해로 파악하였다.

25) Nimmer(1954), p. 216. 퍼블리시티권 침해의 경우, 보통은 감정을 손상하게 하는 방법으로 이용되지 않으므로, 손해배상액 산정도 프라이버시 침해의 경우와 다르다고 설명한다.

26) Restatement Third, Unfair Competition § 49, comment b. (1995).

27) McCarthy(2009, Volume 2), p. 718.

(2) 주 법률

퍼블리시티권 침해의 경우 손해배상청구를 할 수 있다는 것은 많은 주 법률이 인정하고 있다. California Civil Code § 3344(a)는, 다른 사람의 이름 등을 사전 동의 없이 고의로 이용한 사람은 그 결과 피해자가 입은 모든 손해를 배상해야 하며, 특히 실제 손해와 $750 중에서 더 큰 금액을 배상할 책임이 있다고 규정한다. New York Civil Rights Law § 51도, 자신의 이름 등이 서면 동의 없이 광고나 거래 목적으로 이용된 사람은 이로 인해 입은 모든 손해에 대한 배상을 구하는 소를 제기할 수 있다고 규정한다.

2. 손해배상의 내용

(1) 공정한 시장 가치에 상당하는 손해

퍼블리시티권 침해의 경우, 원고가 입은 손해가 얼마인지 입증하기 어려우므로, 원고의 동일성의 이용이 갖는 공정한 시장 가치(fair market value)에 기초하여 손해배상액을 정하는 방법이 이용된다.[29] 이러한 공정한 시장 가치는 다음과 같은 여러 방법으로 파악된다.

첫째, 원고가 이미 유사한 상황에서 자신의 이름, 외형 등의 이용을 허락하고 그 대가로 취득한 금액이 있으면, 이 금액을 원고의 동일성이 갖는 시장 가치를 나타내는 기준으로 파악할 수 있다. 1981년 뉴욕주 연방

---

28) McCarthy(2009, Volume 2), pp. 718f.
29) Restatement Third, Unfair Competition § 49, comment d. (1995). 이러한 공정한 시장 가치는, 피고의 이용으로 인해 원고가 입은 손해에 대한 배상 또는 피고가 그 이용에 대한 지급을 회피함으로 인해 취득한 부당한 이익 등을 나타낼 수 있다고 한다.

남부지방법원의 판결[30]은, 모델이자 배우인 원고의 사진을 피고가 허락 없이 저급한 포르노 잡지의 표지 등에 게재한 사건에서, 손해배상의 내용 중 하나로 원고 사진의 이용에 대하여 원고에게 지급되지 않은 금액을 인정하였다.[31] 그리고 약 2년 전에 원고가 다른 잡지의 표지 등에 사진 게재를 허락하고 받은 금액을 기초로 하여, 피고가 잡지의 표지 등에 원고의 사진을 게재한 것에 대한 손해배상액을 $6,750로 산정하였다. 1982년 캘리포니아주 연방중부지방법원의 Cher 판결[32]도, 유명한 연예인이자 가수인 원고가 공표를 허락하지 않은 인터뷰를 피고들이 광고와 기사 등에 이용한 사건에서, 과거에 피고 회사가 원고와 협상하면서 $100,000를 제안한 사실이 있음을 기초로 하여, 원고의 이름과 외형을 사용한 가치에 대한 손해배상액을 $100,000로 산정하였다.

둘째, 원고와 비슷한 지위에 있는 사람이 자신의 이름, 외형 등의 이용을 허락하고 그 대가로 취득한 금액이 있는 경우, 이 금액을 원고의 동일성이 갖는 시장 가치를 판단하는 기준으로 할 수 있다.[33] 1980년 텍사스주 연방서부지방법원의 판결[34]은, 집안일에 관한 신문칼럼과 책들을 저술한 유명한 작가 Heloise Bowles의 이름을 광고문구 등으로 사용한 사건에서, 그녀의 이름이 제품의 보증 목적에 상당한 가치를 갖는다고 판단하였다. 그녀의 이름이 갖는 이러한 가치에 대하여 3명의 감정인들이 의견을 제시하였는데, 법원은 다른 요리책 저자가 상품 보증 계약에 의해 취득한

---

30) Clark v. Celeb Pub., Inc., 530 F. Supp. 979, 8 Media L. Rep. 1261 (S.D. N.Y. 1981).
31) 이 판결은, 피고가 원고의 사진을 게재함으로 인해 원고가 입은 정신적 고통에 대한 손해배상으로도 $25,000를 인정하였다.
32) Cher v. Forum Intern., Ltd., 7 Media L. Rep. 2593, 213 U.S.P.Q. (BNA) 96 (C.D. Cal. 1982).
33) McCarthy(2009, Volume 2). p. 720은, 유명인의 시장 가치는 그에 필적할 만한 사람이 취득한 금액에 대한 전문가 증언에 의해 비교적 쉽게 정해질 수 있다고 설명한다.
34) National Bank of Commerce v. Shaklee Corp., 503 F. Supp. 533, 207 U.S.P.Q. (BNA) 1005 (W.D. Tex. 1980).

금액 등을 고려하여 원고의 이름 사용으로 인한 보증의 가치가 $75,000라
고 인정하였다.[35]

(2) 장래의 공표가치 등에 대한 손해

사안에 따라서는, 퍼블리시티권 침해에 의하여 원고의 전문가로서의 지
위, 합리적 기대 수입, 원고의 동일성이 갖는 장래의 공표가치 등에도 손
해가 발생할 수 있다.[36]

1981년 뉴욕주 연방남부지방법원의 판결[37]은, 모델이자 배우인 원고의
사진을 피고가 허락 없이 저급한 포르노 잡지의 표지 등에 게재한 사건에
서, 피고의 잡지에 원고의 사진이 게재됨으로 인해 다른 잡지사 등이 원
고를 비난하고 원고를 모델로 사용하려 하지 않으려 한다는 점을 들어,
원고에게 예상되었던 모델료 수입 상당액인 $7,000를 손해배상액으로 인
정하였다. 그리고 1992년 연방 제9고등법원의 Tom Waits 판결[38]은, 가수
인 원고의 노래를 다른 사람이 흉내내어 부른 것을 콘칩 라디오 광고에서
사용한 사건에서, 평소 원고가 상품에 대한 보증을 하지 않는다는 입장을
취해 왔으므로 이 사건 광고에 의해 원고의 예술가로서의 평판에 손해가
발생한다 할 수 있고, 또한 장래에 원고가 광고를 하려 할 경우 요구할 수
있는 금액이 이 사건 광고에 의해 감소될 수 있다고 하면서, 원고의 신용
(good will)과 장래의 공표가치에 대한 손해에 대하여 $75,000의 배상을

---

35) 이 판결은, 도용에 의한 프라이버시 침해에 대한 일반적 손해배상으로, Heloise가
   겪은 정신적 고통과 육체적 고통에 대한 손해배상금 $25,000도 인정하였다.
   한편, McCarthy(2009, Volume 2), p. 722는, 이 판결에 대하여, 퍼블리시티권 침
   해와 허위 보증이라는 서로 다른 손해배상의 기준을 명확히 구분하지 않았다고
   비판한다.
36) McCarthy(2009, Volume 2). p. 730.
37) Clark v. Celeb Pub., Inc., 530 F. Supp. 979, 8 Media L. Rep. 1261 (S.D. N.Y.
   1981).
38) Waits v. Frito-Lay, Inc., 978 F.2d 1093 (9th Cir. 1992).

명한 1심법원의 판단을 그대로 인정하였다.[39]

(3) 정정광고 비용의 손해

사안에 따라서는 퍼블리시티권 침해 사안이 허위 보증에 해당할 수도 있는데, 이 경우 정정광고 비용으로 가해자의 광고비용 중 일정 비율에 해당하는 금액을 청구할 수 있다.[40]

1982년 캘리포니아주 연방중부지방법원의 Cher 판결[41]은, 유명한 연예인이자 가수인 원고가 공표를 허락하지 않은 인터뷰를 피고들이 광고와 기사 등에 이용한 사건에서, 대중에게 원고에 대한 잘못된 거짓의 인상이 만들어진 것과 관련하여, 합리적인 정정 광고를 수행하는데 필요한 금액 상당의 손해배상액을 인정하였다. 이 손해배상액은, 원고의 이름과 외형을 이용하여 허위, 불법 광고를 한 비용의 25%인 $69,117로 정하였다.

3. 이익반환청구

(1) 학설

퍼블리시티권 침해의 경우, 원고가 자신이 입은 손해에 대한 배상을 청구하는 것 이외에 자신의 동일성을 허락 없이 이용함으로 인해 피고가 취

---

39) 이 판결은, 이 사건 광고에 의해 원고가 받은 충격, 화, 당황 등과 평소 원고가 상업적 보증에 반대해 왔음에도 이 사건 광고에 의해 명백한 위선자로 됨으로 인해 입은 창피함 등에 의하여 원고의 정신적 고통에 대한 $200,000의 손해배상을 명한 1심법원의 판단도 그대로 인정하였다.

40) McCarthy(2009, Volume 2). pp. 738f. 이러한 일정 비율의 금액이, 대중에게 진실을 알리고 원고를 허위 광고 전에 가졌던 지위로 복원시키기 위하여 필요한 정정 광고의 비용을 의미한다고 추정한 것이라고 설명한다.

41) Cher v. Forum Intern., Ltd., 7 Media L. Rep. 2593, 213 U.S.P.Q. (BNA) 96 (C.D. Cal. 1982).

득한 이익의 반환을 청구할 수도 있다고 인정된다. 1995년 부정경쟁에 관
한 리스테이트먼트는, 사람의 동일성이 갖는 상업적 가치의 도용에 대한
금전적 구제방법은 원고의 손해에 의해 산정되는 손해배상청구 또는 피고
의 부당한 이익에 의해 산정되는 반환청구로 구성될 수 있다고 하면서,[42]
원고는 손해배상과 이익반환 중 어느 것 또는 양자를 함께 청구할 수 있으
나 두 금액 중 큰 금액만 지급받을 수 있다고 하였다.[43] McCarthy도, 침해
자의 이익에 대한 반환청구는, 2중 구제가 되지 않는 한, 원고 자신의 손해
에 대한 배상청구 이외의 추가적인 선택권으로 여겨진다고 설명한다.[44]

(2) 주 법률

몇몇 주의 법률은 침해자의 이익에 대한 반환을 청구할 수 있다고 명시
적으로 규정한다.[45] 예컨대, California Civil Code § 3344(a)는, 다른 사
람의 이름 등을 사전 동의 없이 고의로 이용하는 등 해당 조항을 위반한
사람은 피해자에게 손해를 배상할 책임이 있다고 하면서, 또한 권한 없는
이용으로 발생한 이익을 반환할 책임이 있다고 규정한다.[46] 나아가, 피해
자는 그 이용으로 발생한 총 수입을 입증하면 되고, 침해자가 총 수입에
서 공제가능한 비용을 입증해야 한다고 규정한다.

(3) 판결

퍼블리시티권 침해의 경우, 피고가 취득한 이익에 대하여 원고가 반환

---

42) Restatement Third, Unfair Competition § 49, comment a. (1995).
43) Restatement Third, Unfair Competition § 49, comment d. (1995). 다른 부정경쟁
   의 영역들도 마찬가지라고 하였다.
44) McCarthy(2009, Volume 2), p. 736.
45) 캘리포니아주, 일리노이주, 인디아나주, 테네시주, 텍사스주, 위스콘신주 등이다.
46) 다만, 이러한 이익은 실제 손해배상액을 산정할 때 고려되지 않았을 것을 요구한다.

청구를 할 수 있다고 인정되지만, 실제 판결에서 이를 긍정한 경우는 많
지 않다. McCarty는, 이익 반환에 관한 주 법률이 없는 경우에도 법원이
퍼블리시티권 사건에서 이를 인정할 것인지 여부를 확실히 예측할 수 있
을 정도의 충분한 선례가 존재하지 않는다고 한다.[47]

1980년 뉴욕주 연방남부지방법원의 판결[48]은, Elvis Presley가 사망한
이후 그의 사진을 이용한 포스터를 피고가 작성하여 판매한 사건에서, 피
고가 이 포스터를 작성하고 판매할 권한이 없다고 인정하였다.[49] 그리고
피고가 해당 포스터의 판매로 취득한 이익과 동일한 금액을 청구하는 범
위 내에서 원고의 손해배상청구를 인정하였다.

한편, 2007년 캘리포니아주 항소심법원의 판결[50]은, 모델인 원고의 사
진을 권한 없이 인스턴트 커피 제품의 라벨 등에 이용한 사건에서, 원고
에게 $15,305,850라는 거액의 이익반환청구를 인정한 1심 판결을 파기하
였다. 이 판결은, California Civil Code § 3344가 보호하는 것은 개인의
동일성 또는 페르소나(persona)라고 하면서, 원고의 외형이 이용되기 전과
후에도 잘 생긴 남자의 이미지가 이용된 점 등을 근거로, 단지 커피 라벨
에 맛을 보는 사람의 모습을 나타내는 것으로 발생하는 이익은 원고에게
기인하는 것이 아니라고 판단하였다.[51]

---

47) McCarthy(2009, Volume 2), p. 737.
48) Factors Etc., Inc. v. Pro Arts, Inc., 496 F. Supp. 1090, 208 U.S.P.Q. (BNA) 529 (S.D. N.Y. 1980).
49) 피고는 자신이 문제된 포스터에 대한 유효한 저작권을 갖고 있다고 주장하였는데, 이 판결은 퍼블리시티권이 연방 저작권법에 위반되지 않으며 연방 저작권법이 퍼블리시티권에 우선하지도 않는다고 판단하였다.
50) Christoff v. Nestle USA, Inc., 62 Cal. Rptr. 3d 122, 35 Media L. Rep. 2002 (Cal. App. 2d Dist. 2007).
51) 다만, 원고의 이미지의 "일반적" 성격이 피고가 "일반적" 소비자들에게 매력을 형성하고 소비자들이 피고 제품을 구매하도록 유도하는데 도움을 주었을 수도 있으나, 이러한 근거로 이익의 반환을 청구하기 위해서는 원고가 이를 입증해야 한다고 하였다.

Ⅳ. 징벌적 손해배상

1. 징벌적 손해배상 일반

징벌적 손해배상은 피해자의 실제 손해액을 초과하는 금액의 배상책임을 명하는 것으로, 미국의 많은 주에서 인정되고 있다. 징벌적 손해배상은, 피고를 벌하기 위하여, 그리고 피고가 그 행위를 반복하지 않도록 하고 다른 사람들이 피고의 예를 따르는 것을 방지하기 위하여, 손해의 완전한 배상을 넘어서는 손해배상을 원고가 받을 수 있도록 하는 것이다.[52] 징벌적 손해배상이 인정되기 위해서는 단지 불법행위가 행해졌다는 것으로는 부족하고, 악의(spite)나 해의(malice), 사기적(fraudulent) 동기, 다른 사람의 권리의 의식적이고 고의적인 무시 등이 존재해야 한다.[53]

그런데 미국 연방 대법원은, 수정헌법 제14조의 적법절차조항에 근거하여 징벌적 손해배상액이 지나치게 과도하게 되는 것을 제한하고 있다. 1996년 연방 대법원의 판결[54]은, 자동차의 칠을 다시 한 것을 고객에게 알리지 않고 자동차를 판매한 사건에서,[55] 징벌적 손해배상이 적법절차조항의 한계를 넘는지 판단하는 3가지 기준으로 피고의 행위의 비난가능 정도, 전보적 손해배상액에 대한 징벌적 손해배상액의 비율, 유사한 불법행위에 부과될 수 있는 민형사적 제재와의 비교 등을 제시하였다. 이에 따라, 알라바마주 대법원이 전보적 손해배상액을 $4,000로 인정하면서 징벌

---

52) Prosser/Keeton(1984), p. 9.
53) Prosser/Keeton(1984), pp. 9f.
54) BMW of North America, Inc. v. Gore, 517 U.S. 559, 116 S. Ct. 1589, 134 L. Ed. 2d 809 (1996).
55) 문제가 된 자동차 회사는, 자동차의 인도 전에 손해가 발생한 경우, 그 수리비용이 자동차 판매가격의 3%를 초과하지 않으면 이를 알리지 않는다는 정책을 채택하고 있었다.

적 손해배상액으로 그 500배인 $2,000,000를 인정한 것은 지나치게 과도하다고 판단하였다. 2003년 연방 대법원의 판결56)도, 보험회사가 피해자들의 합의 제안을 비합리적으로 거절한 것이 문제된 사건에서, 징벌적 손해배상의 합헌성을 판단하는 위 3가지 기준을 받아들였다. 특히, 전보적 손해배상액에 대한 징벌적 손해배상액의 비율이 한 자리 수를 넘는 경우 적법절차를 만족시키는 경우가 드물다고 하면서, 유타주 대법원이 전보적 손해배상액을 $1,000,000로 인정하면서 징벌적 손해배상액으로 $145,000,000원을 인정한 것은 145:1이라는 비율에서 위헌성이 추정된다고 하였다.

2. 퍼블리시티권 침해의 경우

(1) 학설

불법행위에 대하여 징벌적 손해배상을 인정하는 주의 경우, 퍼블리시티권 침해에 대하여 징벌적 손해배상을 부정할 이유가 없다. 이에 따라, 불법행위 사건에서 징벌적 손해배상을 청구할 수 있는 주에서는, 프라이버시 침해나 퍼블리시티권 침해의 경우도 징벌적 손해배상이 마찬가지로 적용될 수 있어야 한다고 설명된다.57)

(2) 주 법률

몇몇 주의 법률은, 퍼블리시티권 침해와 관련하여 징벌적 손해배상을 청구할 수 있다고 명시적으로 규정한다. 이러한 각 주의 법률은 여러 형태를 갖고 있다. 즉, 단순히 징벌적 손해배상을 청구할 수 있다고 규정한

---

56) State Farm Mut. Auto. Ins. Co. v. Campbell, 538 U.S. 408, 123 S. Ct. 1513, 155 L. Ed. 2d 585, CCH Prod. Liab. Rep. (CCH) P16,805, 60 Fed. R. Evid. Serv. (Callaghan). 1349, 1 A.L.R. Fed. 2d 739 (2003).

57) McCarthy(2009, Volume 2), p. 741.

주,58) 피고에게 고의가 있는 경우(knowingly) 징벌적 손해배상이 인정된다고 규정한 주,59) 피고에게 해의가 있는 경우(malicious) 징벌적 손해배상이 인정된다고 규정한 주60) 등이 있다.61)

(3) 캘리포니아주와 뉴욕주의 경우

(가) 캘리포니아주의 경우

캘리포니아주의 경우, California Civil Code § 3344(a)는 자신의 이름 등이 이용된 피해자에게 징벌적 손해배상을 인정할 수 있다고 규정한다. 그런데 징벌적 손해배상의 요건은 다시 California Civil Code § 3294가 규정하고 있다. 이에 의하면, 피고에게 강박, 사기 또는 해의가 있음이 입증되는 경우 원고가 징벌적 손해배상을 받을 수 있다. 특히 다른 사람의 권리나 안전을 고의적이고 의식적으로 무시하여 피고가 행위한 경우 해의를 인정한다.62)

1981년 뉴욕주 연방남부지방법원의 판결63)은, 모델이자 배우인 원고의 사진을 피고가 허락 없이 저급한 포르노 잡지의 표지 등에 게재한 사건에서, 징벌적 손해배상으로 $25,000를 인정하였다. 이 판결은, 원고가 피고

---

58) 캘리포니아주, 플로리다주 등이다. 다만, 후술하는 바와 같이, 캘리포니아주에서는 California Civil Code § 3294가 징벌적 손해배상의 요건을 따로 규정하고 있다.
59) 뉴욕주, 오클라호마주, 로드 아일랜드주, 버지니아주 등이다. 한편, 매사추세츠주는 1974년에 뉴욕주의 법률을 본따서 규정을 두었으나, 피고에게 고의가 있는 경우 징벌적 손해배상이 아니라 원고가 입은 손해의 3배의 손해배상을 인정할 수 있다고 규정한다.
60) 유타주이다.
61) McCarthy(2009, Volume 2), p. 746.
62) California Civil Code § 3294(c)(1).
63) Clark v. Celeb Pub., Inc., 530 F. Supp. 979, 8 Media L. Rep. 1261 (S.D. N.Y. 1981). 이 판결은 뉴욕주 연방남부지방법원의 판결이나, 원고의 주소지인 캘리포니아주의 법을 적용하였다.

에게 잡지의 배포를 중단하라고 요청했음에도 불구하고 피고가 원고의 사진을 게재한 다음 호 잡지를 발간한 사실 등에 의하여, 피고가 원고의 권리를 의식적으로 무시하였으므로 피고의 해의가 인정된다고 하였다. 1982년 캘리포니아주 연방중부지방법원의 **Cher** 판결[64]도, 유명한 연예인이자 가수인 원고가 공표를 허락하지 않은 인터뷰를 피고들이 광고와 기사 등에 이용한 사건에서, 캘리포니아에서는 피고가 원고의 권리를 의식적으로 무시하거나 고의적 부실표시, 기만의 방법으로 행위한 경우 징벌적 손해배상이 인정된다고 하면서, 각 피고별로 징벌적 손해배상을 $25,000, $100,000, $200,000로 인정하였다. 1992년 연방 제9고등법원의 **Tom Waits** 판결[65] 역시, 가수인 원고의 노래를 다른 사람이 흉내내어 부른 것을 콘칩 라디오 광고에서 사용한 사건에서, 유명한 가수가 자신의 독특한 목소리의 상업적 이용을 통제할 권리를 갖는다는 것을 피고들이 알고 있었다는 점[66]을 들어, 피고들이 원고의 권리를 의식적으로 무시하여 해의를 갖고 행동하였다고 인정하였다. 이에 따라, 광고를 제작한 광고업자에게 $1,500,000의 징벌적 손해배상책임을 인정하고, 콘칩 제조회사에게 $500, 000의 징벌적 손해배상책임을 인정하였다.

(나) 뉴욕주의 경우

뉴욕주의 경우, New York Civil Rights Law § 51는, 피고가 고의로 원고의 이름 등을 금지된 방식대로 이용한 경우 징벌적 손해배상을 인정할 수 있다고 규정한다. 이에 따라, 판결에서는 피고의 고의성 여부 즉 원고가 동의하지 않았다는 사실을 피고가 알고 있었는지 여부가 주로 문제되었다.

---

64) Cher v. Forum Intern., Ltd., 7 Media L. Rep. 2593, 213 U.S.P.Q. (BNA) 96 (C.D. Cal. 1982).

65) Waits v. Frito-Lay, Inc., 978 F.2d 1093 (9th Cir. 1992).

66) 이는 본 사건과 유사한 Bette Middler에 관한 판결의 내용을 피고들이 잘 알고 그에 대한 법적 위험을 논의한 사실 등에 의해 인정되었다.

1978년 뉴욕주 대법원의 판결[67]은, 모델과 그녀의 딸을 촬영한 사진들을 이용하여 피고 회사가 사진 컬렉션을 발행하여 판매한 사건에서, 징벌적 손해배상을 부정한 2심판결을 파기하였다. 이 사진들은 프로 사진사가 촬영하여 피고 회사에 판매한 것이었고, 프로 사진사는 원고들로부터 서면 동의를 취득했다고 피고 회사에게 말했었다. 그러나 이후 원고들은 피고 회사에게 사진 이용에 동의한 사실이 없으며 사진 이용을 중단해 달라고 요청하였다. 이 판결은 이러한 사실 등에 의하면 피고 회사가 원고들 주장의 진실성을 알거나 적어도 무모하게 이를 무시하고 행동하였다고 결정하는 것이 비합리적이지 않다고 하면서, 2심판결을 파기하여 환송하였다. 1982년 뉴욕주 대법원의 판결[68]도, 배우인 원고가 인공 크리스마스 트리 제조회사인 피고의 TV 광고에 출연하였으나 피고가 계약기간 이후에도 광고를 방영한 사건에서, New York Civil Rights Law § 51에 근거하여 징벌적 손해배상을 인정하였다. 이 판결은, 보통법 소송에서 징벌적 손해배상을 인정하려면 다른 사람의 권리를 의식적으로 무시할 것 등이 요구되지만, 이와 다른 기준을 정하는 것은 입법부의 영역에 속한다고 하였다. 그리고 원고가 피고에게 기간이 만료되었다고 경고하였으므로 원고가 광고 이용에 동의하지 않음을 피고가 알았다고 인정하여, 피고에게 징벌적 손해배상으로 $15,000을 인정한 하급심 판결을 그대로 유지하였다.

---

67) Cohen v. Hallmark Cards, Inc., 45 N.Y.2d 493, 410 N.Y.S.2d 282, 382 N.E.2d 1145, 4 Media L. Rep. 1778 (1978).
68) Welch v. Mr. Christmas Inc., 57 N.Y.2d 143, 454 N.Y.S.2d 971, 440 N.E.2d 1317, 8 Media L. Rep. 2366 (1982).

제7절 결어

1. 미국에서 퍼블리시티권은 1953년 판결에서 처음 인정되었고, 1977년 연방 대법원 판결에서도 인정되었다. 퍼블리시티권은 프라이버시권으로부터 발전한 권리라고 일반적으로 인정되나, 일부 주의 법률과 판례는 퍼블리시티권을 프라이버시권에 포함시켜 파악하기도 한다. 퍼블리시티권의 법적 성격은 일반적으로 재산권으로 인정되나, 이를 프라이버시권을 포기하는 권리 즉 자유권으로 파악하는 견해도 있다.

연방주의를 취하는 미국에서 각 주는 퍼블리시티권에 대해 다양한 태도를 취하고 있다. 2009년을 기준으로 총 30개의 주가 퍼블리시티권을 인정한다. 그리고 캘리포니아주에서는 법률에 의한 퍼블리시티권, 보통법에 의한 퍼블리시티권이 모두 인정되나, 뉴욕주에서는 법률에 의한 퍼블리시티권만 인정된다. 퍼블리시티권의 주체와 관련하여, 유명인은 물론 비유명인의 퍼블리시티권도 긍정되나, 법인 등 단체의 퍼블리시티권은 부정된다. 퍼블리시티권의 궁극적 보호대상은 사람의 동일성이 갖는 재산적 가치라고 할 수 있는데, 이는 이름, 초상 등 영상, 목소리 등 다양한 방법으로 나타날 수 있다. 이와 관련하여, 캘리포니아주에서는 법률에 규정되지 않은 객체도 보통법에 의한 퍼블리시티권에 의해 보호될 수 있으나, 뉴욕주에서는 법률에 규정된 객체만 보호된다.

2. 퍼블리시티권은 발생 당시부터 양도가능한 권리로 여겨졌고, 이후에

도 이에 대해서는 별로 다투어지지 않았다. 학설과 판례도 퍼블리시티권
의 양도성을 긍정하며, 몇몇 주의 법률은 이를 명시적으로 규정한다. 퍼블
리시티권 양수인은 그 권리를 다른 사람에게 주장할 수 있고, 퍼블리시티
권의 양도는 양도인에 대해서도 구속력이 있다. 그런데 캘리포니아주의
경우 살아있는 사람의 법률상 퍼블리시티권의 양도성은 해석상 부정되기
도 하며, 뉴욕주의 경우 퍼블리시티권의 양도성은 인정되지 않는다.

　퍼블리시티권의 이용허락도 인정되는데, 이는 비배타적 이용허락과 배
타적 이용허락으로 구분된다. 퍼블리시티권의 비배타적 이용허락을 취득
한 사람은 제3자를 상대로 자신의 권리를 주장하여 소를 제기할 수 없으
나, 배타적 이용허락을 취득한 사람은 제3자를 상대로 소를 제기할 수 있
다. 한편, 주(State)의 법률 규정에 따라 미성년자의 부모 또는 후견인이
미성년자의 법률상 프라이버시권 또는 퍼블리시티권에 관한 동의 또는 이
용허락을 한 경우, 판결은 이러한 동의 또는 이용허락이 미성년자에게도
구속력이 있다고 인정한다.

　3. 사망자의 동일성을 상업적으로 이용하는 것과 관련하여, 사망 후 퍼
블리시티권을 인정할 수 있는지 문제된다. 사망 후 퍼블리시티권은, 퍼블
리시티권이 재산권이라는 점, 이를 인정하는 것이 정책적으로 바람직하다
는 점 등을 논거로 하여 인정된다. 2009년을 기준으로 19개의 주가 사망
후 퍼블리시티권을 인정한다. 사망 후 퍼블리시티권을 인정하기 위하여
이른바 '생전 이용' 요건이 필요한지에 대하여, 학설의 다수는 비판적이
며, 판례와 각 주의 법률도 이 요건을 채택하지 않았다. 사망 후 퍼블리시
티권의 존속기간에 대하여, 학설의 다수는 저작권의 존속기간을 유추적용
하는 것에 찬성하나, 각 주의 법률은 다양한 기간을 규정하고 있다. 그런
데 캘리포니아주에서는 사망 후 퍼블리시티권에 대하여 법률이 이를 인정
하고 그 내용을 자세히 규정하고 있으나, 뉴욕주에서는 사망 후 퍼블리시
티권이 인정되지 않는다.

4. 퍼블리시티권 침해에 대한 구제수단으로, 금지명령, 손해배상청구와 이익반환청구, 징벌적 손해배상 등이 인정된다. 금지명령은 전통적으로 손해배상이 부적당한 경우 이용할 수 있는 형평법상 구제수단인데, 퍼블리시티권 침해의 경우 그 손해액 입증의 어려움 등에 의해 적절한 구제수단으로 인정된다. 퍼블리시티권 침해의 경우 손해배상청구도 인정되는데, 손해배상의 내용으로는 원고의 동일성의 이용이 갖는 공정한 시장 가치에 상당하는 손해, 장래의 공표가치 등에 대한 손해, 정정 광고 비용의 손해 등이 인정된다. 피해자의 동일성을 허락 없이 이용함으로 인해 가해자가 취득한 이익의 반환을 청구할 수도 있다고 인정되나, 실제 판결에서 이를 긍정한 경우는 많지 않다. 불법행위에 대하여 징벌적 손해배상을 인정하는 주의 경우, 퍼블리시티권 침해에 대하여 징벌적 손해배상도 청구할 수 있다. 다만, 이를 위해서는 해의 등 징벌적 손해배상의 요건이 충족되어야 한다.

제3장 독일의 인격권에 의한 보호

제1절 개설

이 장에서는 독일에서 사람의 동일성이 갖는 재산적 이익을 어떤 방법으로 규율하고 있는지 살펴본다. 독일의 경우를 살펴보는 이유는, 인격권을 인정하고 있는 법상황이 우리나라와 유사하기 때문이다. 미국의 경우와 달리 독일에서는 인격권이 인정되고 있는데, 이러한 법상황의 차이가 사람의 동일성이 갖는 재산적 이익의 법적 규율에 어떠한 영향을 끼쳤는지 살펴보고자 한다.

아래에서는, 먼저 독일의 인격권 전반에 대하여 살펴본 다음, 사람의 동일성이 갖는 재산적 이익의 보호 방법에 관한 독일의 학설과 판례를 살펴본다. 그리고 미국의 퍼블리시티권에 의한 보호와 비교를 위하여, 현실적으로 발생하는 법률문제로 3가지 구체적 쟁점을 살펴본다. 즉, 다른 사람의 동일성을 상업적으로 이용하는 자의 보호, 사망자의 동일성이 갖는 재산적 이익의 보호, 인격권 침해에 대한 구제수단 등에 관하여 독일의 학설과 판례 등 논의를 살펴본다.

제2절 인격권 일반

1. 개별적 인격권

인격 존중에 대한 일반적 권리에 대응하여 개인적 삶과 생활의 특정 영역에 관한 특수한 권리들이 존재하는데, 이를 개별적 인격권이라 한다.[1] 어떤 권리가 이에 속하는지 견해가 일치하지는 않으나, 성명권,[2] 초상권,[3] 저작자의 인격권[4] 등이 보통 개별적 인격권으로 분류되고 있다.

이들 중 대표적으로 초상권에 대해서 살펴보면 다음과 같다. 초상권에 대한 규정은 예술저작권법(Kunsturheberrecht-KUG)에 존재한다. 예술저작권법 제22조는, 초상은 촬영된 사람의 동의가 있는 경우만 배포되거나 공공연하게 전시될 수 있고,[5] 촬영된 사람이 사망한 이후에는 사망 후 10년이 경과할 때까지는 그 친척의 동의가 필요하다[6]고 규정한다. 예술저작

---

1) Staudinger/Günter Weick (2004) Vorbem zu § 1 Rn 21. 이러한 개별적 인격권은, 공법 영역에서 국가권력이 개별 시민을 인간으로서 존중해야 한다는 사고로부터 여러 특수한 기본권이 발전한 것과 유사하다고 설명한다.
2) 민법 제12조.
3) 예술저작권법 제22조 이하.
4) 저작권법 제12조 이하.
5) 촬영된 사람이 촬영되는 것에 대하여 보수를 받았다면, 의심스러울 경우에는 동의가 있었던 것으로 여겨진다.
6) 여기서 친척은 살아있는 배우자(또는 동반자)와 자녀를 의미하고, 이들이 모두 없는 경우는 부모를 의미한다.

권법 제23조는 이 원칙에 대한 예외를 규정하면서도, 다만 촬영된 사람
(이 사람이 사망한 경우는 그 친척)의 정당한 이익이 침해되는 경우는 예
외를 허용하지 않는다.7) 예술저작권법 제24조는 공공의 안전 등을 위한
예외를 규정하고 있다.

초상권의 법적 의미에 대해서는, 기본법 제1조와 제2조에 나타나 있는
자기결정권(Selbstbestimmungsrecht)의 특수한 형태인 자신의 초상에 관
한 처분의 자유를 보호하는 것으로, 자신의 초상을 누구에게 그리고 어떤
상황에서 이용하게 할 것인지에 대해 결정할 배타적 권리라고 설명된다.8)

2. 일반적 인격권

(1) 일반적 인격권의 인정

독일 민법은 당초 인격의 개별 부분만 보호하는 방법을 택하였다. 이러
한 법상황은 처음부터 만족스럽지 못하다고 여겨졌는데, 효과적인 인격
보호의 결여는 기술적 변화와 사회적 변화가 진행됨에 따라 더욱 심각해
졌다.9) 또한 법질서 내에서도 근본적 가치 변화가 발생하였는데, 기본법
은 제1조와 제2조 제1항에서 인격의 보호를 최고에 두었고, 제1조 제3항
을 통하여 이를 직접 효력이 있는 권리로 규정하였다.10)

---

7) 예술저작권법 제23조 제1항이 예외로 규정한 사유는, 시사적 영역의 초상, 사람
   이 풍경 등의 옆에 단지 부수적인 것으로 보이는 사진, 그 사람이 참가한 집회
   등의 사진, 주문에 의해 제작되지 않은 초상의 배포 또는 전시가 보다 높은 예술
   적 이익에 기여하는 경우 등이다.
8) Götting(1995), S. 29.
9) Larenz/Canaris(1994), S. 492. 망원 렌즈, 소형 도청기 등 새로운 기구와 현대적
   대중매체가 인격영역의 위험을 증가시켰기 때문이라고 설명한다.
10) Larenz/Canaris(1994), S. 492. 독일에서는 나치 시대를 경험한 이후 1949년 기본
    법이 공포되었는데, 기본법 제1조는 인간의 존엄이 침해될 수 없다고 규정하였
    고, 제2조 제1항은 모든 사람이 그 인격을 자유롭게 발현할 권리를 갖는다고 규

독일연방대법원 1954. 5. 25. 판결[11]은 위와 같이 변화된 법상황에서 일반적 인격권을 처음으로 인정하였다. 이 사건의 원고는 변호사로서 그의 의뢰인에 대한 기사의 정정을 요구하는 편지를 신문사에 보냈는데, 신문사는 이를 독자의 편지라는 제목으로 게재하였다. 원고는 자신이 독자로서 편지를 보냈다는 신문사의 주장을 취소할 것을 청구하였다. 독일연방대법원은, 이제 기본법이 인간의 존엄에 대한 권리(제1조)와 인격의 자유로운 발현에 대한 권리(제2조)를 모든 사람이 존중해야 할 사법적(私法的) 권리로도 인정하므로, 일반적 인격권은 헌법적으로 보장되는 기본권으로 보아야 한다고 판단하였다. 그리고 일정한 생각을 언어로 표현한 것은 그 작성자의 인격이 나타난 것이므로,[12] 이를 일반대중에게 공개할 것인지 여부와 어떤 방법으로 공개할 것인지에 대해 결정할 권한은 오직 그 작성자에게 속한다고 하였다.

이 판결의 논리에 대해서는 다음과 같은 비판이 있다. 이 판결은 기본권이 사법(私法) 주체들을 직접 구속한다는 것을 전제로 하였으나, 독일연방대법원과 독일연방헌법재판소도 따르고 있는 지배적인 견해에 의하면 이러한 "직접적인" 제3자효는 인정되지 않으며, 따라서 기본법과 사법(私法)의 관계를 잘못 파악했다는 것이다.[13] 즉, 사법(私法) 주체가 기본법에 의해 다른 사람들의 인격권을 존중해야 하는 것이 아니라 국가가 사법(私法) 형성을 통하여 인격권을 보호해야 하며, 따라서 기본권의 침해금지기능과 방어기능이 아니라 기본권의 보호명령기능이 사법(私法)의 인격보호를 위한 기본법적 기초가 된다고 설명한다.[14]

정하였다. 그리고 기본법 제1조 제3항은, 기본권이 직접 효력이 있는 권리로서 입법, 행정, 사법을 구속한다고 규정하였다.

11) BGH GRUR 1955, 197 - Leserbrief.
12) 표현물이 저작권의 보호를 받을 수 없는 경우에도, 그 표현물은 작성자의 인격이 나타난 것이라고 하였다.
13) Larenz/Canaris(1994), S. 493.
14) Larenz/Canaris(1994), S. 493. 이후에 독일연방대법원이 선고한 Ginsengwurzel

(2) 정신적 손해에 대한 배상의 인정

당초 독일민법은 비재산손해는 법률로 정한 경우만 그 배상을 청구할 수 있다고 규정하였는데(제253조), 이에 따라 인격권 침해의 경우 정신적 손해의 배상을 청구할 수 있는지 문제되었다.

독일연방대법원은 다음과 같은 방법으로 정신적 손해의 배상을 인정하였다. 먼저, 독일연방대법원 1958. 2. 14. 판결15)은, 유추에 의하여 정신적 손해의 배상을 인정하였다. 이 판결은, 양조장의 공동소유자인 원고가 경기에 참가하여 말을 타고 있는 사진을 피고가 성적 흥분제 광고에 이용한 사건에서, 이제 기본법이 인격에 대한 포괄적 보호를 보장하고 인간의 존엄과 인격의 자유로운 발현에 대한 권리를 법질서의 근본가치로 인정한다고 하면서, "내적 자유"에 대한 보호는 정신적 손해에 대한 배상청구권이 없다면 효과가 없을 것이라고 하였다. 그리고 신체의 자유의 박탈이 정신적 손해에 대한 배상청구권을 발생시킨다면, 민법 제847조의 규정을 자유로운 의사활동의 권리를 침해하는 경우에 유추적용하는 것을 막을 근거가 없다고 하였다.16)

그리고 독일연방대법원 1961. 9. 19. 판결17)은, 기본법에 근거하여 정신적 손해의 배상을 인정하였다. 이 판결은, 국제법과 교회법 교수인 원고의 성명을 피고가 성적 강장제 광고에 이용한 사건18)에서, 인격권 침해의

판결 등에서는 이러한 점이 암시된다고 평가한다.

15) BGH GRUR 1958, 408 - Herrenreiter.
16) 또한 신체적 자유가 박탈된 경우와 마찬가지로 정신적 자유가 박탈된 경우도 일반적으로 원상회복이 불가능하다고 하였다.
17) BGH GRUR 1962, 105 - Ginsengwurzel.
18) 원고는 한국에서 인삼의 뿌리를 가져와 친한 교수에게 연구 목적으로 주었는데, 그 교수가 논문에서 인삼 뿌리를 입수하게 된 경위와 관련하여 원고의 성명을 언급한 것을 계기로, 다른 논문에서는 원고가 유명한 인삼 연구자 중 한 명으로 표시되었다. 그러자, 피고는, 원고가 인삼에 대한 유명한 학자라고 하면서 자신의 광고에 원고의 성명을 이용하였다.

경우 관념적 손해에 대한 적합한 제재가 없다면 기본법의 가치결정의 영향 아래 형성된 사법적(私法的) 인격보호가 불완전하고 불충분하게 될 것이라고 하였다. 즉, 기본법 제1조가 불가침의 인간 존엄을 보호하는 것을 국가권력의 주요한 의무로 규정하고, 기본법 제2조 제1항이 인격의 자유로운 발현에 관한 권리를 기본권의 최고로 규정하고 있으므로, 개별적으로 규정된 법익 침해의 경우만 관념적 손해배상이 인정된다고 제한하는 것은 기본법의 가치질서에 적합하지 않다고 하였다.[19]

이 판결들에 대해서는 다음과 같은 평가가 있다. 먼저, 모든 인격침해가 자유의 침해로 파악될 수 없으므로 전자의 판결은 불만족스러웠는데, 후자의 판결이 민법 제253조의 장애물을 극복하기 위해 상위의 기본법 규정에 근거를 둔 것은 옳다고 평가하는 견해[20]가 있다. 반면, 전자의 판결은 독일민법 제253조를 직접 다루지 않은 점에 문제가 있지만 방법론적으로 인정할 수 있으나, 후자의 판결은 기본법이 사법(私法)에 대해 갖는 영향의 범위를 과대평가했다고 비판하는 견해[21]가 있다.

이후 독일연방헌법재판소는 후자의 독일연방대법원 판결의 법발견 방법이 기본법에 합치한다고 판단하였다. 독일연방대법원 1964. 12. 8. 판결[22]은, 이란의 왕비 Soraya와의 인터뷰를 허위로 작성하여 잡지에 공표

---

19) 나아가 이 판결은 일반적 인격권 침해의 경우 위자료의 만족기능이 전보기능에 비하여 더 중요하다고 하면서, 피해자의 손해가 다른 방법으로 배상받을 수 없는 경우에, 가해자의 과실이 크거나 객관적으로 매우 중대한 침해의 경우 피해자에게 불법에 대한 만족을 판결로 인정하는 것이 필요하다고 하였다.

20) Hubmann(1967), S. 353f. 다만 금전배상청구권은 기본법 제1조와 제2조에서 직접 발생하는 것이 아니라, 원상회복이 불가능하거나 전보에 충분하지 않은 경우 금전으로 배상해야 한다고 규정한 민법 제251조에서 발생한다고 한다. Hubmann(1967), S. 355.

21) Larenz/Canaris(1994), S. 494f. 후자의 판결과 관련하여, 인격권 침해의 경우 위자료를 허락할 것이 기본법에 의해 직접적으로 요구된다는 것은 설득력이 약하다고 비판한다.

22) BGH GRUR 1965, 254 - Exclusiv-Interview.

한 사건에서, 위 Ginsengwurzel 판결에 따라 피고들에게 위자료의 지급을 명하였다. 피고들이 이에 대하여 헌법소원을 제기하였는데, 독일연방헌법 재판소 1973. 2. 14. 결정[23]은 이를 기각하였다. 독일연방헌법재판소는, 법관의 법률에 대한 구속은 기본법에서 "법률과 법(Gesetz und Recht)"에 대한 구속으로 변경되었고, 이에 의하여 엄격한 법실증주의는 거부된다고 하였다. 법(Recht)은 성문법률 전체와 동일하지 않으며, 법에는 기본법적 법질서에 근원을 갖고 성문법률에 대한 교정 수단으로 작용할 수 있는 그 이상의 것이 존재할 수 있는데, 이를 발견하고 판결에서 실현하는 것이 사법(司法)의 과제라고 하였다. 그리고 독일연방대법원의 법발견 방법은 구체적 사건에서 법실현에 필수적인 정도로만 성문법률에서 벗어난 것이 므로 이에 대해 기본법상 이의를 제기할 것이 없다고 하였다.

한편, 2002년 민법 개정에 의하여 위자료가 인정되는 범위가 더 넓게 규정되었으나, 일반적 인격권 침해의 경우는 이에 포함되지 않았다.[24] 이에 대하여, 이는 인격권 침해의 경우 위자료를 인정하지 않으려는 것이 아니라, 민법이 아닌 기본법에 근거를 두는 독일연방대법원의 이론적 기초를 변경할 것을 우려하여 독일연방대법원의 법논리를 확정하려 한 것이 라고 설명된다.[25]

---

23) BVerfG GRUR 1974, 44 - Soraya.
24) 2002년 민법 개정으로 종전의 제847조가 삭제되고, 이와 유사한 내용의 제253조 제2항이 신설되었는데, 이 조항은 신체, 건강, 자유 또는 성적 자기결정의 침해의 경우 위자료를 청구할 수 있다고 규정하고 있다. Erman/Ehmann (2008), Anh § 12 Rn 378은, 성적 자기결정의 침해가 일반적 인격권의 특수한 형태라고 하면서, 이를 명시적으로 규정한 것에 의하면 일반적 인격권은 이 조항에 의해 파악되지 않는다는 결론이 도출된다고 설명한다.
25) Beverley-Smith et al.(2005), p. 145.

(3) 일반적 인격권의 성격

일반적 인격권은, 개인이 그의 인간존엄과 개성을 다른 사람들로부터 존중받을 권리라고 설명된다.[26]

일반적 인격권은, 이로부터 개별적이고 구체적인 특정의 권리들이 도출된다는 의미에서 "원천(源泉)이 되는 권리(Quellrecht)"이며, 따라서 포괄적으로 총체적 인격을 보호할 수 있는 장점을 갖는다고 한다.[27] 또한 일반적 인격권은 "틀이 되는 권리(Rahmenrecht)"라고 일컬어지기도 한다. 이는 일반적 인격권이 보호범위에 관한 대략적 틀만 제시하고, 그 일반조항으로서의 불확실함 때문에 개별 사안에서 관련 이익을 포괄적으로 형량할 것을 요구한다는 것을 의미하는데, 일반적 인격권의 단점이라고 설명되기도 한다.[28] 그러나 일반적 인격권이 일련의 명확하고 한정된 보호범위들로 분류되고, 민법 제823조 제1항의 고전적 권리들의 경우보다 더 많은 보호범위가 문제되는 것은 질적 차이가 아니라 양적 차이라고 하면서, 일반적 인격권을 단지 "틀이 되는 권리(Rahmenrecht)"이고 일반조항이라고 설명하는 것에 반대하는 견해[29]도 있다.

3. 일반적 인격권과 개별적 인격권의 관계

일반적 인격권은 개별적 인격권의 기초를 형성하며, 개별적 인격권은 일반적 인격권으로부터 분열되어 나온다고 할 수 있다.[30] 그러므로 개별적 인격권이 침해된 경우는 일반적 인격권의 침해 여부를 더 살펴볼 필요

---

26) Staudinger/Günter Weick (2004) Vorbem zu § 1 Rn 21.
27) Larenz/Wolf(2004), S. 128.
28) Larenz/Wolf(2004), S. 128.
29) Larenz/Canaris(1994), S. 518f.
30) Larenz/Wolf(2004), S. 128.

가 없으나, 개별적 인격권이 침해되지 않은 경우는 일반적 인격권 침해가 있는지 살펴보아야 하며, 그 결과 일반적 인격권은 새로운 발전으로 보호에 흠결이 발생하는 경우 보충기능을 담당하게 된다.[31] 예컨대, 예술저작권법(KUG) 제22조는 초상의 배포와 전시에 대해서만 촬영된 사람의 동의를 얻을 것을 규정하고 있는데, 독일연방대법원 1957. 5. 10. 판결[32]은 사적(私的) 영역에서 촬영되는 사람 몰래 그 의사에 반하여 공표 목적으로 촬영하는 것이 일반적 인격권 침해가 된다고 판단하였다.

---

31) Larenz/Wolf(2004), S. 128.
32) BGH GRUR 1957, 494 - Spätheimkehrer.

제3절 사람의 동일성이 갖는 재산적 이익의 보호 방법

Ⅰ. 개설

독일에서 사람의 동일성이 갖는 재산적 이익의 보호 방법에 관한 논의는 인격권에 대한 이해와 밀접한 관련을 갖고 있다. 인격권이 사람의 관념적 이익만을 보호한다고 파악하는 견해는, 사람의 동일성이 갖는 재산적 이익을 인격권에 의해 보호할 수 없으므로 상표법 등 다른 방법에 의해 보호해야 한다고 주장한다. 그러나 인격권이 사람의 재산적 이익도 보호한다고 파악하는 견해는, 사람의 동일성이 갖는 재산적 이익은 인격권에 의해 보호가능하다고 주장한다. 독일의 판례는 후자의 견해를 따르고 있다. 즉, 독일의 판례는 사람의 동일성이 갖는 재산적 이익을 인격권에 의해 보호하는 방법을 취하고 있다.

Ⅱ. 학설

1. 상표법에 의한 보호만 인정하는 견해

이 견해는 인격권이 사람의 관념적 이익만을 보호한다고 파악한다. 따라서 사람의 동일성이 갖는 재산적 이익은 인격권에 의해 보호할 수 없으며, 다른 법제도에 의해서만 보호할 수 있다고 한다.

Schack은, 인격의 완전한 상업화를 바람직하지 않은 발전이라 하면서, 새로운 인격-무체재산권(Persönlichkeits-Immaterialgüterrecht)을 창조하여 이를 악화시켜서는 안 된다고 주장한다.[1] 그리고 상업화가 가능하고 이용허락이 가능한 인격권을 인정할 경우, 이 금전적 가치 있는 권리가 재산세, 상속세 등의 납부를 위해 세무서에 의해 집행당하거나 이혼한 배우자의 재산분할청구 대상에 포함되는 재앙을 겪게 될 것이라고 경고한다.[2] 따라서 성명 또는 초상을 상업화하기를 원하는 사람은 이를 상표로 등록하는 것이 법체계에 일치하는 방법이며, 일반적 인격권이 이를 담당해서는 안 된다고 주장한다.[3]

Peifer도, 일반적 인격권이 법원에서 인정된 계기가 민법에 존재하던 관념적 이익 보호의 흠결 때문이었으며,[4] 인격권은 관념적 이익을 보호하는 것이지 경제적 이익을 보호하지 않는다고 한다.[5] 그리고 지금까지 인격보호의 의미는 인격권이 방어청구권(Abwehranspruch)에 의해 보호된다는 것이었고, 권리자의 관념적 이익이 제3자의 행위에 의해 침해되지 않도록 하기 위하여 권리자가 방어권을 가져야 한다고 하면서,[6] 소위 "강제적 상업화"에 대한 방어 역시 이와 다르지 않다고 한다.[7] 따라서 시장성 있는 표지권(Kennzeichenrecht)을 만들려는 의도는 상표법에 의해 추구되어야 하며, 이 방법이 개인의 개성(Individualität)에 대한 보호를 방해하지 않는

---

1) Schack(2000), S. 1062.
2) Schack(2000), S. 1062.
3) Schack(2000), S. 1062.
4) Peifer(2002), S. 495f.
5) Peifer(2000), S. 326. 또한 인격재(Persönlichkeitsgut)에는 경제적 귀속내용이 결여되어 있다고 한다.
6) Peifer(2002), S. 497. 따라서 인격권 침해에 대한 전형적 제재는, 금전지급에 의한 배상이 아니라 침해의 방어와 그 결과의 제거라고 한다.
7) Peifer(2002), S. 497.

장점을 갖는다 한다.8) 즉, 초상과 성명뿐 아니라 목소리와 그 밖에 사람
을 상징하는 표지도 상표 등록이 가능하다고 하면서,9) 관념적 인격권에
추가하여 소위 경제적 인격권을 인정하는 것은 불필요하다고 한다.10)

2. 독립적 무체재산권에 의한 보호를 주장하는 견해11)

(1) Ullmann의 견해

Ullmann은, 인격의 요소 또는 인격의 세부적 부분의 상업적 이용가능
성이 증가하고 있다는 점을 지적하면서, 사람에 대한 무체재산권을 인정
하는 것이 위법한 침해행위에 대한 보호를 강화할 수 있다고 한다.12) 먼
저, 사람의 이익 중 일부는 그 육체에 밀접하게 존재하지만, 다른 일부는
점차 그 주체로부터 분리되어 법적 거래의 대상이 된다고 한다.13) 또한
정신적 창조행위에 의한 모든 것이 인격으로부터 나온 것이며, 사람이 그
의 창작을 발표하지 않는 한 이는 그 인격의 숨겨진 부분으로 남는다고
설명한다.14) 따라서 일반적 인격권을 이용할 수 없는 권리로 보더라도 일
반적 인격권에 이용가능한 권리가 내재한다는 것을 배제할 수 없으며, 오
히려 사실적 상황과 법적 상황의 발전은 일반적 인격권으로부터 무체재산
권을 도출할 것을 요구한다고 주장한다.15)

---

8) Peifer(2000), S. 306. 또한 상표법에 의하면, 인격 표지에 의하여 제품의 표지를
   만들려는 사람에게 마음대로 이용할 수 있는 순수한 재산권이 존재하게 된다고
   설명한다.
9) Peifer(2000), S. 296.
10) Peifer(2002), S. 497.
11) Götting(2008), S. 197f.는, 이러한 견해를 이원론으로 부른다.
12) Ullmann(1999), S. 210, 214.
13) Ullmann(1999), S. 210.
14) Ullmann(1999), S. 210.

(2) Beuthien의 견해

Beuthien은, 인격은 대상(Gegenstand)이 아니고 사람의 일부이므로 사람이 자신에 대한 지배권을 가질 수 없고, 기본법의 인격 보호를 고려해서 판결에 의하여 발전된 일반적 인격권은 재산법적으로는 하나의 기형(Mißgeburt)이라고 하면서,[16] 인격권은 그 성격에 상응하여 사람의 관념적 이익만 보호한다고 한다.[17] 그리고 모든 재물은 사람의 외부에 존재하는데, 인격 표지는 사람으로부터 분리할 수 없기 때문에 재산에 속하지 않고, 거래될 수 없으며, 자신은 물론 제3자에 의해 이용될 수 없다고 한다.[18]

그러나 사람의 외부로 작용하며 이에 따라 그 사람과 분리될 수 있는 인격의 발산, 즉 사람이 고유한 인격 표지에 의해 다른 사람에게 만드는 인상은 상품화할 수 있다 하면서, 이를 인격상(Persönlichkeitsbild)[19]이라고 부른다.[20] 인격상은 사람의 외부에 존재하므로 무체물로 파악할 수 있고, 무체재산권 즉 "인격재 권리(Persönlichkeitsgüterrecht)"의 내용이 될 수 있으며,[21] 이 권리는 원칙적으로 포괄적인 무체재산권이라고 한다.[22]

---

15) Ullmann(1999), S. 210.
16) Beuthien(2003), S. 1221.
17) Beuthien(2002), S. 78.
18) Beuthien(2002), S. 76. 예컨대, 춤추고 노래하는 의무를 부담하는 경우, 춤과 노래가 급부의 대상이 되나, 그 사람이 이로 인해 자신의 일부를 처분하는 것은 아니며 모든 인격표지를 그대로 보유한다고 설명한다.
19) Beuthien(2003), S. 1221은, 이를 이미지(Image)라고 부르면서, 유명인의 이미지를 여러 방법으로 이용하고 이에 대해 상당한 대가를 지급하려 하기 때문에 이미지가 경제재(Wirtschaftsgut)로 된다고 설명한다.
20) Beuthien(2002), S. 77.
21) Beuthien(2002), S. 77.
22) Beuthien/Schmölz(1999), S. 64.

3. 인격권에 의한 재산적 이익의 보호를 긍정하는 견해[23]

(1) Forkel의 견해

Forkel은, 기본법이 일반적 인격권의 인정에 중대한 기여를 하였지만, 사법(私法)에 의한 인격보호가 포기할 수 없는 인간의 존엄과 일반적 행동자유에 한정되지 않는다고 주장한다.[24] 즉, 민법의 일반적 인격권은 부분적으로는 기본권으로서 좁은 한계를 갖지만, 기본법에 의한 보장을 넘어서며, 예컨대 기본법이 규정하지 않은 인격재(Persönlichkeitsgüter)의 존속도 보장한다고 설명한다.[25] 그리고 인격권이 재산법적 내용을 가질 수 있으므로, 어떠한 권리가 재산법적 이익을 보호하는지 여부가 인격권과 무체재산권을 구분하는 표준이 되지 않는다고 한다.[26]

(2) Magold의 견해

Magold는, 인격권의 보호 목적이 자신의 인격에 관한 자기결정권이라 하면서, 미국의 프라이버시권이 "홀로 있을 권리(right to be let alone)"로서 처음부터 순수한 방어권으로 구상된 것과 달리, 독일의 인격권은 사람의 자기결정권을 보호하는 더 포괄적 권리로 이해되었다고 주장한다.[27] 그리고 자기결정권은 관념적 이익과 재산적 이익의 구별에 대하여 중립적이므로, 개인에게 자신의 인격을 형성하고 이용할 포괄적 권리를 제공하며, 자신의 인격을 관념적으로는 물론 경제적으로 이용하는 것도 그 권리

---

23) Götting(2008), S. 197f.는, 이러한 견해를 일원론으로 부른다.
24) Forkel(1988), S. 492.
25) Forkel(1988), S. 492.
26) Forkel(1988), S. 498.
27) Magold(1994), S. 466.

자에게 귀속시킨다고 한다.[28] 즉, 자기결정권은 자신의 인격에 관한 관념적 이익에 한정되지 않고 자신의 인격에 대한 재산적 이익 역시 그 사람에게 귀속시킨다는 것이다.[29] 다만, 이 견해는 사람의 동일성이 갖는 경제적 가치를 "Persona"라고 하면서,[30] Persona에 대한 권리를 인격권의 무체재산권적 구성요소로 인정해야 한다고 주장한다.[31]

(3) Götting의 견해

Götting은, "경제적 인격권(wirtschaftliches Persönlichkeitsrecht)"이 일반적 인격권의 본질적 부분으로 여겨져야 한다고 하면서, 저작권을 일원적으로 해석하는데 기초가 되는 인식 즉 관념적 이익과 재산적 이익이 분리할 수 없게 결합되어 있다는 인식이 인격 보호에도 유효하다고 한다.[32] 즉, 인격 보호를 관념적 영역과 경제적 영역으로 분할하는 것은 정당하지 않다고 하면서, 오히려 분리할 수 없는 단일한 인격에 대해서는 관념적 이익과 경제적 영역을 모두 포괄하는 단일한 인격권이 상응해야 한다고 주장한다.[33]

---

28) Magold(1994), S. 466f.
29) Magold(1994), S. 659.
30) Magold(1994), S. 7. 그는, Persona라는 개념이 미국의 판례와 학설에서 유래하였고, 퍼블리시티권의 보호 대상을 가리키는데 이용된다고 설명한다.
31) Magold(1994), S. 521ff. 예컨대, 인격권이 침해된 경우 그 효과로서 부당이득반환청구권을 인정하기 위해서는, 인격권으로 보호받는 어떤 법적 지위가 침해가능할 뿐만 아니라 이용할 수 있어야 한다고 주장한다. 그리고 Persona는 분리되어 독립적으로 이용할 수 있는 경제재이므로 이를 무단으로 이용하면 침해부당이득이 성립한다고 설명한다. Magold(1994), S. 659f.
32) Götting(1995), S. 138. 예컨대, 유명인의 동일성이 평판이 나쁘거나 저품질인 상품의 판매를 촉진시키기 위해 이용되는 경우, 관념적 손해와 재산적 손해를 모두 입을 수 있다고 한다.
33) Götting(1995), S. 138f. 다만, 인격재에 결합된 재산가치는 기본법 제14조의 소유권보호에 근거한다고 설명한다.

(4) 기타 견해

일부 견해는, 경제적 이용에 대한 보호가 일반적 인격권의 독자적 보호 범위에 해당한다 하면서, 권리자는 그 경제적 이용에 대해 결정할 권리를 가지고, 이는 권한 없이 이용될 경우 원칙적으로 민법 제812조에 의한 침해부당이득이 된다는 점에서 실제적 의미를 갖는다고 설명한다.[34]

또한 유명한 사람의 성명 또는 다른 동일성표지를 동의 없이 특정 제품의 광고와 관련하여 사용하는 것을 매스미디어의 공표에 의해 일반적 인격권이 침해되는 유형의 하나로 분류하는 견해[35]도 있다.

III. 판례

독일의 판례는, 사람의 동일성이 갖는 재산적 이익을 인격권에 의하여 보호하고 있다. 특히, 과거에는 사람의 동일성표지를 허락 없이 상업적으로 이용한 경우에도 관념적 이익이 침해된 것으로 보고 인격권 침해를 인정한 판결도 존재했으나, 최근의 판결은 재산적 이익의 침해로 파악하면서 인격권 침해를 인정하고 있다.

먼저, 초상이 상업적으로 이용된 경우 인격권 침해를 인정한 판결들이 많다. 독일연방대법원 1956. 5. 8 판결[36]은 유명한 영화배우인 원고가 모터 스쿠터를 타고 촬영한 사진을 그 모터 스쿠터의 광고에 이용한 사건에서 초상권 침해를 인정하였고, 독일연방대법원 1986. 10. 14. 판결[37]은 여가수의 사진을 동의 없이 티셔츠 등 상품에 이용한 사건에서 초상권의 침

---

34) Larenz/Canaris(1994), S. 502. 이 견해는, 경제적 이용에 대한 보호에 대하여, 불법행위법적 측면에서는 형량이 필요하지 않고 위법성이 바로 나타나는 보호영역이라고 설명한다.

35) Staudinger/Günter Weick (2004) Vorbem zu § 1 Rn 26.

36) BGH NJW 1956, 1554 - Paul Dahlke.

37) BGH GRUR 1987, 128 - Nena.

해를 인정하였다. 독일연방대법원 2006. 10. 26. 판결38)도 퇴임한 재무부 장관의 사진을 동의 없이 자동차 리스 광고에 이용한 사건에서 초상권 침해가 존재하는지 여부에 대하여 판단하였다.39)

성명이 상업적으로 이용된 경우 인격권 침해를 인정한 판결들도 있다. 독일연방대법원 1959. 3. 18. 판결40)은 가수인 원고의 성명을 의치(義齒)의 소독과 부착을 위한 제품의 광고에 이용한 사건에서 일반적 인격권 침해를 인정하였다.41) 독일연방대법원 1981. 6. 26. 판결42)도 장난감 자동차를 판매하는 피고가 원고회사의 이름43)이 기재된 경주용 자동차의 사진을 포장에 사용한 사건에서 피고가 원고회사의 인격권적 권한을 침해하였으며 이러한 권한에는 기업이 그 이름이나 상호의 일부분을 다른 사람이 이용할 방법과 범위를 스스로 결정할 권한이 포함된다고 하였다.44)

목소리를 상업적으로 이용한 경우도 인격권 침해가 인정된다. 함부르크 고등법원(Oberlandesgericht) 1989. 5. 8. 결정45)은 유명한 배우가 사망한 이후 그 목소리와 어법을 흉내내어 라디오 광고에 이용한 사건에서 일반적 인격권 침해를 인정하였다.

---

38) BGH GRUR 2007, 139 - Oskar Lafontaine.
39) 항소심 판결은 원고의 초상권이 침해되었다고 인정하였다. 그러나 이 판결은 예술저작권법 제23조에 근거하여, 본 사건의 광고로 원고의 초상을 배포하는 것이 허용되고, 또한 이것이 원고의 정당한 이익을 침해하지 않는다고 판단하였다.
40) BGH GRUR 1959, 430 - Caterina Valente.
41) 초상의 공표와 달리, 어떤 사람을 공개적으로 언급하는 자유는 기본법에 의해 보장되지만, 다른 사람의 명성을 자신의 경제적 이익 증가를 위해 이용하는 경우 그러한 자유의 한계를 넘는다고 하였다. 또한 사람이 자신을 이러한 목적으로 이용하도록 할 것인지 여부는 원칙적으로 그 사람의 결정에 달려있다고 하였다.
42) BGH GRUR 1981, 846 - Rennsportgemeinschaft.
43) 원고회사는 합자회사였는데, 그 무한책임사원인 Georg Loos의 이름을 상호에도 이용하였다.
44) 이 판결은, 독일 민법 제12조의 성명권 침해가 부정된다는 사실이, 다른 사람의 성명을 권한 없이 광고 목적으로 사용하는 것이 일반적 인격권을 침해한다는 것을 배제하지 않는다고 하였다.
45) OLG Hamburg, GRUR 1989, 666 - Heinz Erhardt.

제4절 다른 사람의 동일성을 상업적으로 이용하는 자의 보호

Ⅰ. 개설

독일에서 사람의 동일성이 갖는 재산적 이익을 인격권에 의해 보호하는 경우 발생하는 문제 중 하나는, 이 경우 인격권의 양도 또는 이용허락(Lizenz)을 인정할 수 있는지 여부이다. 미국의 퍼블리시티권이 양도가능한 권리로 인정되는 점을 고려하면, 미국의 경우와 유사한 실무에서의 필요성을 어떠한 방법으로 충족시킬 수 있는지 문제되는 것이다. 그런데 지금까지 인격권은 일신전속권으로서 그 주체로부터 분리되어 양도할 수 없다고 인정되어 왔으므로, 사람의 동일성이 갖는 재산적 이익을 인격권에 의해 보호하는 경우 그 인격권의 양도와 이용허락을 과연 긍정할 수 있는지 문제된다. 아래에서는, 인격권의 양도와 이용허락에 관한 판결의 태도를 살펴보고, 특히 물적 이용허락을 인정하려는 견해 등을 중심으로 인격권의 양도와 이용허락에 관한 논의를 살펴본다.

II. 판례

1. 구체적 판결의 내용

(1) 독일연방대법원 1986. 10. 14. 판결[1]

이는 인격권의 양도가능성과 관련하여 많은 논의를 불러일으킨 판결이다. 이 사건에서, Nena라는 예명으로 활동하는 여가수가 머천다이징(Merchandising) 등에 관한 계약을 원고와 체결하였다. 이 계약에는 Nena를 음향적, 시각적 영역에서 상업적으로 이용하는데 필요한 전체 권리(초상권, 성명권 등을 포함)를 원고에게 양도한다는 내용의 조항이 있었다. 그런데 피고가 허락 없이 Nena의 초상을 스타사진, 티셔츠 등에 이용하자, 원고가 그 사용료 상당의 지급을 구하는 소를 제기하였다. 피고는 일반적 인격권의 발현인 초상권은 양도할 수 없으므로 권리양도가 무효라고 주장했다. 2심 법원은, 초상권에 양도성이 없기 때문에, 원고가 제3자에게 자신의 이름으로 주장할 수 있는 권리를 취득하지 못하였다고 판단했다.

그러나 독일연방대법원은, 이 사건에서는 부작위청구권이 문제되는 것이 아니라 Nena의 초상의 경제적 이용을 이유로 원고가 요구하는 사용료의 지급 청구권이 문제된다고 하면서, 초상권의 양도가 일반적 인격권이라는 그 권리의 성격에 의하여 배제되는지 여부라는 논란이 되는 문제에 대해서는 결정할 필요가 없다 하였다. 그리고 Nena가 원고와 체결한 계약을, Nena가 원고에게 자신의 초상의 상업적 이용을 제3자에게 보수를 받고 허락할 권한을 부여한 것으로 해석하였다. 또한 피고는 자신의 독단적 행위에 의하여 그 상업적 이용의 허락에 보통 요구되는 보수를 원고의 손

---

1) BGH GRUR 1987, 128 - Nena.

실로 절약한 것이므로, 민법 제812조에 의하여 원고에게 부당이득반환청
구권이 발생하며 이는 Nena가 초상권을 원고에게 양도할 것을 전제로 하
지 않는다고 판단하였다.

(2) 독일연방대법원 1992. 9. 23. 판결[2]

원고는 특정 대학교의 명칭, 문장(紋章), 인장(印幸)을 티셔츠 등에 이
용하기 위하여 그 대학교와 계약을 체결하였는데, 계약서에는 명칭, 문장,
인장의 산업적 이용권을 원고에게 양도한다는 내용이 포함되어 있었다.
그런데 피고가 아무런 권한을 취득하지 않고 이 대학교의 명칭, 문장(紋
章), 인장(印幸)이 묘사된 티셔츠 등을 판매하자, 원고가 피고를 상대로
그 판매금지 등을 구하는 소를 제기하였다.

독일연방대법원은, 원고가 소를 제기할 수 있는 지위에 있는지에 대하
여 다음과 같이 판단하였다. 먼저, 성명권(과 성명 유사의 권리들)은 독립
적으로 물적 효력을 갖고 양도될 수 없으며, 이 권리들의 행사에 관한 채
권적 허락에 의해서는 그 권리자로부터 도출되는 표지권이 제공되지 않는
다고 하였다. 그리고 권리자의 성명권에 근거한 부작위청구권을 양도하는
것도, 이를 허용하면 그 급부내용이 변경되므로 독일민법 제399조[3]에 의
해 배제된다고 하였다. 하지만, 결과에 있어서는, 임의적 소송담당
(gewillkürte Prozeßstandschaft)에 의해 원고가 소를 제기할 수 있다고 하
였다. 즉, 임의적 소송담당의 요건으로 소를 제기할 권한의 부여와 이러한
소 제기에 대한 고유한 이익이 필요한데, 본 사건에서는 대학교의 성명권
침해에 대하여 법적으로 대응할 권한을 원고가 계약에 의해 부여받았고,[4]

---

2) BGH NJW 1993, 918 - Universitätsemblem.
3) 독일민법 제399조 [내용변경 또는 합의로 인한 채권양도의 금지]
　　채권은 내용을 변경하지 아니하고는 원래의 채권자 이외의 자에게 급부를 할 수
　　없는 경우 또는 채무자와의 약정에 의하여 양도가 배제되는 경우에는 이를 양도
　　할 수 없다.

성명권의 경제적 이용에 대한 배타적 권리가 계약에 의해 부여된 것으로부터 원고에게 경제적인 고유한 이익이 발생하므로, 임의적 소송담당이 허용될 수 있다고 하였다.5)

(3) 함부르크 고등법원 1999. 6. 11. 판결6)

신청인A는 국제적 유명 가수그룹의 멤버인 신청인B와의 계약을 통하여 그에 관한 머천다이징(Merchandising) 상품을 독일에서 판매할 배타적 이용허락을 취득하였다. 그런데 피신청인은 신청인들의 허락을 취득하지 않고 신청인B의 초상 사진이 포함된 달력을 판매하였다. 신청인들은 초상권과 머천다이징 상품의 독점적 판매권이 침해되었다고 주장하면서 피신청인의 달력 판매행위 등의 금지를 구하는 가처분을 신청하였다. 1심 법원은 이를 받아들여 가처분 결정을 하였다.

함부르크 고등법원은, 피신청인에게 소송비용을 부담시키면서, 가처분을 신청한 것이 이유있었다고 판단했다. 즉, 신청인B의 경우 초상권이 침해당했고, 신청인A의 경우 부정경쟁방지법에 의하여 금지청구권이 인정된다고 하였다. 신청인A는 계약을 통해 경쟁자들과의 관계에서 특수한 법적 지위를 취득하였는데, 이는 부정경쟁방지법에 의해 보호가능하다고 하였다. 이와 관련하여, 신청인들의 머천다이징 계약이 법적으로 유효하지 않다는 피신청인의 주장을 배척하며 다음과 같이 판단하였다. 먼저, 독일연방대법원 1986. 10. 14. 판결7)은, 초상의 이용을 허락하는 계약이 법

---

4) 계약서 제3조는, 대학교의 명칭, 문장, 인장의 불법적 이용에 대하여 법적으로 대응할 의무가 원고에게 있다고 규정하였다.

5) 다만, 이 판결은 권리자가 침해행위에 오랫동안 대응하지 않아 침해자가 이를 고려하여 가치있는 점유상태를 형성한 경우는 그 권리를 주장하는 것이 신의칙에 위반된다고 하면서, 이에 대한 심리를 위하여 2심 판결을 파기하고 사건을 환송하였다.

6) OLG Hamburg AfP 1999, 486 - Backstreet Boys.

7) BGH GRUR 1987, 128 - Nena.

적으로 유효하고 그 허락을 취득한 사람에게 제3자에 대해서도 보호가치
가 있는 법적 지위를 인정하는 결과가 될 수 있다는 점을 분명하게 밝혔
다고 하였다. 그리고 이 견해에 찬성한다고 하면서, 본 사안에서 초상권이
라는 본래적 권리의 핵심은 초상권 보유자에게 절대적 법적 지위로 남는
반면, 신청인A에게 신청인B의 초상권이 양도된 것이 아니라 재산권적 요
소로서의 이용권한이 부여되었다고 판단하였다.

2. 판례의 태도

독일의 판례는, 사람의 동일성이 갖는 재산적 이익을 인격권에 의해 보
호하는 경우 그 인격권의 양도가 가능한지에 대하여 직접 판단을 하지 않
거나 이를 부정하고 있다. 즉, 이를 논란이 되는 문제라고 하거나,[8] 성명
권이 양도될 수 없다고 명시적으로 판단하였다.[9]

그러나 다른 사람의 동일성표지를 상업적으로 이용하는 계약을 체결한
경우, 이러한 계약에 의해 발생하는 권한을 보호하는 입장을 취하고 있다.
즉, "초상의 상업적 이용을 제3자에게 보수를 받고 허락할 권한"이 부여
되었다고 하면서 이러한 권한이 침해되었음을 이유로 제3자에게 부당이
득반환청구를 할 수 있다고 하였으며,[10] "재산적 요소로서의 이용권한"이
부여되었다고 하면서 이러한 권한이 침해되었음을 이유로 제3자에게 부
정경쟁방지법에 의한 금지청구를 할 수 있다고 하였다.[11]

결국, 독일의 판례는, 인격권의 양도를 부정하면서도, 인격권에 근거하
여 동일성표지의 상업적 이용에 관한 권한을 부여하는 것을 허용하고 있
으며, 또한 이러한 권한을 제3자와의 관계에 있어서도 비교적 두텁게 보
호하고 있다. 후술하는 바와 같이, 학설에서는 인격권에 의한 물권적 이용

---

8) BGH GRUR 1987, 128 - Nena.
9) BGH NJW 1993, 918 - Universitätsemblem.
10) BGH GRUR 1987, 128 - Nena.
11) OLG Hamburg AfP 1999, 486 - Backstreet Boys.

권을 인정할 수 있다는 견해들이 주장되고 있으며,[12] 판례는 인격권의 재산가치 있는 부분의 상속성을 인정하고 있다.[13] 이러한 점들을 고려하면, 독일의 판례는 인격권의 재산가치 있는 부분의 양도에 대해서는 적극적으로 인정하고 있지 않으나, 계약에 의해 발생한 권한을 보호하는 간접적인 방법으로 이 문제를 해결하고 있는 것으로 평가할 수 있다.

Ⅲ. 학설에서의 논의

1. 사람의 동일성의 재산적 이익을 보호하는 권리의 양도

(1) 인격권의 양도성 부정

인격권의 양도성에 대해서는 이를 부정하는 견해가 다수이다. 인격권이 사람의 관념적 이익만 보호한다고 파악하는 견해가 인격권의 양도성을 부정하는 것은 물론이고, 인격권이 사람의 관념적 이익과 재산적 이익 모두를 보호한다고 파악하는 견해 역시 인격권의 직접적 양도에 대해서는 부정적 입장을 취하고 있다.

Peifer는, 인격권은 무체재산권이 아니며, 인격재(Persönlichkeitsgüter)와 무체재(Immaterialgüter)의 차이는 인격재가 그 주체로부터 분리할 수 없다는 점이라고 설명한다.[14] 그리고 사람의 동일성표지는 그 주체를 상

---

12) 이에 대해서는 아래 Ⅲ. 3. 참조.
13) BGH NJW 2000, 2195 - Marlene Dietrich 등. 이에 대해서는 아래 제5절 Ⅲ. 1. 참조.
14) Peifer(2002), S. 499. 즉, 초상은 그 주체로부터 분리할 수 있는 무체재가 아니고, 단지 그 배후에 주체가 존재하기 때문에 상업적 가치를 가지는 것이므로, 저작권법에 의해 보호되는 작품과 다르다고 한다.

징적으로 나타내는 것일 뿐이므로 그 완전한 양도를 인정하는 것은 위험하며, 인격권은 소유권이 아니라 방어권인데, 인격권의 양도나 인격재의 이용허락은 이를 은폐하는 것이라고 한다.[15] 따라서 인격권에 양도가능성을 인정하는 것은 타인결정(Fremdbestimmung)의 위험을 초래하여 인격권의 방어기능을 약화시킨다고 비판한다.[16] Schack도, 인격권의 완전한 양도는 물론이고 후술하는 구속된 양도(gebundene Übertragung)도 부정하면서, 단지 특정한 이용행위를 인용할 채권적 의무를 부담하는 것으로 충분하다고 한다.[17]

Götting 역시, 상업화에도 불구하고 인격권의 양도불가능성 원칙이 유지되어야 한다고 하면서, 누구도 자신의 공적 표현에 관한 자기결정권을 포기할 수 없고 자신을 다른 사람의 타인결정(Fremdbestimmung)에 맡길 수 없다고 한다.[18] 또한 자기결정권의 포기는 기본법 제1조, 제2조에서 객관적 가치질서의 일부로 규정된 인격의 자율성(personale Autonomie)과 모순되며, 이러한 포기불가능성에서 양도불가능성이 도출된다고 설명한다.[19]

(2) 독립적 무체재산권의 양도성

사람의 동일성이 갖는 재산적 이익을 독립적 무체재산권으로 보호해야 한다고 주장하는 견해는, 그 무체재산권의 양도성을 긍정한다.

Ullmann은, 사람에 대한 무체재산권을 인정해야 한다고 주장하는데, 이 권리의 양도성도 긍정한다. 그는, 독일연방대법원의 1986년 Nena 판결[20]

---

15) Peifer(2002), S. 499.
16) Peifer(2002), S. 498f. 또한 Peifer(2000), S. 306은, 인격권이 사람을 타인결정으로부터 보호한다고 설명한다.
17) Schack(2010), Rn. 57.
18) Götting(1995), S. 278.
19) Götting(1995), S. 278.
20) BGH GRUR 1987, 128 - Nena.

이 이름과 초상의 권한 없는 이용에 대한 지도적 판결로 여겨질 것이라 하면서도, 일반적 인격권으로부터 분리가능하고, 양도와 물적 이용이 가능한 이름과 초상에 관한 무체재산권을 명시적으로 인정하지 않은 것이 이 판결의 단점이라고 한다.21) 또한 인격재를 양도가능한 재산권으로 분류하는 것이, 사망 이후의 권한 없는 이용에 대하여 이를 보호한다고 한다.22)

Beuthien 역시, 무체재산권인 "인격재 권리(Persönlichkeitsgüterrecht)"를 인정해야 한다고 주장하면서, 이 권리의 양도성을 긍정한다. 즉, 인격에 관련되었으나 상품화 가능하고 금전적 가치가 있는 대상을 이용하는 경제적 권한은 양도가능하다고 하면서, 이용권으로서의 인격재 권리가 일신전속적이고 양도불가능한 일반적 인격권과 모순되지 않는다고 설명한다.23)

2. 인격권에 의한 채권적 허락

(1) 의의

인격권 보유자가 자신의 동일성표지의 상업적 이용에 대해 동의할 수 있다는 것은 일반적으로 인정된다. 이러한 동의(Einwilligung)의 효력에 대해서는, 권리자가 권리 자체를 포기하는 것이 아니라 권리의 행사를 포기하는 것이라고 설명된다.24)

(2) 동의를 취득한 사람의 지위

동의를 취득한 사람은, 당사자 사이에서만 효력이 있는 채권적 청구권

---

21) Ullmann(1999), S. 212.
22) Ullmann(1999), S. 212.
23) Beuthien/Schmölz(1999), S. 34.
24) Götting(1995), S. 143.

을 가지며, 누구에 대해서나 주장할 수 있는 절대적, 준물권적 법적 지위
를 취득하지는 못한다.[25]

그런데 이러한 동의를 취득한 사람에게 마치 물권적 이용권을 취득한
것과 같은 강화된 지위를 인정하려는 논의가 일부 존재한다. 이미 살펴본
독일연방대법원 1986. 10. 14. 판결[26]은 여가수 Nena와 원고가 체결한 계
약에 의하여 Nena의 초상의 상업적 이용을 제3자에게 보수를 받고 허락
할 권한이 원고에게 부여된 것으로 해석하고, 이 권한이 침해된 경우 원
고의 부당이득반환청구권을 인정하였다. 이에 대하여, Magold는, 허락에
채권적 효력만 인정할 경우 원래의 인격권 보유자에게 제3자에 대한 부당
이득반환청구권이 발생하는데, 이러한 결과는 배타적 계약과 모순되므
로,[27] 허락을 취득한 사람에게 원래의 인격권 보유자를 상대로 이 부당이
득반환청구권의 양도를 청구하는 권리가 인정되어야 한다고 설명하면
서,[28] 위 판결은 2중의 부당이득반환을 단축하려 시도한 것으로 볼 수 있
다고 평가한다.[29] 또한 Götting은, 위 판결에 의하면 동의를 취득한 사람
은 이용권한을 갖지 못한 사람 누구에게나 자신의 권리를 주장할 수 있게
되므로, 위 판결은 부당이득반환에 있어 이용허락을 유추하여 동의가 사
실상 제3자에게 절대적 효력을 갖는다는 것을 의미한다고 평가한다.[30]

(3) 동의에 의한 채권적 지위의 양도

인격권 보유자가 자신의 동일성표지의 상업적 이용에 대해 동의한 경

---

25) Götting(1995), S. 143.
26) BGH GRUR 1987, 128 - Nena.
27) 배타적 계약을 체결한 경우는 그 허락을 취득한 사람에게 이용의 경제적 가치가
   귀속되어야 한다는 의미이다.
28) Magold(1994), S. 505f.
29) Magold(1994), S. 506 n.439.
30) Götting(1995), S. 144.

우, 동의를 취득한 사람이 그 지위를 다른 사람에게 양도할 수 있는지 문제된다. 그런데 이를 제한 없이 인정할 경우, 인격권의 양도를 허용하는 경우와 마찬가지로, 사람이 자신의 동일성표지의 상업적 이용에 대한 통제권을 상실하게 되는 문제점이 발생한다. 따라서 학설들은 다음과 같이 이를 제한적으로 인정하고 있다.

Helle는, 동의를 취득한 사람은 그 권한을 다시 양도할 수 있는데, 계약에 의해 동의를 취득한 경우는 그 청구권에 민법 제398조 이하의 채권양도 규정을 직접 적용할 수 있고, 동의가 일방적 의사표시인 경우에는 민법 제413조[31])에 따라 채권양도 규정이 유추적용될 수 있다고 한다.[32]) 그러나 이는 권리자가 그 권한의 양도를 허락한 경우만 가능하다고 하면서, 권리자는 동의에 의해 발생하는 권한의 성질과 범위를 정할 수 있으므로 민법 제399조와 예술저작권법 제22조에 근거하여 권한의 양도를 배제하거나 그에 대한 조건 등을 정할 수 있다고 한다.[33])

Götting도, 동의에 의해 부여된 권한의 양도를 허용하는 방법으로 권리자가 자신의 인격권에 관한 "경제적 자기결정권"을 행사하는 것을 금지할 이유가 없고, 이에 의해 인격요소의 경제적 이용의 최적화가 보장될 수 있어 권리자에게도 이익이 될 수 있다고 한다.[34]) 그러나 명시적으로 이를 제한하지 않는 모든 동의가 제3자에 대한 양도를 허락한다고 해석될 수는 없으며, 오히려 명시적인 다른 합의가 없으면 원칙적으로 동의의 양도는 권리자의 승낙이 있는 경우만 가능하다고 해석되어야 한다고 설명한다.[35])

---

31) 독일민법 제413조 [기타의 권리의 양도]
   채권의 양도에 관한 규정은, 법률이 달리 정하지 않는 한, 다른 권리의 양도에 준용된다.
32) Helle(1991), S. 109.
33) Helle(1991), S. 109f. 예컨대 권한이 양도되는 사람을 제한하거나 지명할 수 있다고 한다.
34) Götting(1995), S. 163. 또한 중대한 사유가 있는 경우 발생하는 철회권을 그 제3자에게도 주장할 수 있으므로, 권리자의 관념적 이익도 축소되지 않을 것이라고 한다.

3. 인격권에 의한 물권적 이용권

(1) 의의

인격권 보유자가 동의에 의하여 채권적 허락을 한 경우, 동의를 취득한 사람은 당사자인 인격권 보유자에게만 자신의 지위를 주장할 수 있다. 그런데 여기에서 한 걸음 나아가, 인격권에 의하여 물권적 이용권 즉, 제3자에게도 주장할 수 있는 이용권을 부여하는 것이 가능하다는 견해들이 있다. 이러한 물권적 이용권에 의해 이용권자는 강화된 법적 지위를 취득하게 되는데, 이는 동시에 인격권 보유자에게도 이익이 된다고 한다.36)

(2) 인격권에 의한 물권적 이용권 부여가 가능하다는 견해

Forkel은, 구속된 양도(gebundene Übertragung)라는 개념을 인정하고 이를 인격권에도 적용할 수 있다고 하였다. 구속된 양도 개념은, 이전적 권리승계와 설정적 권리승계 중 설정적 권리승계를 가리키는 것으로, 예컨대 담보물권, 특허권과 저작권의 물적 이용허락 등이 이에 해당한다.37)

---

35) Götting(1995), S. 163. 이러한 해석은 목적에 대한 구속(Zweckbindung)이라는 사고에서 도출되며, 이는 권리자를 광범위하고 의도하지 않은 포기로부터 보호하고, 의심스러운 경우 그의 권리에 대한 통제를 가능한 유지하기 위하여, 인격권의 양도와 관련하여 특별히 고려되어야 한다고 설명한다.

36) Magold(1994), S. 503은, 물권적 이용권을 취득하려는 자는 보다 높은 보수를 지급하려 할 것이고, 또한 물권적 이용권이 인정되는 경우에만 계약을 체결하려 하는 경우가 적지 않을 것이기 때문에, 물권적 이용권을 인정하는 것은 인격권 보유자에게도 이익이 된다고 설명한다.

37) Forkel(1988), S. 493f. 그는, 인격권으로 보호되는 대상을 이용하는 것이 인격권 보유자에게도 이익이 될 수 있고, 인격가치의 발현을 위해서는 종종 다른 사람의 도움이 필요하며, 따라서 일부 영역에서는 사람이 인격권을 완전히 상실하지 않

이는 권리 내용의 일부가 분리되어 양도되는 것을 의미하나, 최종적 분리
가 아니어서, 양도한 사람에게 여전히 모권(母權, Mutterrecht)이 남아있
고, 양도된 권리가 소멸하면 그 내용이 자동적으로 다시 모권(母權,
Mutterrecht)을 가진 사람에게 속하는 것을 의미한다.[38] 독일 저작권법은
저작권의 양도를 금지하면서 이용권의 부여를 허용하고 있는데, 이러한
이용권의 부여는 구속된 양도로 인정된다고 한다.[39] 그러므로 저작권은
완전한 양도가 법적으로 금지되어 있더라도 구속된 양도가 문제될 수 있
는 하나의 사례인데, 인격권에 대해서도 이러한 구속된 양도를 적용할 수
있다는 것이다.[40]

　　Magold도 인격가치의 발현 가능성과 법정책적 관점에서 위 견해에 찬
성한다. 즉, 인격권 보유자가 인격권의 포기할 수 없는 핵심 영역의 외부
부분에 대해서는 그 침해를 허용하는 의무를 부담하는 약정을 할 수 있는
데, 이는 채권적 효력을 갖는 것 외에 물적 효력도 가질 수 있다고 한
다.[41] 즉, 인격권의 포기할 수 있는 부분의 물적 양도가능성을 인정하더
라도, 인격적 자기결정권한에 대한 보호를 침해하지 않고 오히려 인격가
치의 발현 가능성을 확대하며, 만일 이와 달리 허락에 채권적 효력만 인
정하는 것은 위법하게 행위한 사람에게만 유리한 결과가 되므로,[42] 법정
책적으로 인격권의 양도를 일반적으로 반대할 이유가 없다고 한다.[43]

도록 보호하면서 어느 정도 양도성의 요청에 상응할 수 있어야 한다고 주장하였
　　다. Forkel(1998). S. 492f.
38) Forkel(1988), S. 494f.
39) Forkel(1988), S. 494f.
40) Forkel(1988), S. 495ff.
41) Magold(1994), S. 502ff.
42) 허락에 의해 발생한 법적 지위를 제3자가 침해하는 경우에도 그 허락을 취득한
　　사람이 직접 자신의 이름으로 제3자에게 권리를 주장할 수 없는 것을 가리킨다.
43) Magold(1994), S. 506. 다만, 구속된 양도라는 저작권법 모델을 인격권에 적용함
　　에 있어서, 양도인이 이미 권리를 갖고 있어야 구속된 양도에 의하여 양수인이
　　이를 취득할 수 있으므로, 인격권에 이미 무체재산권적 구성요소가 내재되어 있

Götting 역시 자기결정권과 실무적 필요성에 근거하여 위 견해에 찬성한다. 즉, 자신의 동일성에 관한 자기결정권과 사적자치 원칙에 의하여, 자신의 인격권에 관한 절대적이고 준물권적 효력을 갖는 이용권을 다른 사람에게 부여할 권리가 인정되어야 하며, 이에 의하여 상업화에서 발생하는 실무적 필요성을 고려할 수 있다고 한다.[44] 그리고 관념적 이익과 재산법적 이익이 결합되어 있는 것이 유사하므로 저작권을 그 모델로 할 수 있으며, 저작권의 경우처럼 이용권 부여에 존재하는 처분을 "구속된" 양도로 부르는 것이 가능하다고 한다.[45] 다만, 자신의 동일성이 누구에 의하여 상업적으로 이용되는지는 권리자에게 중대한 의미가 있으므로, 이용권을 추가적으로 양도하는 것은 권리자의 동의 여부에 의해 결정되어야 한다고 주장한다.[46]

다는 것을 인정해야 한다고 주장한다. Magold(1994), S. 517ff.

44) Götting(1995), S. 279.

45) Götting(1995), S. 279. 그러나 오해를 피하기 위하여 이러한 용어를 사용하지 않는 것이 좋으며, "양도"라는 개념은 권리의 소유가 완전히 바뀌는 경우로 제한되어야 한다고 주장한다.

46) Götting(1995), S. 280. 저작권법 제34조 제1항 제1문은 "이용권은 저작자의 동의가 있는 경우에만 양도될 수 있다"라고 규정하고 있다.

제5절 사망자의 동일성이 갖는 재산적 이익 보호

I. 개설

미국에서와 마찬가지로, 독일에서도 사망자의 동일성이 권한 없이 상업적으로 이용되는 경우가 발생하였고, 이를 어떻게 규율해야 하는지 문제되었다. 특히, 인격권은 일신전속적 권리로서 그 주체의 사망과 함께 소멸한다고 일반적으로 이해되어 왔는데, 사망자의 동일성이 갖는 재산적 이익을 보호하기 위해 인격권의 상속을 인정할 수 있는지 문제되었다.

아래에서는, 먼저 사망자의 관념적 이익 보호에 대한 논의를 살펴본 다음, 사망자의 동일성이 갖는 재산적 이익의 보호에 대한 논의를 살펴본다. 특히, 독일연방대법원 1999. 12. 1. 판결[1]은 인격권의 재산가치 있는 부분을 인정하고 그 상속성을 긍정하였는데, 이 판결의 내용을 중심으로 사망자의 동일성이 갖는 재산적 이익의 보호에 대한 논의를 살펴본다.

---

1) BGH NJW 2000, 2195 - Marlene Dietrich. 또한 독일연방헌법재판소 2006. 8. 22. 결정은, 일반적 인격권의 상속가능한 재산가치 있는 부분을 인정하는 법관의 법 형성이 헌법적으로 문제되지 않는다고 판단하였다. BVerfG, NJW 2006, 3409 - Marlene Dietrich.

II. 사망자의 관념적 이익 보호

1. 판례

(1) 독일연방대법원 1968. 3. 20. 판결[2])

이는 사망자의 관념적 이익에 대한 보호를 긍정한 대표적 판결이다. 이 사건에서는, 사망한 배우를 모델로 하여 그를 성도착자이자 기회주의자로 묘사한 소설이 문제되었다. 독일연방대법원은, 사망자가 양도가능한 물질적 가치물을 남길 뿐만 아니라 침해가능하고 사망 후에도 보호가치가 있는 비물질적인 것이 그의 사망 이후에도 존속한다는 것이 일반적으로 인정된다고 하였다. 그리고 인격권이, 그 재산가치 있는 부분을 제외하고는, 일신전속권으로서 양도불가능하고 상속불가능하다는 것은 결정적이지 않으며, 법질서는 침해될 수 있는 법익의 보호를 위하여 살아있는 권리주체의 존재 여부와 상관없이 다른 사람들의 행위에 대한 명령과 금지를 규정할 수 있다고 하였다. 또한 기본법 제정자의 가치결정이 인간존엄의 포괄적 보장을 위해 인간의 생명에 대한 시간적 제한을 두고 있지 않으므로, 왜 일반적 인격권의 보호가 사망에 의하여 강제적으로 종결되어야 하는지 이해할 수 없다고 하였다. 나아가, 사람이 자신의 사망 이후 적어도 중대한 명예훼손적 왜곡으로부터 자신의 생활상이 보호되는 것을 신뢰하고 이러한 기대를 하며 살아갈 수 있는 경우에만, 살아있는 동안 인간의 존엄과 인격의 자유로운 발현[3])이 기본법적 의미에서 충분히 보장된다고 하였다.

---

2) BGHZ 50, 133 = NJW 1968, 1773 - Mephisto.

3) 다만, 독일연방헌법재판소 1971. 2. 24. 결정은, 기본법 제1조 제1항에 규정된 인간 존엄의 침해에 대해 보호를 보장할 모든 국가권력의 의무는 사람의 사망으로 끝나지 않지만, 기본법 제2조 제1항에 규정된 인격의 자유로운 발현에 관한 권리는 살아있는 사람만이 가질 수 있다고 판단하였다. BVerfG NJW 1971, 1645 -

사망자의 인격을 보호할 권리를 행사할 사람에 대해서는, 다른 규정이 없는 경우 우선 사망자가 살아있을 때 지명한 자가 이 권리를 갖고, 다음 으로는 입법자에 의해 이미 자세히 규정된 경우를 유추하여 사망자와 가 까운 친척들이 이 권리를 갖는다 하였다. 또한 사망 후 보호에는 시간적 한계가 존재하며, 보호의 필요성은 사망자의 기억이 희미해지는 정도에 따라 감소된다 하였다.

(2) 독일연방대법원 1989. 6. 8. 판결[4]

이 판결은, 사망한 화가의 서명을 다른 사람이 그린 그림에 위조하여 기재한 사건에서, 그 화가의 일반적 인격권이 침해되었다고 인정하였다. 그리고 사망 후 인격권의 존속기간은 침해의 강도(Intensität) 뿐만 아니라 인격상(Persönlichkeitsbild)의 유명함, 의미 등 개별사안의 상황에 달려 있 다고 하면서, 독일 표현주의의 유명한 대표자인 화가의 사망 후 인격권은 사망 이후 약 30년이 지나도 계속 보호할 필요가 있다고 판단하였다.

2. 학설에서의 논의

(1) 사망 후의 인격 보호

학설의 대다수도 사망 후의 인격을 보호하는 것을 긍정한다.[5] 사망자 는 더 이상 권리관계의 주체가 될 수 없고 권리능력도 소멸되지만, 그의 가치와 작품이 존속하는 한 이에 대한 권리 즉 인격권이 존속한다고 한

Mephisto.

4) BGH NJW 1990, 1986 - Emil Nolde.

5) Hubmann(1967), S. 340ff; Larenz/Canaris(1994), S. 531ff; Staudinger/Günter Weick (2004) Vorbem zu § 1 Rn 29; MünchKomm/J. Schmitt (2006) § 1 Rn. 51 등.

다.6) 그리고 인격권의 존속에 관한 법률 규정이 존재하지 않는 경우도, 보호가치가 있는 사망자의 이익이 요청하는 한 그 인격권은 사망 이후에도 존속하는 것으로 보아야 한다고 한다.7) 이와 관련하여, 사망 후 인격 보호의 기본법적 기초는 살아있는 사람의 경우와 마찬가지로 기본권의 보호명령기능에 있다고 설명된다.8) 일반적 인격권이 사망 이후에도 계속 존속한다는 것은 오늘날 거의 다투어지지 않는다고 설명되기도 한다.9)

(2) 이론적 구성

사망 후 인격 보호를 이론적으로 어떻게 구성할 것인지에 대해서는 견해가 대립한다. 이에 대해서는, 사람이 출생하기 전 태아의 부분적 권리능력과 유사한 사망자의 부분적 권리능력을 인정하는 견해,10) 사망자의 친척이나 사망자가 살아있을 때 지명한 사람이 인격권의 신탁적 보유자라고 하는 견해,11) 사망자의 보호를 위한 행위의무를 인정해야 한다는 견해12) 등이 존재한다.

---

6) Hubmann(1967), S. 341.
7) Hubmann(1967), S. 343.
8) Larenz/Canaris(1994), S. 532. 이 견해는, 위 독일연방헌법재판소 1971. 2. 24. 결정(BVerfG NJW 1971, 1645 - Mephisto)의 논리에 찬성하면서, 이와 같이 설명한다.
9) MünchKomm/J. Schmitt (2006) § 1 Rn. 51.
10) MünchKomm/J. Schmitt (2006) § 1 Rn. 55. 이에 대하여, Larenz/Canaris(1994), S. 532는 현재 존재하는 법 체계와 맞지 않는다고 비판하고, Heldrich(1970), S. 168은 사망에 의하여 권리와 의무의 독립적 기준점으로서의 사람이 없어진다는 부정할 수 없는 사실을 신비화하는 것이라고 비판한다.
11) Heldrich(1970), S. 170f. 사망자의 이익은 아무튼 그 사망자와의 관계에 의하여 이를 실현할 권한이 있는 사람에 의해 실현되어야 하며, 주체 없는 권리라는 개념을 피하려 한다면 이 사람이 수탁자로서 권리를 보유해야 한다고 주장한다.
12) Larenz/Canaris(1994), S. 532. 이미 살펴본 독일연방대법원의 1968년 Mephisto 판결도, 침해될 수 있는 법익의 보호를 위하여, 법질서는 그 권리주체의 존재 여부와 상관없이 다른 사람들의 행위에 대한 명령과 금지를 규정할 수 있다고 판단하였다. BGHZ 50, 133 = NJW 1968, 1773 - Mephisto.

(3) 보호대상

사망 후 인격보호의 보호대상은 사망자의 이익(Interessen des Toten)이라고 인정된다.[13] 사망자의 이익은 그 친척들 고유의 이익과 동일하지 않으며, 사망자의 존속하는 인격권과 살아있는 사람의 인격권은 구별되어야 한다고 설명된다.[14] 이와 유사하게, 사망 후 인격보호의 고유한 문제는, 인격침해가 직접 사망자를 향하고 그의 친척과 같은 다른 사람은 간접적으로 관련되는 사안에 존재한다고 한다.[15]

그러나 이에 반하여, 사망자의 권리에 의한 사망 후 인격 보호를 거부하고 그 친척이 권리와 의무의 주체라고 보아야 한다는 견해[16]도 있다.

(4) 침해의 효과

사망 후 보호되는 인격이 침해된 경우 부작위청구권과 철회청구권이 인정되지만, 비재산적 손해에 대한 배상청구권은 이를 통해서 사망자의 이익이 만족될 수 없기 때문에 인정되지 않는다.[17]

---

13) Larenz/Canaris(1994), S. 533.
14) Hubmann(1967), S. 342.
15) Larenz/Canaris(1994), S. 532.
16) Klippel(1985), S. 553f.
17) Larenz/Canaris(1994), S. 536. 이와 관련하여, Klüber(2007), S. 149는 사람의 관념적 이익에 대한 보호는 그 주체와 불가분적으로 결합되어 있다고 한다.

Ⅲ. 사망자의 동일성이 갖는 재산적 이익 보호18)

1. 판례

(1) 함부르크 고등법원(Oberlandesgericht) 1989. 5. 8. 결정19)

이 판결은, 유명한 배우가 사망한 이후 그 목소리와 어법을 흉내내어 라디오 광고에 이용한 사건에서, 일반적 인격권 침해를 인정하였다. 즉, 기본법 제1조 제1항에 의한 인격의 법적 보호가 사망에 의하여 종결되지 않으며, 예술가적 인격이 사망 후 즉시 광고를 위한 모방의 대상이 될 수 있다면 이는 기본법에 비추어 받아들일 수 없는 결과가 될 것이라고 하였다.

(2) 독일연방대법원 1999. 12. 1. 판결20)

이 판결은 인격권의 재산가치 있는 부분을 인정하고, 나아가 인격권의 재산가치 있는 부분의 상속성도 인정한 판결이다. 이 사건에서는, 유명한 여배우 Marlene Dietrich가 사망한 이후, 그녀의 삶에 대한 뮤지컬을 제작했던 피고가 그녀의 이름을 자동차에 사용하는 것을 허락하고, 그녀의 모습을 화장품 광고에 이용하도록 하며, 그녀의 초상을 이용한 머천다이징

---

18) 이 부분은 권태상(2010b), pp. 497-502를 기초로 하여 수정, 보완한 것이다.
19) OLG Hamburg, GRUR 1989, 666 - Heinz Erhardt.
20) BGH NJW 2000, 2195 - Marlene Dietrich. 이후, 독일연방헌법재판소 2006. 8. 22. 결정은, 일반적 인격권의 상속가능한 재산가치 있는 부분을 인정하는 법관의 법 형성이 기본법적으로 문제되지 않는다고 판단하였다. BVerfG, NJW 2006, 3409 - Marlene Dietrich.

상품 등을 제작하게 하여 판매한 것이 문제되었다. Marlene Dietrich의 딸
이자 유일한 상속인인 원고는, 피고를 상대로 위 행위들의 중단과 손해배
상의무의 확인 등을 청구하였다.

독일연방대법원은, 인격권이 관념적 이익을 보호하는 한 그 주체와 불
가분적으로 결합되고 일신전속권으로서 양도와 상속이 불가능하나, 인격
의 상업적 이익을 보호하는 인격권의 재산가치 있는 부분은 상속될 수 있
다고 판단하였다. 그 논거로 다음과 같은 점을 들었다. 첫째, 상호권이 인
격권으로 여겨지다가 현재는 재산권으로 분류되고, 상표권이 인격권으로
분류되다가 현재 무체재산권으로 인정되는 등 권리의 성격이 법질서의 평
가에 의해 달라질 수 있는 점, 둘째, 기술적, 경제적, 사회적 상황의 변화
로 인격표지가 예전에는 생각하지 못한 정도로 경제적 이용이 가능하게
된 점, 셋째, 인격권의 재산가치 있는 부분의 효과적인 사후 보호를 보장
하기 위해서는 상속인이 인격권 보유자의 역할을 대신하여 사망자의 추정
적 의사를 보호하고 권한 없는 이용에 대응할 수 있어야 한다는 점21) 등
이다. 이에 따라 Marlene Dietrich의 초상에 대한 권리 중 원고에게 이전
된 재산가치 있는 부분을 피고가 위법하고 유책하게 침해하였으므로 손해
배상책임이 인정된다고 하였다.22)

그리고 사망자의 관념적 이익을 보호하는 방어청구권은 친척이나 그
행사를 위해 지명된 자가 주장할 수 있으나, 재산가치 있는 권한은 상속
인이 갖는다고 하였다.23) 또한 인격요소의 상업적 이용 가능성은 인격권

---

21) 특히, 사망자의 인격상 침해에 대하여 방어청구권만 인정되어 왔으나, 침해행위
   가 이미 종료된 경우 방어청구권은 별로 유익하지 못하며, 사망자에 관련된 재산
   가치를 사망자의 상속인들이 아니라 임의의 제3자가 취득할 수 있게 하는 것은
   부당하다고 하였다.
22) 관념적 이익 침해에 대한 금전배상의 경우와 달리, 인격권의 재산가치 있는 부분
   이 침해된 경우는 침해가 얼마나 중대한지와 관계없이 손해배상책임이 인정된다
   고 하였다.
23) 그러나 이 판결은, 인격권의 재산가치 있는 부분이 상속되어도, 관념적 이익의

에 의한 관념적 이익의 보호로부터 발전했으며, 따라서 상업적 이익의 보호가 시간적으로 인격의 관념적 이익의 보호를 넘어설 수 없다고 하였다.

(3) 독일연방대법원 1999. 12. 1. 판결[24)

이는 위 판결과 같은 날 선고된 판결이다. 이 사건에서는, 유명한 여배우 Marlene Dietrich가 사망한 이후, 그녀가 주인공으로 나왔던 영화의 한 장면을 모방하여 복사기 광고에 이용한 것이 문제되었다. Marlene Dietrich의 작품, 인격, 초상에 대한 권리와 그 인격권 침해로 인한 손해배상청구권 등을 그녀의 딸로부터 양도받은 원고는, 피고를 상대로 손해배상 등을 청구하였다.

독일연방대법원은, 인격권이 인격의 재산적 이익도 보호하고 이러한 인격권의 재산가치 있는 부분은 상속가능하다는 위 판결의 내용을 언급한 다음, 이에 따라 예술저작권법 제22조 제3문[25)에서 정한 10년의 기간 동안 사망 후 초상권의 상업적 이용에 대한 권한은 그 상속인에게 있다고 하였다. 그리고 본 사건에서 피고는 Marlene Dietrich의 초상에 대한 권리 중 재산가치 있는 부분을 침해하였다고 판단하였다. 즉, 유명인을 닮은 사람을 묘사한 것에는 그 유명인의 초상이 존재할 수 있는데, 얼굴 모습이 닮은 점에 의해서가 아니라 다른 방법에 의해서 그 유명인이라는 인상을 발생시킨 경우도 동일하다고 하였다. 그리고 본 사안에서 인격권의 재산가치 있는 부분의 보유자이고 또한 예술저작권법 제22조 제3문에 의한 권한의 보유자인 Marlene Dietrich의 딸이 피고의 이용행위에 동의한 사실

보호를 위해서, 인격권 중 양도불가능하고 일신전속적인 부분과 불가분적으로 결합되어 있다고 하였다. 또한 이러한 상황은 저작권의 경우와 다르지 않다고 하면서, 예컨대 사망자의 초상을 상업적 목적으로 이용하려 할 경우 상속인의 동의는 물론 친척의 동의도 필요하다 하였다.

24) BGH GRUR 2000, 715 - Der blaue Engel.
25) 판결문에는 제22조 제2문으로 되어 있으나 잘못 기재된 것으로 보인다.

이 없었다는 점을 지적하면서,26) 피고가 손해를 배상할 책임이 있다고 판단하였다.

(4) 독일연방대법원 2006. 10. 5. 판결27)

이 판결은, Klaus Kinski라는 예명으로 널리 알려진 예술가의 사망 이후 피고가 "kinski-klaus.de"라는 인터넷 주소의 등록을 신청하고 그에 대한 전시회의 광고를 위해 이를 사용한 사건에서, 사망자의 삶과 작품에 대한 공적 논의를 상속인이 사망 후 인격권의 재산가치 있는 부분에 의해 통제할 수 없다고 판단하였다. 그리고 사망 후 인격권의 재산가치 있는 부분의 보호기간에 대하여, 예술저작권법 제22조 제3문의 초상권과 마찬가지로, 사망 후 10년의 기간으로 한정된다고 하였다.28)

2. 사망자의 동일성이 갖는 재산적 이익 보호에 관한 논의

(1) 인격권이 관념적 이익만 보호한다고 파악하는 견해

인격권이 사람의 관념적 이익만 보호한다고 파악하는 견해는, 판결이 인격권의 재산가치 있는 부분을 인정하는 것이 바람직하지 않다고 비판한다.

Schack은, 독일연방대법원이 일반적 인격권의 재산가치 있는 부분으로부터 독립적 무체재산권을 만들어 내려는 것으로 보인다고 하면서, 이러한 급격한 방향에 대해서는 엄중하게 경고해야 한다고 주장한다.29) 즉,

---

26) 다만, 예술저작권법 제22조 제3문에 의한 권한을 보유한 점은, 손해배상의무를 발생시키는 것과는 관련이 없다고 하였다.
27) BGH GRUR 2007, 168 - kinski-klaus.de.
28) 그러나 이로 인해 일반적 인격권의 사망 후 보호가 모두 종결되는 것은 아니며, 이는 사망 후 인격권의 관념적 부분이 보호되는 범위에서 지속된다고 하였다.

인격의 일부 부분에 이용허락으로 처분가능한 무체재산권을 인정할 경우, 이는 인격을 제3자에게 처분가능하도록 만들기 때문에 결국 보호해야 할 인격 자체를 향하게 된다고 한다.30) 또한 판결의 과제는 기본법의 가치결정을 관철시키는 것이지, 새로운 무체재산권을 창조하여 상품화 산업에게 최적의 질서를 제공하는 것이 아니라고 비판한다.31) 그리고 판례에 의하면 사망 후 일반적 인격권이 관념적 부분과 재산적 부분으로 분열되는데, 이는 친족간 분쟁을 발생시키고 머천다이징 사업가에게도 도움이 되지 않는다고 비판한다.32)

Peifer 역시, 자신의 인격 표지를 포기하는 사람은 그와 다른 이익을 추구하는 이용자의 타인결정(Fremdbestimmung)에 예속된다고 하면서, 사람의 인격 표지를 상속가능하고 따라서 그 주체로부터 분리가능하다고 여기는 것은 그 인격 표지에 대한 완전한 처분을 허용하는 방향으로 나아가는 것이라고 비판한다.33)

(2) 독립적 무체재산권의 상속성을 긍정하는 견해

사람의 동일성이 갖는 재산적 이익을 독립적 무체재산권으로 보호해야 한다고 주장하는 견해는, 그 무체재산권의 상속성을 긍정한다.

Ullmann은, 유명한 인격의 이름과 초상 등에 독립적이고 양도가능한 법적 지위를 인정하면, 이를 허락없이 사용하는 것에 대하여 상속인도 부

---

29) Schack(2000), S. 1062.

30) Schack(2000), S. 1062: Schack(2010), Rn. 57.

31) Schack(2000), S. 1062: Schack(2010), Rn. 57.

32) Schack(2010), Rn. 58. 또한 Larenz/Wolf(2004), S. 142도, 사망자의 사적(私的) 삶 영역의 초상을 공표하는 것이 문제될 경우, 공표에 동의할 것인지에 대한 결정을 친척들이 하게 되고, 그 동의에 대해 합의된 보수는 계약당사자인 친척들에게 속하게 되는데, 그렇다면 친척들의 동의 없이 공표한 경우 발생하는 손해배상청구권도 마찬가지여야 한다고 비판한다.

33) Peifer(2002), S. 500.

당이득반환을 청구할 수 있고 침해자가 취득한 이익의 박탈을 구할 수 있다고 한다.[34] 그리고 이를 더 자세히 형성하기 위해서는 법률 규정이 필요하다고 하면서, 사람의 이름 등 표지를 이용하는 권리가 사망에 의해 상속인에게 이전되고, 이는 사망 시점으로부터 10년간 존속한다는 내용의 법률안을 제안한다.[35]

Beuthien은, 독일연방대법원이 인격권의 재산가치 있는 부분을 인정한 것에 대하여, 사람의 본질적 구성부분인 인격과 모든 표지들은 관념적 성격을 가지므로 관념적 부분과 그렇지 않은 부분으로 분해되지 않는다고 비판한다.[36] 그러나 인격상(Persönlichkeitsbild)은 그 주체의 사망 이후에도 존속한다고 하면서, 이에 관한 "인격재 권리(Persönlichkeitsgüterrecht)"는 재산권이며 그 자체로 상속가능하다고 한다.[37]

(3) 인격권의 재산가치 있는 부분 인정에 찬성하는 견해

독일연방대법원이 인격권의 재산가치 있는 부분[38]을 인정한 것에 찬성하면서, 이를 인격권의 발전으로 평가하는 견해들이 있다.

Götting은, 독일연방대법원이 인격권의 재산가치 있는 부분의 상속을

---

34) Ullmann(1999), S. 210, 214.
35) Ullmann(1999), S. 210, 214.
36) Beuthien(2003), S. 1222.
37) Beuthien(2003), S. 1222. 그리고 상속인은 상속받은 대상들을 임의로 처리해야 하고, 사망자의 의사를 고려할 필요가 없다고 한다. 따라서 사망자가 자신의 인격재(Persönlichkeitsgüter)를 이용하려고 하지 않았더라도 상속인이 이를 이용할 수 있고, 침해자가 그 인격상을 사망자가 원하지 않았을 방법으로 이용한 경우에도 그 이익의 반환을 청구할 수 있다고 한다.
38) 독일연방대법원은 이미 1968년 Mephisto 판결에서 이에 대하여 언급하였다. 이 판결은, "인격권은, 그 재산가치 있는 부분을 제외하고는, 일신전속권으로서 양도불가능하고 상속불가능하다"고 하였다. BGHZ 50, 133 = NJW 1968, 1773 - Mephisto.

인정하는 판결을 하기 이전부터 인격권에 결합되어 있는 경제적 이용권한의 상속가능성이 인정되어야 한다고 주장하였다.[39] 그는, 독일연방대법원의 1999년 Marlene Dietrich 판결이 오랜 기간 반박할 수 없다고 여겨졌던 비상속성 도그마와 결별하여 인격권 발전에 이정표를 세웠으며,[40] 인격권의 재산가치 있는 부분의 상속성을 인정한 것은 성공적이며 학문적 근거를 갖는 법 형성이라고 평가한다.[41]

Wagner 역시, 무체재산권법의 관점에서 보면 판결이 일관된 방향으로 가고 있으며, 판결에 의해 일반적 인격권에 대한 재산법적 접근의 일반화가 나타나고 있다고 평가한다.[42] 그리고 이는 실제적으로도 피해자와 그 권리승계자에게 이익이 되는 여러 결과를 발생시킨다고 한다. 즉, 손해배상청구권이 침해의 강도(Intensität)와 과책의 정도에 상관없이 인정되고, 무체재산권 침해의 경우 손해를 산정하는 여러 방법을 사용할 수 있으며, 침해자의 과책이 없거나 이를 입증할 수 없는 경우 부당이득법에 근거한 청구를 할 수 있다고 한다.[43] 따라서 판결이 재산적 인격권을 인정한 것은 성공한 법 형성이라고 평가한다.[44]

또한 Fischer는, 동일성표지의 보유자가 사망하면 더 이상 인격 발현을 할 수 없고 따라서 그 인격의 발현이 더 이상 제한될 수 없으며, 살아있을 때 형성된 이미지가 독립하게 되므로, 일반적인 행동의 자유가 제한될 것을 고려하여 인격의 동일성표지에 대한 독립적 재산권 인정에 반대하는 근거들은 적어도 사망한 경우 이러한 권리를 재산권으로 독립시키고 그

---

39) Götting(1995), S. 281.
40) Götting(2001), S. 585.
41) Götting(2001), S. 587. 다만, 개별 사안에서 사망자의 추정적 의사를 확정하는 것은 상당한 실무적 어려움과 법적 불확실성을 야기하며, 재산가치 있는 부분의 보호기간을 관념적 이익의 존속에 종속시키는 것도 타당하지 않다고 비판한다. Götting(2001), S. 586.
42) Wagner(2000), S. 717.
43) Wagner(2000), S. 718f.
44) Wagner(2000), S. 720.

상속성을 인정하는데 방해가 되지 않는다고 한다.45)

3. 사망 후 보호기간에 대한 논의

(1) 인격권의 재산가치 있는 부분의 적정한 보호기간

인격권의 재산가치 있는 부분의 보호기간에 대해서 다양한 견해들이 주장되고 있다. 먼저, 사망 후 30년의 기간을 주장하는 견해가 있다. Wenzel 은, 법적 안정성의 요청에 의해 사망 후 보호기간은 그와 관계있는 사람들이 예측할 수 있어야 한다고 하면서, 사망 후 보호기간은 한 세대에 해당하는 30년으로 해야 한다고 주장한다.46) 그리고 이는 사망자에 대한 기억이 희미해지는 것과 관련이 없고,47) 그 사람의 업적이 문화재(Kulturgut)의 일부가 되기 때문이라고 하면서, 인격권의 재산가치 있는 부분은 물론 인격권의 관념적 부분에도 마찬가지로 적용되어야 한다고 주장한다.48) Gregoritza도, 저작권으로 보호가능한 작품과 인격표지에 결합된 이용가능성에는 가치 차이가 있다고 하면서, 가까운 후손의 평균 여명에 해당하는 30년이 적절하다고 한다.49) Fricke 역시, 한 세대에 해당하는 기간 즉 사망 후 25년에서 최대 30년으로 보호기간을 한정해야 한다고 주장한다.50)

---

45) Fischer(2004), S. 217.
46) Wenzel(2003), S. 195.
47) 사망자에 대한 기억이 희미해지는 것을 기준으로 하면, 괴테의 후손들이 오늘날에도 그들의 유명한 선조의 인격권을 주장할 수 있을 것이라고 비판한다.
48) Wenzel(2003), S. 195.
49) Gregoritza(2003), S. 130f. 저작권법의 보호는 고유한 정신적 창조를 요건으로 하지만, 인격권의 재산가치 있는 부분의 사망 후 보호에는 그러한 창조적 업적이 필요하지 않으며, 사망자가 예술적, 학문적 업적 등을 이룬 경우에도 이는 이미 저작권, 특허권 등에 의해 보호되는 것이라고 한다. 이에 대하여, Claus(2004), S. 221은, 이러한 차이가 중대하지 않고, 구별 가능성도 상대적이라고 비판한다.
50) Wandtke/Bullinger/Fricke(2006), § 22 KUG Rn. 11.

그러나 저작권법에 의거하여 사망 후 70년의 기간을 주장하는 견해가 다수로 보인다. Götting은, 저작권법에 의거하는 근거로, 사망 후 상업적 인격권과 저작권이 예컨대 사진과 같은 동일한 대상에 관련될 수 있고,[51] 이익상황이 저작권의 경우와 유사하므로 이에 의하여 사망자, 상속인, 일반 대중의 이익을 조화롭게 균형잡을 수 있다고 한다.[52] Wagner도, 관념적 이익의 보호를 위한 저작인격권에 관한 규정이 아니라 저작자의 이용권에 관한 규정을 참고하는 것이 적절하다고 한다.[53]

Fischer는, 인격권의 재산가치 있는 부분의 보호기간을 저작권법의 보호기간과 일치시키는 것에 찬성하면서, 70년의 기간은 사망자 이후 2세대의 기간이므로 적어도 이 기간 동안 상속인들에게 사망자의 상업화를 막을 가능성이 인정된다는 점에서도 보호기간을 70년으로 하는 것이 타당하다고 한다.[54] 이 견해는, 사망자의 관념적 이익을 보호하는 인격권에 대해서도, 사망 후 70년의 보호기간이 적절하다고 주장한다.[55] Claus 역시 저작권법에 의거하여 보호기간을 70년으로 정해야 한다고 하면서, 이는 인격권의 관념적 부분에 대해서도 최대 보호기간이 될 수 있다고 한다.[56]

한편, Gauß는, 사망 후 10년의 기간 동안은 예술저작권법의 규정이 유추적용된다고 하면서, 그 이후에는 저작권법을 유추하여 최대 70년의 보호기간을 인정하는 것이 타당하다고 한다.[57] 이에 따라, 사망 후 10년 동

---

51) Götting(1995), S. 281.
52) Götting(2007), S. 171.
53) Wagner(2000), S. 719. 이 견해는, 예컨대 유명한 이름을 누구나 상품 등에 이용할 수 있게 되면 그 가치가 희석될 것이기 때문에 보호기간이 제법 길어야 한다고 하면서, 초상권 침해에만 맞추어진 예술저작권법의 규정보다 저작권법의 규정에 따라 보호기간을 정하는 것이 적절하다고 한다.
54) Fisher(2004), S. 261.
55) Fisher(2004), S. 196f. 2세대가 지나면 사망자를 개인적으로 아는 사람이 없게 되고 사망자의 실제적 또는 추정적 이익을 확정하기 곤란해지며, 저작권의 보호기간과 일치한다는 점 등을 그 근거로 한다.
56) Claus(2004), S. 220f.

안은 모든 이용에 대하여 보호를 받지만, 그 이후 60년 동안은 상업화에 대한 보호가 사망자가 알려진 정도와 이용의 강도(Intensität)에 따라 결정된다고 한다.58)

(2) 독일연방대법원 2006. 10. 5. 판결59)에 대한 평가

이 판결은, 사망 후 인격권의 재산가치 있는 부분의 보호기간에 대하여, 예술저작권법 제22조 제3문의 초상권과 마찬가지로, 사망 후 10년의 기간으로 한정된다고 판단하였다. 이에 대해서는, 다음과 같은 비판이 행해지고 있다.

Götting은, 이 판결에 의하면 사망 후 10년 이후에는 사망자의 동일성을 명예를 훼손하는 방법으로 광고 목적에 이용하더라도 제재할 수 없어 사망자의 관념적 이익의 보호 역시 광범위한 범위에서 효력을 잃는다고 하면서, 이 판결은 Marlene Dietrich 판결의 중심 사상과 논리에 일치하지 않으며 사망 후 인격 보호의 심각한 후퇴를 의미한다고 비판한다.60) Reber도, 이 판결이 유명인의 삶과 업적을 논의할 공중의 이익을 논거로 제시하였으나, 이는 의견표현의 자유, 예술활동의 자유의 범위 내에서 가능하며 보호기간의 문제와 관련이 없다고 비판한다.61) 또한 예술저작권법의 규정들은 제국수상의 시체를 은밀하게 촬영하여 공표한 것과 이에 관한 제국법원의 1899. 12. 28. 판결62)의 영향으로 1907년에 규정되었는데, 이러한 낡은 규정을 이

---

57) Gauß(2005), S. 87f.
58) Gauß(2005), S. 87f. 사망 후 70년을 지난 이후에는 사망자의 인격상을 중대하게 왜곡하는 것에 대한 보호만 존재한다고 한다.
59) BGH GRUR 2007, 168 - kinski-klaus.de.
60) Götting(2007), S. 171. 촬영된 사람의 명성에 그 시장가치를 의존하는 사진에 대한 저작권에 의한 보호가 저작자의 사망 후 70년간 존속하는데, 사망자의 살아있을 때의 업적에 근거하는 인격권의 재산가치 있는 부분이 10년 후 소멸하는 것은 평가모순이라고 한다.
61) Reber(2007), S. 494.
62) RGZ 45, 170 - Bismarck.

후 법관의 법 형성에 의해 창조된 사망 후 인격보호에 유추적용하는 것은
제한되어야 한다고 비판한다.[63]

---

63) Reber(2007), S. 494.

제6절 인격권 침해에 대한 구제수단

Ⅰ. 개설

사람의 동일성이 갖는 재산적 이익을 인격권에 의해 보호하는 경우, 이러한 인격권 침해에 대하여 피해자가 어떤 구제수단을 행사할 수 있는지 문제된다. 먼저, 인격권이 침해되었다는 점에서 기존에 인격권 침해에 대하여 인정되어 온 구제수단을 행사할 수 있는지 문제된다. 그리고 재산적 이익이 침해되었다는 점에서, 이러한 재산적 이익의 보호를 위하여 어떤 구제수단을 추가적으로 인정할 수 있는지 문제된다. 아래에서는, 이러한 관점에서 방해배제청구와 부작위청구, 부당이득반환청구, 부진정사무관리 규정에 의한 이익반환청구, 손해배상청구 등에 대하여 살펴본다.

Ⅱ. 방해배제청구와 부작위청구

1. 방해배제청구권과 부작위청구권의 인정

성명권 침해에 대하여, 민법 제12조[1])는 명시적으로 방해배제청구권과

---

1) 민법 제12조 [성명권]
　　이름을 사용할 권리를 갖는 사람에 대하여 그 권리가 다투어지는 때 또는 다른 사람이 권한 없이 동일한 이름을 사용함으로써 권리자의 이익이 침해되는 때에

부작위청구권을 규정하고 있다. 그리고 초상권 침해에 대해서는, 예술저작
권법 제37조가 초상권 침해의 결과물과 이를 위한 설비의 폐기에 대하여
규정하고 있는데, 가해자의 고의 또는 과실이 없는 경우도 이를 인정한다.[2]
　일반적 인격권이 침해된 경우에 대해서는 직접적 법률 규정이 존재하
지 않는다. 그러나 민법 제1004조의 유추에 의하여 이 경우도 방해배제청
구권과 부작위청구권이 인정되고 있다. 민법 제1004조[3]는, 소유권에 근거
한 방해배제청구권과 부작위청구권을 규정하고 있는데, 이는 다른 절대권
에 유추적용된다. 즉, 제3자의 침해에 대하여 이러한 방어를 할 수 없으면
지배권한의 절대적 귀속은 공허한 선언에 불과하게 되므로, 절대권에 이
러한 구제수단을 인정할 필요가 분명하다고 한다.[4] 따라서 절대권의 성격
을 갖는 일반적 인격권 침해의 경우도 방해배제청구권 또는 부작위청구권
이 인정된다.[5]

2. 방해배제청구와 부작위청구에 관한 판결

　독일연방대법원 1959. 3. 18. 판결[6]은, 가수인 원고의 성명을 의치(義齒)
의 소독과 부착을 위한 제품의 광고에 이용한 사건에서, 일반적 인격권 침

　　는, 권리자는 그 다른 사람에 대하여 방해의 배제를 청구할 수 있다. 추가적인
　　방해가 염려되는 경우, 권리자는 부작위를 소구할 수 있다.
2) 예술저작권법 제38조는, 이러한 결과물과 설비의 폐기 대신에 피해자가 적절한
　　보수를 지급하고 이를 양수받을 권리도 인정한다.
3) 민법 제1004조 [방해배제청구권 및 부작위청구권]
　　① 소유권이 점유침탈 또는 점유억류 이외의 방법으로 방해받은 때에는, 소유자
　　　는 방해자에 대하여 방해의 배제를 청구할 수 있다. 추가적인 방해가 염려되
　　　는 경우, 소유자는 부작위를 소구할 수 있다.
　　② 소유자가 수인(受忍)해야 할 의무를 부담하는 경우 제1항의 청구권은 배제된다.
4) Staudinger/Gursky (2006) § 1004 Rn 15.
5) Staudinger/Gursky (2006) § 1004 Rn 15.
6) BGH GRUR 1959, 430 - Caterina Valente.

해를 인정하고, 원고의 성명을 광고에 이용하는 것을 금지한 항소심판결을 그대로 유지하였다. 이 판결은, 추가적인 침해가 염려되는 경우 민법 제12 조 제2문, 제862조 제1항 제2문,7) 제1004조 제1항 제2문의 준용에 의하여 침해자의 과책과 상관없이 객관적으로 위법한 침해가 있으면 부작위청구권이 인정된다고 판단하였다.

독일연방대법원 1994. 11. 15. 판결8)도, Caroline 공주9)와의 인터뷰를 잡지사가 허위로 작성하여 공표한 사건에서, 원고의 인격권이 침해되었다고 인정하고, 피고에게 철회와 정정을 할 것을 명한 항소심판결을 그대로 유지하였다. 이 판결은, 허위사실 주장의 목표가 된 사람에게, 그러한 주장의 철회를 구하는 청구권이 민법 제1004조에 의하여 보장된다고 하였다. 또한 어떠한 공표행위가 원고의 발언과 그의 사적(私的) 영역 상황에 대한 잘못된 인상을 독자에게 전달하는 경우, 민법 제823조 제1항, 제1004조 제1항으로부터 도출되는 정정청구권이 원고에게 인정된다고 하였다.

III. 부당이득반환청구

1. 부당이득반환청구권의 인정

(1) 부당이득반환청구권의 인정

사람의 동일성이 갖는 재산적 이익을 보호하는 인격권이 침해된 경우, 피해자가 부당이득반환청구권을 행사할 수 있다. 이는, 민법 제812조10)에

---

7) 이는 추가적인 방해가 염려되는 경우 점유자가 부작위를 소구할 수 있다는 규정이다.
8) BGH NJW 1995, 861 - Caroline von Monaco.
9) 영화배우인 Grace Kelly가 모나코 왕자와 결혼하여 낳은 딸로서 모나코의 공주이다. 두 번의 결혼 이후 하노버 왕가의 후손과 재혼하였다.

근거하여, 인격권 침해행위에 의하여 가해자가 부당하게 취득한 것의 반환을 피해자가 청구하는 것이다. 주로 동일성표지의 이용을 허락받기 위하여 지급되어야 하는 보수 상당액의 반환이 문제된다. 이와 관련하여, 일반적 인격권의 재산가치 있는 부분을 권한없이 상업적으로 이용하는 것은 이른바 침해부당이득(Eingriffskondiktion)을 발생시킨다고 설명된다.[11]

실무에서는 피해자가 부당이득반환청구권을 행사하는 경우가 많다. 그 이유는, 불법행위를 원인으로 하는 손해배상을 청구하는 경우와 달리, 부당이득반환을 청구하는 경우 가해자의 고의 또는 과실을 피해자가 입증할 필요가 없기 때문이다.[12]

(2) 판례

독일연방대법원 1956. 5. 8 판결[13]은, 유명한 영화배우인 원고가 모터 스쿠터를 타고 촬영한 사진을 그 모터 스쿠터의 광고에 이용한 사건에서,[14] 모터 스쿠터 제조회사 등에 대한 원고의 부당이득반환청구권을 인정하였다. 독일연방대법원은, 일반적인 관례에 의하면 원고는 사진의 이

---

10) 민법 제812조 [반환청구권]
① 타인의 급부로 인하여 또는 기타의 방법에 의하여 타인의 손실로 법적 원인 없이 어떤 것을 취득한 사람은, 그 타인에게 이를 반환할 의무를 진다. 법적 원인이 후에 소멸한 때 또는 법률행위의 내용상 급부에 의해 목적된 결과가 발생하지 아니한 때에도 이러한 의무가 존재한다.
② 채권관계의 존재 또는 부존재에 관한 계약에 의해 행하여진 승인도 급부로 본다.
11) Erman/Ehmann (2008), Anh § 12 Rn 353.
12) Götting(2004), S. 803도, 과책을 필요로 하지 않기 때문에 부당이득법이 실무에서 가장 많이 이용된다고 설명한다.
13) BGH NJW 1956, 1554 - Paul Dahlke.
14) 모터 스쿠터 제조회사는 다른 피고로부터 원고의 사진을 취득하여 광고에 이용하였는데, 원고가 사진을 광고에 이용하는 것에 동의했다는 말을 듣고 이를 이용하였다.

용을 허락하는 것을 보수 지급에 좌우되게 할 수 있었다고 하면서, 모터
스쿠터 제조회사는 불법적인 행동에 의하여 그 보수를 원고의 손실로 절
약하였다고 판단하였다. 또한 항소심 판결이 원고가 그 사진을 다른 방법
으로 판매할 수 있었음을 입증하지 못했다는 점을 지적한 것에 대해서는,
부당이득반환청구권은 피해자의 재산감소가 아니라 이득을 취득한 사람
의 원인 없는 재산증가를 조정해야 한다고 하였다.

독일연방대법원 1986. 10. 14.의 Nena 판결[15]도, Nena의 초상권 등을
양도받았다고 주장하는 원고가 소를 제기한 사건에서, 피고가 독단적 행
위에 의하여 그 상업적 이용의 허락에 보통 요구되는 보수를 원고의 손실
로 절약하였다고 하면서 원고에게 부당이득반환청구권을 인정하였다.

2. 부당이득반환청구권이 인정되는 범위

(1) 부당이득반환청구권의 제한

독일의 판례는 부당이득반환청구권을 인정하는 것에 중대한 제한을 두
었다. 즉, 원고가 피고의 행위를 허용했을 것으로 인정되는 경우만, 원고
가 부당이득반환청구권을 행사할 수 있다고 하였다. 이에 따라, 원고의 동
일성표지가 명예를 훼손하는 방법으로 이용된 경우, 원고가 피고의 행위
를 허용했을 것이라고 인정되지 않으므로, 원고가 부당이득반환청구권을
행사할 수 없다고 판단하였다.

독일연방대법원 1958. 2. 14. 판결[16]이 이러한 입장을 취한 대표적 판
결이다. 이 사건에서는, 양조장의 공동소유자인 원고가 경기에 참가하여
말을 타고 있는 사진을 피고가 성적 흥분제 광고에 이용한 것이 문제되었
다. 항소심 판결은 피고에게 불법행위로 인하여 손해를 배상할 의무가 있

---

15) BGH GRUR 1987, 128 - Nena.
16) BGH GRUR 1958, 408 - Herrenreiter.

다고 하면서 당사자들 사이에 계약이 체결되었다면 원고가 요구할 수 있었던 금액을 손해로 인정하였다.[17] 그러나 독일연방대법원은, 원고는 존재하지 않는 재산손해를 구한 것이 아니라 광고에 의해 자신이 굴욕적이고 우스꽝스러운 상태에 놓여진 것에 대한 배상을 구하였다고 하면서, 이처럼 재산법적 이익의 침해가 없는 경우 이용허락 계약의 체결을 의제하는 방법으로 손해를 산정할 수 없다고 판단하였다. 그리고 원고가 재산법적 손해를 입지 않았고 이에 따라 민법 제812조 이하에 규정된 부당이득반환청구권의 요건인 재산의 이동(移動, Verschiebung)도 존재하지 않으므로, 부당이득반환청구권도 인정되지 않는다고 판단하였다.

(2) 부당이득반환청구권의 제한에 대한 비판과 그 수용

부당이득반환청구권을 제한적으로 인정한 판례의 태도에 대해서는 많은 비판이 존재한다. 비판의 주된 논거는, 부당이득법은 권리자의 손해가 아니라 이득을 취득한 사람의 재산증가를 조정하는 기능을 한다는 것이다.[18] 즉, 이득박탈이 아니라 부당이득에 대한 책임이 문제되는 것이므로, 부당이득반환청구권의 인정은 침해가 없었다면 권리자가 이익을 취득할 수 있었는지가 아니라 침해자가 권리자의 손실로 무엇인가를 취득했는지에 좌우된다고 설명한다.[19] 또한 권한 없는 이용으로 인해 발생한 이익은 돌이킬 수 없는 사실이므로 권리자 측면의 가정적 가능성[20]은 중요하지

---

17) 항소심 판결은, 원고가 초상의 이용에 동의하였는지 여부를 피고가 확인하지 않은 과실이 있다고 하면서, 민법 제823조 제2항, 예술저작권법 제22조에 의하여 피고의 불법행위책임을 인정하였다. 그리고 그 손해배상액을 DM 10,000으로 산정하였다.

18) Erman/Ehmann (2008), Anh § 12 Rn 354; Götting(2004), S. 803. 이와 유사하게, Beuthien/Schmölz(1999), S. 41은 부당이득법에 있어 피해자의 재산손해는 중요하지 않다고 하며, Wenzel(2003), S. 950은 침해자의 이득은 피해자가 그 침해에 동의한다는 의사를 했을지 여부와 관계없다고 한다.

19) Canaris(1999), S. 89.

20) Götting(1995), S. 55는, 적절한 사용료의 지급을 청구하는 것은 단지 이용가치를

않고, 저작권과 같은 무체재산권에서도 피해자가 이용허락 계약을 체결하려 했는지 여부나 피해자가 사용료를 취득할 지위에 있었는지 여부가 중요하지 않으며, 특히 심각한 침해의 경우에 피해자의 동의가 없다는 이유를 들어 침해부당이득에 근거한 청구권을 박탈하는 것은 매우 부당하다고 한다.[21]

독일연방대법원도 이러한 비판을 일부 판결에서 받아들였다. 즉, 독일연방대법원 1981. 6. 26. 판결[22]은, 장난감 자동차를 판매하는 피고가 원고회사의 이름이 기재된 경주용 자동차의 사진을 포장에 사용한 사건에서, 인격권적 권한의 침해를 근거로 부당이득반환청구권을 인정하였다. 그리고 피고가 요청했다면 원고가 이름의 사용을 허락하였을지 여부는 중요하지 않으며, 부당이득반환청구권은 피해자 측면의 재산 감소가 아니라 침해자 측면의 법적 근거 없는 재산 증가를 조정해야 한다고 하였다. 또한 독일연방대법원 2006. 10. 26. 판결[23]도, 퇴임한 재무부장관의 사진을 동의 없이 자동차 리스 광고에 이용한 사건에서, 다른 사람의 초상을 권한 없이 상업적 목적으로 이용한 사람은 그에 상응하는 가액을 상환해야 한다고 하였다. 또한 이는 그 사람이 상당한 사용료를 지급받고 초상의 이용을 허락하려 했을지 여부와 상관없다고 하면서, 왜냐하면 금전지급청구권은 피해자의 동의를 가정하지 않고, 피해자에게 독점적으로 속하는 처분권한의 위법한 침해에 대한 조정이기 때문이라고 하였다.

Götting은, 독일연방대법원 제1민사부가 선고한 위 독일연방대법원 2006. 10. 26. 판결[24]이 특히 부당이득법 영역에서 기존의 판결을 수정하여 인격보호를 상당히 개선시키는데 기여하였다고 평가하면서, 반면 독일

정하는 계산방법일 뿐이므로, 이를 청구한다고 하여 가정적 이용허락 계약을 이루는 허락이 존재한다고 보는 것은 잘못이라고 지적한다.

21) Götting(2004), S. 803.
22) BGH GRUR 1981, 846 - Rennsportgemeinschaft.
23) BGH GRUR 2007, 139 - Oskar Lafontaine.
24) BGH GRUR 2007, 139 - Oskar Lafontaine.

연방대법원 제6민사부는 2005. 12. 6. 판결[25]에서 계속 기존의 법리를 유지한다고 지적한다.[26]

Ⅳ. 부진정사무관리 규정에 의한 이익 반환청구

사람의 동일성이 갖는 재산적 이익을 보호하는 인격권이 침해된 경우, 부진정사무관리 규정에 의하여 침해자가 취득한 이익의 반환을 청구하는 구제방법도 인정된다.[27] 민법 제687조 제2항,[28] 제681조 제2문,[29] 제667조[30]는, 사무처리에 권한이 없음을 알면서 타인의 사무를 자기의 사무로 처리한 경우, 위임에 관한 규정을 준용하여 사무처리로 인하여 취득한 것의 전부를 인도할 의무를 사무처리자에게 부담시키고 있다. 그러므로 사람의 동일성이 갖는 재산적 이익을 보호하는 인격권을 고의로 침해한 경

---

25) BGH GRUR 2006, 252 - Mordkommission Köln. 허명국(2009), 129면 이하는 이 판결을 소개하고 평가하였다.
26) Götting(2010), S. 17. 그러나 후자의 판결은 일반인의 시체를 촬영하여 방송한 것이 그 사망자의 인격권의 재산가치 있는 부분의 침해에 해당하지 않는다고 하면서 사망자의 아들의 손해배상청구를 배척한 것이므로, 부당이득법 영역에서 기존 법리를 유지한다고 평가할 수 있는지는 명확하지 않아 보인다.
27) Beuthien/Schmölz(1999), S. 50ff.; Erman/Ehmann (2008), Anh § 12 Rn 361.
28) 민법 제687조 [부진정사무관리]
　　② 자기가 사무처리에 관한 권한이 없음을 알면서 타인의 사무를 자기의 사무로 처리하는 때에는, 본인은 제677조, 제678조, 제681조, 제682조에 정하여진 청구권을 주장할 수 있다. 본인이 이를 주장하는 경우, 본인은 사무관리자에 대하여 제684조 제1문에 의하여 의무를 진다.
29) 이는 사무관리자의 의무에 대하여 수임인에 관한 규정을 준용한다고 규정한다.
30) 민법 제667조 [인도의무]
　　수임인은 위임사무의 처리를 위해서 취득한 것과 사무처리에 의하여 취득한 것 전부를 위임인에게 인도할 의무를 진다.

우도 가해자가 그 침해행위로 인하여 취득한 이익을 원고에게 반환할 의무가 있다는 것이다.

그리고 부당이득반환청구권의 경우와 마찬가지로, 피해자가 그 이용에 동의했을 것인지 여부는 부진정사무관리 규정에 의한 이익반환청구권을 인정하는 기준이 되지 않는다고 한다. 즉, 피해자의 실제적 또는 추정적 의사는 비용의 상환과 관련하여 권리 있는 사무관리가 존재하는지 또는 권리 없는 사무관리가 존재하는지를 결정할 뿐이고,31) 민법 제687조 제2항의 경우는 침해자가 자신이 하는 행위에 대해 권한이 없다는 것을 알고 있으므로 피해자의 의사를 추정할 필요가 없다고 한다.32) 또한 민법 제687조 제2항은 객관적으로 타인의 사무일 것을 요구한다고 설명된다.33)

그러나 실무에서 이익반환청구권은 적은 역할만 담당하고 있는데, 그 이유는 침해자가 취득한 이익 중 어느 정도의 이익이 원고의 권리 침해에 근거하는 것인지 그 인과관계를 입증하는 것이 쉽지 않기 때문이라고 한다.34)

V. 손해배상청구

1. 손해배상청구권의 인정

민법 제823조 제1항35)은, 고의 또는 과실로 타인의 생명, 신체, 건강,

---

31) 민법 제683조는, 사무관리의 인수가 본인의 이익 및 본인의 실제적 또는 추정적 의사와 일치하는 경우 사무관리자가 수임인에 준하여 그 비용의 상환을 청구할 수 있다고 규정한다.

32) Beuthien/Schmölz(1999), S. 52; Götting(2004), S. 803.

33) Beuthien/Schmölz(1999), S. 52.

34) Götting(2004), S. 803.

35) 민법 제823조 [손해배상의무]

① 고의 또는 과실로 타인의 생명, 신체, 건강, 자유, 소유권 또는 기타의 권리를

자유, 소유권 또는 기타의 권리를 침해한 사람은 그로 인해 발생하는 손해를 배상할 의무를 진다고 규정하고 있다. 이 조항에서 "기타의 권리(ein sonstiges Recht)"는 절대권 즉 누구에게나 주장할 수 있는 권리로 해석된다.[36] 개별적 인격권인 민법 제12조의 성명권, 예술저작권법 제22조의 초상권 등은 이 조항에서 규정한 "기타의 권리"에 속한다고 인정된다.[37] 일반적 인격권 역시 이 조항에서 규정한 "기타의 권리"에 해당한다는 것이 판례의 태도이다.[38]

그러므로 사람의 동일성이 갖는 재산적 이익을 보호하는 인격권이 침해된 경우, 피해자는 민법 제823조에 근거하여 손해배상을 청구할 수 있다.

2. 손해배상액의 산정

(1) 손해배상액을 산정하는 3가지 방법

지적재산권이 침해된 경우, 판례는 피해자의 손해를 산정하는 3가지 방법을 인정해 왔다. 첫째는 구체적으로 발생한 손해를 산정하는 것이고, 둘째는 이용허락 계약에 의해 지급했어야 할 합리적 이용료를 유추하여 손해를 산정하는 것이고, 셋째는 침해자가 취득한 이익을 조사하는 것이다.[39]

그런데 사람의 동일성이 갖는 재산적 이익을 보호하는 인격권이 침해

위법하게 침해한 사람은, 이로 인하여 발생한 손해를 그 타인에게 배상할 의무를 진다.

36) Staudinger/J Hager (1999) § 823 Rn B 124.

37) Staudinger/J Hager (1999) § 823 Rn B 140.

38) 예컨대, BGH GRUR 1959, 430 - Caterina Valente는, 일반적 인격권은 기본법에서 인정되고 사법(私法) 관계에서도 모든 사람으로부터 존중되어야 하는 법질서의 근본가치라고 하면서, 따라서 독일연방대법원의 판례에 의하면 인격권은 민법 제823조 제1항의 "기타의 권리"라고 하였다.

39) Erman/Ehmann (2008), Anh § 12 Rn 362.

된 경우도 이러한 3가지 손해배상액 산정방법을 적용하는 것이 인정되고
있다. 즉, 독일연방대법원 1999. 12. 1. Marlene Dietrich 판결40)은, 피고
에게 인격권의 재산가치 있는 부분 침해로 인한 손해를 배상할 책임이 있
다고 하면서, 그로 인해 발생한 손해를 원고가 구체적으로 산정하거나 이
용료를 유추하여 산정할 수 있으며 또한 침해에 의한 이익의 반환을 청구
할 수 있다고 판단하였다.41) 같은 날 선고된 독일연방대법원의 다른 판
결42) 역시 동일하게 판단하였다.

(2) 구체적 손해산정

민법 제823조 제1항에 의하면, 불법행위로 인한 손해배상책임이 인정
되는 경우 피해자는 그 침해로 인하여 발생하는 모든 손해의 배상을 청구
할 수 있다. 그러므로 사람의 동일성이 갖는 재산적 이익을 보호하는 인
격권이 침해된 경우, 피해자는 그 침해행위로 인하여 발생하는 모든 손해
의 배상을 구할 수 있다. 다만, 구체적 사안에서는 발생한 손해를 입증하
는 것이 쉽지 않을 수 있다.

(3) 추상적 손해산정

사람의 동일성표지가 권한 없이 이용된 경우, 그 동일성표지의 이용에
대한 계약을 체결했으면 지급되었을 합리적 이용료에 근거하여 손해배상
액을 산정하는 방법이다. 독일연방대법원 1956. 5. 8 판결43)은, 유명한 영
화배우인 원고가 모터 스쿠터를 타고 촬영한 사진을 그 모터 스쿠터의 광

---

40) BGH NJW 2000, 2195 - Marlene Dietrich.
41) 또한 손해를 산정하는 가장 유리한 방법을 선택하고 그 손해를 계산할 수 있도록
   하기 위하여, 원고가 정보제공청구권을 갖는다고 판단하였다.
42) BGH GRUR 2000, 715 - Der blaue Engel.
43) BGH NJW 1956, 1554 - Paul Dahlke.

고에 이용한 사건에서, 적절한 이용료에 의해 손해배상액을 산정하는 방법이, 적법하게 권리자로부터 허락을 취득하는 경우와 비교하여 누구도 불법적인 침해를 통하여 더 좋은 지위에 놓여질 수 없다는 형평의 고려와 실무적 필요성에 의해 뒷받침된다고 하였다. 그리고 저작권 침해와 특허 침해의 경우 제국법원에서 발전된 이 원칙은, 일반적으로 보수를 지급받고 그 사용이 허락되는 배타적 권리가 침해된 경우의 이익상황에 알맞으며, 따라서 초상에 대해 갖는 인격법적 권한이 침해된 본 사안에도 적용될 수 있다고 하였다.

그런데 판례는 여기에도 부당이득반환청구권의 경우와 동일한 제한을 두었다. 즉, 원고가 문제된 이용행위에 대하여 이용허락을 부여하려 했을 것이라는 가정적 요건이 충족되는 경우만, 합리적 이용료에 근거하여 손해를 산정하는 것이 가능하다고 하였다. 독일연방대법원 1958. 2. 14. 판결[44]은, 앞서 언급한 바와 같이, 양조장의 공동소유자인 원고가 경기에 참가하여 말을 타고 있는 사진을 피고가 성적 흥분제 광고에 이용한 사건에서, 재산법적 이익의 침해가 없는 경우 이용허락 계약의 체결을 의제하는 방법으로 손해를 산정할 수 없다고 판단하였다. 독일연방대법원 1959. 3. 18. 판결[45] 역시, 가수인 원고의 성명을 의치(義齒)의 소독과 부착을 위한 제품의 광고에 이용한 사건에서, 일반적 인격권 침해를 인정하면서도, 원고의 재산적 손해배상청구를 인용한 항소심 판결을 파기하였다. 항소심 판결은 민법 제252조[46])에 근거하여 원고가 상실한 이익이 손해라고 하였으나, 독일연방대법원은 원고가 자신의 이름 더 정확히는 자신을 광고 목적으로 이용하는 것을 고려하지 않으므로 가수 등이 자신을 광고에

---

44) BGH GRUR 1958, 408 - Herrenreiter.
45) BGH GRUR 1959, 430 - Caterina Valente.
46) 민법 제252조 [일실이익]
　　 배상되어야 할 손해는 일실이익도 포함한다. 사물의 통상적 경과에 의하여 또는 특별한 사정, 특히 행하여진 시설과 준비조치에 의하여 개연적으로 기대될 수 있었던 이익은, 일실된 것으로 본다.

이용하도록 할 때 일반적으로 지급되는 보수는 이 사건에서 손해의 근거가 되지 못한다고 하였다. 또한 원고가 자신의 결정을 변경하여 보수를 수령할 가능성도 낮으므로, 민법 제252조의 요건이 존재하지 않는다고 하였다.[47]

이러한 판결의 태도에 대해서는, 부당이득반환청구권의 경우와 동일한 비판이 있다. 즉, 합리적 이용료에 근거하여 손해배상액을 산정하는 것은 이용허락을 부여할 의도를 요구하는 것이 아니라 하나의 가정적 도구에 불과하며, 이를 인정하지 않을 경우 가장 심각한 인격권 침해 사안에서 적절한 배상을 부정하는 결과가 된다고 한다.[48] 독일연방대법원 2006. 10. 26. 판결[49]도, 퇴임한 재무부장관의 사진을 동의 없이 자동차 리스 광고에 이용한 사건에서, 부당이득반환청구권은 그 사람이 상당한 사용료를 지급받고 초상의 이용을 허락하려 했을지 여부와 상관없다고 하면서, 손해배상청구권에 대해서도 같은 취지로 판단하였다.

그러나 다른 한편으로는, 부당이득반환청구권의 경우와 달리 손해배상청구권에 있어서는 손해의 발생이 그 요건이므로 위와 같은 제한이 가능하다고 설명된다. 즉, 합리적 이용료에 근거한 손해배상청구권은 손해를 요건으로 하고, 이 손해는 일반적으로 민법 제252조의 일실이익을 의미한다는 것이다.[50] 또한 손해배상청구에 있어서는 피해자가 계약 체결에 동의했을 것이 인정되어야 하며, 그렇지 않을 경우 가해자의 독단적 행위에 의해 피해자가 아무런 손해를 입지 않을 것이라고 설명된다.[51] 즉, 피해자가 상품화하려고 했을 것이라는 요건이, 부당이득반환청구권의 요건은

---

47) 한편, 비재산적 손해에 대한 배상청구권에 대해서는, 재산적 손해에 대한 배상청구권과 독립적으로 명확히 주장되어야 한다고 하면서, 본 사건에서는 원고가 이를 주장하는지 여부가 분명하지 않다고 보아 이에 대하여 판단하지 않았다.
48) Beverley-Smith et al.(2005), p. 143.
49) BGH GRUR 2007, 139 - Oskar Lafontaine.
50) Erman/Ehmann (2008), Anh § 12 Rn 374.
51) Canaris(1999), S. 89.

되지 않지만, 합리적 이용료의 유추에 의하여 산정되는 손해배상청구권의 요건은 된다고 한다.52)

(4) 피고가 취득한 이익 상당액의 청구

손해를 산정하는 또 하나의 방법은, 피고가 취득한 이익을 원고의 손해 배상액으로 보고 그 반환을 청구하는 것이다. 위에서 언급한 바와 같이, 독일연방대법원 1999. 12. 1.의 Marlene Dietrich 판결53)과 같은 날 선고 된 독일연방대법원의 다른 판결54)은, 침해에 의한 이익의 반환을 원고가 청구할 수 있다고 하였다. 이러한 판례의 태도에 대해서는, 독일연방대법 원이 인격권을 저작권처럼 취급하는 방향으로 한 걸음 더 나아간 것이라 고 평가되기도 한다.55)

3. 위자료

(1) 위자료청구권의 인정

독일민법은 위자료를 제한적으로 인정하는 입장을 취해 왔다. 2002년 개정 전의 민법은, 제253조에서 비재산손해는 법률로 정한 경우만 그 배 상을 청구할 수 있다고 규정하였고, 제847조 제1항에서 신체 침해, 건강

---

52) Erman/Ehmann (2008), Anh § 12 Rn 362. 또한 Beverley-Smith et al.(2005), p. 143도, 합리적 이용료에 의한 손해산정방법은 만일 침해행위가 발생하지 않았다 면 원고가 이용료를 취득할 수 있었을 것이라는 가정에 기초하는 것이므로, 판례 가 손해배상청구권을 제한하는 논리가 부당이득법에서보다 더 설득력 있다는 것 은 인정해야 한다고 설명한다.

53) BGH NJW 2000, 2195 - Marlene Dietrich.

54) BGH GRUR 2000, 715 - Der blaue Engel.

55) Beverley-Smith et al.(2005), p. 144.

침해, 자유 침탈의 경우 비재산손해에 대한 배상을 청구할 수 있다고 규정하였다.[56]

이에 따라, 인격권이 침해된 경우 피해자가 위자료를 청구할 수 있는지 문제되었는데, 앞에서 살펴본 바와 같이, 독일연방대법원 1958. 2. 14. 판결[57]은 민법 제847조의 규정을 유추적용하여 이를 인정하였고, 독일연방대법원 1961. 9. 19. 판결[58]은 기본법에 근거하여 정신적 손해의 배상을 인정하였다. 그리고 독일연방헌법재판소 1973. 2. 14. 결정[59]은 후자의 독일연방대법원 판결의 법발견 방법이 기본법에 합치한다고 판단하였다.

(2) 위자료청구권이 인정되는 요건

인격권 침해의 피해자가 항상 위자료를 청구할 수 있는 것은 아니다. 독일연방대법원의 판례에 의하면, 인격권 침해의 경우 위자료를 청구할 수 있기 위해서는, 중대한 침해가 존재해야 하고, 그 손해가 다른 방법으로는 만족스럽게 배상될 수 없어야 한다.[60] 인격권에 대한 중대한 침해가 존재하는지 여부는 개별사안의 전체 상황에 근거해서만 판단될 수 있는데, 특히 침해의 의미와 영향력, 행위자의 동기, 과책의 정도 등이 고려되어야 한다.[61]

이러한 요건에 대하여는, 일반적 인격권의 침해는 민법에서 위자료를 청구할 수 있다고 명확하게 규정한 법익의 침해와 같은 동일한 중요성을 갖

---

56) 또한 제847조 제2항은, 부녀에게 위자료가 인정되는 경우로, 부녀에 대하여 윤리에 반하는 범죄가 행해진 경우와 위계, 강박, 종속관계의 남용으로 혼인 외의 성교를 승낙하게 한 경우를 규정하였다.

57) BGH GRUR 1958, 408 - Herrenreiter.

58) BGH GRUR 1962, 105 - Ginsengwurzel.

59) BVerfG GRUR 1974, 44 - Soraya.

60) 많은 판결이 이러한 입장을 취하였다. 우선, BGH GRUR 1962, 105 - Ginsengwurzel; BGH GRUR 2006, 252 - Mordkommission Köln 등 참조

61) BGH GRUR 2006, 252 - Mordkommission Köln 등.

지 않는 경우가 자주 있음을 판례가 고려한 것이라고 설명되기도 한다.[62]

(3) 사람의 동일성의 재산적 이익을 보호하는 인격권이 침해된 경우

사람의 동일성의 재산적 이익을 보호하는 인격권이 침해된 경우 위자료를 청구할 수 있는지 문제된다. 기존의 독일 판례에 의해 만들어진 법리에 의하면, 상당한 사용료의 지급에 대한 청구권이 피해자가 사후적으로 그 이용에 동의한다는 표시를 했는지 여부에 달려 있으므로, 위자료청구권은 합리적 사용료의 지급에 대한 청구권과 경합적이 아니라 선택적으로만 청구될 수 있다고 설명된다.[63]

그러나 인격권의 효과적 보호를 위해서는, 인격표지의 권한없는 이용에 대한 배상인 상당한 사용료의 지급에 대한 청구권과 사정에 따라 발생할 수 있는 비재산적 손해에 대한 위자료 청구권이 서로를 배제하지 않고 병존해야 할 것이라고 한다.[64] 또한 인격권의 재산가치 있는 부분이 침해된 경우 우선 부당이득법과 재산적 손해배상에 의해야 하고, 이와 중첩적으로 특히 사람의 자기결정권 보호를 위한 금전배상을 고려해야 할 것이라고 하는 견해[65]도 있다.

(4) 위자료의 기능

인격권 침해에 대한 위자료를 어떻게 산정해야 하는지와 관련하여, 위자료가 어떤 기능을 갖는지 문제된다. 특히, 위자료가 전보기능 외에 만족

---

62) Larenz/Canaris(1994), S. 495.
63) Götting(1995), S. 274.
64) Götting(1995), S. 282.
65) Klüber(2007), S. 152. 금전배상은 재산적 손해를 넘어서는 인격의 관념적 측면에 대한 보충적 성격을 갖는다고 설명한다.

기능, 예방기능 등을 갖는다고 할 수 있는지 문제된다.[66]

위자료의 만족기능(Genugtuungsfunktion)에 대하여, 독일의 판례는 위자료가 만족기능을 갖는다는 것을 인정한다. 예컨대, 독일연방대법원 1961. 9. 19. 판결[67]은 일반적 인격권 침해의 경우 위자료의 만족기능이 전보기능에 비하여 더 중요하다고 하면서, 따라서 손해를 다른 방법으로 배상받을 수 없는 피해자에게 불법에 대한 만족을 판결로 인정하는 것이 필요한지 항상 심사해야 한다고 판단하였다.

그러나 학설에서는 위자료의 만족기능에 대하여 비판적인 견해가 많다. 먼저, 위자료의 만족기능에 찬성하는 견해는, 명예와 인격 보호의 영역에서 형법이 만족기능을 충족하지 못하므로 민법이 그 기능을 담당해야 하고, 충분한 인격 보호를 포기하지 않는 한 이를 반대하는 것은 부당하고 모순적이라고 한다.[68] 그러나 위자료의 만족기능에 반대하는 견해는, 만족기능은 위자료의 비독립적 기능이라고 한다.[69] 그리고 판결이 위자료의 전보기능을 너무 좁게 이해하였다고 하면서, 전보기능을 넓게 이해할 경우 추가적으로 만족기능을 인정할 여지가 없다고 한다.[70] 또한 만족기능이 피해자의 주관적 만족욕구를 충족시키는데 이용될 것이라는 점[71]이 진지하게 고려되지 않았으며, 만족기능은 손해배상이라기보다 제재에 가까우므로 민법이 명확하게 손해배상의 형태로 구성되어 있는 점 등을 고려하면 법률에서 그 근거를 찾을 수 없다고 한다.[72] 가해자가 아니라 책임보험이 지급할 경우 설명이 어려운 점, 부유한 피해자에게 위자료 금액

---

66) 이에 관한 독일에서의 논의에 대한 자세한 소개로는, 李昌鉉(2008), pp. 13ff. 참조.
67) BGH GRUR 1962, 105 - Ginsengwurzel.
68) Erman/Ehmann (2008), Anh § 12 Rn 380. 나아가 이는 비재산손해의 개념에 근거를 둔다고 한다.
69) Stoll(1993), Rn. 174ff.
70) Canaris(1999), S. 102f.
71) 복수심에 불타는 피해자는 더 많이 취득하고, 화해를 하려는 피해자는 더 적게 취득하는 불합리한 결과가 될 것이라고 지적한다.
72) Canaris(1999), S. 103.

이 증가되는 점, 형법과의 관계가 불확실한 점 등도 만족기능을 인정할 경우 발생하는 문제점으로 지적된다.[73]

위자료의 예방기능(Präventionsfunktion)에 대하여, 독일의 판례는 위자료 금액을 산정할 때 예방기능을 고려해야 한다는 입장을 취하고 있다. 예컨대, 독일연방대법원 1994. 11. 15. 판결[74]은, Caroline 공주와의 인터뷰를 잡지사가 허위로 작성하여 공표한 사건에서, 일반적 인격권 침해로 인한 배상은 민법에 의한 고유한 의미의 위자료가 아니라 기본법 제1조와 제2조 제1항에 근거한 구제수단이라고 하면서,[75] 위자료청구권의 경우와 달리 일반적 인격권 침해로 인한 금전배상청구권의 경우 피해자의 만족이라는 관점이 매우 중요하나, 뿐만 아니라 예방에 도움이 되어야 한다고 하였다. 그리고 피고가 판매부수의 증가와 이에 따른 자신의 상업적 이익 추구를 위한 수단으로 원고의 인격을 이용하였다는 점에 당해 사건의 특색이 있다고 하면서, 권리침해에 의하여 이익을 취득한 것을 금전배상액을 결정하는 산정요소에 포함시켜야 하며, 따라서 인격의 상업화에 대한 억제효과는 금전배상의 금액에 근거한다고 하였다.[76]

그러나 학설에서는 위자료의 예방기능에 대해 비판적인 견해가 많다. 즉, 예방기능은 독일의 책임법에서 원칙적으로 비독립적 기능을 가지며, 따라서 손해배상은 가해자에 대한 영향과 상관없이 항상 궁극적으로 피해자의 손해회복 이익에 의해 정당화된다고 한다.[77] 위 판결에 대해서도,

---

73) Medicus(2005), Rn. 656.
74) BGH NJW 1995, 861 - Caroline von Monaco.
75) 이러한 금전배상청구권이 인정되지 않으면 인간의 존엄과 명예의 침해에 대하여 종종 아무런 제재도 없게 되고, 이로 인해 인격의 법적 보호가 위축되는 결과가 발생할 것이라고 하면서, 금전배상청구권의 인정은 이러한 사고에 근거한다고 한다.
76) 1심 판결은 위자료 30,000 DM를 인정하였으며, 항소심 판결은 이를 그대로 유지하였다. 독일연방대법원은, 항소심 판결을 파기하면서, 이에 따라 원고에게 지급될 금전배상의 금액을 결정하는 것은 사실심 법관의 업무라고 하면서 사건을 항소심 법원으로 환송하였다. 이후, 항소심 법원은 최종적으로 위자료를 180,000 DM로 인정하였다.

보통 인정되는 위자료 금액과 비교하여 큰 금액을 인정한 것은 일반적 인격권 침해가 대부분 형법에 의해 처벌되지 않는다는 점을 고려했다고 이해할 수 있으나, 가벌성의 흠결을 보충하는 것은 책임법의 기능이 아니라고 비판한다.[78] 또한 이익을 추구했다는 것이 처벌 강화의 기준은 되지만 손해배상액 증액의 근거로 되는 것은 불합리하다고 하면서, 이 판결은 손해배상법과 합치하지 않고 따라서 성공한 법 형성이 아니며, 징벌적 손해배상과 같은 의심스러운 제도를 허용하는 계기가 되거나 위자료에 대하여 민법에 직접 규정한 경우와 심각한 가치모순을 야기하는 등 법정책적으로도 환영받지 못한다고 비판한다.[79]

---

77) Stoll(1993), Rn. 182; Canaris(1999), S. 105.

78) Canaris(1999), S. 103.

79) Canaris(1999), S. 108. 한편, 이 견해는 민법의 부당이득 규정과 대상청구권 규정에 의하여 피해자가 이익의 반환을 청구할 수 있다고 한다. 즉, 고의에 의한 일반적 인격권 침해의 경우 민법 제812조 제1항, 제819조 제1항, 제818조 제4항, 제281조(현재 제285조)에 의하여 그 이익의 지급을 구하는 부당이득반환청구권이 도출된다고 하면서, 이러한 해결방법에 의하면 피해자는 전체 이익의 지급을 구하는 청구권을 갖고(이는 위 판결의 결론을 넘어선다), 가해자는 이익 취득의 기초에 대한 정보를 제공할 의무를 부담한다고 한다. Canaris(1999), S. 98.

제7절 결어

1. 독일의 경우, 개별 법률이 개별적 인격권을 규정하고 있으며, 일반적 인격권은 기본법에 근거하여 판례를 통해 인정되었다. 사람의 동일성이 갖는 재산적 이익을 어떻게 보호할 것인지에 대해서는, 상표법에 의한 보호만 가능하다는 견해, 독립적 무체재산권에 의해 보호해야 한다는 견해 등도 존재하나, 인격권에 의한 재산적 이익의 보호를 긍정하는 견해가 다수로 보인다. 독일의 판례 역시 사람의 동일성표지가 무단으로 상업적으로 이용된 경우 인격권이 침해되었다고 인정한다.

2. 다른 사람의 동일성을 상업적으로 이용하는 자의 보호와 관련하여, 독일의 판례는 인격권의 양도를 부정하면서도, 인격권에 근거하여 동일성표지의 상업적 이용에 관한 권한을 부여하는 것을 허용하고 있으며, 또한 이러한 권한을 제3자와의 관계에 있어서도 비교적 두텁게 보호하고 있다. 학설도 인격권의 양도성을 부정하나, 인격권의 보유자가 자신의 동일성표지의 상업적 이용에 대하여 채권적 허락을 할 수 있다고 인정한다. 다만, 이러한 동의에 의한 채권적 지위는 본인이 허락한 경우만 다시 양도할 수 있다고 한다. 그리고 이른바 '구속된 양도'에 의해 인격권에 의한 물권적 이용권 부여가 가능하다는 견해도 있다. 이러한 견해는 인격가치의 발현 가능성, 자신의 동일성에 관한 자기결정권, 법정책적 관점, 실무적 필요성 등을 그 논거로 제시한다.

3. 사망자의 경우, 그 관념적 이익에 대한 보호는 판례와 학설 모두에서 인정된다. 사망자의 동일성이 갖는 재산적 이익을 보호할 수 있는지 문제되는데, 독일연방대법원 1999년 Marlene Dietrich 판결은 인격권의 재산가치 있는 부분을 인정하고 그 상속성을 긍정하였으며, 판례는 이후 이러한 태도를 유지하고 있다. 학설에서는 인격권이 관념적 이익만 보호한다고 하면서 판례에 반대하는 견해, 독립적 무체재산권의 상속을 인정해야 한다는 견해 등도 있으나, 판례의 태도를 인격권의 발전이라고 평가하면서 찬성하는 견해가 많다. 인격권의 재산가치 있는 부분의 보호기간에 대해서는, 다양한 견해가 주장되고 있으나, 저작권법에 의거하여 사망 후 70년을 주장하는 견해가 다수로 보인다.

4. 사람의 동일성이 갖는 재산적 이익을 인격권에 의해 보호하는 경우, 그 인격권 침해에 대해서는 여러 구제수단이 인정된다. 방해배제청구권과 부작위청구권은 법률의 규정이 있으면 그에 의하여 인정되고, 법률에 규정이 없는 경우 유추에 의하여 인정된다. 피해자는 자신의 동일성표지의 이용에 동의하는 것에 대한 보수 상당액을 부당이득으로 반환청구할 수 있다. 그런데 피해자가 이를 허용했을 것으로 인정되지 않는 경우, 판례는 부당이득반환청구를 부정하였다. 이러한 판례의 태도에 대해서는 부당이득법의 취지에 맞지 않다는 많은 비판이 제기되었으며, 일부 판결은 이러한 비판을 받아들여 이러한 경우에도 부당이득반환청구를 인정한다. 피해자는 부진정사무관리 규정에 의하여 이익반환청구도 할 수 있으나, 이 방법은 인과관계 입증의 어려움으로 실무에서 많이 이용되고 있지 않다. 피해자는 불법행위에 의한 손해배상청구도 할 수 있는데, 손해배상액을 산정하는 방법으로는 구체적 손해산정, 합리적 이용료에 근거한 추상적 손해산정, 피고가 취득한 이익 상당액을 청구하는 방법 등이 인정된다. 다만, 피해자가 자신의 동일성표지의 이용을 허용했을 것으로 인정되지 않는 경우에도 합리적 이용료에 근거하여 손해배상을 청구할 수 있는지에

대해서는, 견해가 대립되며 판결의 입장도 명확하지는 않다. 한편, 피해자는 위자료도 청구할 수 있는데, 독일의 판례는 기본법에 근거하여 이를 인정한다. 위자료 금액을 산정하기 위해 고려해야 하는 위자료의 기능에 대하여, 판례는 위자료의 전보기능 외에 만족기능, 예방기능도 인정하나, 학설에서는 이에 대하여 비판적인 견해가 많다.

제4장 우리나라의 판례와 학설

제1절 개설

미국과 독일의 경우와 마찬가지로, 우리나라에서도 광고와 미디어 산업 등의 발전에 의해 연예인, 스포츠선수 등을 중심으로 초상, 성명 등 사람의 동일성(identity)을 나타내는 표지를 상업적으로 이용하는 현상이 증가하고 있으며, 이에 관한 분쟁도 증가하고 있다. 그러나 이를 법적으로 어떻게 규율해야 하는지에 대하여 현재 명확하고 일관된 해결책이 제시되고 있지는 못하다.

이미 살펴본 바와 같이, 사람의 동일성이 갖는 재산적 이익을 미국에서는 퍼블리시티권(the right of publicity)에 의하여 규율하고 있으며, 독일에서는 인격권에 의하여 규율하고 있다. 우리나라에서는 독일과 마찬가지로 인격권이 인정되어 왔으나, 사람의 동일성표지가 무단으로 이용된 경우 퍼블리시티권 침해를 인정한 판결과 초상권 등 인격권 침해를 인정한 판결이 모두 선고되고 있다.

이 장에서는, 우리나라에서 사람의 동일성의 재산적 이익을 법적으로 어떻게 규율하는 것이 바람직한지 검토하기 위한 전제로, 우리나라의 판례와 학설이 이에 대하여 어떤 입장을 취하고 있는지 살펴본다. 먼저, 사람의 동일성의 재산적 이익 보호에 관한 판례의 내용을 살펴본다. 이 분야에서는 판례가 논의의 흐름을 주도해왔다고 할 수 있는데, 그 내용은 시기에 따라 변화되어 왔다. 이에 따라, 각 시기별로 분류하여 그 내용을 구체적으로 살펴본다. 이후 사람의 동일성의 재산적 이익 보호 방법에 관한 학설의 논의를 살펴보는데, 먼저 지금까지의 선행연구를 개관한 다음, 사람의 동일성의 재산적 이익 보호에 관한 학설들의 내용을 구분하여 살펴본다.

제2절 사람의 동일성의 재산적 이익 보호에 관한 판례

Ⅰ. 개설

우리나라에서도 사람의 동일성이 갖는 재산적 이익의 보호가 많은 사건에서 문제되었다. 그러나 이에 관한 법원의 판결들은 서로 일치하지 않을 뿐만 아니라, 이를 일정한 유형으로 분류하기도 쉽지 않다.

아래에서는 각 판결과 결정을 '[A]인격권에 대하여 판단한 경우'와 '[B]퍼블리시티권에 대하여 판단한 경우'로 구분하여 살펴본다. 이는 사람의 동일성이 갖는 재산적 이익과 관련하여 인격권과 퍼블리시티권 중 어느 것을 중심적으로 판단하였는지 구분한 것이다. 다만, 논의의 편의를 위하여 "퍼블리시티권"이라는 용어가 명시적으로 판시된 경우는 가급적 '[B]퍼블리시티권에 대하여 판단한 경우'로 분류하기로 한다.

Ⅱ. 1995년 이전의 판례

1995년 이전에도 사람의 동일성이 갖는 재산적 이익의 보호가 문제된 사안에 대한 판결들이 존재한다. 다음 판결들이 그러한데, 모두 사람의 동일성이 갖는 재산적 이익을 초상권 등 인격권에 의해 보호할 수 있다는 입장을 취했다고 평가할 수 있다.

(가) [A-1] 서울민사지방법원 1988. 5. 18. 선고 87가합6175 판결 (5일장 사건)

이 판결은, 한복을 입은 원고가 머리에 비녀를 꽂는 사진을 일러스트레이션(illustration)으로 묘사하여 피고 백화점의 광고에 이용한 사건에서, "초상권이라 함은 얼굴 기타 사회통념상 특정인이라고 식별할 수 있는 신체적 특징에 관하여 이것이 함부로 촬영되어 공표되거나 또는 광고 등에 무단히 사용되는 것을 방지함으로써 초상의 인격가치를 보호하는 것을 내용으로 하는 인격권의 일부"라고 하였다. 그러나 사회통념상 광고에 실린 그림이 원고라고 곧바로 식별할 수 있는 정도는 아니라고 보여지므로 원고의 초상권이 침해되었다고 단정할 수는 없다고 하여 원고의 청구를 기각했다.

이 판결의 사안은, 원고의 초상이 백화점의 광고에 이용된 것으로, 사람의 초상이 상업적으로 이용된 경우에 해당한다. 그런데 원고는 자신의 초상권이 침해되었다고 주장하였으며, 이 판결은 사람의 얼굴 등 신체적 특징이 "광고 등에 무단히 사용되는 것을 방지"하는 권리가 초상권의 내용에 포함된다고 판단하였다. 이 판결은, 비록 초상권이 "인격가치"를 보호하는 것을 내용으로 한다고 판시하였지만, 초상이 상업적으로 이용되는 경우 초상권 침해가 성립할 수 있다는 가능성을 인정하였다고 평가할 수 있다.[1]

---

1) 정경석(2007), 133면도 이 판결이 초상의 경제적 가치가 문제되는 사건에서도 여전히 초상권을 인격권으로만 파악하였다고 설명한다. 정경석(2007), 134면은, 초상권 침해가 반드시 사진촬영과 같은 기계적 방법에 의해서만 이루어지는 것이 아니라 일러스트레이션이나 그림, 캐리커처 등 회화적인 방법에 의해서도 침해될 수 있음을 분명히 한 점, 초상의 동일성이 문제된 경우 그 식별은 사회일반의 관점에서 보아 누구인지 곧 알 수 있어야 한다고 그 기준을 제시한 점 등에도 이 판결이 의미가 있다고 한다.

(나) [A-2] 서울고등법원 1989. 1. 23. 선고 88나38770 판결2)
　　(한혜숙 사건)

　　이 판결은, 유명한 탤런트인 원고가 캐털로그 제작을 위해 촬영한 사진을 피고들3)이 여성용 월간잡지에 게재하여 광고한 사건에서, 피고들이 원고의 초상권을 침해하였다고 판단하였다. 즉, "피고들은 원고를 모델로 한 캐털로그용 사진의 촬영 및 광고에 관하여만 원고의 승낙을 얻었음에도 불구하고 그 승낙의 범위를 벗어나 당초 원고가 피고들과 캐털로그 모델 계약을 체결할 때 예상한 것과는 상이한 별개의 광고방법인 월간잡지에까지 원고의 위 캐털로그용 사진을 원고의 승낙없이 위법하게 사용하여 원고의 초상권을 침해하였다"고 하였다. 그리고 피고들이 배상하여야 할 손해액에 관해서는, 당초 캐털로그 모델계약만 체결하였다가 잡지광고에까지 그 사진을 사용하는 경우 그 추가사용에 따른 모델료에 관한 피고들과 다른 모델들의 계약 내용, 피고들 이외의 회사와 다른 모델들의 계약 내용 등 제반사정을 참작하여 그 손해배상액을 4,000,000원으로 정하였다.

　　서울고등법원이 선고한 이 판결의 사안은, 유명한 탤런트인 원고의 사진이 당초 승낙의 범위를 벗어나 별개의 광고방법에 사용된 것으로, [A-1] 판결(5일장 사건)과 마찬가지로 사람의 초상이 상업적으로 이용된 경우에 해당한다. 이 판결은, 피고들의 행위에 의하여 원고의 초상권이 침해되었다고 판단하였다. 특히, 초상권 침해로 인한 손해배상액을 추가사용에 따른 별도의 모델료를 산정하는 방법을 중심으로 산정하였고, 피고들과 다른 모델들의 계약 내용, 피고들 이외의 회사와 다른 모델의 계약 내용 등도 손해배상액을 정하는데 참작하였다.

　　이 판결에 대해서는, 초상권 침해를 이유로 피고의 손해배상책임을 인정하고 있으나 실질적인 내용은 퍼블리시티권의 침해에 의한 손해배상청

---

2) 이 판결에 대한 상고허가신청이 기각되어, 이 판결은 그대로 확정되었다.
3) 피고1은 의류 등의 매매업을 목적으로 하는 회사이고, 피고2는 광고대행업 등을 목적으로 하는 회사이다. 피고들 사이에는 광고대행 및 광고물제작계약이 체결되어 있었는데, 피고들은 공동으로 원고와 캐털로그 모델계약을 체결한 것으로 보인다.

구소송에 해당하는 것이라고 평가하는 견해4)가 있다. 반면에, 손해배상액을 산정함에 있어 모델료에 관련된 구체적인 사실인정을 함으로써 인격권(초상권)의 재산적 가치를 평가한 것으로 볼 수 있다고 평가하는 견해5)와 손해배상액으로 인정된 금액이 종래 인격적 권리의 침해의 대가라 할 수 있는 위자료가 아니라 재산적으로 침해된 것으로 보는 모델료 상당액을 고려하여 산정된 것이라는 점에서 주목할 만하다고 평가하는 견해6)도 있다. 이 판결은, 사람의 동일성이 갖는 재산적 이익을 초상권 등 인격권에 의해 보호할 수 있다는 것을 확인한 판결이라고 평가할 수 있을 것이다.

(다) [A-3] 서울민사지방법원 1991. 7. 25. 선고 90가합76280 판결 (최애숙 사건)

이 판결은, 상업광고모델인 원고가 출연한 방송광고를 피고 회사들이 계약기간 만료 후에도 계속 방영한 사건에서, 성명권 및 초상권이 침해되었다는 원고의 주장을 인용하였다. 즉, 개인은 "그의 허락이나 동의 없이 자신의 성명과 초상이 제3자에 의하여 공포되지 아니할 인격적 이익"을 가지고 있고, 원고와 같이 모델 등 대중과의 접촉을 직업으로 하는 사람은 "자기가 얻은 명성으로 인하여 자기의 성명이나 초상을 대가를 얻고 제3자에게 전속적으로 이용하게 할 수 있는 경제적 이익"을 가지고 있다고 하면서, 피고들이 계약기간이 만료된 이후에도 불법으로 이 사건 광고를 계속 방영함으로써 원고의 위 인격적 및 경제적 이익을 침해하였다고 판단하였다.

그리고 피고들이 배상할 재산적 손해에 대해서는, "재산적 손해란 원고가 자유처분할 수 있는 그의 성명 및 초상의 이용가치에 대한 평가를 의미"하고, 구체적인 손해액은 "원고가 이미 제작된 위 광고물을 계속 방영하는 데 동의함으로써 그 방영 당시 얻을 수 있는 보수 중(위 광고물의 제작에 대하여 용역을 제공함으로써 얻게 되는 보수가 아니다) 그 방영기간에 상응하는 금액으로 봄이 상당하다"고 하였다. 이에 따라, 불법방영 당시에 원고가 광고물의 계속방영에 동의함으로써 받을 수 있는 6개월간의 보수액을 10,000,000원으로 인정하고, 이를 기초로 방영기간 123일간의 보수 상당의

---

4) 박인수(1999), 125면.
5) 金泳勳(2007), 368면.
6) 장재옥(2003), 98면, 각주9).

손해액을 6,684,782원으로 산정하였다.

또한 위자료에 대해서는, "피고들이 위와 같이 원고가 출연한 광고물을 불법방영함으로써 원고가 그의 성명과 초상의 이용이 침해되고 나아가 소외 회사[7]로부터 전속계약위반의 책임을 추궁당하는 형편에 이르게 됨으로써 심한 정신적 고통을 받았음은 경험칙상 능히 수긍되므로 피고들은 금전으로 이를 위자할 의무가 있다"고 하면서, 변론에 나타난 제반사정 등을 참작하여 위자료를 5,000,000원으로 정하였다.

이 판결에 대해서는, 퍼블리시티권이라는 명칭은 사용하지 않았지만 실질적으로 퍼블리시티권을 인정하였다고 평가하는 견해[8]가 있는 반면, 인격권(초상권)의 경제적 가치를 명시적으로 평가하는 견해[9]도 있다. 이 판결은 성명권 및 초상권이 침해되었다는 원고의 청구를 인용하였으므로, 성명과 초상에 관한 "경제적 이익" 역시 성명권과 초상권에 의해 보호된다는 것을 선언한 판결이라고 평가할 수 있을 것이다.

그리고 이 판결은 성명권과 초상권 침해에 의하여 재산적 손해에 대한 배상책임과 정신적 손해에 대한 배상책임을 모두 긍정하였다는 점에서도 의미를 갖는다. 후술하는 바와 같이, 퍼블리시티권에 의한 보호를 인정하는 판결들은 대체로 이 판결과 유사한 방법으로 재산적 손해에 대한 배상책임을 인정하고 있으나, 정신상 손해에 대한 청구는 배척하고 있다.

---

7) 원고는 소외 회사와 화장품 광고 모델전속계약을 체결하였는데, 이 전속계약을 체결한 이후에도 원고를 모델로 한 이 사건 광고가 계속 방영되자 소외 회사는 원고에 대하여 전속계약위반사실을 추궁하며 피고 회사들에 대하여 이 사건 광고방영을 중지하여 줄 것을 요구하도록 종용하였다.
8) 李漢周(2004), 346면; 박영규(2009), 282면. 또한 박인수(1999), 124면도 이 판결의 내용은 퍼블리시티권의 개념에 해당하는 것이라고 하였다.
9) 金泳勳(2007), 369면은 이 판결이 인격권(초상권)의 경제적 가치를 명시적으로 인정하였다고 평가한다.

Ⅲ. 1995년에서 2000년까지의 판례

1. 퍼블리시티권에 대하여 판단한 경우

(1) 퍼블리시티권의 인정 (1995년~1996년)

우리나라에서 퍼블리시티권은 판결에 의해서 본격적으로 논의되기 시작하였다고 할 수 있다. 다음에서 살펴보는 바와 같이, 퍼블리시티권이라는 용어는 1995년 판결에서 처음으로 언급되었다.

(가) [B-1] 서울지방법원 1995. 6. 23. 선고 94카합9230 판결 (이휘소 사건)

이 판결은, 사망한 물리학자 이휘소에 관한 평전10)과 그를 모델로 한 소설들에 대하여 그 미망인과 자녀들이 출판 등의 금지를 구하는 가처분을 신청한 사건에서, 신청인들의 주장11) 대부분을 배척하였다. 그러나 신청인들의 동의 없이 신청인들이 나오는 사진을 소설에 게재한 행위가 신청인들의 초상권을 침해하였다고 판단하였으며, 소설 중 '작가의 말'에서 이휘소의 삶을 실제와 현저하게 달리 묘사한 것이 이휘소에 대한 명예훼손 또는 인격권 침해가 된다고 판단하였다.12)

그리고 퍼블리시티권(right of publicity)이 침해되었다는 신청인들의 주장에 대해서는, "퍼블리시티권이라 함은 재산적 가치가 있는 유명인의 성명,

---

10) 이 평전은 피신청인들이 이미 절판시켜 유통되지 않고 있었다. 이에 따라, 평전의 발간으로 신청인들이 주장하는 제반 권리를 침해하거나 침해할 우려가 있는 것이 아니라는 이유에서, 평전에 관한 신청은 기각되었다.

11) 신청인들은 위 소설들에 의하여 명예훼손과 인격권 또는 프라이버시 침해, 초상권 침해, 성명권 침해 등이 발생한다고 주장하였으며, 나아가 퍼블리시티권 역시 침해된다고 주장하였다.

12) 따라서 피신청인들이 문제되는 사진과 표현을 삭제하지 아니하고는 소설들의 발행, 출판, 인쇄, 복제, 판매, 배포, 광고를 하여서는 아니된다고 판결하였다.

초상 등 프라이버시에 속하는 사항을 상업적으로 이용할 권리(right of commercial appropriation)"라고 판시하여 이러한 권리의 존재를 인정하였다. 그러나 "문학작품인 위 소설에서 위 이휘소의 성명, 사진 등을 사용하였다고 하더라도 이를 상업적으로 이용했다고 볼 수는 없"다고 판단하였다. 또한 "광고 등에서 위와 같이 위 이휘소의 퍼블리시티권을 침해했다고 하더라도 이는 위 소설의 출판금지를 구할 사유가 되지 아니"한다고 판단하였다.

이 판결은 퍼블리시티권의 개념을 판결에서 최초로 인정하였다. 즉, 퍼블리시티권을 "재산적 가치가 있는 유명인의 성명, 초상 등 프라이버시에 속하는 사항을 상업적으로 이용할 권리"라고 하였는데,13) 이는 프라이버시 개념을 기초로 퍼블리시티권을 파악하였다고 볼 수 있다. 이 판결의 퍼블리시티권 개념에 의하면 그 주체가 유명인에 한정된다고 해석하는 견해14)도 있다. 그리고 이 판결은 이휘소의 퍼블리시티권이 상속되었는지 여부에 대하여 직접 판단하지 않은 상태에서 퍼블리시티권의 침해 여부에 대하여 판단하였는데, 퍼블리시티권의 사후 존속 또는 상속성을 전제했다고 볼 수 있다.15)

한편, 이 판결은 문학작품인 소설에서 개인의 성명, 사진 등을 사용하였다고 하더라도 이를 상업적으로 이용했다고 볼 수는 없다고 하였는데, 이러한 논리구성이 타당한지에 대하여 학설은 다소 대립하고 있다. 판결에 찬성하는 견해는, 문학 작품의 경우는 예술의 자유에 의하여 보호될 필요성이 높으므로 광고를 중심으로 발달한 퍼블리시티권에 관한 이론을

---

13) 박인수(1999), 117면은, 퍼블리시티권의 이러한 개념 정의는 미국의 경우와 비교하여 초보적인 것이라고 평가한다.

14) 박준우(2006), 495면은 이 판결에 따르면 퍼블리시티권의 보호대상이 되려면 ① 성명, 초상 등 프라이버시에 속하는 사항일 것, ② 유명인에 관한 것일 것, ③ 재산적 가치가 있을 것이라는 세 가지 요건을 충족해야 하고, 또한 피고가 '상업적 이용'을 하여야 퍼블리시권의 침해행위가 된다고 설명한다.

15) 박인수(1999), 118면은 이 판결이 퍼블리시티권의 상속성을 인정하였다고 평가한다. 또한 金圓日(2003), 126면은, 이 판결은 일반적인 인격권의 사후 존속을 인정함으로써 퍼블리시티권의 사후 존속을 인정할 수 있음을 시사하였다고 평가한다.

적용하기는 어려울 것이라고 한다.16) 그러나 판결에 반대하는 견해는, 문학 작품도 판매 목적으로 창작된다는 점을 들어 특정인의 동일성을 문학 작품에서 사용하는 것은 상업적 이용으로 볼 수 있다고 한다.17) 다만, 문학 작품의 경우는 표현의 자유를 보장하기 위하여 퍼블리시티권이 제한되는 것으로 구성할 수 있다고 한다.18)

(나) [B-2] 서울지방법원 1996. 9. 6. 선고 95가합72771 판결(최종림 사건)

이 판결은, 카레이서(자동차 경주자)인 원고를 모델로 하여 피고가 만화를 제작하면서 원고의 이름과 유사한 이름을 만화 등장인물의 이름으로 하고 원고의 경력과 주장을 만화 등장인물의 경력과 주장으로 표현한 사건에서, 원고의 성명 또는 초상권 침해 주장을 배척하였다.19) 그리고 상업적 이용 또는 공표권(right of publicity)이 침해되었다는 원고의 주장에 대하여, 이는 "재산적 가치가 있는 유명인의 성명, 초상 등 프라이버시에 속하는 사항을 상업적으로 이용할 수 있는 권리"라고 하였다. 그러나 "만화에서 등장인물의 캐릭터로 원고의 성명과 원고의 경력을 사용하였다고 하더라도 만화 또한 예술적 저작물의 하나라고 보는 이상 이를 상업적으로 이용하기는 어렵다"고 하여 원고의 주장을 배척하였다.20) 즉, [B-1]판

---

16) 金載亨(1997), 61면. 정경석(2007), 137면도 소설과 같은 창작적 작품과 관련되어 이용되어지는 것은 상업적 이용이 아니라고 한다. 한편, 韓渭洙(1996b), 121-122면은, 언론의 자유가 갖는 중요성을 근거로 작가 등이 상업적 성공을 위하여 소설화·영화화하더라도 퍼블리시티권의 침해로 되지 않을 것이라고 한다.

17) 박인수(1999), 119면; 남형두(2005), 104면. 다만, 金圓日(2003), 128면은, 문학작품의 창작 그 자체는 상업적인 것이 아니라고 하더라도 이를 복제하여 판매하는 행위가 상업적이라고 설명한다.

18) 金圓日(2003), 128면; 남형두(2005), 104면.

19) 만화 속에서의 모델은 만화 속에서 자신의 명예가 침해되는 정도에 이르지 아니한 경우에는 헌법상 예술의 자유와 출판의 자유가 보장되어 있는 점에 비추어 이를 수인하여야 한다고 하였다.

20) 다만, 이 판결은, 원고가 국제 자동차 경주대회를 완주한 이후 그 경험과 원고의

결(이휘소 사건)과 같은 입장을 취하였다.

(2) 퍼블리시티권의 내용형성 (1997년~2000년)

퍼블리시티권 개념이 판결에서 인정된 이후, 1997년에서 2000년까지 선고된 판결들에 의하여 퍼블리시티권의 내용이 점차 형성되었다. 이 기간에 선고된 판결들은 퍼블리시티권을 인정하는 논거를 설시하기 시작하였고, 퍼블리시티권의 상속성, 양도성 등 쟁점에 대해서도 판단하기 시작하였다. 특히, 제임스딘(James Dean)과 비달사순(Vidal Sassoon)의 퍼블리시티권에 관련하여 여러 판결들이 선고되었는데, 이 판결들이 퍼블리시티권의 내용 형성에 많은 역할을 담당하였다.

(가) [B-3] 서울지방법원 서부지원 1997. 8. 29. 94가합13831 판결[21] (제임스딘 I 사건)

이 판결은, 피고들이 제임스 딘의 성명을 이용한 표장들을 상표로 등록하고[22] 이 표장들을 사용한 내의 등 의류들을 제조하여 판매하는 것에 대하여, 제임스 딘 재단[23]의 수탁자라고 주장하는 원고가 그 표장들의 사용금지 등

사상을 일기체 형식으로 기록하여 발행한 저작물에 저작권을 갖고 있는데, 피고가 그 저작물의 구체적, 경험적 표현을 무단이용했다고 보인다는 점 등을 근거로 피고가 원고의 저작권을 침해하였다고 판단하였으며, 그로 인한 원고의 재산적 손해액을 24,000,000원으로 산정하였다.

21) 이 판결에 대하여 원고가 항소하였으나, 항소심 판결인 서울고등법원 1998. 12. 1. 선고 97나46780 판결은 원고와 공동소송참가인이 제임스 딘 재단의 수탁자가 아니라는 이유 등에 근거하여 원고의 항소를 기각하였다.

22) 남형두(2005), 95면, 각주45)에 의하면, 이 사건이 우리나라 법원에 계류 중일 때, 미국정부가 우리나라 정부에 대하여 저명한 고인의 이름으로 상표등록을 할 수 없도록 해달라는 요청을 하였으며, 이를 우리나라 특허청이 받아들여 상표등록심사시 적용하는 해석기준을 개정하여 유명한 고인의 이름을 상표등록거절사유로 추가하게 되었다고 한다.

23) 제임스 딘(James Dean)이 1955. 9. 30. 미혼인 상태로 사망한 이후 그 부친이 제

을 청구한 사건에서, "JAMES DEAN" 상표가 국내에 널리 인식된 상표라는 점을 인정할 수 없다는 이유를 들어 원고의 부정경쟁방지법 위반 주장을 배척하였다.[24]

원고의 퍼블리시티권 침해 주장에 대해서는, "이른바 퍼블리시티권의 성립을 인정할 여지가 있다고 보인다"고 하였으나, 퍼블리시티권이 상속될 수 없는 권리라고 파악하는 것이 타당하다고 하여 결과적으로 원고의 주장을 배척하였다. 이 판결이 퍼블리시티권의 성립을 인정할 수 있다고 한 부분의 내용은 다음과 같다. ① "근래 저명한 영화배우, 연예인, 운동선수 등의 성명, 초상 등이 상품의 표장이나 광고에 사용되는 경우 그 저명성으로 인하여 이를 사용한 상품이 소비자들 사이에 월등한 인지도와 신뢰성을 획득할 수 있기 때문에, 이들의 성명, 초상 등을 상업적으로 이용하는 경향이 보편화되었고," ② "따라서 위와 같은 영화배우 등의 성명, 초상 등이 본인들의 승낙 없이 무단히 사용되는 경우 본인들이 입게 되는 손해는 자신들의 성명, 초상이 무단히 사용된 데에 따른 정신적인 고통이라기 보다는 오히려 자신들이 정당한 사용계약을 체결하였을 경우 받을 수 있었던 경제적인 이익의 박탈이라고 파악하는 것이 법률학자들과 실무가들 사이에 유력하게 주장되고 있는데 이는 현실에 부합하는 해석론이라고 할 것이고", ③ "미국의 경우, 22개 주에서 성문법으로 퍼블리시티권의 존재를 인정한 것을 비롯하여 판례로서 퍼블리시티권의 존재를 인정하고 있으며," ④ "국내에서도 퍼블리시티권의 성립을 전제로 하는 판결이 나오고 있는 점" 등을 고려하여 보면, "성명과 초상 등의 상업적 이용과 같은 특수분야에 있어서는 기존의 인격권의 일종으로서의 초상권과는 별도로 재산적 권리로서의 특성을 가지는, 이른바 퍼블리시티권의 성립을 인정할 여지가 있다고 보인다."

임스 딘의 모든 권리를 상속하였는데, 그는 제임스 딘의 성명 및 초상 등에 관한 일체의 권리를 다시 제임스 딘 재단(James Dean Foundation)에 양도하였다.

24) 서태환(1999), 507면은 이는 부정경쟁방지법상의 주지성의 개념에 충실한 판단이라고 볼 수 있으며, 같은 상표에 대한 대법원 1997. 7. 11. 선고 96후2173 판결의 입장과도 같은 결론을 내린 것이라고 설명한다. 이 대법원 판결은, "JAMES DEAN" 상표와 같은 표장을 사용한 상품이 국내에서 유통됨으로써 국내의 일반 수요자들에게 어느 정도라도 인식되었음을 인정할 자료가 없는 이상 국내의 일반거래에 있어서 수요자나 거래자들이 위 상표를 타인의 상품 표장으로서 인식할 가능성은 없으므로 상표법 제7조 제1항 제11호 소정의 수요자를 기만할 염려가 있는 상표라고 볼 수 없다고 판단하였다.

이 판결은, 퍼블리시티권의 성립을 인정하는 논거를 처음으로 자세하게 설시하였다.25) 이와 관련하여, 이 판결이 퍼블리시티권의 존재를 관습법에 의해 인정하였다고 설명하는 견해가 다수 존재한다.26) 그러나 이 판결은 영화배우 등의 성명, 초상 등을 상업적으로 이용하는 경향이 보편화된 점과 미국 일부 주의 법률과 판례, 국내의 퍼블리시티권을 전제한 판결 등을 언급하였을 뿐이므로, 이 판결이 관습법에 의해 퍼블리시티권의 존재를 인정하였다고 평가하는 것은 타당하지 않아 보인다. 이후에 선고된 판결들도 우리나라에 퍼블리시티권에 관한 관습법이 존재하지 않는다는 점을 반복하여 판시하고 있다.27)

그리고 이 판결은 퍼블리시티권의 상속성을 부정하였다는 점에서도 의미를 갖는다. 이 판결은 퍼블리시티권의 상속성을 부정하는 논거도 제시하였는데, 특히 퍼블리시티권이 "그 당사자의 인격과 완전히 분리된 독립된 권리 또는 무체재산권과 유사한 권리라고 보기 어려운 점"을 상속성을 부정하는 논거의 하나로 제시하였다.

(나) [B-4] 서울지방법원 1997. 11. 21. 선고 97가합5560 판결 (제임스딘 II 사건)

이 판결은, [B-3]판결(제임스딘 I 사건)의 원고와 동일한 원고가 백화점

---

25) 그러나 최형구(2010), 285면은, 이 판결은 어차피 퍼블리시티권의 상속성을 부인함으로써 청구를 기각할 것이라는 전제가 있었기 때문에 권리 성립의 인정을 보류하였다고 하면서, 명문상 결코 퍼블리시티권의 성립을 인정한 것이라고 이해될 수 없다고 한다.

26) 최성준(2005), 126면; 남형두(2005), 91면, 106면; 박성호(2006), 12면.

27) 물권과 유사한 독점·배타적 재산권인 퍼블리시티권을 인정할 근거로서 확립된 관습법이 없다는 취지의 판결로는 [B-10]판결(제임스딘IV 사건), [A-13]판결(김민희 사건), [A-14]판결(은지원 사건) 등이 있다. 그리고 퍼블리시티권에 관한 확립된 관습법이 존재하지는 않으나 퍼블리시티권을 인정할 수 있다는 취지의 판결로는 [B-13]판결(이영애 사건), [B-15]판결(프로야구선수 I 사건), [B-24]판결(박주봉 사건), [B-25]판결(엔스닥 사건), [B-26]판결(가비엔제이 사건), [B-28]판결(프로야구선수IV 사건) 등이 있다.

을 운영하는 피고들을 상대로 하여 제임스 딘의 성명 또는 초상을 이용한 표장들의 사용금지 등을 청구한 사건에서, 위 판결이 퍼블리시티권을 인정한 ①, ②와 같은 논거로, 퍼블리시티권의 성립을 인정할 여지가 있다고 판단하였다. 그러나 역시 퍼블리시티권의 상속성을 부정하고, 원고의 청구를 기각하였다.

(다) [B-5] 특허법원 1998. 9. 24. 선고 98허171 판결(제임스딘Ⅲ 사건)

이 판결은, [B-3]판결(제임스딘Ⅰ 사건)의 원고와 동일한 원고가 제임스 딘의 성명을 이용한 표장들의 상표권 등록을 취소해달라고 청구한 사건에서, 제임스 딘의 퍼블리시티권이 그 부친에게 상속된 이후 제임스 딘 재단에 귀속된 사실은 인정하였으나, 제임스 딘 재단이 다시 그 권리를 원고 등에게 신탁한 사실은 인정할 수 없다고 판단하였다. 이에 따라, 문제된 등록상표의 존속에 대하여 직접적이고 현실적인 이해관계를 가지는 것은 제임스 딘 재단이고 그 업무집행자에 불과한 원고 개인은 이해관계인이 아니라는 이유를 들어 구 상표법 제7조 제1항28) 제1호 및 제3호의 규정에 근거한 등록취소청구 부분의 소를 각하하였다.29)

이 판결은, 결과에 있어 원고의 청구를 배척한 것은 [B-3]판결(제임스

---

28) 구 상표법(1997. 8. 22. 법률 제5355호로 개정되기 전의 것) 제73조 제1항 제1호는 "상표권자가 전용사용권 또는 통상사용권의 설정등록을 하지 아니하고 타인에게 자기의 등록상표와 동일 또는 유사한 상표를 그 지정상품과 동일 또는 유사한 상품에 6월 이상 사용하게 한 경우"를 상표등록의 취소심판사유로 규정하였다. 그리고 같은 항 제3호는 "상표권자, 전용사용권자 또는 통상사용권자 중 어느 누구도 정당한 이유없이 등록상표를 그 지정상품에 대하여 취소심판청구일전 계속하여 3년 이상 국내에서 사용하고 있지 아니한 경우"를 상표등록의 취소사유로 규정하였다.

29) 또한 구 상표법(1997. 8. 22. 법률 제5355호로 개정되기 전의 것) 제73조 제1항 제8호가 규정한 "수요자로 하여금 상품의 품질의 오인 또는 타인의 업무에 관련된 상품과의 혼동을 생기게 한 경우"라는 상표등록 취소사유와 관련해서는, 이를 사유로 하는 취소심판은 누구든지 청구할 수 있으나, 우리나라의 거래사회에서 전혀 알려져 있지 않은 상품에 의하여 상품 출처나 품질의 혼동이 생길 수는 없다는 이유를 들어 원고의 청구를 기각하였다.

딘Ⅰ 사건), [B-4]판결(제임스딘Ⅱ 사건)과 동일하나, 퍼블리시티권이 상
속될 수 있고 또한 양도될 수 있다는 것을 전제로 하여 판단했다는 점에
서 위 판결들과 다르다. 이에 따라, 이 판결은 퍼블리시티권의 상속성, 신
탁, 양도성을 간접적으로나마 인정한 판결로 평가된다.[30]

(라) [B-6] 서울고등법원 1998. 9. 29.자 98라35 결정(박찬호 사건)

이 결정은, 미국프로야구선수인 신청인이 '메이저리그와 정복자 박찬호'
라는 자신에 대한 서적과 브로마이드의 제작 등의 금지를 구하는 가처분을
신청한 사건에서, 신청인이 공적 인물이 되었고 이 사건 서적은 신청인에 대
한 평전의 성격을 갖는다고 하면서, 서적의 내용에 나타나는 신청인의 성명
과 사진이 수인하여야 할 정도를 넘어서서 신청인의 성명권과 초상권을 침
해하는 정도로 과다하거나 부적절하게 이용되었다고 보이지 않는다고 판단
하였다.[31] 신청인의 퍼블리시티권 침해 주장에 대해서도, "신청인이 유명야
구선수로서 그 성명과 초상을 재산권으로 이용할 수 있는 권리 즉 이른바
퍼블리시티권을 침해하는 것으로 볼 수 있을 정도로 신청인의 성명과 초상
그 자체가 독립적·영리적으로 이용되었다고 보여지지 아니"한다고 하여 신
청인의 주장을 배척하였다.

그러나 신청인의 대형사진이 게재된 브로마이드 부분에 대해서는, "신청
인에 대한 평전이라 할 수 있는 이 사건 서적의 내용으로 필요불가결한 부분
이라 할 수 없을 뿐만 아니라 이 사건 서적과 분리되어 별책 부록으로 제작
된 것으로서 그 자체만으로도 상업적으로 이용될 염려가 적지 않고, 그와 같
이 상업적으로 이용될 경우에 신청인의 초상권 또는 퍼블리시티권이 침해될
것으로 보여지므로 이 사건 브로마이드의 발매·반포로 신청인의 초상권 또는
퍼블리시티권이 침해된다는 신청인의 주장은 이유 있다"고 판단하였다.[32]

---

30) 남형두(2005), 107면.
31) 이 판결은, 신청인의 명예훼손과 프라이버시권, 인격권 침해 주장에 대해서는, 사
　　회통념상 신청인의 명예가 훼손되었다고 단정하기 어려우며, 공적인물인 신청인
　　의 프라이버시권이나 인격권이 공공의 정당한 관심사를 초과하는 범위로 침해되
　　었음을 인정할 자료가 부족하다 하여 신청인의 주장을 배척하였다.
32) 그러나 이미 배포된 브로마이드에 대해서는, 그 회수, 폐기가 사실상 불가능하다
　　고 보여질 뿐만 아니라, 그 보전의 필요성도 인정하기 어렵다는 이유를 들어 신
　　청인의 주장을 받아들이지 않았다.

이 결정은, 우선 서울고등법원이 퍼블리시티권의 존재를 인정하였다는 점에서 의미를 갖는다. 그리고 이 결정은 신청인의 동일성표지가 서적에 사용된 것과 브로마이드에 사용된 것을 구분하여 판단하였다는 점에서도 의미를 갖는다. 이에 대해서는 다음과 같은 평가들이 있다.

먼저, 신청인의 동일성표지가 서적에 사용된 것은 그 서적의 내용과 직접적 관계가 있어 '상업적 이용'이 아닌 것으로 된다고 보는 견해가 있다. 이 견해는, 본 사건에서 서적의 내용이 공중의 관심사에 속하므로 표현의 자유의 보호를 받는다고 하면서, 그에 게재된 사진은 서적의 내용과 직접적인 관련이 있으므로 서적의 내용에 관한 표현의 자유의 보호가 신청인의 사진에까지 미쳐 상업적 이용이 아니게 된다고 한다.[33]

한편, 이 결정은 상업적 사용이냐 아니냐의 차원에서 퍼블리시티권 침해 유무를 가리지 않고 표현의 자유의 범위 내에 있는가 아닌가의 문제로 보았다는 점에서 의미가 있다는 견해[34]가 있다. 즉, 이 결정은 침해자의 사용목적과 관계없이 퍼블리시티권의 존재를 인정한 다음 침해자의 이용태양에 따라 표현의 자유에 의해 퍼블리시티권을 제한할 것인가 아니면 보호할 것인가의 단계로 나누어 판단했다고 하면서,[35] 이러한 방법이 더욱 논리적일 뿐만 아니라 타당한 결론 도출에 도움이 될 것이라고 한다.[36]

---

33) 박준우(2006), 517면. 이 견해는, 미국 판결들을 분석하여, "공중의 관심사에 관한 표현물은 표현의 자유의 보호를 받고 있는데, 유명인의 외관사용이 이 표현물과 직접적인 관계가 있으면 표현물에 대한 표현의 자유의 보호가 이에 사용된 외관에까지 미쳐 외관사용의 상업성이 부인된다"는 법리구성을 할 수 있다고 설명한다. 박준우(2006), 516면.

34) 남형두(2007c), 219면.

35) 남형두(2007c), 220면. 이에 따라, [B-1]판결(이휘소 사건)에 비하여 진일보하였다고 한다.

36) 남형두(2007c), 222면. 브로마이드 부분에 관해서만 표현의 자유를 제한하고 퍼블리시티권을 인정할 수 있었던 유연성을 보일 수 있었던 것은 표현의 자유의 범위에서 접근하였기 때문이라고 설명한다.

(마) [B-7] 서울지방법원 1999. 7. 30. 선고 99가합13985 판결 (멀티미디어 디지털 교과서 사건)

이 판결은, 학교교육 정보화의 전문가로서 서울교육대학교 교수인 원고의 이름을 "멀티미디어 디지털 교과서"라는 제목의 초등학교 교사용 교수학습용 소프트웨어(CD-ROM 타이틀)에 감수위원으로 허락없이 표기한 사건에서, 피고가 원고의 성명권을 침해하고 그 명예를 훼손하였다고 판단하였다. 그러나 원고의 "명의상품화권(퍼블리시티권)" 침해 주장에 대해서는, "성명, 초상 등 프라이버시에 속하는 사항을 구체화하여 상업적으로 이용함으로써 그것이 인격과 분리되어 독자적으로 고객흡입력을 가지는 등 그 경제적 가치가 객관화되었다면 인격권과는 별도로 법으로 보호되고, 따라서 그 침해행위는 불법행위를 구성한다"고 하면서, 이 사건의 경우 원고의 성명이 인격과 분리되어 독자적으로 고객흡입력을 가지는 등 그 경제적 가치가 객관화된 것을 인정하기에 부족하다는 이유를 들어 원고의 주장을 배척하였다.

이 판결은, 퍼블리시티권을 다소 제한적으로 인정하는 입장을 취하였다. 이 판결은 퍼블리시티권의 존재를 인정하였으나, 구체적 사안에서 퍼블리시티권을 주장하기 위해서는 성명, 초상 등 프라이버시에 속하는 사항이 상업적 이용에 의하여 인격과 분리되어 독자적으로 고객흡입력을 가지는 등 그 경제적 가치가 객관화되었어야 한다고 하였다. 이러한 논리에 의하면, 비유명인의 경우 퍼블리시티권을 주장하기 어려워질 것이다.

(바) [B-8] 서울고등법원 2000. 2. 2. 선고 99나26339 판결 (비달사순 사건)

이 판결의 사안은, 피고 회사가 미용학원을 경영하면서 유명한 헤어디자이너 비달사순(VIDAL SASSOON)의 초상이나 성명 등을 간판, 카탈로그 등에 사용하자, 비달사순으로부터 그의 성명과 그 변형, 초상, 개인적인 특성을 나타내는 표식, 퍼블리시티권, 사인(sign) 등을 전세계에서 독점적으로 사용할 수 있는 권리를 양수받은 원고가 그 사용금지 등을 청구한 것이었다.[37]

---

37) 원고는 "VIDAL SASSOON"이라는 표장에 관하여 상표등록을 마친 다음, 소외 회사에 대하여 통상사용권을 설정해 주었다. 소외 회사는 이 상표가 부착된 샴푸

이 판결은 퍼블리시티권 개념을 인정하고 그 양도성을 긍정하였으며, 그 양수인이 침해행위에 대하여 금지 및 침해물건의 폐기를 청구할 수 있다고 하여 1심 판결을 대체로 유지하였다. 특히, "유명인사의 성명과 초상이 가지는 이러한 고객흡입력은 당해 유명인사가 획득한 명성, 사회적인 평가, 지명도 등으로부터 생기는 독립한 경제적인 이익 내지 가치로서 파악할 수 있으므로, 이는 당해 유명인사에게 고유하게 귀속되는 것이고, 그 유명인사는 이러한 고객흡입력이 갖는 경제적 이익 내지 가치를 배타적으로 지배하는 재산적 권리를 가지는 것"이라 하면서, "이러한 성명이나 초상이 갖는 재산적 가치를 이용하는 권리"를 퍼블리시티권으로 파악하였다.

다만, 이 판결은 "원고가 가지고 있는 비달사순에 관한 성명이용권38)의 효력은 원칙적으로 비달사순의 성명권과 그 동일성이 인정되는 범위에 한정된다"고 하면서, "성명권이라는 인격권은 원칙적으로 성과 이름이 불가분적으로 결합되어 있는 것이므로 이를 분리하여 "비달"과 "사순" 또는 "VIDAL"과 "SASSOON"으로 분리함이 상당하지 아니하고, 이를 분리하는 경우에는 각각의 명칭이나 표장만으로 반드시 비달사순이라는 유명인사의 성명권과 그 동일성을 단정할 만한 증거도 없으므로 원고가 구하는 "비달", "사순" 또는 "VIDAL", "SASSOON"이라는 각각의 명칭이나 표장은 원고의 비달사순에 관한 성명이용권의 범위에 속하지 않는다"고 하여, 피고의 항소를 일부 인용하였다.

서울고등법원이 선고한 이 판결은, 퍼블리시티권을 인정하는 논거로 고객흡입력을 설시하였고, 퍼블리시티권의 양도성을 긍정하였다는 점에서 의미를 갖는다. 그런데 이 판결은 퍼블리시티권의 효력 범위를 성명권이라는 인격권에 기초하여 파악하였다. 즉, 퍼블리시티권의 효력이 성명권과 동일성이 인정되는 범위에 한정된다고 하여 퍼블리시티권이 인정되는 범위를 제한하였다. 이는 미국의 판결들39)이 퍼블리시티권 침해 사안에서

등 제품을 주로 텔레비전을 통하여 광고하였는데, 그 광고료는 1995년도에 18억 원 상당, 1996년도에 21억원 상당, 1997년도에 20억원 상당이고, 1998년도 8월 까지의 TV 광고료가 11억원 상당 지출되었다.

38) 이 판결에서는, "성명이나 초상이용권"을 "퍼블리시티권"과 같은 의미로 사용하였다.

39) National Bank of Commerce v. Shaklee Corp., 503 F. Supp. 533, 207 U.S.P.Q.

원고가 인식될 수 있는지 여부를 기준으로 판단하는 것과 다르다.

한편, 이 판결의 1심 판결40)은, "자신의 성명, 초상 등 프라이버시에 속하는 사항을 구체화하여 상업적으로 이용함으로써 그것이 인격과 분리되어 독자적으로 고객흡입력을 가지는 등 그 경제적 가치가 객관화되었다면" 퍼블리시티권이 인격권과는 별도로 법으로 보호된다고 하여, [B-7]판결(멀티미디어 디지털 교과서 사건)과 동일하게 판단하였다.41)

2. 인격권에 대하여 판단한 경우

위에서 살펴본 것과 같이, 1995년에서 2000년까지의 판결을 통하여 우리나라에서 퍼블리시티권이 인정되고 그 내용이 점차 정립되었다. 그러나 1995년 이전에 선고된 판결들과 동일하게, 사람의 동일성의 재산적 이익을 초상권 등 인격권에 의해 보호하는 판결들 역시 이 기간 동안 여전히 존재하였다.

(가) [A-4] 서울지방법원 1995. 9. 27.자 95카합3438 결정(김우중 사건)

이 결정은, 그룹을 경영하는 기업인인 신청인에 대한 평전을 저술하고 발행하면서 신청인의 사진·성명·가족관계 등을 이용한 사건에서, 평전이 신청인을 매우 긍정적으로 묘사하고 있으므로 신청인의 명예가 훼손되었다고 볼 수는 없다고 하였다. 그리고 "공적 인물이 되었다고 볼 수 있는 경우 그 사람은 자신의 사진, 성명, 가족들의 생활상이 공표되는 것을 어느 정도 수인하여야 한다"고 하면서, "신청인을 모델로 하여 쓰여진 평전의 표지 및 그 신문광고에 신청인의 사진을 사용하고 성명을 표기하거나 그 내용에 신청인

(BNA) 1005 (W.D. Tex. 1980); Apple Corps Ltd. v. A.D.P.R., Inc., 843 F. Supp. 342, 22 Media L. Rep. 1562, 30 U.S.P.Q.2D (BNA) 1372 (M.D. Tenn. 1993).

40) 서울지방법원 1999. 4. 30. 선고 98가합79858 판결.

41) 다만, 시간적으로는 이 사건의 1심 판결이 [B-7]판결(멀티미디어 디지털 교과서 사건)보다 먼저 선고되었다.

의 가족관계를 기재하는 것은 위 평전이 신청인의 명예를 훼손시키는 내용
이 아닌 한 허용되어야 할 것"이라고 하였다. 이에 따라, 신청인의 초상권,
성명권, 프라이버시권 침해 주장과 명예훼손 주장을 모두 배척하였다.

이 결정에서 문제된 사안은, 신청인에 대한 평전과 그 광고에서 신청인
의 사진과 성명이 이용된 것으로, [B-6]결정(박찬호 사건)의 사안과 유사
하다. 그러나 이 결정은 초상권, 성명권 등의 침해여부에 대해서만 판단하
였는데, 이는 신청인이 퍼블리시티권 침해 주장을 하지 않고 초상권, 성명
권 등의 침해만 주장하였기 때문으로 보인다.42)

(나) [A-5] 서울지방법원 1996. 4. 25. 선고 95가합60556 판결 (윤석화 사건)

이 판결은, 연극배우인 원고의 동의 없이 원고가 출연하는 연극을 공연한
다는 홍보를 한 사건에서, "우리 민법은 특별히 성명권에 관한 규정을 두고
있지는 않으나 인간이 자신의 성명에 관하여 가지는 법률상 이익으로서의
성명권은 일반적 인격권으로서 보호되어야" 한다고 하였다. 그리고 피고가
원고의 일반적 인격권으로서의 성명권을 침해하여 원고에게 정신적 고통을
가하였다고 하면서, 배상해야 할 손해액은 제반 사정을 고려하여 10,000,000
원으로 정하였다.

이 판결은 성명권을 인간이 자신의 성명에 관하여 가지는 "법률상 이
익"이라고 하였는데, 이는 성명에 관한 재산적 이익도 포함할 가능성을
열어 둔 것이라고 평가할 수도 있다. 그러나 이 판결은 성명권 침해로 인
한 정신적 손해에 대한 배상책임만 인정하였다.

---

42) 박인수(1999), 127면은, 이 사건에서 퍼블리시티권을 주장하였다면 서적에 대한
제작, 판매, 반포 금지를 구하는 가처분이 받아들여질 수 있었을 것이라고 한다.
그러나 [B-6]결정(박찬호 사건)에서도 나타난 바와 같이, 퍼블리시티권도 다른
권리와의 형량에 의해 그 침해여부가 판단될 것이므로, 본 사안에서 퍼블리시티
권이 침해되었다고 단정할 수 있는지는 의문이다.

(다) [A-6] 서울지방법원 1997. 8. 1. 선고 97가합16508 판결
(임꺽정 사건)

이 판결은, TV 드라마의 주인공 "임꺽정"으로 분장한 원고의 얼굴의 특징적 부분들[43]을 목탄 스케치로 유사하게 재현한 인물화를 이용하여 피고 회사가 위장약의 광고를 한 사건에서, 원고의 초상권이 침해되었다고 인정하였다. 즉, 광고에 사용된 인물화에 "드라마의 주인공으로 분장한 원고의 모습 중 특징적인 부분들이 대부분 표현되어 있어서 위 드라마를 보았거나 원고를 알고 있는 사람이라면 누구나 이 사건 인물화를 보고 위 드라마의 주인공인 '임꺽정'으로 분장한 원고의 초상을 충분히 연상할 수 있다"는 이유를 들어, "이 사건 인물화는 원고의 초상과 동일시된다"고 하였다. 그리고 이러한 초상권 침해로 인하여 원고가 받은 정신적 고통을 피고 회사가 금전으로 위자할 의무가 있다 하면서, 그 액수를 변론에 나타난 제반사정을 고려하여 20,000,000원으로 정하였다.

이 판결의 사안은 원고의 초상이 광고에 상업적으로 이용된 것으로 퍼블리시티권이 문제되는 대표적인 경우에 해당한다. 그런데 원고는 초상권 침해를 주장하였고, 이 판결은 원고의 초상권이 침해되었다고 판단하였다.

이 판결에 대해서는, 원고의 실제 모습이 아닌 원고가 분장한 '임꺽정'의 얼굴의 '특징적인 부분'들만의 유사성으로 '임꺽정'으로 분장한 원고의 초상이 '연상(聯想)'된다고 하여 초상의 동일성을 인정한 것은 초상권 침해의 범위가 매우 광범위해질 우려가 있다고 비판되기도 한다.[44] 미국에서도 특정 캐릭터를 연기한 배우의 퍼블리시티권을 어디까지 인정할 것인지 문제되는데,[45] 이 판결도 유사한 문제를 포함하고 있다.

---

43) 머리띠를 묶은 이마, 덥수룩한 머리털, 턱수염, 콧수염, 짙은 눈썹부분 등이다.
44) 정경석(2007), 136면. 李相珵(2001), 323면, 각주33)은, 과연 특정인의 특정 드라마에서 분장한 모습에까지 퍼블리시티권을 인정하여야 할 것인지, 또 분장한 모습에 대해서는 분장을 한 자(분장사)가 권리를 갖는지 아니면 분장을 당한 자(원고)가 권리를 갖는지, 양자 모두인지, 또 작가나 프로듀서 등은 어떠한 권리를 갖는지도 더 연구되어야 할 문제라고 한다.
45) 이에 대해서는 제2장 제3절 Ⅳ. 5. 참조.

한편, 이 판결은 초상권 침해를 인정하면서 그 효과로 정신적 손해에 대한 배상책임만 인정하였으나, 위자료 액수를 산정함에 있어서 초상이 갖는 재산적 이익을 고려하였다. 즉, 위자료 액수를 정함에 있어 "광고 제작에 든 비용과 피고 회사가 위 광고로 얻은 이익의 정도", "원고가 대중적 인기 상승에도 불구하고 위 드라마의 작품 완성도를 위하여 광고출연을 자제하고 있던 중에 위 광고가 게재됨으로써 원고의 광고 모델로서의 가치와 참신성이 크게 손상된 점", "원고가 피고 회사와 광고출연계약을 체결할 경우 얻을 수 있었을 광고모델료의 정도" 등을 고려하였다.46)

(라) [A-7] 서울지방법원 1997. 11. 7. 선고 97가합20064 판결 (H.O.T. 사건)

이 판결은, 그룹을 형성하여 음악활동을 하는 대중가수들인 원고들의 방송 출연 장면 등을 찍은 사진들을 모은 사진집을 잡지의 별책 부록으로 판매한 사건에서, 이는 원고들의 초상권을 침해하는 불법행위가 된다고 판단하였다. 그리고 초상권 침해행위로 인하여 원고들이 상당한 정신적 고통을 받았을 것임은 경험칙상 명백하므로 피고는 이를 위자할 의무가 있다 하면서, 그 액수를 변론에 나타난 제반 사정을 참작하여 원고 1인당 각 20,000,000원으로 정하였다.47)

이 판결의 사안은, 원고들의 사진들을 모아 사진집을 제작하여 판매한 것으로, 원고들의 초상이 상업적으로 이용된 경우에 해당한다. 그런데 원

---

46) 정경석(2007), 143면은 초상을 무단으로 상업적으로 이용하였을 경우 대체적으로는 그 인격적 또는 재산적 측면을 따로 분리하여 계산하는 것이 아니라, 초상을 사용하게 된 경위, 사용수단이나 방법, 회수, 초상본인의 나이와 환경, 경력, 사회적 지위 등 제반사정까지 함께 참작하여 산정하고 있다고 하면서, 이 판결을 예로 들고 있다.

47) 또한 이 판결은 피고가 다음 호 월간 잡지에 게재한 기사로 인하여 원고들의 명예를 훼손하였다고 인정하고 그 위자료를 원고 1인당 각 10,000,000원으로 정하였으며, 원고들의 매니저의 명예도 훼손되었다고 인정하고 그 위자료를 7,000,000원으로 정하였다.

고들은 초상권이 침해되었다고 주장하였으며, 이 판결은 원고들의 초상권이 침해되었다고 판단하였다.

이 판결은 정신적 손해에 대한 배상책임만 인정하였으나, 그 위자료 액수를 정함에 있어 "사진집 제작에 든 비용과 피고가 위 사진집을 부록으로 배포함으로써 얻은 이익의 정도", "원고들이 피고와 사진집 제작을 위한 모델계약을 체결할 경우 얻을 수 있었을 모델료의 정도" 등도 참작하였다. 즉, [A-6]판결(임꺽정 사건)과 마찬가지로, 원고의 초상이 갖는 재산적 이익을 위자료 액수 산정에 고려하였다.

(마) [A-8] 서울고등법원 1998. 3. 27. 선고 97나29686 판결[48) (황인정 사건)

이 판결은, 원고[49]가 출연한 피고의 변비치료제 영상광고물을 광고출연계약의 존속기간[50] 이후에 방영한 사건에서, 사람은 누구나 "자기의 성명이나 초상, 음성, 연기 등을 스스로 경제적으로 이용하거나 제3자에게 대가를 받고 일정한 기간 동안 전속적 또는 1회적으로 이용하게 할 수 있는 권리, 즉 이른바 초상권"을 가지고 있다고 하였다. "특히 요즘과 같은 매스미디어 사회에서는 원고와 같은 연예인이 자신의 성명이나 초상, 음성, 연기 등을 광고모델 등에 상업적으로 이용할 수 있는 권리는 일종의 재산권으로서 보호의 대상이 된다"고 하면서, 피고가 원고의 "상업적 초상권"을 침해하였다고 인정하였다.

원고가 입게 된 재산적 손해에 대해서는, "피고가 원고로부터 동의를 얻어 이 사건 광고물을 계속 방영하기 위하여 원고에게 추가로 지급하여야 할

---

48) 이 판결은 상고가 제기되지 않아 그대로 확정되었다.

49) 원고는 1991년 9월경 대학생으로서 이 사건 광고에 출연하기로 하는 계약을 체결하였는데, 이후 1993년 6월경 MBC 22기 탤런트로 채용되어 연예인 및 광고모델로 활동하였다. 이 사건에서는 원고가 탤런트가 된 이후인 1993년 11월부터 다시 방영된 광고가 문제되었다.

50) 원고와 피고는 서면으로 된 계약서조차 작성하지 않았고 계약기간을 명시적으로 정하지 않았는데, 이 판결은 변론에 나타난 제반 사정에 비추어 이 사건 광고출연계약의 존속기간은 1년 정도로 정하였다고 해석하는 것이 상당하다고 판단하였다.

보수 중 무단방영기간에 상응하는 금액"이라 하면서, 원고가 다른 회사의 광고물에 출연하기로 한 계약의 내용 등을 고려하여 피고가 추가로 지급하여야 할 보수 금액을 6개월마다 12,500,000원으로 산정하였다. 다만, 피고가 이 사건 광고물을 시청자가 제한되어 있는 교육방송과 한정된 관객을 대상으로 하는 극장에서만 방영 또는 상영하였다는 이유를 들어 이를 60%로 감액하였으며,51) 이에 따라 무단방영 기간에 상응하는 원고의 모델료 금액을 42,500,000원으로 정하였다.

다만, 원고의 위자료 청구는 배척하였는데, 이에 관하여는 다음과 같이 판단하였다. ① "광고모델 등 연예인의 성명이나 초상 등을 상업적으로 이용할 수 있는 권리는 일반인들의 그것과는 달리 재산권으로 보호의 대상이 된다고 할 것이므로 타인의 불법행위로 말미암아 그 성명이나 초상 등을 이용할 수 있는 권리가 침해된 경우에는 특별한 사정이 없는 한 그 재산상 손해 외에 정신상 손해가 발생한다고 보기는 어렵다고 할 것이고," ② "더구나 이 사건의 경우 피고가 원고의 의사에 반하여 광고물을 제작한 것이 아니라 원고와의 계약에 의하여 이미 제작되어 방영한 적이 있는 광고물을 계약기간을 넘어 임의로 사용한 것이므로 원고가 위에서 인정하는 재산상 손해와는 별도로 정신상 손해까지 입었다고 보기 어려우며," ③ "가사 원고에게 정신상 손해가 발생하였다고 하더라도 위에서 인정한 재산상 손해의 배상에 의하여 정신적 고통 역시 회복된다고 보아야 할 것이고," ④ "그 이외에 특히 이 사건 광고물이 변비치료제에 관한 것이라고 하여 원고의 대중적 이미지의 손상 등 재산상 손해의 배상에 의하여 회복될 수 없는 정신상 손해를 입었다고는 볼 수 없으므로" 원고의 이 부분 청구는 이유 없다고 하였다.

서울고등법원이 선고한 이 판결에 대해서는 다소 논란의 여지가 있다. 이 판결은, 사람이 자기의 성명이나 초상, 음성, 연기 등을 이용할 수 있는 권리를 "초상권"이라고 하였으나, 원고와 같은 연예인이 성명, 초상, 음성, 연기 등을 상업적으로 이용할 수 있는 권리는 "일종의 재산권"으로 보호의 대상이 된다 하면서, 이를 "상업적 초상권"이라 하였다. 그리고 이 권리가 침해된 경우 특별한 사정이 없는 한 재산상 손해 외에 정신상 손해가 발생한다고 보기는 어렵다고 하였다.

---

51) 1심 판결은 재산적 손해배상액을 산정함에 있어 이러한 감액을 하지 않았다.

이 판결은, 프라이버시와 구별되는 퍼블리시티 권리를 인식하였다거나,52) 퍼블리시티권이라는 용어는 사용하지 아니하였지만 사실상 퍼블리시티권과 동일한 권리를 인정하였다고 평가된다.53) 또한 사실상 퍼블리시티권과 동일한 권리를 인정하면서 그 권리의 속성이 인격권이 아니라 완전한 재산적 권리임을 인정하였다고 평가된다.54) 이 판결이 퍼블리시티권과 유사한 권리를 인정하였다는 점은 부정할 수 없다. 그러나 이 판결은 퍼블리시티권이라는 용어를 사용하지 않고 "초상권", "상업적 초상권"이라는 용어를 사용하였다. 또한 이 판결이 재산적 손해에 대한 배상액을 산정한 방법은 [A-3]판결(최애숙 사건)과 유사한 것으로, 퍼블리시티권 침해의 경우만 인정되는 방법이라고 할 수는 없다.55) 따라서 이 판결은 인격권의 내용 중 재산적 이익을 보호하는 권리를 이른바 "상업적 초상권"으로 지칭하였다고 평가할 수도 있다.56)

(바) [A-9] 서울지방법원 2000. 3. 16. 선고 99가합46206 판결57) (허영란 사건)

이 판결은, 피고가 제작한 한복을 입고 원고가 찍은 사진을 피고의 광고에 이용한 사건에서, 원고의 초상권 침해 주장을 기각하였다. 즉, 당시 원고가 비교적 대중에 잘 알려지지 아니한 신인이었는데도 피고가 한복을 제공하고 광고주가 된 경위, 이 사건 잡지에 실린 광고와 한복사진과의 연관성의 정도, 원고가 이 사건 광고가 나온 이후에 취하였던 태도58) 등과 함께 사회

---

52) 金圓日(2003), 124면.
53) 최성준(2005), 126면.
54) 남형두(2005), 105면.
55) 한편, 이 판결은 원고와 피고가 체결한 계약이 아니라 이후에 원고가 다른 회사와 체결한 계약의 내용을 기준으로 손해배상액을 산정하였는데, 이는 원고가 피고와 계약을 체결한 이후 방송국에 탤런트로 채용되어 연예인 및 광고모델로 활동하게 된 사정을 고려한 것으로 보인다.
56) 다만, 초상권의 개념을 확장하여 "성명, 음성, 연기 등"을 상업적으로 이용할 수 있는 권리까지 포함시키는 것은 바람직하다고 보기 어렵다.
57) 이 판결은 항소가 제기되지 않아 그대로 확정되었다.

통념상 연예계의 신인이라면 잡지나 방송 등의 매체에 될수록 많은 기회에 자신의 사진이 게재되거나 방송되게 하여 자신의 지명도를 높이기 위하여 애쓴다는 점을 고려하여, 원고로서는 당시 원고가 모델이 되어 촬영한 사진 가운데 일부가 피고측의 광고용 사진으로 사용될 수도 있다는 것을 용인하였다고 볼 것이라고 하였다.

이 판결의 사안은, 원고의 사진이 광고에 이용된 것으로, 원고의 초상이 상업적으로 이용된 경우에 해당한다. 그런데 원고는 자신의 초상권이 침해되었다고 주장하였고, 이 판결 역시 초상권 침해 여부에 대해서만 판단하였다. 이 판결은 묵시적 동의에 의해 초상권 사용허락을 인정한 판결이라고 평가되기도 한다.59)

(사) [A-10] 서울고등법원 2000. 5. 16. 선고 99나30444 판결60) (최진실 사건)

이 판결은, 피고가 제조, 판매하는 비타민제의 광고에 원고가 모델로 출연하기로 하는 광고계약을 체결하였는데 계약기간 이후에도 원고의 사진이 인쇄된 비타민제의 중포장용기를 피고가 사용한 사건에서, "원고와 같은 연예인이 자신의 성명이나 초상, 음성, 연기 등을 상품의 광고나 표장 등에 상업적으로 이용할 수 있는 권리는 일종의 재산적 권리로서 보호의 대상이 된다"고 하면서, 원고의 "재산적 권리로서의 초상권"이 침해되었다고 판단하였다.

원고가 입게 된 재산상 손해에 대해서는, "피고가 이 사건 광고출연계약 기간이 경과한 이후에 원고로부터 동의를 얻어 이 사건 포장용기를 계속 사용하기 위하여 원고에게 추가로 지급하여야 할 정당한 보수 또는 사용료 중 무단 사용기간에 상응하는 금액 상당"이라 하였다. 이에 따라, 원고 정도의 지명도를 지닌 광고모델이 인쇄매체 광고물에 출연하는 보수액을 6개월에

---

58) 원고는 이 사건 광고에 대하여 아무런 문제도 삼지 않다가 5개월 후 자신이 이 사건 잡지의 표지모델 사진을 촬영한 이후에야 이 사건 광고에 대하여 문제를 삼기 시작하였다.

59) 정경석(2007), 139면, 각주63).

60) 이 판결은 상고가 제기되지 않아 그대로 확정되었다.

20,000,000원으로 정하고, 중포장박스인 이 사건 포장용기가 전체 광고범위에서 차지하는 비중 등 제반사정을 참작하여 피고가 원고에게 추가로 지급하여야 할 보수 내지 사용료를 매 6개월마다 4,000,000원으로 정하여, 결국 손해배상액을 40,000,000원으로 산정하였다.

그러나 원고의 위자료 청구에 대해서는, ① "원고와 같은 연예인의 성명이나 초상 등을 상업적으로 이용할 수 있는 권리는 재산권으로서 보호의 대상이 된다 할 것이므로 타인의 불법행위로 말미암아 그 성명이나 초상 등을 이용할 수 있는 권리가 침해된 경우에는 특별한 사정이 없는 한 재산적 손해의 배상에 의하여 정신적 고통도 회복된다고 보아야 할 것"이고, ② "가사 원고가 피고의 불법행위로 인하여 어떤 정신적 고통을 받았다고 하더라도 이 사건의 경우 피고가 원고의 의사에 반하여 광고물을 제작한 것이 아니라 이미 원고와의 계약에 의하여 제작하여 사용해오던 광고물을 계약기간을 넘어 임의로 사용한 것이라는 사정을 참작하면 그 정신적 고통이 재산적 손해의 배상에 의해 회복될 수 없는 정도의 것은 아니라고 보여지고" 달리 이 점을 인정할 만한 자료가 없다고 하면서, 그 청구를 배척하였다.

서울고등법원이 선고한 이 판결은, [A-8]판결(황인정 사건)과 같은 입장을 취하였다고 볼 수 있다. 이 판결은, 원고와 같은 연예인이 자신의 성명이나 초상, 음성, 연기 등을 상업적으로 이용할 수 있는 권리는 "일종의 재산적 권리"로서 보호의 대상이 된다 하였으며, 이를 "재산적 권리로서의 초상권"이라 하였다. 그리고 이 권리가 침해된 경우 특별한 사정이 없는 한 재산적 손해의 배상에 의하여 정신적 고통도 회복된다고 판단하였다.

이 판결에 대해서도, 퍼블리시티권이라는 용어만 사용하지 않았을 뿐 사실상 퍼블리시티권 침해를 인정한 사례라는 평가[61]가 있다. 반면에, 이 판결은 구태여 퍼블리시티권이라는 별개의 권리 개념을 도입하지 않은 채 "초상권 자체에 내재한 재산적 권리"에 기하여 손해배상책임을 인정한 것으로, 재산적 손해의 배상을 위한 목적만으로는 퍼블리시티권의 권리 개념이 필요하지 않다는 것을 보여준다고 평가하는 견해[62]도 있다. 판결의

---

61) 남형두(2005), 105면.
62) 최형구(2010), 278면.

내용을 살펴보면, 이 판결은 초상권의 내용 중 재산적 이익을 보호하는 권리를 "재산적 권리로서의 초상권"으로 지칭했다고 볼 수 있을 것이다.

Ⅳ. 2001년부터 2005년까지의 판례

1. 퍼블리시티권에 대하여 판단한 경우

2001년에서 2005년까지 선고된 판결들에서는, 퍼블리시티권과 인격권의 관계가 다루어지기 시작했고, 성문법주의를 취하고 있는 우리나라에서 퍼블리시티권을 인정하는 것이 타당한지에 대한 의문도 제기되었다. 즉, 퍼블리시티권을 우리나라의 법체계에서 어떻게 받아들여야 하는지에 대한 문제가 인식되었다고 할 수 있다.

(가) [B-9] 서울지방법원 2001. 10. 24. 선고 2001나30680 판결[63]
(시나위 사건)

이 판결은, 록그룹의 멤버들인 원고들의 승낙을 얻지 아니한 상태에서 피고 회사가 자신이 운영하는 인터넷 음악사이트에 원고들 작품의 악보 등 음악파일, 원고들의 사진 등을 게재한 사건에서, 초상권이란 "사람이 자신의 초상에 대하여 갖는 인격적·재산적 이익, 즉 사람이 자기의 얼굴 기타 사회통념상 특정인임을 식별할 수 있는 신체적 특징에 관하여 함부로 촬영되어 공표되지 아니하며 광고 등에 영리적으로 이용되지 아니하는 권리"이고, 이는 "인격권의 한 내용"으로서 법률적인 보호를 받는다고 하였다. 그리고 초상권은, "첫째, 얼굴 기타 사회통념상 특정인임을 알 수 있는 신체적 특징을 함부로 촬영 또는 작성되지 아니할 권리(촬영·작성거절권), 둘째, 촬영된 사진 또는 작성된 초상이 함부로 공표 또는 복제되지 아니할 권리(공표거절권), 셋째, 초상이 함부로 영리에 이용되지 아니할 권리[초상영리권, 이른바

---

63) 이 판결은 2심 판결인데, 상고가 제기되지 않아 그대로 확정되었다.

퍼블리시티(publicity)권] 등으로 구성"된다고 하였다.

　　다만, 정치인이나 배우, 가수 기타 예능인 등 유명인의 경우에는 국민의 알 권리 및 직업의 특성과 관련하여 사진, 성명 등이 공표되는 것을 어느 정도 수인하여야 한다고 하면서, 이 사건의 경우 피고가 이용을 허락받은 음악저작물을 판매하면서 그 실연자(가수)의 초상을 싣는 데 그친 것으로 원고들도 위 사진들의 게재로 인하여 그 이익64)을 얻고 있다고 평가할 수 있는 점 등에 근거하여 이 사건 사진들의 게재가 유명인인 원고들이 수인하여야 할 범위를 넘어서지 않았다고 판단하였다.65)

　이 판결은 기존에 인정되던 초상권과 새롭게 등장한 퍼블리시티권의 관계에 대하여 처음으로 언급하였다는 의미를 갖고 있다. 이 판결은 사람이 자신의 초상에 대하여 갖는 "인격적·재산적 이익"이 초상권에 의하여 보호된다고 하면서도, 초상권은 "인격권의 한 내용"이라고 하였다. 그리고 초상권이 촬영·작성거절권, 공표거절권, 초상영리권 등으로 구성되며, 이들 중 초상영리권이 퍼블리시티(publicity)권이라고 하였다. 즉, 이 판결은 인격권인 초상권의 내용 중 초상영리권이 퍼블리시티권에 해당된다고 판단한 것이다.

　이 판결에 대해서는, 퍼블리시티권의 근원을 프라이버시권 중 하나인 초상권에서 찾았다는 점에서 퍼블리시티권에 관한 미국의 전통적인 흐름에 충실하였다고 평가하는 견해66)가 있다. 반면에, 이 판결은 학계에서 논의되는 퍼블리시티권의 개념이 실질적으로 초상권의 개념 속에 포함될 수 있음을 확인한 것으로, 초상권의 경제적 가치를 명시적으로 인정한 판결이라

---

64) 원고들이 대중에게 더 많이 알려짐으로써 인기를 확보할 수 있고 음악저작물 판매 촉진을 통하여 한국음악저작권협회로부터 지급받는 사용료가 늘어나는 점 등을 의미한다.

65) 또한 설사 원고들의 초상권이 다소 침해되었다 하더라도 그 초상의 내용, 게재목적 등에 비추어 그로써 원고들의 평가, 명성, 인상 등이 훼손 또는 저하되었다고 보기도 힘들어 원고들이 정신적 고통을 입었다고 할 수 없고, 초상권의 재산적 가치를 침해하였다고 볼 수도 없다고 판단했다.

66) 남형두(2005), 110면.

고 평가하는 견해67)도 있다. 이 판결의 내용을 살펴보면, 퍼블리시티권 개념이 인격권으로서의 초상권에 포함된다고 판단하였음은 명백하다.

한편, 이 판결의 결론에 대해서는, 사진게재로 인하여 음악저작물판매에 도움이 되었다면 피고의 이익이 사진게재의 목적이라고 볼 수 있는 점, 사진을 제대로 허락을 받고 사용하였더라면 피고가 사진 사용에 따른 사용료를 추가로 더 냈어야 했으므로 원고 입장에서는 일실수익이 발생하였음에도 이를 간과했다는 점 등을 들어 결론에 동의하기 어렵다고 비판하는 견해68)가 있다.

(나) [B-10] 서울고등법원 2002. 4. 16 선고 2000나42061 판결69) (제임스딘Ⅳ 사건)

이 판결은, [B-5]판결(제임스딘Ⅲ 사건)과 같은 사실관계에서 원고를 변경하여70) 침해행위의 금지 등을 구하는 소를 제기한 사건에서,71) 우선 퍼블리시티권 개념을 인정할 필요성은 인정하였다. 즉, "유명인의 성명, 초상 등이 갖는 고객흡인력은 그 자체가 경제적 이익 내지 가치로 취급되어 상업적으로 거래되고 있으므로, 성명권, 초상권 등 일신에 전속하는 인격권이나 종래의 저작권, 부정경쟁방지법의 법리만으로는 이를 설명하거나 충분히 보호하기 어렵다"고 하면서, "우리나라에서도 근래에 이르러 연예, 스포츠 산업 및 광고산업의 급격한 발달로 유명인의 성명이나 초상 등을 광고에 이용하게 됨으로써 그에 따른 분쟁이 적지 않게 일어나고 있으므로 이를 규율하기 위하여, 앞서 본 바와 같은 퍼블리시티권이라는 새로운 권리 개념을 인정할 필요성은 수긍할 수 있다"고 하였다.

---

67) 金泳動(2007), 372면.
68) 남형두(2005), 110면.
69) 이 판결에 대하여 원고가 상고를 제기하였다(대법원 2002다27289 사건). 그러나 이후 원고는 상고를 취하하였다.
70) 제임스딘 인크라는 별도의 법인을 원고로 하여, 이 법인이 제임스딘의 퍼블리시티권을 양도받았다고 주장하였다.
71) 1심 판결인 서울지방법원 2000. 7. 14. 선고 99가합84901 판결은, 원고가 처분 권한이 없는 자로부터 제임스 딘의 퍼블리시티권을 양도받았다고 보아, 원고의 청구를 기각했다. 이에 원고가 항소를 제기하였다.

그러나 "성문법주의를 취하고 있는 우리나라에서 법률, 조약 등 실정법이나 확립된 관습법 등의 근거 없이 필요성이 있다는 사정만으로 물권과 유사한 독점·배타적 재산권인 퍼블리시티권을 인정하기는 어렵다"고 하면서, "퍼블리시티권의 성립요건, 양도·상속성, 보호대상과 존속기간, 침해가 있는 경우의 구제수단 등을 구체적으로 규정하는 법률적인 근거가 마련되어야만 비로소 원고가 주장하는 바와 같은 퍼블리시티권을 인정할 수 있을 것"이라고 하여, 원고의 항소를 기각하였다.

서울고등법원이 선고한 이 판결은, 성문법주의를 취하고 있는 우리나라에서 퍼블리시티권을 인정하기 어렵다고 명시적으로 판단했다. 이 판결에 대해서는, 예전의 판결과 비교해서 퍼블리시티권의 성격을 강력한 독점·배타적 성격을 가진 재산권으로 본 점에 더 큰 의미가 있다고 평가하는 견해,72) 향후 입법을 통한 문제해결의 방안을 제시하였다는데 의미가 있다고 평가하는 견해73)도 있다. 그러나 이 판결이 갖는 일차적 의미는, 미국에서 인정되는 것과 동일한 성격의 퍼블리시티권을 우리나라에서 인정할 법적 근거가 없다는 점을 분명히 하였다는 것으로 보인다.

(다) [B-11] 수원지방법원 성남지원 2002. 8. 30. 선고 2001가합 5032 판결74)(장정 사건)

이 판결은, 프로골퍼인 원고가 개인 A와 홍보모델사용권 계약을 체결하였는데,75) 이후 B회사가 C회사에게 원고의 모델사용권 등을 양도하고, 다시 피고가 C회사로부터 원고의 모델사용권 등을 양수받아 원고의 사진 등을 광

---

72) 박준우(2006), 499면.
73) 남형두(2005), 108면.
74) 이 판결에 대해서 피고가 항소하였는데, 항소심(서울고등법원 2002나57067 사건)에서는 화해권고결정에 따라 화해가 성립하였다.
75) 홍보모델사용권 계약상 계약당사자 명의는 B회사 사장 A로 되어 있으나, 당시 B회사의 대표이사는 A가 아니라 다른 사람이었다. 따라서 이 판결은 계약 당사자가 원고와 개인 A이므로 계약의 효력이 B회사에게 미친다고 할 수 없다고 판단하였다.

고에 이용한 사건에서, 초상권은 "인격권으로서의 초상권"과 "상업적 권리로서의 이른바 퍼블리시티권"으로 구별된다고 판단하였다. 나아가, "전자는 양도가 불가능하고 그 침해에 대하여는 본인만이 정신적 손해의 배상을 구할 수 있는 반면에, 후자는 양도가 가능하고 그 침해에 대하여는 양수인만이 재산적 손해의 배상을 청구할 수 있다"고 판단하였다.

원고가 D회사와 후원계약을 체결하여 자신의 초상권을 양도하였다는 피고의 본안전 항변에 대해서는, "초상권76)에 대한 통상사용권만이 부여되었거나 그 이용만이 허락된 경우에는 초상권은 여전히 본인에게 있다 할 것이고 따라서 제3자로부터의 침해가 있을 경우 본인만이 그 침해의 배제, 손해배상 등을 구할 수 있으며, 다만 통상사용권자 등은 그 특정 부분에 한하여 초상권의 양수인과 마찬가지로 제3자에 대하여 직접 손해배상을 구할 수 있는데 그친다"고 판시한 다음, 원고와 D회사의 후원계약은 그 사용분야, 사용기간 등을 특정하여 성명·초상 등을 상업적으로 이용할 수 있도록 하는 통상사용권만을 부여하였다거나 또는 그 이용만을 허락하였다고 보아야 하므로, 원고는 여전히 자신의 초상권을 보유하고 또한 그 침해에 대하여 제3자에 대한 재산상 손해를 청구할 수 있다고 하였다.

본안에 대해서는, 원고와 A가 체결한 홍보모델사용권 계약은 통상사용권 부여 또는 이용 허락의 계약으로서 그 계약 당사자는 원고와 A 개인이라고 할 것이므로, 위 계약의 효력은 B회사에게 미친다고 할 수 없고, 따라서 C회사 및 피고 역시 원고의 모델사용권을 순차 양도받았다고 할 수 없으며, 결국 "피고는 아무런 권원 없이 원고의 성명, 사진, 사인 등을 사용함으로써 원고의 초상권을 침해하였다"고 판단하였다. 그리고 변론에 나타난 모든 사정을 참작하여 그 손해배상액을 20,000,000원으로 정하였다.

이 판결은, 초상권을 인격권으로서의 초상권과 상업적 권리로서의 퍼블리시티권으로 구분하였다. 이는 초상권의 내용 중 초상영리권이 퍼블리시티권이라고 판단한 [B-9]판결(시나위 사건)의 연장선에 있는 것으로도 볼 수 있다. 그러나 [B-9]판결(시나위 사건)은 초상영리권을 포함한 초상권을 "인격권의 한 내용"이라고 판단한 반면, 이 판결은 초상권이 "인격권으로서의 초상권"과 "상업적 권리로서의 퍼블리시티권"으로 구별된다고 판단하였다.

---

76) 이 판결은 "초상권"을 "퍼블리시티권"이라는 의미로 한정하여 사용하였다.

한편, 이 판결은 퍼블리시티권의 양도성을 긍정하였고, 나아가 퍼블리시티권의 양도와 구별되는 퍼블리시티권에 대한 통상사용권의 부여 또는 이용허락에 대해서도 언급하였다. 특히 퍼블리시티권에 대한 통상사용권자 등도 제3자로부터의 침해가 있을 경우 그 특정 부분에 한하여 제3자에 대하여 "직접" 손해배상을 구할 수 있다고 판단하였다.

(라) [B-12] 서울동부지방법원 2004. 2. 12. 선고 2002가합3370 판결[77] (허브좌훈 사건)

이 판결은, TV 프로그램에서 다이어트로 체중감량에 성공한 사례로 방송된 소외 A로부터 원고가 퍼블리시티권을 양도받았는데, 피고가 홈쇼핑광고에서 A의 사례를 소개한 TV 프로그램의 녹화화면 등을 이용한 사건에서, 피고가 원고의 퍼블리시티권을 침해하였다고 인정하였다. 그러나 침해행위로 인하여 원고가 입은 손해액을 산정할 수 있는 자료가 전혀 없고, 침해행위가 부정경쟁방지 및 영업비밀보호에 관한 법률의 적용대상이 되지 아니하는 이상 침해행위로 피고가 얻은 이익을 배상액의 기준으로 삼을 수도 없다고 하여, 원고의 손해배상청구를 배척하였다.[78]

이 판결은 유명인이 아닌 일반인에게 퍼블리시티권을 인정한 판결로 평가된다.[79] 그러나 이미 TV 프로그램에서 체중감량에 성공한 사례로 방송된 사람의 퍼블리시티권을 인정한 것이므로, 이 판결이 순수한 일반인의 퍼블리시티권을 인정하였다고 보기에는 다소 무리가 있다.

그리고 이 판결은 소외 A의 퍼블리시티권을 원고가 양도받았다는 것을 전제로 "원고"의 퍼블리시티권이 침해되었다고 판단하였으므로, 퍼블리시

---

77) 이 판결에 대하여 원고가 항소하였는데, 항소심(서울고등법원 2004나27695 사건)에서 조정이 성립하였다.

78) 이 판결은, 원고가 제작한 광고지를 피고가 이용한 것에 의하여 원고의 저작권이 침해되었다고 인정하였으나, 위와 같은 이유에서 저작권 침해로 인한 손해배상청구도 배척하였다.

79) 최성준(2005), 126면; 남형두(2005), 111-112면; 박준우(2006), 495면, 각주7); 이재경(2006), 113면; 오승종(2007), 815면.

티권의 양도성을 인정했다고 평가할 수 있다.

한편, 이 판결은 퍼블리시티권 침해를 인정하면서도 그 손해배상액을 산정할 수 없다는 이유에서 손해배상청구를 배척하였다. 이에 대해서는, 다른 퍼블리시티권 사례에서는 이러한 경우 재산상 손해액은 피해자 본인의 승낙을 받아서 그의 성명이나 초상을 정당하게 사용할 경우 지급하여야 할 대가금액이라는 기준을 가지고 배상액 산정을 해온 것에 비추어 보면 좀 이례적으로 보인다고 평가된다.[80] 권리 침해를 인정하면서도 손해배상액을 산정하기 어렵다는 이유에서 손해배상청구를 배척하는 것은, 바람직하다고 보기 어렵다.[81]

(마) [B-13] 서울고등법원 2005. 6. 22. 선고 2005나9168 판결[82] (이영애 사건)

이 판결은, 여자 연예인인 원고가 피고 회사와 광고모델계약을 체결하였는데, 피고 회사가 광고모델계약의 기간 만료 이후에 원고의 사진들이 포함된 책자들 중 일부를 소외 A에게 홍보용으로 넘겨 주었고, 이를 다시 양수한 소외 B가 인터넷 포털사이트의 공동구매란에서 원고의 사진을 이용하여 광고한 사건에서, 우선 퍼블리시티권을 인정할 수 있다고 판단하였다.

즉, 비록 퍼블리시티권의 양도 및 상속성, 보호대상과 존속기간, 구제수단

---

80) 오세용(2007), 613면.
81) 법률에서 이러한 경우에 관한 규정을 두기도 한다. 저작권법 제126조는, 손해가 발생한 사실은 인정되나 손해액을 산정하기 어려운 때에는 변론의 취지 및 증거조사의 결과를 참작하여 상당한 손해액을 인정할 수 있다고 규정한다. 특허법 제128조 제5항, 부정경쟁방지 및 영업비밀보호에 관한 법률 제14조의2 제5항도 같은 내용이다.

　또한 대법원 2004. 6. 24. 선고 2002다6951, 6968 판결은, 채무불이행으로 인한 구체적인 손해의 액수를 입증하는 것이 사안의 성질상 곤란한 경우에 대하여, "법원은 증거조사의 결과와 변론의 전취지에 의하여 밝혀진 당사자들 사이의 관계, 채무불이행과 그로 인한 재산적 손해가 발생하게 된 경위, 손해의 성격, 손해가 발생한 이후의 제반 정황 등의 관련된 모든 간접사실들을 종합하여 상당인과관계 있는 손해의 범위인 수액을 판단할 수 있다"고 하였다.
82) 이 판결은 상고가 제기되지 않아 그대로 확정되었다.

등을 구체적으로 규정한 우리나라의 실정법이나 확립된 관습법이 존재하지
는 않으나, "원고의 성명, 초상 등에 대하여 형성된 경제적 가치가 이미 광고
업 등 관련 업계에서 널리 인정되고 있는 이상 이를 침해하는 행위는 원고
본인에 대한 관계에서는 명백히 민법상의 불법행위를 구성한다" 하면서, "이
와 같이 보호되는 한도 내에서 원고가 자신의 성명, 초상 등의 상업적 이용에
대하여 배타적으로 지배할 수 있는 권리를 퍼블리시티권으로 파악하기에 충
분하다"고 하였다. 그리고 "이는 원고의 인격으로부터 파생된 것이기는 하나
원고의 인격권과는 독립된 별개의 재산권으로 보아야 할 것"이라고 하였다.
　　퍼블리시티권 침해로 인한 재산상 손해액에 대해서는, "피고 회사가 원고
로부터 동의를 얻어 앞에서 본 바와 같은 광고행위를 계속하기 위하여 원고
에게 추가로 지급해야 할 보수 상당액"이라고 하면서, 1심 판결이 산정한
15,000,000원이 정당하다고 하여, 결국 원고의 항소를 기각하였다.

　서울고등법원이 선고한 이 판결은, [B-10]판결(제임스딘IV 사건)이 성
문법주의를 취하고 있는 우리나라에서 퍼블리시티권을 인정하기 어렵다
고 판단한 것에 대응하여, 퍼블리시티권의 존재를 해석상 인정하였다. 즉,
이 판결은 성명, 초상 등에 대하여 형성된 경제적 가치를 침해하는 행위
가 민법상의 불법행위를 구성한다는 점에 근거하여 퍼블리시티권을 인정
할 수 있다고 판단하였다. 그러나 우리 민법이 권리 침해를 불법행위의
성립요건으로 하고 있지 않다는 점을 고려하면, 불법행위가 성립하기 때
문에 이와 같이 보호되는 한도에서 퍼블리시티권 개념을 인정해야 한다는
논리는 설득력이 약하다.

　그리고 이 판결은 "피고 회사가 원고로부터 동의를 얻어 광고행위를 계
속하기 위하여 원고에게 추가로 지급해야 할 보수 상당액"을 퍼블리시티
권 침해로 인한 재산상 손해액으로 인정하였는데, 이는 [A-3]판결(최애숙
사건) 등에서 인정된 재산상 손해의 산정방법과 동일한 것이다.

　한편, 이 판결의 1심 판결[83]은 인격권으로서의 초상권 침해를 인정하
면서도 [A-8]판결(황인정 사건)과 유사한 이유에서 원고의 위자료 청구를

---

83) 서울중앙지방법원 2004. 12. 10. 선고 2004가합16025 판결.

배척하였다.84) 이와 관련하여, 초상의 무단사용시, 유명인의 경우에는 퍼
블리시티권으로, 일반인의 경우에는 인격권 또는 프라이버시권으로 보호
한다는 원칙을 밝혔다고 평가된다.85) 반면에, '퍼블리시티권'과 '초상권'
은 별개의 권리이므로 각각의 손해의 발생은 별도로 논의해야 한다고 비
판하는 견해86)도 있다.

(바) [B-14] 서울중앙지방법원 2005. 9. 27. 선고 2004가단235324 판결87)(정준하 사건)

이 판결은, 코미디언인 원고의 얼굴을 형상화한 캐릭터를 피고가 제작하
고 이를 인터넷 모바일 서비스에 컨텐츠로 제공하여 고객들이 돈을 지급하
고 다운로드 받도록 한 사건에서, 퍼블리시티권을 "사람이 자신의 성명이나
초상 등을 상업적으로 이용하고 통제할 수 있는 배타적 권리"라고 정의하였
다. 그리고 "유명 연예인이나 운동선수 등의 경우 자신의 승낙 없이 자신의
성명이나 초상 등이 상업적으로 사용되어지는 경우 정당한 사용계약을 체결
하였다면 얻을 수 있었던 경제적 이익의 박탈이라고 하는 재산상 손해를 입
게 된다는 점"에서 퍼블리시티권을 별도의 권리로서 인정할 필요가 있다고
하면서, 원고의 퍼블리시티권이 침해되었다고 인정하였다.

원고가 입은 재산상 손해에 대해서는, "퍼블리시티권의 침해로 인한 손해
액은 피해자 본인의 승낙을 받아서 그의 성명이나 초상 등을 정당하게 사용
할 경우에 지급하여야 할 대가금액을 기준으로 삼아야" 한다고 하면서, 원고
와 다른 회사의 계약 내용, 피고와 다른 연예인의 계약 내용, 피고의 매출액,
피고가 이 사건 캐릭터를 사용하여 영업을 한 기간이 비교적 단기간이었던
점과 그 밖에 제반 사정 등을 종합하여, 이를 5,000,000원으로 정하였다.88)

---

84) 1심 판결에 대하여 피고만이 항소하였으므로, 항소심인 이 판결은 이에 대해서는 판단하지 않았다.
85) 남형두(2005), 111면.
86) 박준우(2006), 501면, 각주22). 이 견해는, 이 판결이 '재산권'인 퍼블리시티권의 침해로 인한 재산상의 손해배상의 인정 때문에, 별개의 권리인 '초상권'의 침해로 인한 정신적 손해의 발생을 인정하지 아니한 것이 부당하다고 비판한다.
87) 이 판결은 항소가 제기되지 않아 그대로 확정되었다.
88) 한편, 원고는 피고가 이 사건 캐릭터를 상업적으로 이용하여 올린 매출액에 대해 부당이득반환도 구하였으나, 이 판결은 피고의 매출액이 2,417,880원에 불과하

그러나 원고의 초상권 침해로 인한 위자료청구는 배척하였다.

이 판결은, 퍼블리시티권을 별도의 권리로 인정할 필요가 있다는 논거로, 유명인의 성명이나 초상 등이 상업적으로 사용되는 경우 "정당한 사용계약을 체결하였다면 얻을 수 있었던 경제적 이익의 박탈이라고 하는 재산상 손해"를 입게 된다는 점을 제시하였다.

그리고 이 판결은 원고의 얼굴을 형상화한 "캐릭터"를 제작하여 이용하는 것에 의하여 원고의 퍼블리시티권이 침해되었다고 인정하였는데, 사진을 이용하는 방법 이외의 방법으로도 퍼블리시티권 침해가 성립할 수 있다는 점을 보여준다.[89]

2. 인격권에 대하여 판단한 경우

2001년부터 2005년까지 선고된 판결들 중에도 사람의 동일성이 갖는 재산적 이익을 초상권 등 인격권에 의해 보호할 수 있다고 판단한 판결들이 여전히 존재한다. 특히, 퍼블리시티권과 초상권이 함께 주장된 경우에 명시적으로 퍼블리시티권 침해 주장을 배척하고 초상권 침해 주장만 인정한 판결들도 있다.

(가) [A-11] 서울지방법원 2001. 4. 10. 선고 99가합62260 판결 (이병헌 사건)

이 판결은, 연예인인 원고의 동의나 승낙을 받지 않고 그가 공연의 주연으로 출연하는 것처럼 원고의 얼굴사진과 이름을 이용하여 홍보한 사건에서,

---

고, 퍼블리시티권의 침해로 인한 손해배상으로 5,000,000원을 지급받는 이상 부당이득반환청구도 이유 없다고 판단하였다.

89) [A-1]판결(5일장 사건)도, 초상권의 보호와 관련하여, "초상의 묘사방법이 사진촬영이든 또는 일러스트레이션과 같은 회화적 방법에 의한 것인지 등"을 묻지 않는다고 판단하였다.

피고의 행위에 의하여 원고로서는 "자신의 성명과 초상에 관한 인격적 이
익"을 침해받았을 것임이 경험칙상 명백하므로 피고는 원고에게 그에 대한
위자료를 지급할 의무가 있다고 하면서, 제반 사정을 참작하여 위자료의 액
수를 10,000,000원으로 정하였다.

이 판결은 원고의 초상과 이름이 상업적으로 이용된 경우에 초상권 침
해를 인정하였다. 그러나 그 결과로 위자료를 지급할 책임만 인정하였으
므로, 재산적 이익을 고려한 판결로 평가하기에는 명확하지 않다.

(나) [A-12] 서울지방법원 2001. 12. 21. 선고 2001가합31184 판결
(이미연 사건)

이 판결은, TV 탤런트 겸 영화배우인 원고의 영화 스틸사진을 피고들이
영화음악 편집음반[90]의 표지 및 속지에 싣고 이를 판매한 사건에서, 원고가
갖는 "자신의 초상을 영리 목적으로 함부로 사용되지 않도록 할 수 있는 초
상권"이 침해되었다고 판단하였다.[91] 따라서 피고들은 "원고에 대한 초상권
침해행위 중지의무의 이행으로" 원고의 사진이 실린 음반을 제조, 판매하여
서는 아니된다고 판단하였다.

그리고 피고들의 원고에 대한 초상권침해로 인하여 원고가 상당한 "정신
적 고통"을 받았음이 경험칙상 분명하므로, 피고들은 각자 위자료를 지급할
의무가 있다고 하면서, 변론에 나타난 제반 사정을 고려하여 위자료를
10,000,000원으로 정하였다.[92]

한편, 피고들은 원고가 피고1에게 원고의 사진 등 이 사건 영화의 스틸사
진 전체를 이용할 수 있는 퍼블리시티권 등의 상업적 권리를 수여하였다고 주
장하였다.[93] 그러나 이 판결은, 원고가 피고1에게 원고의 사진 등 이 사건 영
화의 스틸사진 전체를 이용할 수 있는 퍼블리시티권 등의 상업적 권리를 수여

---

90) 이 편집음반에는 원고가 출연한 영화 외에 다른 영화의 영화음악들도 담겨 있었다.
91) 그러나 피고들의 행위로 인하여 원고의 명예가 훼손되었다는 점을 인정할 증거
가 없다고 하여, 원고의 명예훼손 주장은 받아들이지 아니하였다.
92) 다만, 원고의 사과광고청구는 배척하였다.
93) 원고는 피고1과 영화출연계약을 맺고 영화에 출연하였는데, 그 계약서에는 피고1
이 이 사건 영화의 비디오판매권, TV 방영권, 유선방송권, 상품화 수출 등과 그
외 이 사건 영화로 발생되는 모든 상업적 권리를 소유한다고 기재되어 있었다.

하였다는 점을 인정하기 부족하고, 이를 인정하더라도 피고1이 갖는 상업적 권리에 이 사건 영화의 스틸사진을 음반의 표지 및 속지에 싣고 이 사건 영화의 OST가 아닌 다른 영화의 영화음악들을 음반의 내용으로 담아 CD 등의 음반을 제조, 판매하는 권리가 포함되어 있다고는 할 수 없다고 판단하였다.

이 판결의 사안은, 원고가 출연한 영화의 스틸사진 중 원고의 사진을 음반 제조에 이용한 것으로, 역시 원고의 초상이 상업적으로 이용된 경우에 해당한다. 그런데 이 판결은 "자신의 초상을 영리 목적으로 함부로 사용되지 않도록 할 수 있는 초상권"이 침해되었다고 판단하고, 이에 근거하여 원고의 금지청구를 인용였다. 다만, 재산적 손해의 배상에 대해서는 언급하지 아니하고, 위자료를 지급할 책임만 인정하였다.

한편, 이 판결은 피고들이 퍼블리시티권 등의 상업적 권리를 가지고 있다고 항변한 것에 대해서도 판단하였는데, 퍼블리시티권 개념 자체를 부정하지는 않았다.

(다) [A-13] 서울중앙지방법원 2004. 10. 1. 선고 2002가단254093 판결94)(김민희 사건)

이 판결은, 탤런트 김민희의 이름과 사진을 피고가 인터넷 사이트 경매코너에 게재한 것95)에 대하여 이 탤런트의 연예활동과 관련하여 전속계약을 체결한 원고가 손해배상을 청구한 사건에서, [B-10]판결(제임스딘Ⅳ 사건)과 동일하게, 성문법주의를 취하고 있는 우리나라에서 실정법이나 확립된 관습법 등의 근거 없이 물권과 유사한 독점·배타적 재산권인 퍼블리시티권을 인정하기는 어렵다고 하면서, 퍼블리시티권 침해로 인한 손해의 배상을 구하는 원고의 청구를 배척하였다.

그러나 피고가 김민희의 허락을 받지 아니한 채, 김민희의 사진을 피고가 운영하는 인터넷 사이트에 게재함으로써, 김민희에 대하여 "자신의 초상을

---

94) 이 판결은 항소가 제기되지 않아 그대로 확정되었다.
95) 피고는 드라마 속 주인공인 이 탤런트의 스타일에 맞는 의류, 가방 등의 상품을 등록하여 통신판매하거나, 인터넷 이용자들로 하여금 위 인터넷 사이트에 경매할 상품을 등록하고 이를 구매할 수 있도록 인터넷 서비스를 제공하였다.

영리 목적으로 함부로 사용되지 않도록 할 수 있는 초상권"을 침해하였고, 따라서 피고가 위자료를 지급할 의무가 있다고 하였다. 다만, 김민희가 소송 계속 중 원고에게 초상권 침해행위에 대한 위자료 등 손해배상청구권을 양도하였고 이에 대한 채권양도통지가 이루어졌다고 보아, 피고가 원고에게 위자료 상당의 양수금을 지급할 의무가 있다고 하였다. 피고가 지급하여야 할 위자료의 액수는, 변론에 나타난 제반 사정 등을 고려하여 5,000,000원으로 정하였다.

이 판결의 사안은 탤런트의 이름과 초상이 상업적으로 이용된 경우에 해당한다. 그런데 원고가 퍼블리시티권 침해와 초상권 침해를 모두 주장한 것에 대하여, 이 판결은 퍼블리시티권 침해 주장을 배척하고 초상권 침해 주장만 인정하였다. 우리 민사소송법은 처분권주의[96]와 변론주의[97]를 채택하고 있으므로, 원칙적으로 원고가 침해되었다고 주장하는 권리에 대해서만 법원이 그 침해 여부를 판단해야 한다. 그러므로 이 판결은, 원고가 퍼블리시티권 침해와 초상권 침해를 모두 주장한 사건에서 퍼블리시티권 침해 주장을 배척하고 초상권 침해 주장만 받아들였다는 점에서 의미를 갖는다.

이 판결은, 퍼블리시티권의 인정 필요성은 법원도 공감하되, 법체계의 한계상 인정할 수 없다는 것으로서, 이는 다른 측면에서 이 권리의 법제화를 강하게 촉구하고 있다고 평가되기도 한다.[98] 그러나 이 판결은 "자신의 초상을 영리 목적으로 함부로 사용되지 않도록 할 수 있는 초상권"의 침해를 인정하고 그로 인한 위자료 지급 책임을 인정하는 방법으로 사

---

96) 李時潤(2009), 277면은, 처분권주의라 함은 절차의 개시, 심판의 대상과 범위 그리고 절차의 종결에 대하여 당사자에게 주도권을 주어 그의 처분에 맡기는 입장이라고 한다.

97) 李時潤(2009), 284-285면은, 변론주의라 함은 소송자료 즉 사실과 증거의 수집·제출의 책임을 당사자에게 맡기고, 당사자가 수집하여 변론에서 제출한 소송자료만을 재판의 기초로 삼아야 하는 입장이라고 한다.

98) 남형두(2005), 113면.

안을 해결하고 있으므로, 이 판결이 퍼블리시티권의 법제화를 강하게 촉구하고 있다고 평가하기는 다소 어려워 보인다.

이 판결에 대해서는, 퍼블리시티권의 실질인 성명, 초상 등의 고객흡인력 내지 경제적 가치에 대한 보호 필요성은 부인할 수 없기에 우회적으로 초상권 침해에 기한 위자료 인정으로 결론을 내린 것으로 보이나, 이 경우에도 정신적 고통이 발생한다고 함으로써 무리한 이론 구성이 될 수밖에 없었다고 비판되기도 한다.99)

한편, 이 판결은 초상권 침해로 인한 손해배상청구권의 양도에 의하여, 탤런트와 전속계약을 체결한 원고가 손해배상을 받을 권리가 있다고 인정하였는데, 이는 퍼블리시티권의 양도성을 인정하는 것과 유사한 결과라고 볼 수 있다.

(라) [A-14] 수원지방법원 2005. 1. 13. 선고 2004가단20834 판결100) (은지원 사건)

이 판결은, 가수인 원고의 화보촬영사진을 피고가 학생복 광고포스터와 광고플래카드에 이용한 사건에서, [B-10]판결(제임스딘Ⅳ 사건), [A-13]판결(김민희 사건)과 동일하게, 성문법주의를 취하고 있는 우리나라에서 실정법이나 확립된 관습법 등의 근거 없이 물권과 유사한 독점·배타적 재산권인 퍼블리시티권을 인정하기는 어렵다고 판단하였다. 이에 따라, 퍼블리시티권 침해로 인한 손해의 배상을 구하는 원고의 청구를 배척하였다.

그러나 피고가 원고의 허락을 받지 아니하고 원고의 사진이 들어 있는 광고포스터와 광고플래카드를 제작, 게시함으로써 원고에 대하여 "자신의 초상을 영리목적으로 함부로 사용되지 않도록 할 수 있는 초상권"을 침해하였으므로, 피고는 원고에게 위자료를 지급할 의무가 있다고 판단하였다. 피고가 원고에게 지급하여야 할 위자료의 액수는, 변론에 나타난 제반 사정 등을 참작하여 5,000,000원으로 정하였다.

한편, 피고는 원고가 출연하는 영화를 제작하던 회사로부터 원고의 화보촬영사진을 사용해도 된다는 허락을 받고 이를 이용했기 때문에101) 원고의

---

99) 오세용(2007), 607면.
100) 이 판결은 항소가 제기되지 않아 그대로 확정되었다.

초상권을 침해함에 있어서 고의 또는 과실이 없었다는 취지로 주장하였다. 그러나 이 판결은, 영화를 제작하던 회사가 원고로부터 원고의 사진 등을 사용하는데 대하여 허락을 받았는지 여부에 대하여 피고가 확인을 하는 등 주의의무를 다하였음을 인정할 증거가 없다 하면서, 이러한 주장을 배척하였다.

이 판결의 사안은 영화의 주연배우로 출연한 가수의 화보촬영사진을 교복의 광고포스터와 광고플래카드에 이용한 것으로, 초상이 상업적으로 이용된 경우에 해당한다. 이 판결은 [A-13]판결(김민희 사건)과 거의 동일한 내용으로 판단하였다. 이 판결 역시 퍼블리시티권 침해와 초상권 침해가 모두 주장된 사건에서 퍼블리시티권 침해 주장을 배척하고 초상권 침해 주장을 받아들인 판결이라는 의미를 갖는다.

V. 2006년부터 현재까지의 판례

1. 퍼블리시티권에 대하여 판단한 경우

2005년 서울고등법원이 선고한 [B-13]판결(이영애 사건)이 실정법이나 확립된 관습법이 존재하지 않더라도 해석상 퍼블리시티권을 인정할 수 있다는 입장을 취한 이후, 퍼블리시티권에 의한 보호를 인정하는 1심 판결들이 급격히 증가하였다. 이러한 1심 판결들은 대부분 [B-13]판결(이영애 사건)과 동일한 논거를 들어 퍼블리시티권을 인정하였다. 그리고 퍼블리시티권을 인정하는 판결이 증가됨에 따라 퍼블리시티권으로 보호되는 객체의 범위와 퍼블리시티권 침해가 인정되는 유형도 점차 확대되었다.

그러나 이러한 1심 판결들의 항소심에서는 소 취하, 항소 취하, 강제조

---

101) 피고는 학생복을 생산, 판매하는 사람이었는데, 원고가 출연하는 영화를 제작하던 회사와 협찬계약을 체결하고 이에 따라 학생복 등을 공급하였다.

정, 화해권고결정, 조정, 화해 등에 의해 대부분의 소송이 종결되었고, 실
체적 판단이 이루어지고 있지 않다. 즉, 1심 판결들이 급격히 증가되었음
에도 불구하고, 2005년 이후 현재까지 고등법원이 퍼블리시티권에 대하여
실체적 판단을 한 판결은 찾아보기 어렵다.

(가) [B-15] 서울중앙지방법원 2006. 4. 19. 선고 2005가합80450 판결102)(프로야구선수Ⅰ 사건)

이 판결은, 프로야구 선수들인 원고들의 성명, 각종 개인기록을 사용하여
피고들103)이 휴대전화용 게임물을 제작한 사건에서, "헌법상의 행복추구권
과 인격권의 한 내용을 이루는 성명권"은 "사회통념상 특정인임을 알 수 있
는 방법으로 성명이 함부로 사용, 공표되지 않을 권리, 성명이 함부로 영리
에 이용되지 않을 권리"를 포함한다고 하였다. 그리고 원고들의 허락을 받지
아니하고 원고들의 성명을 상업적으로 이용하는 행위는 원고들의 성명권 중
"성명이 함부로 영리에 이용되지 않을 권리"를 침해한 민법상의 불법행위를
구성한다고 볼 것이고, "이와 같이 보호되는 한도 내에서 원고들이 자신의
성명 등의 상업적 이용에 대하여 배타적으로 지배할 수 있는 권리를 퍼블리시
티권으로 파악하기에 충분하다"고 하였다. 이에 따라, 피고들이 "원고들의 인
격권으로서의 성명권 및 퍼블리시티권"을 위법하게 침해하였다고 판단하였다.

퍼블리시티권 침해로 원고들이 입게 된 재산상 손해는 "피고들이 원고들
의 승낙을 받아서 원고들의 성명을 사용할 경우에 원고들에게 지급하여야
할 대가 상당액"이라 하면서, 순매출액의 50%를 프로야구 관련 자산 및 원
고들의 성명사용권 전체에 대하여 이 사건 게임물과 유사한 모바일게임 업
계에서 일반화되어 있는 사용료로 보고, 그 중 원고들의 성명 사용이 차지하

---

102) 이 판결에 대하여 원고들이 항소하였으나, 항소심(서울고등법원 2006나45017
사건)에서 항소를 취하하였다. 이호선(2010), 80면에 의하면, 이 판결이 있은 뒤
KBOP(한국프로야구위원회의 자회사)는 한국프로야구선수협회와의 사이에 초
상권 계약을 체결하기에 이르렀고, 이후 원고들이 항소를 취하하였다고 한다.
103) 피고2는 각 프로야구 구단이 가지는 권리를 위임받거나, 이를 대행하는 한국야
구위원회(KBO)로부터 각 프로야구 구단이 가지고 있는 휘장, 상표, 로고, 엠블
럼, 마스코트, 각 구단의 경기기록 등의 데이터베이스, 경기관련 자료 등을 활용
할 수 있는 권리를 부여받은 이후, 피고1과 무선게임 사업계약을 체결하고 이를
피고1에게 제공하였으며, 피고1은 이에 따라 게임물을 제작하였다.

는 비중을 20%로 파악하여, 결국 손해액을 29,303,347원으로 정하였다.[104]

그러나 원고들의 위자료 청구는 배척하였는데, 특히 원고들과 같은 프로 스포츠 선수들은 경기중계, 인터뷰, 광고 등을 통한 대중과의 접촉을 직업으로 하는 사람들로서 "통상 자기의 성명 등이 일반대중에게 공개되는 것을 희망 또는 의욕하는 직업적 특성"에 비추어 볼 때, 자신들의 성명이 허락 없이 사용되었다고 하더라도 "그 사용의 방법·목적 등으로 보아 원고들의 운동선수로서의 평가, 명성, 인상 등을 훼손 또는 저해하는 경우 등의 특별한 사정이 없는 한," 그로 인하여 정신적 고통을 받았다고 보기는 어렵다고 판단하였다.

한편, 이 판결은 원고들의 성명사용금지청구도 인용하였다. 즉, "인격권으로서의 성명권은 물권의 경우와 마찬가지로 배타성을 가지는 권리라고 할 것이므로 원고들로서는 성명권 침해를 이유로 그 침해의 금지 및 예방을 구할 수 있다"고 하면서, 피고들은 이 사건 게임물에 원고들의 성명을 사용하거나 이를 사용한 게임물을 제작·공급 및 판매하여서는 아니 될 의무가 있다고 판단하였다.

이 판결은, 다른 사람의 성명을 허락을 받지 아니하고 상업적으로 이용하는 행위는 성명권 중 "성명이 함부로 영리에 이용되지 않을 권리"를 침해한 민법상의 불법행위를 구성한다고 하면서, "이와 같이 보호되는 한도 내에서" 퍼블리시티권을 인정할 수 있다고 판단하였다. 그러나 이미 성명권 침해로 인하여 불법행위가 성립한다고 하면서, 무슨 이유에서 이를 다시 퍼블리시티권으로 파악해야 하는지에 대해서는 언급하지 않았다.

그리고 이 판결은 퍼블리시티권과 인격권으로서의 성명권이 모두 침해되었다고 하면서도, 퍼블리시티권 침해로 인한 재산상 손해에 대한 배상책임만 인정하고, 인격권으로서의 성명권 침해로 인한 위자료 지급 청구는 배척하였다. 하지만, 성명사용금지청구에 대해서는 "인격권으로서의 성명권"이 갖는 "배타성"에 근거하여 청구를 인용하였다.

이 판결에 대해서는, 이전까지 프로야구선수들의 퍼블리시티권은 구단 및 구단주들의 회합인 KBO에서 일방적으로 정의해 놓은 '프로야구자산'

---

104) 이는 원고 1인당 238,238원에 해당하는 금액이다.

중의 한 구성물에 불과하였고 이에 대한 실시권 부여와 수익 배분에 정작 선수들은 완전히 배제된 상태였는데, 이를 수정하는 계기가 되었다고 평가하는 견해[105)가 있다. 반면에, 퍼블리시티권 보호와 표현의 자유 사이의 적절한 균형점을 마련하는 것이 스포츠법의 매우 중요한 과제라고 하면서, 미국의 최근 판결보다 더 전향적인 판결이 나온다는 것은 큰 의미가 있다고 생각되지만 그와 동시에 우려가 든다고 평가하는 견해[106)도 있다.

이 판결은 현직 프로야구선수들의 성명 등을 게임에 이용하는 것에 대하여 하나의 기준을 설정하였다고 평가할 수 있다. 그러나 전직 프로야구선수들의 경우는 여전히 문제로 남겨 놓았는데, 후술하는 바와 같이 이후 전직 프로야구선수들의 성명 등을 게임에 이용하는 것에 대하여 여러 판결들[107)이 선고되었다. 이러한 일련의 판결들은 모두 프로야구선수들의 권리를 보호하는 입장을 취하였는데, 이는 게임물 운영과 같은 영리추구 행위를 표현의 자유의 보호범위에서 배제하려는 판단이 반영된 것으로 보인다.

(나) [B-16] 서울동부지방법원 2006. 12. 21. 선고 2006가합6780 판결[108)(이효석 사건)

이 판결은, 소설가 이효석의 초상, 서명 등을 기재한 문화상품권이 발행되자 그 상속인 중 1인이 초상 등의 사용금지 등을 청구한 사건에서, 초상권이라 함은 개인의 동일성을 파악할 수 있게끔 하는 모든 가시적인 개성들,

---

105) 이호선(2010), 90면. 그러나 은퇴선수들의 퍼블리시티권은 해결되지 아니하여 사회적 물의가 빚어지고 있고, 사용 수수료 분배 비율은 물론 그 지급 전제가 되는 선수들의 퍼블리시티권에 대한 가치 평가의 적정성에 관하여는 여전히 의문이 남아 있다고 한다.

106) 남형두(2007c), 238면. 이 견해는, 스포츠선수(협회 포함), 이용자(Licensee) 측면의 스포츠산업, 일반 이용자(the public) 3자간 이해관계의 적정한 균형점을 모색하는 것이 스포츠법의 이상이라고 설명한다. 남형두(2007c), 238면, 각주138).

107) [A-18]결정(프로야구선수Ⅱ 사건), [B-27]결정(프로야구선수Ⅲ 사건), [B-28]판결(프로야구선수Ⅳ 사건) 등.

108) 이 판결은 항소가 제기되지 않아 그대로 확정되었다.

즉 자신의 얼굴이나 용모 또는 신체적인 특징 등에 대해 그 개인이 가지는 "일체의 이익"을 내용으로 하는 권리라 하면서, 그 구체적 내용으로, "① 함부로 얼굴을 촬영당하지 않을 권리, 즉 촬영거절권으로서의 초상권, ② 촬영된 초상 사진, 작성된 초상의 이용거절권으로서의 초상권, ③ 초상의 이용에 대하여 초상 본인이 가지는 재산적 이익, 즉 재산권으로서의 초상권" 등을 언급한 다음, ③의 권리는 "퍼블리시티권의 일부"라고 볼 수 있다고 하였다.[109]

그리고 퍼블리시티권을 독립적인 권리로 인정할 수 있는 논거를 다음과 같이 제시하였다. 즉, ① "대부분의 국가가 법령 또는 판례에 의하여 이를 인정하고 있는 점," ② "이러한 동일성을 침해하는 것은 민법상의 불법행위에 해당하는 점," ③ "사회의 발달에 따라 이러한 권리를 보호할 필요성이 점차 증대하고 있는 점," ④ "유명인이 스스로의 노력에 의하여 획득한 명성, 사회적인 평가, 지명도 등으로부터 생기는 독립한 경제적 이익 또는 가치는 그자체로 보호할 가치가 충분한 점" 등에 비추어 해석상 이를 독립적인 권리로 인정할 수 있다고 하였다.

또한 이 판결은 퍼블리시티권의 상속성을 인정함이 상당하다고 판단하였으나, 저작권법 규정을 유추적용하여 퍼블리시티권의 존속기한을 해당자의 사후 50년으로 해석함이 상당하다고 하였다. 그런데 피고 회사가 이 사건 상품권을 최초로 발행할 당시 이효석이 사망한 때로부터 약 62년이 경과하였으므로, 결국 그 시점에서 이효석의 퍼블리시티권은 더 이상 독점적 권리로서 보호할 수 없었다고 보아야 할 것이라고 하여, 퍼블리시티권 침해 주장을 배척하였다.[110]

이 판결은 초상권의 내용 중 "초상의 이용에 대하여 초상 본인이 가지는 재산상 이익"을 "재산권으로서의 초상권"이라고 하면서, 이를 퍼블리시티권의 일부라고 판단하였다. 이는 [B-9]판결(시나위 사건)이 초상권의

---

109) 또한 퍼블리시티권의 대상이 초상일 경우 초상권 중 재산권으로서의 초상권과 동일한 권리가 된다고 판시하였다.
110) 이 판결은, 이효석의 초상권이 침해되었다는 주장도 배척하였다. 즉, 사자(死者)의 초상권은 그 초상을 사용한 것이 "명예를 훼손하는 정도"에 이른 경우에만 제한적으로 인정될 수 있다고 하면서, 이 사건 상품권에 이효석의 초상을 게재한 것이 이효석의 명예를 훼손하는 정도에 이르지 않았으므로 원고의 주장을 받아들일 수 없다고 판시하였다.

내용 중 "초상이 함부로 영리에 이용되지 아니할 권리"를 "초상영리권"이라고 하면서, 이를 퍼블리시티권으로 파악한 것과 유사하다. 이에 의하면, 초상권의 내용 중 초상의 재산상 이익에 관한 권리를 분리하여 퍼블리시티권으로 파악하는 셈이 된다. 또한 퍼블리시티권의 상속성을 인정하였다는 점, 퍼블리시티권의 존속기간을 저작권법의 규정을 유추적용하여 해당자의 사망 후 50년으로 인정하였다는 점 등에서도 이 판결은 의미를 갖는다.

(다) [B-17] 서울중앙지방법원 2007. 1. 19. 선고 2006가단250396 판결111)(따라와 사건)

이 판결은, 원고 소속 연기자들이 TV 프로그램에서 연기를 하고 있던 '웃찾사의 따라와' 코너를 모방하여 피고가 이벤트 화면을 제작한 사건에서,112) 원고 소속 연기자들이 일반인들에게 널리 알려지게 되어 "그들 개인의 용모, 이름, 음성, 동작, 실연 스타일 등 총체적 인성(personal identity)에 대한 상품적 가치인 퍼블리시티권"을 가지게 되었다고 하면서, 피고들이 원고 소속 연기자들의 퍼블리시티권을 침해하였다고 판단하였다.113) 피고들이 배상해야 할 손해배상액에 대하여는, 변론에 나타난 모든 사정을 종합하여 원고 소속 연기자들 전체로 평가하여 8,000,000원으로 정하였다.

이 판결은, 퍼블리시티권을 "용모, 이름, 음성, 동작, 실연 스타일 등 총

---

111) 이 판결은 항소가 제기되지 않아 그대로 확정되었다.

112) 원고 소속 연기자들의 코미디 프로 코너의 연기는, 여자 연기자가 눈을 감고 양팔을 벌리면서 "따라와"라고 표시를 하고, 남자 연기자 2명 중 1명이 "어머 그러네"라고 맞장구를 치는 연기로 구성되어 있었는데, 피고들은 이벤트 화면에서 여자 모양의 캐릭터와 남자 모양의 캐릭터를 이용하여 이와 유사한 모습을 연출하였다.

113) 이 판결은, 원고의 초상권 침해 주장에 대해서는, "직접 사진을 이용하여 홍보를 한 것이 아니므로 초상권 침해는 해당되지 아니한다"고 판단하였다. 그러나 초상권 침해가 직접 사진을 이용한 경우에만 인정되는 것은 아니므로, 이러한 판단은 타당하지 않다. 예컨대, [A-6]판결(임격정 사건)은 인물화가 이용된 사건에서 초상권 침해를 인정하였다. 박용상(2008), 525면도 초상은 그 묘사방법 여하를 가리지 않고 보호된다고 설명한다.

체적 인성(personal identity)에 대한 상품적 가치"라고 하여, 퍼블리시티
권의 개념을 다소 넓게 파악하였다. 판결 내용에 있어서도, 원고 소속의
연기자들이 코미디 프로그램 코너에서 연기를 하는 동작과 스타일 등을
피고가 캐릭터를 이용하여 유사하게 표현한 것이 퍼블리시티권 침해에 해
당한다고 판단하였다.

한편, 이 판결은 연기자들과 전속계약을 체결한 엔터테인먼트회사인 원
고가 그 소속 연기자들에 대한 퍼블리시티권 및 초상권을 가지고 있다는
사실을 인정하였는데, 어떠한 근거에서 이러한 사실을 인정하였는지 명확
하지 않다.114) 특히, 초상권이 양도되었다고 인정한 것은 이례적으로 보
인다.

(라) [B-18] 서울중앙지방법원 2007. 1. 25. 선고 2005가합111590 판결115)(류시원 사건)

이 판결은, 유명 연예인인 원고가 출연한 뮤직비디오를 수록한 DVD를 껌
과 함께 넣은 DVD제품을 제작하여 일본에서 판매하면서, 원고의 사진을
DVD 케이스 앞면 등에 실은 사건에서, 퍼블리시티권(Right of Publicity)이란
"성명, 초상 등이 갖는 경제적 이익 내지 가치를 상업적으로 사용·통제하거
나 배타적으로 지배하는 권리"라 하면서, "성명, 초상 등에 대하여 형성된 경
제적 가치가 이미 광고업 등 관련 업계에서 널리 인정되고 있다면" 성명, 초
상 등을 권리자의 허락 없이 사용하는 행위는 민법상의 불법행위를 구성한다
고 하였다. 그리고 피고들은 이 사건 뮤직비디오 자체나 DVD 자체의 홍보
및 배포에 수반되는 필수적인 초상의 사용과는 별도로 원고의 초상을 껌 판
촉을 위한 영리 목적으로 이용한 것이므로, 피고들의 행위는 원고가 가지는
초상권, 퍼블리시티권을 침해하는 불법행위를 구성한다고 판단하였다.116)

---

114) 또한 이는 "원고 소속 연기자들"의 퍼블리시티권을 침해하였다고 판단한 것과
    일치하지 않는다.
115) 이 판결에 대하여 원고와 피고들 모두 항소를 제기하였다. 그러나 이후 원고는
    항소를 취하하였으며, 항소심(서울고등법원 2007나32063 사건)에서 강제조정이
    이루어졌다.
116) 원고는 피고1과 뮤직비디오를 촬영하는 계약을 체결하고 이 사건 뮤직비디오를

원고가 피고들의 초상권 등 퍼블리시티권 침해로 인하여 입은 재산상 손해액은 "피고들이 이 사건 DVD에 원고의 초상을 사용하는 것에 대해 원고로부터 동의를 얻는 데 필요한 통상의 보수 상당액"이라 하면서, 변론에 나타난 제반 사정을 고려하여 10,000,000원으로 정하였다. 그러나 원고가 초상권, 퍼블리시티권 침해 등을 근거로 위자료를 청구한 것은 배척하였다.

한편, 이 사건 뮤직비디오는 영상저작물이라고 할 것이나, 영상저작물은 물리적으로는 개개의 장면의 연속체로서 그 개개의 장면은 사진과 조금도 성질을 달리하지 않기 때문에, 실연자인 배우도 "해당 화면에 촬영된 자기의 초상에 대해서는 고유한 정신적, 재산적 이익을 보유하고 있다"고 하였다. 즉, 실연자의 허락 없이 영상장면을 별도의 상업적 목적으로 사용하는 경우 실연자인 배우가 초상권, 퍼블리시티권 등을 여전히 행사할 수 있다고 하였다.

이 판결 역시, [B-13]판결(이영애 사건)과 유사하게, "성명, 초상 등에 대하여 형성된 경제적 가치가 이미 광고업 등 관련 업계에서 널리 인정되고 있다면" 성명, 초상 등을 권리자의 허락 없이 사용하는 행위가 "민법상의 불법행위를 구성한다"고 하면서, 이에 따라 퍼블리시티권을 인정할 수 있다는 취지로 판단하였다.

그리고 이 판결은 뮤직비디오와 같은 영상저작물의 경우도 그 실연자인 배우가 해당 화면에 촬영된 자기의 초상에 대하여 초상권, 퍼블리시티권 등을 행사할 수 있다고 판단하였다는 점에서 의미가 있다.

촬영하였다. 이 판결은, 피고2와 피고3이 이 사건 뮤직비디오에 대한 저작권 및 저작인접권을 가지고 있는 피고1로부터 초상권 등 침해 문제가 일체 없다고 보증받았기 때문에 자신들은 고의, 과실이 없다고 주장한 것에 대하여는, "이는 피고들 사이의 내부적인 문제일 뿐 이를 들어 원고에게 대항할 수 없는 것인데다가, 원고가 이 사건 DVD의 제조·판매에 동의하였는지 확인하는 절차를 밟지 않은 이상, 위 피고들도 이 사건 DVD의 제조·판매 행위에 대한 책임이 있다"고 판단하였다.

(마) [B-19] 서울중앙지방법원 2007. 1. 25. 선고 2005가합101005 판결117)(김석훈 등 사건)

이 판결도, 위 판결과 동일한 사안에 대하여 다른 연예인들이 원고가 되어 소를 제기한 사건에서, 위 판결과 동일한 내용으로 판단하였다. 다만, DVD 제품에 나타난 원고들의 초상 사진의 빈도, 크기, 원고들이 당초 촬영 대가로 지급받은 금액, 일본에서의 인기도, 피고1과 피고2가 개런티로 지급받은 금액 등 제반 사정을 고려하여 원고들이 입은 재산상 손해액을 원고들 각각에 대해 다르게 정하였다.118)

(바) [B-20] 서울중앙지방법원 2007. 1. 31. 선고 2005가합51001 판결119)(배용준 등 사건)

이 판결은, TV 탤런트 겸 유명 영화배우인 원고의 뮤직비디오 사진을 영상화보집으로 제작하여 일본에서 판매한 사건에서, 퍼블리시티권의 개념을 위 2개의 판결들과 동일하게 파악하였다. 그리고 피고들이 뮤직비디오를 복제, 배포할 수 있는 권리를 가지고 있다고 하면서도, 영상화보집의 제작·판매는 "이 사건 뮤직비디오 자체의 홍보 및 배포에 수반되는 필수적인 초상의 사용과는 별도로 원고들의 초상을 영리 목적으로 이용하였다"고 하면서, 원고들의 초상권, 퍼블리시티권이 침해되었다고 판단하였다.120)

---

117) 이 판결에 대하여 원고들 일부와 피고들은 항소를 제기하였다. 그러나 이후 원고들 일부는 항소를 취하하였으며, 항소심(서울고등법원 2007나32056 사건)에서 화해권고결정에 의해 종결되었다.

118) 원고 배용준이 30,000,000원, 원고 최미향(예명:최지우), 이병헌이 각 20,000,000원, 원고 문근영이 10,000,000원의 재산상 손해를 입은 것으로 하였다. 다만, 원고 김석훈의 청구에 대해서는, 그 초상이 DVD 케이스 및 리플릿 등에 실려 있지 않고, 그 이름이 DVD 표지에 적혀 있는 것은 출연배우를 알리는 목적 이외에 껌제품의 판촉 및 홍보를 위해서 사용되었다고 보기 어렵다 하여, 그 청구를 기각하였다.

119) 이 판결에 대하여 원고들과 피고들 모두 항소하였으나, 이후 원고들은 항소를 취하하였고, 항소심(서울고등법원 2007나35734 사건)에서 강제조정이 성립하였다.

120) 피고3은, 피고1과 피고2로부터 이 사건 영상화보집의 제작에 아무런 문제가 없고 저작권 등의 문제가 발생하면 피고2가 모든 책임을 지는 것으로 약정하였으므로, 자신에게 과실이 없다고 주장하였다. 그러나 이 판결은, 이는 "내부적인 문제일 뿐 이를 들어 원고들에게 대항할 수 없"고, "원고들이 원고들의 초상이

퍼블리시티권 침해로 인하여 원고들이 입은 재산상 손해는 "피고들이 원
고들의 승낙을 받아서 원고들의 초상을 사용할 경우에 원고들에게 지급하여
야 할 통상의 보수 상당액"이라고 하면서, 제반 사정을 고려하여 원고 배용
준의 경우 60,000,000원, 원고 장동건, 이병헌은 각 10,000,000원으로 정하였
다. 그러나 원고들이 초상권, 퍼블리시티권 침해 등을 근거로 위자료를 청구
한 것은 배척하였다.

이 판결은 [B-18]판결(류시원 사건), [B-19]판결(김석훈 등 사건)이 판
단한 내용을 그대로 따랐다. 그리고 피고들이 뮤직비디오를 복제, 배포할
수 있는 권리를 가지고 있어 뮤직비디오를 DVD로 제작하여 판매할 수
있고 따라서 원고들의 초상도 DVD의 배포·통상의 홍보에 수반하는 범위
내에서 사용할 수 있다고 하였지만, 원고들의 초상을 실은 영상화보집을
제작하여 판매하는 것은 별도의 상업적 목적을 추구하는 것으로 보아 초
상권, 퍼블리시티권 침해를 인정하였다.

(사) [B-21] 서울북부지방법원 2007. 7. 20. 선고 2006가합7284 판결[121] (김두한 사건)

이 판결은, 사망한 김두한의 일대기를 소재로 피고가 TV 프로그램을 기
획·제작하자 그 상속인들 중 일부인 원고들이 손해배상을 청구한 사건에서,
퍼블리시티권이라 함은 "사람의 초상, 성명 등 그 사람 자체를 가리키는 것
(identity)을 광고, 상품 등에 상업적으로 이용하여 경제적 이득을 얻을 수 있
는 권리"라고 하였다.

그리고 다음과 같이 해석상 독립된 재산권으로서 퍼블리시티권을 인정할
수 있다고 하였다. 즉, ① "인간이 자기의 성명, 초상에 대하여 인격권이 인
정되는 것과 마찬가지로 이들을 상업적으로 이용할 권리는 명문의 규정 여
하를 불문하고 인정되어야 한다는 점", ② "미국, 일본, 독일, 영국, 캐나다,
오스트레일리아 등 다수의 국가에서 법령 또는 판례에 의하여 이를 인정하

실린 이 사건 영상화보집의 제조·판매에 동의하였는지 확인하는 절차를 밟지
않은 이상" 피고3도 책임이 있다고 판단하였다.
121) 이 판결에 대하여 원고들이 항소하였으나, 항소심(서울고등법원 2007나79628
사건)에서 조정이 성립하였다.

고 있는 점", ③ "이러한 동일성을 침해하는 것은 민법상의 불법행위에 해당하는 점", ④ "타인의 성명, 초상을 이용하여 경제적 이익을 얻는 것은 부당이득에 해당한다고 봄이 공평의 법관념에 부합하는 점", ⑤ "사회의 발달에 따라 이러한 권리를 보호할 필요성이 점차 증대하고 있는 점", ⑥ "유명인이 스스로의 노력에 의하여 획득한 명성, 사회적인 평가, 지명도 등으로부터 생기는 독립한 경제적 이익 또는 가치는 그 자체로 보호할 가치가 충분한 점" 등에 비추어 해석상 독립된 재산권으로서 퍼블리시티권을 인정할 수 있다고 하였다.

그러나 TV 프로그램도 예술적 저작물의 하나로 보는 이상 망인의 인생 역정, 성명 등을 사용한 것이 상업적 이용이라 보기 어렵고, 언론의 자유와 예술의 자유가 현대 민주사회에서 가지는 중요성, 망인이 퍼블리시티권을 생전에 주장한 바도 없는 점, 망인의 인생 역정에 대하여는 이미 일반 대중에게 널리 알려진 점 등에 근거하여, 본 사안의 경우 퍼블리시티권 침해에 해당한다고 보기 어렵다고 판단하였다.

이 판결은 해석상 독립된 재산권으로서 퍼블리시티권을 인정할 수 있다고 하면서 그 논거를 자세히 언급하였다. 그리고 이 판결은 퍼블리시티권의 상속성에 대하여 언급하지 않고 바로 퍼블리시티권의 침해 여부를 판단하였는데, 이는 퍼블리시티권의 상속성을 전제했다고 평가할 수 있다.

한편, 이 판결은 TV 프로그램도 예술적 저작물의 하나로 보는 이상 망인의 인생 역정, 성명 등을 사용하였다고 하더라도 이를 상업적 이용으로 볼 수는 없다고 하였는데, 이는 [B-1]판결(이휘소 사건), [B-2]판결(최종림 사건)과 같은 입장을 취한 것으로 보인다.

(아) [B-22] 서울중앙지방법원 2007. 10. 24. 선고 2006가합63759 판결[122](심형래 사건)

이 판결은, 저명한 개그맨이자 영화감독 및 제작자로 활동하는 원고의 초상을 형상화한 인물 캐릭터를 피고가 당초 계약기간을 넘어 치킨 제품 포장지에 사용한 사건에서, 퍼블리시티권을 "성명, 초상 등이 갖는 경제적 이익

---

122) 이 판결에 대하여 원고가 항소하였는데, 항소심(서울고등법원 2007나120458 사건)에서 화해가 성립하였다.

내지 가치를 상업적으로 사용·통제하거나 배타적으로 지배하는 권리"로 파악하였다. 그리고 유명 연예인이나 운동선수 등의 경우 자신의 승낙 없이 성명이나 초상 등이 상업적으로 사용되어지는 경우 정당한 사용계약을 체결하였다면 얻을 수 있었던 경제적 이익의 박탈이라고 하는 재산상 손해를 입게 된다는 점에서 퍼블리시티권을 "인격권과는 독립된 별개의 재산권"으로 보아야 한다고 하였다. 이어서, 피고가 이 사건 캐릭터를 상업적으로 사용함으로써 원고의 퍼블리시티권을 침해하였다고 판단하였다.

퍼블리시티권 침해행위로 인하여 원고가 입게 된 재산상 손해는 "피고가 원고의 승낙을 받아서 이 사건 캐릭터를 사용할 경우에 원고에게 지급하여야 할 통상의 대가 상당액"이라고 하면서, 변론 전체에 나타난 모든 사정을 종합하여 이를 20,000,000원으로 정하였다. 그러나 원고가 명예 훼손으로 인해 정신적 고통을 받았다고 하며 위자료를 청구한 것은 배척하였다.

이 판결은, 퍼블리시티권을 인격권과는 독립된 별개의 재산권으로 보아야 한다는 근거로, 유명 연예인이나 운동선수 등의 경우 성명, 초상 등이 무단으로 상업적으로 이용되면 재산상 손해를 입게 된다는 점을 제시하였다. 그리고 원고의 얼굴 사진이 아니라 원고의 얼굴 모습을 형상화한 캐릭터의 이용에 의하여 퍼블리시티권이 침해되었다고 인정하였는데, 이는 [B-14]판결(정준하 사건)과 유사하다.

(자) [B-23] 서울중앙지방법원 2007. 11. 14. 선고 2006가합106519 판결123)(박신양 등 사건)

이 판결은, 잡지에 싣기 위해 촬영된 원고 배우들의 사진을 일본에서 개최된 전시회에 이용한 사건에서, 퍼블리시티권의 개념을 위 판결과 동일하게 파악하면서, "성명, 초상 등에 대하여 형성된 경제적 가치가 이미 광고업 등 관련 업계에서 널리 인정되고 있다면, 성명, 초상 등을 권리자의 허락 없이 사용하는 행위 등은 민법상의 불법행위를 구성한다고 보아야 할 것"이라고 하였다. 그리고 피고가 잡지에 게재할 목적으로만 사진촬영을 허락받았음에도 불구하고 원고 배우들의 동의 없이 전시회에 원고 배우들의 사진을

---

123) 이 판결에 대하여 피고가 항소하였으나, 항소심(서울고등법원 2008나24625 사건)에서 피고가 항소를 취하하였다.

사용하였으므로, 피고는 원고 배우들의 퍼블리시티권을 침해하였다고 판단하였다.

피고가 지급하여야 할 손해배상액에 대하여는, 통상 퍼블리시티권 침해로 인한 재산상 손해액은 "침해자가 피해자의 허락을 받아 초상 등을 사용할 경우 그들에게 지급하여야 할 보수 상당액"이라 하면서, 여러 사정을 종합하여 원고 1인당 손해배상액을 3,000,000원 또는 5,000,000원으로 정하였다.[124] 특히, 이 판결은 "원고 배우들의 사진이 그들의 허락 없이 상업적 목적으로 사용됨으로 인해 원고 배우들이 정신적인 피해를 입었을 것이라는 것은 분명한 점"을 손해배상액을 정하는데 고려할 요소 중 하나로 설시하였다.

한편, 이 판결은 원고 배우들이 소속된 연예기획사의 손해배상청구는 배척하였는데, 원고 회사가 원고 배우들로부터 "퍼블리시티권 또는 그 침해로 인한 손해배상청구권을 양도받았다"는 등 피고를 상대로 원고 배우들과 함께 손해배상을 청구할 권리가 있음을 인정할 만한 아무런 증거가 없다는 것을 그 이유로 들었다.

이 판결 역시, [B-13]판결(이영애 사건)과 유사하게, "성명, 초상 등에 대하여 형성된 경제적 가치가 이미 광고업 등 관련 업계에서 널리 인정되고 있다면" 성명, 초상 등을 권리자의 허락 없이 사용하는 행위가 민법상의 불법행위를 구성한다 하면서, 퍼블리시티권을 인정할 수 있다는 취지로 판단하였다.

이 판결은 원고 배우들이 소속된 연예기획사가 원고 배우들로부터 퍼블리시티권 또는 그 침해로 인한 손해배상청구권을 양도받았다는 것을 인정할 수 없다고 하여 원고 회사의 청구를 배척하였는데, 이는 퍼블리시티권이 양도가능하다는 것을 전제로 하였다고 볼 수 있다. 한편, 이 판결은 퍼블리시티권 침해를 인정하면서도 원고 배우들이 "정신적인 피해"를 입었다는 점을 인정하고 이를 손해배상액을 정하기 위해 고려할 요소로 설시하였다.

---

124) 원고 박신양, 송혜교, 왕지현, 정우성, 조인성, 지진희에 대한 손해배상액을 각 5,000,000원으로, 원고 차태현에 대한 손해배상액을 3,000,000원으로 정하였다.

(차) [B-24] 서울중앙지방법원 2007. 11. 28. 선고 2007가합2393 판결125) (박주봉 사건)

이 판결은, 세계적인 배드민턴 선수였던 원고의 초상과 성명을 이용하여 피고가 계약에서 정한 활동비 지급기간이 경과한 이후에도 광고한 사건에서, 퍼블리시티권을 "성명, 초상 등이 갖는 경제적 이익 내지 가치를 상업적으로 사용·통제하거나 배타적으로 지배하는 권리"라고 하면서, "원고의 성명, 초상 등에 대하여 형성된 경제적 가치가 이미 광고업 등 관련 업계에서 널리 인정되고 있는 이상" 이를 침해하는 행위가 민법상의 불법행위를 구성하며, 이와 같이 보호되는 한도 내에서 퍼블리시티권을 인정할 수 있다고 하였다. 이에 따라, 피고가 원고의 성명권, 초상권, 퍼블리시티권을 침해하였다고 판단하였다.

원고가 입게 된 재산상 손해에 대하여는, "피고가 원고의 승낙을 받아서 원고의 성명·초상을 사용할 경우에 원고에게 지급하여야 할 대가 상당액"이라 하면서, 위 계약에 따라 피고가 원고에게 지급한 활동비 금액 등을 고려하여 이를 15,000,000원으로 정하였다.126) 그러나 원고의 위자료 청구에 대해서는, 원고가 그 성명권, 초상권을 재산권인 퍼블리시티권으로 특별히 보호받으므로 타인의 불법행위로 그 초상권 등이 침해된 경우 특별한 사정이 없는 한 재산상 손해 외에 정신적 손해가 발생한다고 보기 어렵다는 등의 이유를 들어 이를 배척하였다.

한편, 원고는 성명권, 초상권 침해를 이유로 금지청구도 구하였다. 그러나 이 판결은, 원고의 정신적 손해가 발생하였다고 보기 어렵고, 현재는 침해 상태가 제거되었으며,127) 피고가 원고의 성명을 응용한 표장을 적법하게 사용할 수 있어 원고의 성명과 초상을 무단 도용할 필요성이 크다고 보여지지 않는 점 등에 비추어 보면 원고가 피고에게 장래에 대한 침해예방을 구할 필요성이 크다고 보여지지 않는다고 하여, 그 청구를 배척하였다.

---

125) 이 판결에 대하여 원고와 피고가 모두 항소하였으나, 항소심(서울고등법원 2008 나8173 사건)에서 조정이 성립하였다.

126) 이는 원고의 승낙을 받아서 성명, 초상만을 사용하기 위하여 원고에게 지급하여 야 할 대가 상당액을 월 3,000,000원으로 정하고, 원고가 청구하는 5개월이라는 기간에 해당하는 금액을 산정한 것이다.

127) 이 사건 소에서 원고가 초상권 등의 침해를 지적하자 피고는 자발적으로 인터넷 홈페이지에서 원고의 초상 및 원고의 성명을 이용한 광고문구를 삭제하였다.

이 판결은 퍼블리시티권의 인정, 재산상 손해액을 산정한 방법, 정신상 손해를 인정하지 않은 점 등에서 기존 판결들과 유사한 입장을 취하였다. 한편, 피고는 원고의 성명을 응용한 표장을 사용한 상표권과 서비스표권에 관하여 이전등록을 받거나 직접 등록을 받았는데, 이 판결은 이에 관한 피고의 권리를 원고가 확정적으로 인정하였다고 계약내용을 해석하였다. 이에 의하면, 원고의 성명을 응용한 표장에 대한 상표권과 서비스표권은 이후 피고가 계속 보유하고 권리를 행사하게 된다.

(카) [B-25] 서울중앙지방법원 2007. 12. 12. 선고 2007가합22441 판결[128](엔스닥 사건)

이 판결은, "www.ensdaq.com"이라고 하는 사이버증권거래소를 만들어 연예인들인 원고들을 하나의 가상회사로 추천받아 실제 증권시장과 유사하게 상장(등록)하고 팬들이 상장된 주식을 거래하도록 한 사건에서, 비록 형식적으로는 원고들을 표상하고 있는 주식종목이 매매의 대상이 되고 있다 하더라도, 이를 들어 원고들이 사적 거래의 대상이 되었다고 할 수 없다는 등의 이유에서, 원고들의 인격권 침해 주장을 배척하였다. 또한 제공되는 원고들의 개인신상정보가 이미 널리 알려진 것이 대부분이라는 등의 이유에서, 원고들의 자기정보통제권 침해 주장도 배척하였다.

퍼블리시티권에 대해서는, 초상권의 내용 중 "초상의 이용에 대하여 초상 본인이 가지는 재산적 이익, 즉 재산권으로서의 초상권"을 퍼블리시티권의 일부라고 볼 수 있고, 성명권의 내용 중 "성명이 함부로 영리에 이용되지 않을 권리"를 퍼블리시티권의 일부라고 볼 수 있다고 판단하였다. 그러나 성문법주의를 채택하고 있는 우리나라에서는 이에 관한 실정법이나 확립된 관습법이 존재하지 않는 점을 감안하여, "성명, 초상 등 프라이버시에 속하는 사항을 구체화하여 상업적으로 이용함으로써 그것이 인격과 분리되어 독자적으로 고객흡입력을 가지는 등으로 그 경제적 가치가 객관적으로 분명한 경우에 한하여" 이를 인정해야 할 것이라고 하였다. 그리고 피고가 이 사건 사이트에서 운영하고 있는 부가적인 서비스를 이용하는 회원들을 통하여 그 영업수익을 창출하고 있는 사실을 들어, 엔스닥거래소에서 이용된 원고들의

---

128) 이 판결에 대하여 피고가 항소하였으나, 항소심(서울고등법원 2008나22292 사건)에서 조정이 성립하였다.

성명, 초상 등의 경제적 가치가 피고가 취득한 영업수익으로 전환되었음이 객관적으로 분명하다고는 볼 수 없다고 하여, 원고들의 퍼블리시티권 침해 주장을 배척하였다.

하지만, 원고들의 인격권으로서의 초상권과 성명권이 침해되었다고 인정하였고,[129] 변론에 나타난 여러 사정을 종합하여 피고가 배상하여야 할 위자료를 원고 1인당 각 1,000,000원으로 정하였다. 또한 "인격권으로서의 성명, 초상권은 물권의 경우와 마찬가지로 배타성을 가지는 권리라고 할 것이므로 원고들로서는 성명, 초상권의 침해를 이유로 그 침해의 금지 및 예방을 구할 수 있다"고 하면서, 이 사건 사이트에서 원고들의 성명 및 초상 사용의 금지를 구하는 원고들의 청구도 인용하였다.

이 판결은 퍼블리시티권을 제한적으로 인정하는 입장을 취하였다. 즉, "성명, 초상 등 프라이버시에 속하는 사항을 구체화하여 상업적으로 이용함으로써 그것이 인격과 분리되어 독자적으로 고객흡입력을 가지는 등으로 그 경제적 가치가 객관적으로 분명한 경우에 한하여" 퍼블리시티권을 인정할 수 있다고 하였는데, 이는 [B-7]판결(멀티미디어 디지털 교과서 사건) 등과 유사한 입장을 취한 것이다.

또한 원고들이 연예인임에도 불구하고, 원고들의 성명, 초상 등의 경제적 가치가 피고가 취득한 영업수익으로 전환되었음이 객관적으로 분명하다고는 볼 수 없다고 하여 원고들의 퍼블리시티권 침해 주장을 배척하였다. 이는 이 사건 사이트의 운영구조 등을 고려한 것이라고 할 수 있으나, 다른 판결들과 비교하면 다소 엄격한 판단으로 보인다.

---

129) 이 판결은 초상권을 ① 촬영거절권으로서의 초상권, ② 이용거절권으로서의 초상권, ③ 재산권으로서의 초상권으로 구분하고, ①, ②의 권리는 인격권적 권리라고 하였다. 반면에 ③의 권리는 재산권에 가까우며 퍼블리시티권의 일부라고 하였다. 성명권의 경우도 성명이 함부로 영리에 이용되지 않을 권리를 퍼블리시티권의 일부라고 하였다.

(타) [B-26] 서울중앙지방법원 2008. 1. 18. 선고 2007가합10059 판결[130] (가비엔제이 사건)

이 판결은, 여성 3인조 그룹 "가비엔제이(gavy nj)"라는 이름으로 활동하는 가수들인 원고들이 그 전속계약사를 상대로 수익금의 지급 등을 청구한 사건에서, 전속계약이 합의해지되었다고 인정한 다음, 음반 및 음원 판매로 인한 수익금의 지급을 구하는 원고들의 청구를 인용하였다.

원고들이 성명사용금지 등을 청구한 것에 대해서는, 연예인의 경우 예명 또는 그룹명은 실명 못지않게 중요하고 대중들에게 예명 또는 그룹명으로 인식되고 다른 연예인과 식별하는 기능을 가지고 있으므로, "연예인의 예명 또는 그룹명 역시 성명권의 대상이 된다"고 판단하였다. 이에 따라, "가비엔제이"라는 성명권이 원고들에게 귀속되며, 성명을 상업적으로 이용할 재산상 권리인 소위 퍼블리시티권 역시 원고들에게 귀속된다고 하였다.[131]

그러나 "성명권은 일반의 상표권과 달리 그 전체로서 대상을 특정하는 기능이 있다고 할 것이고, 이를 분리하여 관찰하거나 그 분리된 각 부분이 성명권 또는 퍼블리시티권의 보호객체가 된다고 보기 어렵다"고 하면서, 원고들의 성명권은 그룹명 전체인 "가비엔제이"가 그 객체가 된다 할 것이고, 그룹명의 일부분인 "가비"는 성명권 또는 퍼블리시티권의 보호객체가 아니라고 판단하였다. 따라서 피고들이 "가비퀸즈(gavy queens)"라는 여성 3인조 그룹을 결성하고 음반을 제작한 행위에 의하여 원고들의 성명권 또는 퍼블리시티권이 침해되거나 침해될 우려가 있다고 할 수 없고, 피고들이 원고들을 상대로 "가비"라는 명칭 사용금지 가처분을 신청한 점에 의하여 원고들의 성명권 또는 퍼블리시티권이 침해당할 우려가 있거나 부정경쟁행위로 이익을 침해당할 우려가 있다고 보기 어렵다고 하였다. 이에 따라, 원고들의 성명사용금지청구 및 이와 관련한 간접강제청구는 배척하였다.

이 판결은 "연예인의 예명 또는 그룹명"이 퍼블리시티권의 보호객체가 된다는 것을 인정하였다.[132] 즉, 퍼블리시티권의 보호객체를 반드시 실제

---

130) 이 판결은 항소가 제기되지 않아 그대로 확정되었다.

131) 또한 이러한 예명 또는 그룹명이 당초 피고들에 의하여 창안되었다거나 피고들이 위 예명 중 일부를 가지고 상표등록을 하였다는 사정은 위 인정을 달리할 만한 자료가 되지 못한다고 하였다.

132) 정재훈(2002), 16면은, 예명이 연예프로덕션사 또는 엔터테인먼트사에 의해 창작되거나 그의 협력에 의해 만들어지는 것이 많고, 이러한 경우 대부분 연예활

이름에 한정하지 않았다. 그러나 이 판결은 원고들의 성명권의 객체는 그룹명 전체인 "가비엔제이"라고 하면서, 그룹명의 일부인 "가비"는 성명권 또는 퍼블리시티권의 보호객체가 아니라고 하였다. 이는 [B-8]판결(비달 사순 사건)과 유사하게 성명권을 전제로 퍼블리시티권을 인정하는 입장을 취한 것인데, 이로 인하여 퍼블리시티권의 적용범위를 좁게 인정하였다.

(파) [B-27] 서울서부지방법원 2010. 4. 21.자 2010카합245 결정133) (프로야구선수Ⅲ 사건)

이 결정은, 전직 프로야구 선수들134)의 성명, 선수시절 소속구단 및 수비위치 등 인적 정보를 인터넷 야구게임에 등장하는 야구선수 캐릭터에 사용하다가 그 성명만을 영문 이니셜로 변경하여 사용한 사건에서,135) 퍼블리시티권 개념을 다음과 같이 인정할 수 있다고 하였다. 즉, ① 성명권에는 사회통념상 특정인임을 알 수 있는 방법으로 성명이 함부로 영리에 사용되지 않을 권리가 포함되는 점, ② 채권자들의 성명 등에 관하여 형성된 경제적 가치가 이미 인터넷 게임업 등 관련 영업에서 널리 인정되고 있으므로 이를 침해하는 행위는 민법상의 불법행위를 구성하는 점 등에 비추어 보면, 채권

동전속계약서에 엔터테인먼트사의 소유로 하는 조항을 두고 있다고 하면서, 이 경우 퍼블리시티권의 소유자를 계약에 따라 엔터테인먼트사의 소유로 인정할 수 있다고 한다.

반면에, 朴成浩(2007b), 209면은 성명권과 같은 인격권은 일신전속권이고, 성명표시권을 비롯한 저작인격권도 일신전속권이므로, 실연자의 예명은 계약에 의해 그 귀속주체를 달리 정할 수 없고, 다만 프로덕션사가 그 권한행사를 대리하거나 위임받는 것은 가능하다고 한다.

133) 이 결정에 대해서는 항고가 제기되지 않았다.

134) 현직 프로야구선수들과 관련하여 [B-15]판결(프로야구선수Ⅰ 사건) 이후 KBOP와 한국프로야구선수협회 사이에 초상권 계약이 체결되었으나, 전직 프로야구선수들은 이러한 방법으로 배상을 받지 못했던 것으로 보인다. 후술하는 [A-18]결정(프로야구선수Ⅱ 사건), [B-28]판결(프로야구선수Ⅳ 사건)도 전직 프로야구선수들에 관한 사건이다.

135) 아래 [A-18] 결정(프로야구선수Ⅱ 사건)이 채권자들의 성명을 사용하여서는 아니된다는 결정을 하자, 채무자는 게임의 다른 요소는 변경하지 아니한 채 채권자들의 성명을 영문 이니셜로 변경하여 사용한 것이다.

자들이 "성명이나 초상 등 자기동일성의 상업적 사용에 대하여 배타적으로 지배할 수 있는 권리"를 퍼블리시티권으로 파악하기에 충분하다고 하였다.

그리고 어떤 사람의 성명 전부 또는 일부를 그대로 사용하는 것은 물론 "성명 전부 또는 일부를 그대로 사용하지 않더라도 그 사람을 나타낸다고 볼 수 있을 정도로 이를 변형하여 사용하는 경우에도" 퍼블리시티권을 침해한 것으로 볼 수 있다고 하면서, 채권자들의 성명을 영문 이니셜로 변경하여 사용한 것에 의하여 채권자들의 퍼블리시티권이 침해되었고, 채권자들은 그 침해의 금지를 구할 권리가 있다고 판단하였다.

한편, 채권자들이 이 사건 각 이니셜 등 자기동일성의 경제적 가치를 배타적으로 사용할 수 있는 권리는 "그 인격적 특성과 밀접한 관계에 있어 전적으로 이를 재산적 가치로만 환산할 수 있는 성질의 것은 아닐 뿐만 아니라," 채무자는 이 사건 각 이니셜을 현재까지도 계속하여 이 사건 게임에 사용하고 있으므로, 그 보전의 필요성도 소명된다고 판단하였다.

이 결정 역시, 기존 판결들과 마찬가지로, 성명 등에 관하여 형성된 경제적 가치가 관련 영업에서 널리 인정되고 있으면 이를 침해하는 행위가 불법행위로 된다는 점 등에 근거하여 퍼블리시티권을 인정하였다.

그런데 이 결정은 이전 판결들이 성명권을 전제로 퍼블리시티권의 보호범위를 파악했던 것과 다른 입장을 취하였다. 즉, 성명의 전부를 사용하는 경우에 한정하지 않고, 성명의 "일부"를 사용하는 경우 또는 성명의 전부 또는 일부를 "변형하여" 사용하는 경우도 퍼블리시티권 침해가 성립할 수 있다고 판단하였다.

한편, 보전의 필요성과 관련하여, 이 결정은 퍼블리시티권이 "그 인격적 특성과 밀접한 관계에 있어" 전적으로 이를 재산적 가치로만 환산할 수 있는 성질의 것은 아니라고 판단하기도 하였다.

　　(하) [B-28] 서울동부지방법원 2011. 2. 16. 선고 2010가합8226 판결[136]
　　　　(프로야구선수Ⅳ 사건)

---

136) 이 판결에 대하여 원고와 피고가 모두 항소를 제기하였으나, 항소심(서울고등법원 2011나23455 사건)에서 원고가 소를 취하하였다.

이 판결은, 피고가 전직 프로야구선수들의 성명, 초상 기타 인적 정보를 이용한 인터넷 야구 게임물을 운영하는 것에 대하여 전직 프로야구선수들로 구성된 법인인 원고가 손해배상을 청구한 사건에서, 퍼블리시티권을 "특정 인의 성명, 초상(본인으로서의 동일성이 인식될 수 있는 사진, 그림, 초상화, 이미지, 캐릭터 등), 서명, 음성 등이 갖는 경제적 이익 내지 가치를 상업적 으로 사용·통제하거나 배타적으로 지배하는 권리"라고 하였다.

그리고 다음과 같이 퍼블리시티권을 독립된 별개의 재산권으로 인정할 수 있다고 하였다. 즉, ① 헌법 제10조의 행복추구권과 인격권의 한 내용을 이루는 성명권에는 사회통념상 특정인임을 알 수 있는 방법으로 성명이 함 부로 영리에 사용되지 않을 권리가 포함된다고 할 것인 점, ② 우리나라 하 급심 판례 중 퍼블리시티권을 인정하는 판결이 다수이며, 대부분의 국가가 법령 또는 판례를 통해 이를 인정하고 있는 점, ③ 특정인의 성명 등에 관하 여 형성된 경제적 가치가 이미 관련 업계에서 널리 인정되고 있다면 이를 침해하는 행위가 불법행위를 구성한다고 볼 것인 점, ④ 현대사회에서 이른 바 '인격의 유동화' 현상이 발생함에 따라 이러한 권리를 보호하고 그 주체 가 사회적으로 유익한 활동을 하도록 유인할 필요성이 증가하고 있는 점, ⑤ 헌법상 사생활의 비밀과 자유 규정(제17조), 지적재산권을 보호하는 저작권 법, 상표법의 취지 등에 비추어 보면, 특정인의 성명이나 초상 등 자기동일 성의 상업적 사용에 대하여 배타적으로 지배할 수 있는 권리를 퍼블리시티 권으로 파악하기에 충분하고, 이는 인격권과는 독립된 별개의 재산권으로 보아야 할 것이라고 하였다.

이 판결은 퍼블리시티권이 "독립한 재산권"이므로, 제3자에게 양도하거 나 권리 행사를 포괄적·개별적으로 위임할 수 있다고 하였다. 그러나 이 사 건에 대한 구체적 판단에 있어서는, 공시방법이 없는 성명권 및 퍼블리시티 권이 양도되었다고 하더라도 법률의 규정 없이 양수인이 자기 이름으로 직 접 위 권리들을 행사할 수 있다고 볼 경우 법적불안이 극심해지는 점 등을 들어, 원고에게 양도계약서를 작성한 선수들만 자신들의 "성명권이나 퍼블 리시티권의 침해로 인한 손해배상채권"을 양도하였다고 인정하였다.

그리고 이 사건 양도인들의 성명 등 인적사항이 갖는 고객흡인력이 이 사건 게임의 매출에 중요한 요소가 되었다고 하면서, 피고가 이 사건 양도인 들의 퍼블리시티권 및 성명권을 침해한 것이라고 판단하였다. 손해배상의 범위에 대해서는, 퍼블리시티권 침해로 인한 재산상 손해는 "퍼블리시티권 자의 승낙을 받아서 그의 성명을 상업적으로 사용할 경우에 지급하여야 할 대가 상당액"이라고 하면서, 이 사건 게임에 등장하는 야구자산 중 선수집단

2,500명에 지급해야 할 사용료를 순매출[137]의 11%로 정하고, 여기에 원고에게 손해배상채권을 양도한 선수들이 차지하는 비율인 273/2,500을 곱하여 손해배상액을 537,325,824원[138]으로 산정하였다.

이 판결 역시 기존 판결들과 유사한 논거를 제시하며 퍼블리시티권을 인정할 수 있다고 판단하였다. 그리고 퍼블리시티권을 제3자에게 양도하거나 권리 행사를 포괄적·개별적으로 위임할 수 있다고 하여 퍼블리시티권의 양도성도 긍정하였다. 하지만, 구체적 판단에 있어서는 퍼블리시티권이 공시방법이 없다는 점 등을 지적하면서 양도계약서의 작성 여부를 기준으로 하여 "성명권이나 퍼블리시티권의 침해로 인한 손해배상채권"이 양도되었는지 여부를 판단하였다.

2. 인격권에 대하여 판단한 경우

위에서 살펴본 바와 같이, 2006년부터 현재까지의 기간 동안에는 퍼블리시티권에 의한 보호를 인정하는 1심 판결들이 급격히 증가하였으나, 사람의 동일성이 갖는 재산적 이익에 대하여 초상권 등 인격권에 의한 보호를 인정하는 판결도 여전히 존재한다.

(가) [A-15] 부산지방법원 2006. 5. 4. 선고 2005가단108441 판결[139] (살충기 모델 사건)

이 판결은, 살충기의 광고모델(포스터, 전단지, 제품박스 등의 모델)로 활

---

137) 이 사건 게임으로 인한 피고의 순매출은 2005년에서 2007년까지 기간 동안 약 29억원이며, 2008년도는 약 138억원, 2009년도는 약 280억원에 이른다.

138) 이는 1인당 1,968,226원에 해당하는 금액이다.

139) 이 판결에 대하여 피고가 항소하였으나, 항소심(부산지방법원 2006나8839 사건) 판결은 피고의 항소를 기각하였다. 피고가 다시 상고하였으나(대법원 2007다5434 사건), 심리불속행으로 상고가 기각되었다.

동하고 있던 원고가 피고에게 자신을 광고모델로 사용하지 말 것을 통고한
이후에도 피고가 원고의 사진을 광고에 이용한 사건에서, 초상권이라 함은
사람이 자신의 초상에 대하여 갖는 "인격적·재산적 이익", 즉 사람이 자기의
얼굴 기타 사회 통념상 특정인임을 식별할 수 있는 신체적 특징에 관하여
함부로 촬영되어 공표되지 아니하고 "광고 등에 영리적으로 이용되지 아니
하도록" 하는 법적 보장이라고 하였다. 그리고 피고가 원고의 동의를 받음이
없이 함부로 원고를 모델로 한 신문광고를 게재한 것은 원고의 초상권을 침
해하는 불법행위에 해당한다고 하면서, 피고에게 위자료 3,000,000원을 지급
할 의무가 있다고 하였다.

(나) [A-16] 서울중앙지방법원 2006. 9. 15. 선고 2006가합27289(본소), 2006가합27296(반소) 판결[140] (현영 I 사건)

이 판결은, 유명 연예인인 피고의 영상을 화장품 홈쇼핑 방송에 사용한
사건에서, 대중적 지명도가 있는 연예인은 "자신의 초상 등을 상업적으로 이
용할 수 있는 권리"를 보유하고 있는데, 원고가 승낙을 받지 않고 피고의 초
상을 상업적으로 사용함으로써 이러한 피고의 권리가 침해되었다고 하면서,
"초상권, 초상영리권"이 침해되었다고 인정하였다.

그리고 초상의 무단 사용으로 인해 피고가 입은 재산상 손해액은 "원고
가 위 피고의 승낙을 받아 초상을 정당하게 사용할 경우에 지급해야 할 대가
금액"을 기준으로 삼아야 한다고 하면서, 제반 사정을 종합하여 피고가 입은
재산상 손해액을 5,000,000원으로 정하였다.[141]

한편, 피고와 전속매니지먼트 계약을 체결한 회사의 반소청구에 대해서
는, 원고가 피고의 초상권, 초상영리권을 침해한 행위에 대한 손해배상을 구
할 권리가 있다고 인정하기에 부족하다고 하여, 그 청구를 기각하였다.

이 판결은, 연예인인 피고가 자신의 초상 등을 상업적으로 이용할 수
있는 권리를 보유한다고 하면서, 이를 "초상영리권"이라고 하였다. 그리
고 이러한 권리를 침해한 사람은 그 불법행위로 인한 "재산상 손해"를 배

---

140) 이 판결에 대하여 원고와 피고1이 항소하였으나, 항소심(서울고등법원 2006나
96176 사건)에서 강제조정되었다.
141) 이 판결은, 원고가 허위 사실을 기재한 보도자료를 배포하여 피고의 명예를 훼손
하였다고 인정하기도 하였는데, 그 위자료의 액수는 3,000,000원으로 정하였다.

상해야 한다고 판단하였다. 퍼블리시티권 침해를 인정한 판결들과 비교해 보면, 이 판결은 유사한 내용의 권리를 "초상영리권"이라고 언급한 것이다.

또한 이 판결은 피고의 초상권, 초상영리권이 침해된 것에 대하여, 피고와 전속 매니지먼트 계약을 체결한 회사에게는 손해배상을 구할 권리가 있다고 인정하기에 부족하다고 판단하였다.

(다) [A-17] 서울중앙지방법원 2006. 9. 29. 선고 2006가합27913 판결[142] (현영Ⅱ 사건)

이 판결은, 유명 연예인과 전속 매니지먼트 계약을 체결한 원고가 그 연예인의 사진을 제품의 포장, 용기 등에 이용한 피고들을 상대로 손해배상을 청구한 사건에서, 원고의 청구를 기각하였다. 즉, 원고와 연예인 사이의 전속 계약은 연예인이 일정기간동안 자신의 연예활동 전반에 대한 대리권 내지 대행권을 원고에게 부여하고, 대리 내지 대행행위의 효과는 자신에게 귀속시키되 그로 인한 수익은 분배한다는 내용의 합의로서, 이를 가지고 연예인이 "자신의 초상·성명영리권 자체를 원고에게 양도하는 내용의 합의라고 보기는 어렵다"고 하여, 원고가 이러한 권리를 양도받았음을 전제로 하는 원고의 청구를 기각하였다.

또한 연예인들이 성명·초상영리권을 소속사에게 전적으로 양도하고 있는 연예계의 보편적 현실이 존재한다는 원고의 주장에 대해서는, 연예인들이 별도의 약정도 없이 자신들의 초상·성명영리권을 소속사에 양도하고 있다는 점을 인정할 아무런 증거가 없고, "소속사들이 연예인의 성명·초상 등을 상업적으로 사용하는 것은 연예인이 부여한 통상사용권 내지는 이용허락에 근거한 행위이거나 전속계약에 기한 대행행위로서 그 초상·성명영리권은 여전히 연예인 본인에게 있다"고 판단하였다.

이 판결은, [A-16]판결(현영Ⅰ 사건)과 유사하게, 초상·성명을 상업적으로 이용할 권리를 "초상·성명영리권"이라고 하였다. 그리고 이러한 초상·성명영리권의 양도에 대하여 소극적인 입장을 취하였다. 즉, 연예인과

---

142) 이 판결에 대하여 원고가 항소하였으나, 항소심(서울고등법원 2006나99083)에서 원고가 항소를 취하하였다.

전속 매니지먼트 계약을 체결한 원고에게 그 연예인의 초상·성명영리권이 양도되었다고 보기 어렵다고 하였으며, 일반적으로도 소속사들이 연예인의 성명·초상 등을 상업적으로 사용하는 것은 연예인이 부여한 "통상사용권" 또는 "이용허락"에 근거한 행위이거나 "전속계약에 기한 대행행위"라고 하였다.

(라) [A-18] 서울남부지방법원 2009. 12. 17.자 2009카합1108 결정[143] (프로야구선수Ⅱ 사건)

이 결정은, 전직 프로야구 선수들의 성명, 선수시절 소속구단 등의 인적 사항이 인터넷 야구게임에 등장하는 야구선수 캐릭터에 사용된 사건에서, 피신청인이 이 사건 게임에서 신청인들의 성명을 표시한 것은, 신청인들의 성명이 가지는 공적 요소와는 무관하게 피신청인이 사적인 영리 추구를 위하여 무단으로 이를 이용한 데 지나지 않으므로, 피신청인의 행위는 표현의 자유로 보호될 수 있는 범위를 넘어 신청인들의 성명권에 대한 침해에 해당한다고 판단하였다.

그리고 신청인들이 자신의 성명을 배타적으로 사용할 수 있는 권리는 "그 인격적 특성과 불가분의 관계에 있어" 전적으로 재산적 가치로만 환산될 수 있는 성질의 것이 아니며, 기록상 신청인들이 이 사건에서 오직 금전적 보상만을 원하고 있다고 보기도 어렵다고 하면서, 가처분으로 그 사용금지를 명할 보전의 필요성도 인정하였다.

이 결정은, 전직 프로야구 선수들의 성명이 인터넷 야구게임의 야구선수 캐릭터에 이용된 사건에서, 피신청인이 신청인들의 "성명권"을 침해하였다고 인정하였다. 피신청인은 이 결정에 대하여 항고를 제기하지 않았으나, 신청인들의 성명을 영문 이니셜로 변경하여 계속 인터넷 야구게임에 사용하였다. 이에 따라, 신청인들은 다시 가처분으로 금지를 구하였고, 이를 받아들인 결정이 위에서 살펴본 [B-27]결정(프로야구선수Ⅲ 사건)이다. 즉, 유사한 사건에서, 이 결정은 "초상권" 침해를 인정하였고,

---

143) 이 결정에 대해서는 항고가 제기되지 않았다.

[B-27]결정(프로야구선수Ⅲ 사건)은 "퍼블리시티권" 침해를 인정하였다.

Ⅵ. 판례에 대한 평가

1. 퍼블리시티권에 대하여 판단한 경우

우리나라에서 퍼블리시티권은 1995년 판결에서 처음으로 언급되었고, 이후 2000년까지 선고된 판결들에 의하여 퍼블리시티권의 내용이 점차 형성되었다. 2001년 이후 선고된 판결들에서는, 퍼블리시티권과 인격권의 관계가 다루어지기 시작하였으며, 2002년 서울고등법원은 [B-10]판결(제임스딘Ⅳ 사건)에서 성문법주의를 취하고 있는 우리나라에서 실정법이나 확립된 관습법 등의 근거 없이 물권과 유사한 독점·배타적 재산권인 퍼블리시티권을 인정하기는 어렵다고 판단하였다.

그러나 2005년 서울고등법원이 [B-13]판결(이영애 사건)에서 실정법이나 확립된 관습법이 존재하지 않더라도 퍼블리시티권을 독립된 재산권으로 인정할 수 있다고 판단하였으며, 이후 퍼블리시티권에 의한 보호를 인정하는 1심 판결들이 급격히 증가하였다. 하지만, 이러한 1심 판결들의 항소심에서는 소 취하, 항소 취하, 강제조정, 화해권고결정, 조정, 화해 등에 의해 거의 모든 소송이 종결되고 있으며, [B-13]판결(이영애 사건) 이후 퍼블리시티권에 대해 실체적 판단을 한 고등법원의 판결을 찾아보기 어려운 상태이다.

퍼블리시티권에 관한 판결을 살펴보면, 퍼블리시티권은 계속 그 내용과 적용범위가 확대되어 왔다. 그러나 성문법주의를 취하고 또한 인격권을 인정하는 우리나라 법체계에서, 퍼블리시티권을 독립된 재산권으로 인정하는 것이 어떤 근거에서 가능한지 그리고 그것이 타당한지 여부에 대해서는 명확한 해답이 제시되고 있지는 못하다. 또한 퍼블리시티권을 인정하는 판결의 수가 증가하고 있으나, 퍼블리시티권의 성격, 내용, 인격권과의 관계 등에 대하여 여전히 판결의 태도는 일치되어 있지 않다.

나아가, 최근 서울고등법원에 항소된 사건들 대부분이 판결 이외의 방법으로 종결되고 있는 현상은, 퍼블리시티권에 대한 직접적 판단이 회피되고 있는 것은 아닌가 하는 의문을 불러일으킨다. 이러한 현상은 사람의 동일성이 갖는 재산적 이익을 퍼블리시티권이라는 독립된 재산권에 의해 보호하는 방법이 아직 우리 법체계에서 확고한 위치를 취득하지 못하였고, 이에 따라 법적 안정성이 제대로 유지되지 못하고 있음을 나타낸다.

2. 인격권에 대하여 판단한 경우

사람의 동일성의 재산적 이익 보호와 관련하여, 초상권 등 인격권에 의한 보호를 인정한 판결은 퍼블리시티권에 의한 보호를 인정한 판결보다 시간적으로 먼저 존재하였다. 즉, 1995년 이전의 판결들은 초상권 등 인격권에 의해 사람의 동일성의 재산적 이익을 보호할 수 있다는 입장을 취하였다.

퍼블리시티권이 1995년 판결에서 처음 언급되었고 이후 그 내용과 적용범위가 점차 확대되었으나, 사람의 동일성의 재산적 이익을 초상권 등 인격권에 의해 보호하는 판결들도 여전히 존재하였다. 특히 2002년 서울고등법원의 [B-10]판결(제임스딘Ⅳ 사건) 이후에는, 초상이 상업적으로 이용된 사건에서 퍼블리시티권 침해 주장을 명시적으로 배척하고 초상권 침해 주장만 인용하는 판결도 선고되었다. 2006년 이후 판결의 수는 감소하였으나, 사람의 동일성의 재산적 이익에 대하여 초상권 등 인격권에 의한 보호를 인정하는 판결은 여전히 존재한다.

사람의 동일성의 재산적 이익을 초상권 등 인격권에 의해 보호하는 판결들은, 퍼블리시티권을 독립된 권리로 인정하지는 않으나, 이와 유사한 내용이 초상권 등 인격권의 내용에 포함되어 있는 것으로 파악하고 있는 경우가 많다. 그러나 이러한 판결들 역시 초상권 등 인격권 침해의 효과 등에 대하여 일치된 입장을 보여주고 있지 않으며, 이른바 퍼블리시티권의 상속성, 양도성과 관련하여 논의되는 문제들에 대하여 어떻게 판단할 것인지도 명확하지 않다.

제3절 사람의 동일성의 재산적 이익 보호에 관한 학설

I. 선행연구의 개관

사람의 동일성의 재산적 이익 보호에 관한 선행연구를 살펴보면, 지금까지 퍼블리시티권을 중심으로 많은 연구가 행해졌다. 미국의 퍼블리시티권 개념이 국내에 처음 소개된 것은 1987년으로 보인다.[1] 1990년대에는 미국의 퍼블리시티권이 개괄적으로 소개되었고,[2] 미국의 특정 판결에 대한 평석도 등장하였다.[3] 특히, 우리나라 판결에서 퍼블리시티권을 언급한 1995년 이후에는 우리나라에서 퍼블리시티권을 독립된 권리로 인정할 수 있는지에 대하여 논의되기 시작하였고,[4] 우리나라 판결들에 대한 평가도 이루어지기 시작하였다.[5]

---

1) 宋永植 등(1987), 800-801면. 사진저작물과 관련하여 퍼블리시티권을 소개하면서, 퍼블리시티권에 대하여 "결국 인격권의 재산적 측면의 승인이라고 생각된다"고 평가하였다.

2) 한국지적소유권학회(1994), 121면 이하; 鄭相冀(1995), 121면 이하; 李太燮(1999), 109면 이하 등.

3) 황보영(1994), 40면 이하; 정재훈(1998), 89면 이하. 이는 모두 미국 연방 제9고등법원이 1992년 선고한 White v. Samsung Electronics America, Inc.판결을 비판하였다.

4) 韓渭洙(1996a), 34-37면; 서태환(1999), 504-506면 등.

5) 박인수(1999), 113면 이하; 서태환(1999), 465면 이하; 이호열(1999), 354면 이하 등.

2000년에서 2005년까지의 기간에는, 미국의 퍼블리시티권이 더욱 자세하게 소개되었으며,6) 미국 이외의 다른 국가의 보호형태도 소개되었다.7) 그리고 퍼블리시티권에 관한 박사학위논문도 등장하였다.8) 우리나라에서 퍼블리시티권을 독립된 재산권으로 인정할 수 있는지에 대해서는, 이에 찬성하는 견해9)와 반대하는 견해10)가 모두 제기되었다. 퍼블리시티 보호를 부정경쟁방지법의 일환으로 보는 것이 타당하다는 견해11)도 제기되었다.

2006년에서 현재까지의 기간에는, 퍼블리시티권의 개별 쟁점에 대한 연구가 깊이 있게 행해졌다. 퍼블리시티권의 철학적 기반,12) '상업적 이용' 요건,13) 침해유형,14) 목소리에 대한 보호,15) 손해배상의 범위16) 등에

---

6) 이영록(2003), 9면 이하; 이영록(2004), 9면 이하.

7) 하홍준(2005), 578-583면. 특히, 李漢周(2004), 372-379면과 李漢周(2005), 175-183면은, 유명한 경주마의 명칭 등 물건의 속성에 관한 퍼블리시티권을 인정할 수 있는지에 대한 일본의 논의와 판결을 소개하였다. 일본의 最高裁判所 平成 16(2004). 2. 13. 제2소법정 判決(判例時報 1863호 25면)은 소위 물건에 대한 퍼블리시티권을 부정하였다.

8) 鄭熙燮(2003). 이 논문은 프라이버시권을 內的 人格權이라 하고, 퍼블리시티권을 外的 人格權 또는 人格財産權이라 하면서, 인격재산권이라는 개념의 도입이 필요하다고 주장하였다.

9) 李相珵(2001), 327면; 정재훈(2002), 20-21면; 李漢周(2004), 357-358면; 남형두(2005), 120-124면.

10) 장재옥(2003), 106면; 엄동섭(2004), 167-168면. 한편, 金圓日(2003), 132-134면은, 다른 법 제도를 우선 고려하여 관련된 문제를 해결하는 것이 퍼블리시티 법리를 적용함으로 인하여 초래될 수 있는 법률적 불안정을 예방할 수 있는 길이라고 하면서, 퍼블리시티 법리는 저작권 영역에서 보충적 역할을 할 가능성이 있다고 하였다.

11) 丁相朝(2004), 637-638면.

12) 남형두(2007a), 135면 이하; 남형두(2007b), 86면 이하. 이 견해는 퍼블리시티권의 철학이론과 하위이론을 구별하면서, 퍼블리시티권의 철학이론으로 노동이론, 경제이론(유인이론, 효율적배분이론), 인격이론 등에 대하여 논의한다.

13) 박준우(2006), 493면 이하.

14) 박준우(2008a), 47면 이하.

15) 박준우(2007a), 8면 이하.

16) 최승재(2008), 199면 이하.

대해 연구되었고, 나아가 스포츠선수의 이름과 경기기록에 대한 퍼블리시
티권,[17] 퍼블리시티권이 재산분할청구권의 대상이 될 수 있는지 여부[18]
등도 연구되었다. 퍼블리시티권에 대한 박사학위논문도 여러 편 등장하였
다.[19] 퍼블리시티권을 저작권법의 내용으로 규정하는 저작권법 개정안에
대한 평가도 행해졌는데, 이에 대해서는 비판적인 견해가 많다.[20] 퍼블리
시티권을 부정경쟁방지법리로 보호하는 것이 타당하다는 주장도 증가하
였다.[21]

   반면에, 2006년에서 현재까지의 기간 동안 우리나라에서 퍼블리시티권
을 독립된 재산권으로 인정하는 것에 반대하는 견해도 증가하였다. 이러
한 견해의 대부분은 사람의 동일성이 갖는 재산적 이익을 초상권 등 인격
권에 의해 보호할 수 있다고 하였다.[22] 일부 견해는, 퍼블리시티권은 법
리적인 측면에서뿐만 아니라 정책적인 측면에서도 조만간 쉽게 해결되지
아니할 난제들을 안고 있다고 하면서, 이를 성급히 법제화하는 것에 부정
적인 태도를 취하였다.[23] 또한 퍼블리시티권 개념을 인정하더라도 이를

---

17) 남형두(2007c), 197면 이하; 이호선(2010), 70면 이하.
18) 南馨斗(2008), 337면 이하.
19) 金世權(2008); 金晭煥(2009); 윤기창(2010). 이들은 모두 퍼블리시티권을 독립된
    재산권으로 파악하는 것으로 보인다. 한편, 柳美珍(2010)은 체육학과의 박사학위
    논문으로, 스포츠관계자와 법무관계자 집단을 대상으로 설문조사 등 경험실증적
    연구를 실시하였다.
20) 구재군(2008), 215-229면; 박영규(2009), 285면; 정연덕(2009), 172-174면. 이들
    견해는 성명, 초상 등은 창작성이 없으므로 저작물의 정의를 확대하는 것은 타당
    하지 않다고 비판한다. 박준석(2009), 307-319면도 같은 취지이다. 반면에, 韓志
    咏(2008), 266-270면은 초상 등을 저작권법으로 보호하는 것에 찬성한다.
21) 박준우(2007b), 187-192면; 정연덕(2009), 174-180면; 박준석(2009), 295면 이하.
22) 박성호(2006), 14-17면; 朴成浩(2007a), 305-306면; 金泳勳(2007), 367-378면; 안
    병하(2009a), 71면 이하; 허명국(2009), 143면, 각주57). 또한 정경석(2007), 122
    면 이하는 초상영리권 침해 사례를 기존의 초상권 개념으로 해결하는데 아무런
    문제가 없다고 주장한다. 嚴東燮(2011), 153-156면도 종래 퍼블리시티권으로 논
    의되어 오던 문제 영역을 전통적인 인격권의 법리에 의하여 규율하는 것이 바람
    직하다고 한다.

독립된 재산권으로 인정하는 것을 비판하고 그 인격권적 요소를 강조하는 견해,24) 퍼블리시티권 대신에 채권적 성격의 "초상사용권"을 인정하자는 견해25) 등도 등장하였다.

Ⅱ. 학설의 내용

1. 퍼블리시티권에 의한 보호를 주장하는 견해

(1) 독립된 재산권인 퍼블리시티권에 의한 보호를 주장하는 견해

1995년 판결에서 퍼블리시티권이 언급된 이후, 학설에서도 사람의 동일성의 재산적 이익을 퍼블리시티권으로 보호해야 한다는 견해가 증가하였다. 이러한 입장을 취하는 견해들 대부분은 미국에서 인정되는 퍼블리시티권의 내용을 소개하고, 우리나라에서도 퍼블리시티권을 인정해야 한다고 주장한다. 이 견해들은 퍼블리시티권을 독립된 재산권으로 파악해야 한다는 입장을 취하는 것으로 보인다. 그 내용을 살펴보면 다음과 같다.

첫째, 이 견해는 인격권을 사람의 관념적 이익만을 보호하는 소극적 방어권으로 인식하고, 퍼블리시티권을 이와 구별되는 개념으로 파악한다. 즉, 명예권, 프라이버시권, 성명권, 초상권 등을 포함하는 상위개념인 인격권은 성명·초상 등 인격적 속성이 함부로 공개당하지 않을 권리라고 하

---

23) 이재경(2006), 107면 이하.

24) 이호선(2009) 45-57면.

25) 최형구(2010), 291-301면은 퍼블리시티권을 "퍼블리시티 사용권(Publicity License)" 또는 "초상사용권"이라는 용어로 변경해야 한다고 주장한다. 최형구(2011), 346면은, 이 "초상사용권"은 당사자간의 이용허락계약에 의한 채권적 성격의 사용권이라고 설명한다.

면서, 퍼블리시티권은 사람의 성명·초상 등 인격으로부터 파생한 것으로 사람의 인격과 일체 불가분의 관계에 있지만 나아가 적극적으로 사람의 인적 속성을 상업적으로 이용할 수 있는 권리이므로 기본적으로 인격권과는 별도의 독립된 재산권으로 보아야 할 것이라고 한다.26)

둘째, 인격권의 경우 성질상 양도할 수 없기 때문에 양도성이 있는 재산권적 성격의 퍼블리시티권을 인정해야 충분한 보호가 가능하다고 한다. 즉, 초상권, 성명권을 인격권적으로만 파악할 경우 제3자가 무단으로 타인의 성명, 초상 등을 상업적으로 이용할 때에도 그 타인의 성명, 초상 등을 독점적으로 광고 등에 이용하기로 하고 그 대가를 지급한 자를 보호할 방도가 없는 불합리27)는 재산권의 성격을 가지는 새로운 권리 개념을 도입하지 아니하고는 해소가 불가능할 것이라고 한다.28) 또한 이처럼 양도성이 있는 재산권적 성격의 퍼블리시티권을 인정하여야 자신의 성명과 초상이 가지는 경제적 가치에 대한 충분한 대가를 받을 수 있다고 한다.29)

셋째, 문화산업의 발전을 뒷받침하기 위한 제도적 장치라는 측면에서 퍼블리시티권의 입법화를 요구하기도 한다. 즉, 안전한 재산권의 확보가 해당분야 산업발전의 원동력 중 하나임이 분명하며, 한류신드롬의 지속을 위한 재산권적 보장이라고 하는 법적 제도적 장치가 필요하다고 하면서, 한류의 상품화 즉 재산권화는 필연적으로 인격권의 재산권화가 수반된다고 설명한다.30) 나아가, 퍼블리시티권이 재산권적인 성격을 가진 권리로서 보호되어야 한다는 점은 재론하기 어려운 사실이며, 한류라고 하는 문

---

26) 李漢周(2004), 358면.
27) 인격권으로서의 성명권, 초상권만 인정된다면, 타인의 성명, 초상 등을 독점적으로 광고 등에 이용하기로 하고 그 대가를 지급한 자는 자신의 상대방에 대한 채권만을 가지므로 무단으로 성명, 초상 등을 이용하는 제3자에게 손해배상이나 금지를 구할 수 없다는 것을 가리킨다.
28) 韓渭洙(1996a), 36-37면.
29) 韓渭洙(1996a), 36면.
30) 남형두(2005), 89면.

화산업의 지속적인 산업화와 발전을 뒷받침할 법적, 제도적 장치가 필요하다고 하면서, 성문법국가인 우리나라에서 법률 없이 새로운 재산권 또는 재산권적 성격을 가진 권리를 창설하는데 법원이 갖는 부담을 줄여준다는 의미에서 빠른 시일 내에 퍼블리시티권에 관한 입법이 있어야 한다고 주장한다.[31]

(2) 부정경쟁방지법리에 의한 보호를 주장하는 견해

퍼블리시티 보호를 부정경쟁방지법의 일환으로 보아야 한다고 주장하는 견해들도 있다. 즉, 사생활 보호와는 별도로 퍼블리시티권을 인정하는 취지는 여타의 부정경쟁행위의 금지와 마찬가지로 수요자의 기망이나 혼동을 방지하고 저명인으로 하여금 보다 사회적으로 유익한 활동을 하도록 유인하는 경제적 인센티브를 주기 위한 것이라고 하면서, 퍼블리시티 보호를 부정경쟁방지법의 일환으로 볼 때에 그 권리의 본질에 대한 정확한 이해와 그 양도, 이용허락, 상속과 구제수단에 이르는 모든 이론구성이 일관되고 설득력을 가지게 된다고 한다.[32] 또한 유사물이용광고에 의한 퍼블리시티의 이용을 금지하기 위하여 부정경쟁방지법에 '부정이득법리를 통한 유사물이용금지' 규정을 추가하는 것을 생각해 볼 수 있다거나,[33] 변화하는 시장에서 나타나는 다양한 유형의 경쟁업자의 투자나 명성에 무임 편승하는 다양한 행위에 적절히 대응할 수 있기 위해서는 부정경쟁방지법상에 일반조항을 신설하는 것이 필요하다고 한다.[34]

그런데 이 견해들이 독립된 재산권으로서의 퍼블리시티권 개념을 부정하는 것으로 보이지는 않는다. 즉, 퍼블리시티권을 넓은 의미의 부정경쟁

---

31) 남형두(2005), 121면.
32) 丁相朝(2004), 638면.
33) 박준우(2007b), 190면.
34) 정연덕(2009), 181면.

방지법상 인정되는 재산권이라고 본다면 그 이용허락, 양도, 상속 등을 인
정하는데 논리적 어려움이 없다고 하거나,[35] 퍼블리시티권을 완전한 형태
의 재산권으로 보호하는 입법의 전단계로서 부정이득금지의 법리가 더 타
당하다고 한다.[36] 또는, 지적재산권의 일종으로 퍼블리시티권을 수용함에
있어 퍼블리시티권을 저작권법의 일부로 포섭하는 것이 부당하다고 하면
서, 퍼블리시티권의 법적 성격은 저작권의 법리보다는 부정경쟁방지법의
법리에 가깝다고 주장한다.[37] 그러므로 이하에서는 이 견해를 퍼블리시티
권에 의한 보호를 주장하는 견해에 포함시켜 검토하면서, 필요한 경우에
만 따로 살펴보기로 한다.

2. 인격권에 의한 보호를 주장하는 견해

사람의 동일성의 재산적 이익을 초상권 등 인격권에 의하여 보호할 수
있다고 보는 견해들도 있다. 이 견해들은 일부 판결이 초상권 등 인격권
에 의하여 사람의 동일성의 재산적 이익을 보호하는 것에 주목하면서, 퍼
블리시티권을 독립된 재산권으로 인정해야 한다는 주장을 비판하고, 나아
가 초상권 등 인격권에 의한 보호가 더 바람직하다고 주장한다. 그 내용
을 살펴보면 다음과 같다.

첫째, 이 견해는 인격권이 사람의 관념적 이익은 물론 재산적 이익도
보호한다는 것을 긍정한다. 즉, 유명인의 성명이나 초상의 영리적 이용이
라는 측면은 인격권 침해에 의해 발생하는 재산적 손해라고 파악할 수 있
을 것이라고 하거나,[38] 성명권이나 초상권 등 인격권의 침해로 인하여 재

---

35) 丁相朝(2004), 640면.
36) 박준우(2007b), 177면.
37) 박준석(2009), 327면.
38) 박성호(2006), 15면. 따라서 퍼블리시티권이란 개념을 통해 보호하고자 하는 내
   용은 종래의 인격권 개념에 의하더라도 그 보호가 가능할 것이라고 한다.

산적 손해가 발생한 경우에도 그 인과관계만 입증된다면 그 손해를 배상 받을 수 있는 것은 당연한 법리라고 한다.[39] 이와 유사하게, 대법원 판결[40]도 초상권을 헌법상 보장된 권리로 인정하면서 그 경제적, 재산적 측면까지 함께 파악하고 있는데 새삼스럽게 퍼블리시티권을 인정할 필요가 있는지 의문이라고 한다.[41]

둘째, 이 견해는 퍼블리시티권을 인정하는 것이 바람직하지 않은 결과를 초래할 위험성을 갖고 있다고 지적한다. 즉, 퍼블리시티권은 여전히 인격의 영역에 머물러 있는 법익들에 무체재산권의 성립을 인정하여 사법(私法)상의 권리체계를 흐트러뜨릴 뿐만 아니라 인격재를 순수한 재산권에 복속시킴으로써 그 안에 내재되어 있는 정신적 가치가 경제적 고려만에 의해 무시되어질 위험성을 내포하고 있다고 한다.[42]

또한 퍼블리시티권은 인격의 상품화를 상례화하고 인간 자체의 상품화까지 허용하는 극단으로까지 치달을 위험성을 내포하고 있다고 비판한다.[43] 즉, 퍼블리시티권을 상당히 포괄적인 권리로 만들고, 또 단순한 채권적 구속가능성을 넘어서는 물권적 양도성 및 상속성을 이 권리에게 인정함으로써 퍼블리시티권의 원래의 주체의 현실적 의사나 추정적 의사에

---

39) 최형구(2010), 277면.

40) 대법원 2006. 10. 13. 선고 2004다16280 판결은, 초상권에 대하여 "사람은 누구나 자신의 얼굴 기타 사회통념상 특정인임을 식별할 수 있는 신체적 특징에 관하여 함부로 촬영 또는 그림묘사되거나 공표되지 아니하며 영리적으로 이용당하지 않을 권리"라고 판단하였다.

41) 정경석(2007), 144-145면. 이 견해는 미국의 퍼블리시티권 개념과 이론은 우리 초상권 법리의 발전을 위해서 소개하거나 참고할만한 자료가 될 수 있을지는 몰라도, 현행 우리 법체계하에서는 인정될 필요도 없고, 인정할 수도 없는 권리라고 주장한다.

42) 안병하(2009a), 114면. 또한 동일성표지가 상업적으로 이용되는 과정에서 그것이 오로지 상품으로만 파악되어 그 재산적 가치 외의 다른 비재산적 가치들이 외면되어 버린다면, 이러한 상품화의 길은 인간존엄에 대한 위험을 내포하고 있는 것으로 보인다고 한다. 안병하(2009b), 258면.

43) 朴成浩(2007a), 306면.

반하는 동일성표지의 사용까지 정당화시켜 주는 것은, 궁극적으로 사람
존재의 대부분을 상품화의 길로 이끌어 그것에 대한 자본의 지배를 강화
시키는 결과로 이어질 우려가 있다고 한다.[44]

셋째, 사람의 동일성의 경제적 가치를 초상권 등 인격권에 의해 보호하
는 것이 퍼블리시티권에 의해 보호하는 것에 비하여 피해자 구제에 더 유
익하다고 주장되기도 한다. 즉, 퍼블리시티권의 침해만을 이유로 한 손해
배상청구의 경우 재산상의 손해배상으로 한정되는 경우가 많고 권리자가
재산상 손실을 구체적으로 입증하기 어려운 사안이 발생한다는 점도 생각
할 필요가 있다고 하면서, 인격권으로서의 초상권, 성명권의 재산권적·비
재산권적 측면을 인정함으로써 오히려 피해자 구제에 더욱 유익한 점이
있다고 한다.[45] 나아가, 현대의 많은 이익추구형 인격 침해행위에는 그러
한 불법수단으로 "취득한 이익의 반환"이라는 관점에서 손해배상(위자료)
의 예방·제재의 기능을 생각하여야 할 것이라고 한다.[46]

---

44) 안병하(2009b), 265-266면. 퍼블리시티권의 침해의 법률효과로서 재산적 손해의
   배상만을 인정하고 정신적 고통은 보통 재산적 손해를 받으면 치유된다고 하는
   하급심판결들에 대하여, 이는 물건훼손의 경우에나 합당한 논리라고 하면서, 이
   판결들은 퍼블리시티권을 통하여 사람의 인격표지가 보통의 물건과 다름없이 다
   루어질 수도 있다는 것을 역설적으로 보여준다고 한다.

45) 장재옥(2003), 106면.

46) 장재옥(2003), 119면. 특히 가해자가 명백한 고의로 피해자의 초상·성명 등을 무
   단이용 하는 경우에는 침해된 권리의 시장가치를 명백하게 초월하는 액(가정적
   인 사용료를 초과하는 액)을 손해로 인정해야 할 것이라고 주장한다.

제4절 결어

우리나라에서는, 사람의 동일성이 갖는 재산적 이익에 관하여, 퍼블리시티권에 의한 보호를 인정한 판결과 초상권 등 인격권에 의한 보호를 인정한 판결이 모두 존재한다. 퍼블리시티권은 1995년 판결에서 처음으로 언급되었고, 이후 2000년까지 선고된 판결들에 의하여 퍼블리시티권의 내용이 점차 형성되었다. 2006년 이후에는 퍼블리시티권에 의한 보호를 인정하는 1심 판결들이 급격히 증가하였다. 그러나 퍼블리시티권의 성격, 내용, 인격권과의 관계 등에 대하여 판결들의 태도가 일치되어 있지 않다. 초상권 등 인격권에 의한 보호를 인정한 판결은 1995년 이전부터 존재했고, 현재까지도 이러한 입장을 취하는 판결이 존재한다. 그러나 이 판결들 역시 그 내용이 통일되어 있지 않다.

학설에서도, 퍼블리시티권에 의한 보호를 주장하는 견해와 인격권에 의한 보호를 주장하는 견해가 대립하고 있다. 퍼블리시티권에 의한 보호를 주장하는 견해는, 인격권을 사람의 관념적 이익만을 보호하는 소극적 방어권으로 인식하고, 인격권과 달리 양도성이 있는 재산권적 성격의 퍼블리시티권을 인정해야 충분한 보호가 가능하다고 한다. 또한 문화산업의 발전을 뒷받침하기 위한 제도적 장치라는 측면에서 퍼블리시티권의 입법화를 요구하기도 한다. 반면에, 인격권에 의한 보호를 주장하는 견해는, 인격권이 사람의 관념적 이익은 물론 재산적 이익도 보호할 수 있고, 퍼블리시티권을 인정하는 것은 바람직하지 않은 결과를 초래할 위험성을 갖

고 있다고 한다. 또한 초상권 등 인격권에 의해 보호하는 것이 퍼블리시
티권에 의해 보호하는 것에 비하여 피해자 구제에 더 유익하다고 한다.

제5장 우리나라에서 바람직한
규율방법의 모색

제1절 개설

사람의 동일성이 갖는 재산적 이익을 어떤 방법으로 규율하는 것이 타당한지에 대하여 우리나라에서는 판결과 학설 모두에서 견해가 대립하고 있다. 특히, 판결의 태도가 일치되어 있지 않기 때문에, 실무에서 혼란이 초래되고 있다. 그러므로 우리나라에서 사람의 동일성이 갖는 재산적 이익을 어떤 방법으로 규율하는 것이 바람직한지 검토할 필요가 있다.

견해의 대립은 우선 인격권에 대한 시각 차이에서 출발하는 것으로 보인다. 즉, 인격권에 의하여 관념적 이익만 보호할 수 있다고 보는 견해는 재산적 이익의 보호를 위해 퍼블리시티권을 독립된 재산권으로 인정할 필요가 있다고 주장한다. 반면에, 인격권에 의하여 재산적 이익도 보호할 수 있다고 보는 견해는 퍼블리시티권을 독립된 재산권으로 인정할 필요가 없다고 한다. 그러므로 인격권의 개념이 무엇인지, 인격권에 의하여 재산적 이익을 보호하는 것이 가능한지, 사람의 동일성이 갖는 재산적 이익에 대한 보호가 인격권의 보호범위에 포함되는지 등을 살펴볼 필요가 있다. 또한 우리나라와 같이 인격권이 인정되는 법체계에서 퍼블리시티권을 독립된 재산권으로 인정하는 것이 어떤 의미를 가지고, 어떤 문제점을 발생시키는지도 검토할 필요가 있다.

나아가, 현실적으로 발생하는 법률문제에 대해서도 독립된 재산권인 퍼블리시티권에 의한 보호방법과 인격권에 의한 보호방법 중 어느 방법이 타당한 해결책을 제시하는지도 검토할 필요가 있다. 특히, 퍼블리시티권이 양도할 수 있는 권리라는 점은 퍼블리시티권을 독립된 재산권으로 인정해야 한다는 주장의 논거로 제시되고 있다. 그러므로 현실적으로 발생하는 법률문제로 다른 사람의 동일성을 상업적으로 이용하는 자의 보호, 사망자의 동일성의 재산적 이익 보호, 권리 침해에 대한 구제수단 등의 쟁점을 설정하고, 각 쟁점별로 독립된 재산권인 퍼블리시티권에 의한 보호방법과 인격권에 의한 보호방법 중 어떠한 보호방법이 타당한 해결책을 제시하는지 비교하여 검토하기로 한다.

제2절 인격권 개념의 정립과 인격권에 의한 보호

Ⅰ. 인격권 개념의 정립

1. 인격권 일반

(1) 인격권의 생성과 발전

역사상 인격권 보호를 공식선언한 것은 1789년의 프랑스인권선언, 1948년의 세계인권선언[1] 등이라 할 수 있으며, 이후 각국의 헌법이나 법률도 인격권보호에 관한 규정을 두게 되었고 민사법적인 보호도 법률·학설·판례에 의하여 인정되기에 이르렀다고 한다.[2]

각국의 인격권 발전상황을 간략히 소개하면 다음과 같다. 미국의 경우, 이미 살펴본 바와 같이, 프라이버시권은 1890년부터 논의되기 시작했고,[3] 1905년 조지아주 대법원의 Pavesich 판결[4]에서 처음으로 인정되었다. 이

---

1) 세계인권선언 제12조는 "누구도 그의 사생활(privacy)·가족·가정·통신에 대하여 자의적인 간섭을 받거나 명예와 신용에 대하여 공격받지 아니한다. 인간은 모두 이와 같은 간섭이나 공격에 대하여 법의 보호를 받을 권리를 가진다."고 규정하였다.
2) 郭潤直 編, 民法注解(ⅩⅨ), 420면(李在洪 집필).
3) Warren & Brandeis(1890), pp. 193ff.

후 미국에서는 인격권이라는 개념이 등장하지는 않았지만, 명예훼손과 프라이버시 등을 중심으로 다양한 법리가 발전되었다.

독일의 경우, 1900년에 시행된 민법에서 성명권에 관한 규정을 두었고, 1907년에 제정된 예술저작권법에서 초상권에 관한 규정을 두었다. 그리고 이미 살펴본 바와 같이, 1954년 독일연방대법원의 판결[5])은 기본법의 영향을 받아 일반적 인격권을 인정하기에 이르렀다.

프랑스에서는 불법행위에 관한 일반규정에 의해 인격적 법익을 보호하다가 1970년 7월 17일에 개정된 프랑스민법에서 "사생활에 대하여 존중받을 권리"를 규정하였고,[6]) 일본에서는 1964년 하급심 판결[7])이 인격권을 인정한 이후 1986년 최고재판소 판결[8])도 이를 인정하여 실무상 정착되었다고 한다.[9])

(2) 인격권의 개념

인격권에 대해서는 다양하게 정의되고 있다. 인격권은 "권리의 주체와 분리할 수 없는 인격적 이익을 누리는 것을 내용으로 하는 권리,"[10]) "인격의 주체로서 개인이 갖는 권리"[11])로 정의된다. 또한 인격권은 "인격에 관한 권리"라고 할 수 있으며, "사람이 자기 자신에 대하여 갖는 권리"를 가

---

4) Pavesich v. New England Life Ins. Co., 122 Ga. 190, 50 S.E. 68 (1905).

5) BGH GRUR 1955, 197 - Leserbrief.

6) 프랑스 민법 제9조는 "누구든지 각자의 사생활을 존중받을 권리가 있다. 법관은 사생활의 비밀에 대한 침해를 방지 또는 중지시키기 위하여 손해배상과 별도로 계쟁물임치, 압류 기타 적절한 모든 조치를 명할 수 있다; 이러한 조치는 긴급한 경우에는 긴급심리에 의하여 명할 수 있다."고 규정하고 있다.

7) 東京地方裁判所 昭和 39(1964). 9. 28. 判決(判例時報 385호, 12면).

8) 最高裁判所 昭和 61(1986). 6. 11. 判決(民集 40-4, 872).

9) 郭潤直 編, 民法注解(ⅩⅨ), 427면(李在洪 집필).

10) 郭潤直(2009a), 51면; 김상용(2009), 101면; 金曾漢·金學東(2006), 58면.

11) 李英俊(2007), 51면.

리킨다고 한다.12) 인격권은 인간의 존엄성 내지 인격가치의 보호를 목적으로 하는 권리라고 하면서 이는 "신체·건강·정신·자유·명예 등 인간으로서의 존엄성 보장과 인격적 속성의 자유로운 발전을 위하여 그에 대한 침해로부터 보호되어야 할 모든 권리와 이익들의 총체"라고 정의되기도 한다.13) 우리나라의 학설과 판결은 대부분 인격권 개념을 인정하고 있으나, 인격권 개념을 인정하는 것에 소극적 입장을 취하는 견해14)도 있다.

우리나라의 법률에서는 그동안 인격권의 개념에 관한 규정이 존재하지 않았다. 그러나 2005년에 공포된 '언론중재 및 피해구제 등에 관한 법률'15)은 처음으로 인격권의 개념에 관한 규정을 두었다. 즉, 이 법률 제5조 제1항은, 인격권을 "생명, 자유, 신체, 건강, 명예, 사생활의 비밀과 자유, 초상(肖像), 성명, 음성, 대화, 저작물 및 사적(私的) 문서, 그 밖의 인격적 가치 등에 관한 권리"라고 규정하였다. 이에 대해서는, 우리 법제에서 처음으로 인격권의 근거를 마련한 점에서 법제사적 의의가 크다고 하면서도, 인격권의 본질과 한계에 관한 고려 없이 이를 확정적·완결적 권리의 형태로 언급하여 혼란을 초래할 수 있다고 비판하는 견해16)가 있다.

---

12) 金載亨(2004), 69면.
13) 郭潤直 編, 民法注解(ⅩⅨ), 416면(李在洪 집필). 일본의 학설은, 인격권을 "주로 신체·건강·자유·명예 등 인격적 속성을 대상으로 하여, 그 자유로운 발전을 위하여, 제3자에 의한 침해에 대하여 보호해야 할 제이익의 총체"로 파악하고 있다. 五十嵐 淸(1989), 7면.
14) 李銀榮(2007), 971-972면. 신체의 안전과 정신적 안온(安穩)과 같이 서로 다른 인격적 이익을 종합적으로 묶어 인격권이라는 하나의 권리개념으로 설명하는 것은 기능적이지 못한 점, 민법은 인격권침해에 관한 소극적 보호규정(제751조)을 둘 뿐이며 적극적인 보호의 객체로서 일반적 인격권을 규정하지 않은 점, 우리 불법행위법은 '권리의 침해'를 책임발생요건으로 하지 않고 '보호법익에 대한 위법한 가해행위'를 그의 요건으로 하기 때문에 인격적 이익을 권리개념으로 구성할 필연성이 없다는 점 등을 그 논거로 한다.
15) 이 법률은 2005. 1. 27. 공포되고, 2005. 7. 28.부터 시행되었다.
16) 박용상(2008), 387면. 또한 박용상(2008), 23면은 인격권을 침해할 수 있는 주체는 헤아릴 수 없는데 이 법률은 단지 그 일부분으로서 언론에 의한 인격권에 대

(3) 인격권의 법적 근거

(가) 헌법상 근거

인격권은 헌법에 근거하여 인정된다고 설명된다. 헌법학의 내용을 살펴보면, 인격권은 헌법 제10조[17]의 인간의 존엄성 존중 조항, 헌법 제17조[18]의 사생활의 비밀과 자유 조항, 헌법 제37조 제1항의 헌법에 열거되지 아니한 자유와 권리의 존중 조항 등을 근거로 하여 보장된다는 견해,[19] 일반적 인격권은 헌법 제10조와 제37조 제1항과의 상호관계에서 나오는 기본권으로 해석하는 것이 옳다는 견해,[20] 기본권으로서의 인간의 존엄(존엄권)은 포괄적 기본권인데 이를 내용적으로 보면 '인격권' 또는 '일반적 인격권'이라는 견해[21] 등이 있다.

우리 헌법재판소는, 헌법 제10조가 모든 기본권 보장의 종국적 목적(기본이념)이라 할 수 있는 인간의 본질이며 고유한 가치인 개인의 "인격권"과 행복추구권을 보장하고 있다고 판단하였다.[22] 이에 의하면, 헌법재판소는 헌법 제10조의 인간의 존엄성 존중 조항을 인격권의 근거로 파악하는 것으로 보인다.

한 침해만을 다루고 있을 뿐이라고 하면서, 법체계상 인격권을 민법에 규정하는 것이 맞다고 주장한다.

17) 헌법 제10조는 "모든 국민은 인간으로서의 존엄과 가치를 가지며, 행복을 추구할 권리를 가진다. 국가는 개인이 가지는 불가침의 기본적 인권을 확인하고 이를 보장할 의무를 진다."고 규정하고 있다.

18) 헌법 제17조는 "모든 국민은 사생활의 비밀과 자유를 침해받지 아니한다."고 규정하고 있다.

19) 權寧星(2011), 452면.

20) 許營(2010), 334-335면. 이 견해는, 헌법 제10조는 우리 헌법질서와 기본권보장의 가치지표라고 이해하는 것이 옳다고 하면서, 일반적 인격권은 헌법 제10조만을 근거로 하는 것이 아니라고 한다.

21) 梁建(2011), 293면.

22) 헌법재판소 1990. 9. 10. 89헌마82 결정; 헌법재판소 1997. 7. 16. 95헌가6 등 결정.

인격권이 헌법 규정에 근거를 두고 있다는 점은 민법학에서도 긍정된다. 즉, 인격권은 헌법 제10조, 제17조에 근거를 둔 권리라고 하거나,23) 우리나라 헌법은 제10조에서 인격권에 관한 기본규정을 둠과 동시에 인격에 관련된 각종 자유권보호에 관하여 여러 규정을 두고 있다고 설명한다.24)

(나) 법률상 근거

민법에는 인격권에 관한 직접적 규정이 존재하지 않으며, 불법행위에 관한 규정들 중 일부가 인격적 법익에 대하여 규정하고 있다. 즉, "생명침해"에 대하여 민법 제752조25)가 규정하고 있고, "신체, 자유 또는 명예"에 대하여 민법 제751조26)가 규정하고 있다. 또한 민법 제764조는 "명예"가 훼손된 경우에 대하여 법원이 명예회복에 적당한 처분을 명할 수 있다고 규정하고 있다.

이처럼 민법에 인격권에 대한 직접적 규정이 존재하지 않는 이유에 대해서는, 무엇보다 민법 제정 당시에 인격권이 별다른 주목을 받지 못하였고 입법례도 거의 없었기 때문이라고 설명된다.27) 또한 민법 제750조가 어떠한 권리 또는 법익을 들어 그것이 침해될 것을 불법행위의 요건으로 정하고 있지 않으므로, 프라이버시 기타 등의 침해가 위법행위에 해당한다고 평가된다면 적어도 불법행위의 면에서 보호가 소홀하다고는 할 수 없다고 설명된다.28) 참고로, 민법의 개정작업과 관련하여, 인격권에 관한

---

23) 金載亨(1998), 189면; 金載亨(1999), 634면.
24) 郭潤直 編, 民法注解(ⅩⅨ), 417면(李在洪 집필).
25) 민법 제752조는 "타인의 생명을 해한 자는 피해자의 직계존속, 직계비속 및 배우자에 대하여는 재산상의 손해없는 경우에도 손해배상의 책임이 있다."고 규정하고 있다.
26) 민법 제751조 제1항은 "타인의 신체, 자유 또는 명예를 해하거나 기타 정신상 고통을 가한 자는 재산 이외의 손해에 대하여도 배상할 책임이 있다."고 규정하고 있다.
27) 金載亨(1999), 632면.

규정을 민법에 직접 두는 방안이 논의되고 있다.[29]

한편, 위에서 살펴본 바와 같이, '언론중재 및 피해구제 등에 관한 법률'은 인격권에 관한 직접적인 규정을 두고 있다. 이 조항에 대해서는, 인격가치 일반의 법적 보호를 가능하게 하는 '일반조항'을 의미하게 되고, 또한 장래에 인정될 개별적 인격권의 '모권'(Muttergrundrecht)으로서 의미를 갖는다고 평가되기도 한다.[30]

(4) 인격권의 특성과 보호범위

인격권이 포괄적인 성격을 가지며 이에 따라 인격권의 보호범위가 광범위하다는 점은 일반적으로 인정된다.[31] 즉, 인격권은 그 실체를 파악하기 어려울 정도로 포괄적인 성격을 가진 권리이며, 여러 권리와 구제수단을 발생시키는 모권(母權) 또는 기초권(基礎權)이라 할 수 있다고 한다.[32] 일반적 인격권의 개념은 일반조항적 성격을 가지고 있고, 추상성을 특질로 하므로 그 범위와 내용을 확정하는 것은 무척 어려운 일이라고 설명되기도 한다.[33]

인격권의 보호범위에 대해서도, 그 보험범위가 매우 광범위하기 때문에 그 범위를 한정하기가 어려우며, 사회의 발전에 따라 끊임없이 새로운 보

---

28) 梁彰洙(1999), 7면. 金載亨(1999), 635-636면도 민법 제750조에 따라 위법성이 있으면 불법행위가 성립하므로, 인격권이 절대권에 해당하는지 여부와 상관없이 인격권 또는 인격적 이익의 침해를 이 규정에 쉽게 포섭할 수 있다고 한다.

29) 이미 2001년 11월에 법무부에 설치된 법무자문위원회의 민법(재산법)개정특별분과위원회가 발표한 개정시안도, 민법 제1조의2 제2항에 "사람의 인격권은 보호된다."라는 명문의 규정을 둘 것을 제안하였다.

30) 박용상(2008), 389면.

31) 梁彰洙(1999), 10면은, "인격권에 관한 논의는 한결같이 이 개념이 아직 윤곽이 뚜렷한 확정적 내용에 획득하지 못하고 있음을 지적하고 있다"고 설명한다.

32) 金載亨(1999), 633면.

33) 郭潤直 編, 民法注解(ⅩⅨ), 418면(李在洪 집필).

호영역이 발견되어 그 보호범위가 넓어질 것이라고 한다.34) 이와 관련하여, 인격권의 포괄적 성격은 긍정적인 측면이 있는 것은 분명하지만, 어떠한 경우에 인격권으로 보호되는지 여부가 불명확하여 법의 예측가능성이나 법적 안정성이라는 요청을 충족시키지 못하고 있다는 문제점이 있다고 지적되기도 한다.35)

인격권의 보호내용은 다음과 같이 분류되기도 한다. 즉, 인격권의 내용은, 여건적(與件的) 상태의 보호로서 인격기반의 불가침성에 대한 권리,36) 정적(靜的)인 상태에서 인격내용의 불가침성에 대한 권리,37) 동적(動的) 상태에서 인격발현의 자율성에 관한 권리38) 등으로 구분할 수 있다고 한다.39)

2. 헌법상 근거를 기준으로 한 인격권 개념의 정립

인격권에 관한 기존의 논의를 살펴보면, 무엇보다 인격권의 개념이 명확하지 않고 따라서 그 보호범위도 확정하기 어렵다는 것을 알 수 있다. 이는 인격권의 특성이라고 평가할 수도 있지만, 구체적인 사안이 인격권의 보호범위에 해당되는지 여부를 판단하기 어렵게 만든다는 단점이 있다. 따라서 인격권 개념을 보다 명확하게 정립할 필요가 있다.

---

34) 金載亨(1999), 641면.
35) 金載亨(1999), 641면.
36) 이것은 신체뿐 아니라 개인의 주거 등 사적인 생활공간의 침입에 대한 자유를 의미한다.
37) 이것은 개인의 정신적·심리적 본질(사유, 감정, 정서 등) 또는 개인의 동일성의 표상(성명, 초상, 혈통, 명예 등)이나 인격상(人格像)에 대한 침해에 저항하고, 그 공개와 이용의 범위를 스스로 결정할 수 있는 권리를 의미한다.
38) 이것은 언어에 의한 사적 정보(서신, 전신, 전화 등 통신내용)와 사적 행동(사생활 또는 사적 결사에 가입 등)에 대한 감시 내지 폭로에 저항하고, 그 공개와 전파의 범위를 스스로 결정할 수 있는 권리를 의미한다.
39) 박용상(2008), 389-390면.

인격권 개념을 정립하는 기준으로는, 인격권을 인정하는 법적 근거 특히 헌법적 근거에 주목할 필요가 있다.[40] 위에서 살펴본 바와 같이, 인격권이 헌법 제10조의 인간의 존엄성 존중 조항에 근거를 두고 있다는 점은 일반적으로 인정된다. 그러므로 우선 '인간의 존엄성'이라는 가치가 인격권의 개념과 내용을 정하는 기준이 되어야 할 것이다.

한편, 헌법재판소는 헌법 제10조에서 보장하는 행복추구권은 그의 구체적인 표현으로서 "일반적인 행동자유권"과 "개성의 자유로운 발현권"을 포함한다고 판단하였다.[41] 그러나 이에 대하여는, 헌법 제10조의 조문 구조상 이들 기본권이 '인간의 존엄과 가치'와는 무관하게 행복추구권에만 함축되어야 하는 이유를 설득력 있게 논증했어야 하며, 이러한 논증 없이 행복추구권을 확대해석하는 것은 자칫 인간의 존엄과 가치를 공동화시킬 위험성이 있다는 비판[42]이 있다. 또한 인간의 존엄과 행복추구권은 양자를 합하여 포괄적 기본권으로 해석함이 적절하다고 보는 견해[43]도 있다. 헌법재판소도, 사죄광고에 의하여 "인격의 자유로운 발현을 위해 보호받아야 할 인격권"이 무시된다고 판단하였다.[44] 이러한 점들을 고려하면, '인격(개성)의 자유로운 발현'이라는 가치도 인격권의 개념과 내용을 정하는 기준이 되어야 할 것이다.

결국, 인격권은 인격의 자유로운 발현을 위한 권리로서,[45] 그 중심에는

---

40) 안병하(2009b), 252-253면도, 인격의 규범적 가치판단의 관점에서 중요한 단서를 제공해 주는 것은 인격권의 근거로 원용되고 있는 헌법상의 인간존엄규정 및 행복추구권 규정이라고 한다.

41) 헌법재판소 1998. 5. 28. 96헌가4 결정.

42) 許營(2010), 338면.

43) 梁建(2011), 292면. 다만, 이렇게 이해하더라도, 인간의 존엄은 포괄적 기본권의 정태적(情態的) 측면을, 행복추구권은 동태적(動態的) 측면을 가리킨다고 할 수 있다고 한다.

44) 헌법재판소 1991. 4. 1. 89헌마160 결정.

45) Heldrich(1970), S. 166은, 인격권의 목표는 무엇보다도 제3자의 침해로부터 방해받지 않고 자기의 개성을 발현시킬 수 있는 자유영역을 개인에게 보장하는 것이

인간의 존엄성이라는 가치를 갖는다고 파악해야 할 것이다. 인격의 자유로운 발현을 위해서는, 다른 사람의 침해행위로부터 자유로워야 하는 것은 물론이고, 적극적으로 인격의 자유로운 발현을 추구할 수 있어야 한다. 따라서 인격권은 소극적, 적극적 측면의 내용을 모두 가져야 한다. 그리고 인격권의 중심을 차지하는 인간의 존엄성이라는 가치는 어느 경우도 침해되어서는 안 되는 특성을 갖는다. 그러므로 다른 사람이 이를 침해할 수 없는 것은 물론이고 권리자 자신도 이를 포기할 수 없다고 해석해야 할 것이다.

II. 사람의 동일성이 갖는 재산적 이익의 보호

1. 인격권에 의한 재산적 이익의 보호가능성

(1) 인격권을 비재산권으로 분류하는 의미

인격권은 일반적으로 비재산권으로 분류된다. 그런데 재산권과 비재산권의 구별에 대해서는, 어떤 권리가 경제적 가치 있는 이익을 누리는 것을 목적으로 하는 권리인지 여부가 아니라 어떤 권리가 권리자의 인격이나 가족관계를 떠나서 존재할 수 있는지 여부에 의해 판단해야 한다고 설명된다.46) 예컨대, 부양청구권, 상속권은 재산적 이익을 내용으로 하는 권리이지만 권리자의 인격 또는 가족관계에서의 지위와 불가분적으로 결합되어 있는 권리이기 때문에 가족권에 속하며, 반대로 재산적 가치가 없는

라고 하였다.
46) 郭潤直(2009a), 49-50면; 김상용(2009), 99면.

것도 재산권인 채권의 목적으로 될 수 있다는 것이다.[47]

재산권과 비재산권을 이러한 기준에 의해 구별하면, 인격권이 비재산권으로 분류된다는 점에 근거하여 인격권이 재산적 이익을 보호할 수 없다고 단정할 수는 없다. 인격권을 비재산권으로 분류하는 의미는, 단지 인격권이 그 권리자의 인격과 불가분적으로 결합되어 있는 권리라는 의미를 가질 뿐이고, 인격권에 의해 보호되는 이익을 한정하지 않는다.

(2) 인격권과 무체재산권의 관계

독일의 경우, 인격권의 내용 중 일부가 역사적 발전과정에서 무체재산권으로 발전하였다고 이해되고 있다. Hubmann은, 어떤 실현된 가치가 유통이 가능한지 여부는 일반적으로 그 내부의 정신적 내용이 아니라 그것이 나타나는 외부의 사물(Dinge), 특히 기술의 발전에 달려있다고 하였다.[48] 즉, 이전에는 인격과 관련해서만 생각할 수 있었던 것이 오늘날 독립적 재화가 될 수 있으며, 미래의 발전은 현재 인격과 관련해서만 실현될 수 있는 많은 가치를 분리가능하고 유통가능하게 만들 수 있을 것이라고 하였다.[49] Forkel도, 어떤 재화(Gut)가 완전히 사람으로부터 독립화되어 그에 대하여 법적으로 보호되는 인격관계가 더 이상 존재하지 않아야 인격권의 범위에서 벗어난다고 하면서, 인격권이 재산법적 내용을 가질 수 있으므로, 어떤 권리가 재산법적 이익을 보호하는지 여부는 인격권과 무체재산권을 구별하는 기준이 될 수 없다고 하였다.[50]

---

47) 郭潤直(2009a), 50면; 김상용(2009), 99면. 金曾漢·金學東(2006), 59면도, 상속권은 그 권리가 일정한 가족관계가 있는 자에게 주어진다는 점에서 가족권으로 분류되나 재산적 이익을 주된 내용으로 한다고 설명한다.

48) Hubmann(1967), S. 220. 예컨대, 문자의 발명 이전에는 생각은 시장성이 없었다고 한다. Hubmann(1967), S. 220f.

49) Hubmann(1967), S. 221.

50) Forkel(1988), S. 498.

독일연방대법원 1999년 Marlene Dietrich 판결[51]도, 상호권과 상표권이 당초 인격권으로 여겨졌는데 이후 재산권 또는 무체재산권으로 발전하였다고 판단하여, 이러한 점을 확인하였다. 즉, 상호권은 과거 인격권인 성명권으로 여겨졌는데, 이후 그 성명이 특정인으로부터 분리되어 기업과 같은 어떤 객체에 결합되었다는 이유에서 재산권으로 분류되었다고 하였다. 또한 상표권 역시 과거 인격권으로 분류되었는데, 이후 상표가 그 영업과 완전히 분리되어 영업과 별도로 취득되거나 양도, 상속이 가능하게 되었으며, 현재는 성명 또는 초상으로 이루어진 상표도 자유롭게 양도가능한 무체재산권이라고 하였다.

우리나라에서도, 무체재산권이 인격적 요소를 갖고 있다는 점은 긍정된다. 즉, 무체재산권은 인격의 모태가 되는 정신에 그 뿌리를 두고 있어서 일반적으로 인격적 요소가 강하다고 설명된다.[52] 특히 학문이나 예술정신의 독창적 표현인 저작물은 인격의 발현 그 자체이며, 발명의 경우도 저작물에 비하여 인격의 발현정도가 낮지만 정신활동의 성과로서 인격권이 다소라도 화체(化體)되어 있다고 한다.[53] 상표의 경우도 대량생산, 대량판매에 의하여 상표 그 자체의 재산권성이 전면에 나타나게 된 것이나 일반재산권에 비하면 인격적 특성을 상당히 내포하고 있으며, 그 침해에 대하여는 정신적 고통에 대한 위자료가 일반 재산권보다 넓게 인정될 수 있을 것이라고 설명된다.[54]

결국, 인격권과 무체재산권의 관계를 살펴보면, 당초 인격권의 보호범위가 관념적 이익 보호에 한정되지 않았음을 알 수 있다. 이와 관련하여, 인격권은 그 초기단계에 무체재산권을 포함하는 개념으로 인식되어 무체

---

51) BGH NJW 2000, 2195 - Marlene Dietrich.
52) 송영식 등(2008a), 55면. 또한 무체재산권의 본질에 관해서도, 정신적 창조에서 유출하는 인격권으로 파악하는 인격권설이 있다고 소개한다. 송영식 등(2008a), 56면.
53) 송영식 등(2008a), 55면.
54) 송영식 등(2008a), 55면, 각주26).

재산권의 정당화작업에도 직접적으로 기여했다고 하면서, 이로부터 인격권이 초기에 재산권의 대립개념으로 성립된 것은 아니라는 사실을 알 수 있다고 설명되기도 한다.[55] 이러한 점을 고려하면, 오늘날 인격권의 보호범위가 관념적 이익에만 한정된다고 보아야 할 이유는 찾기 어렵다.

(3) 자기결정권의 보호 범위

독일에서 사람의 동일성이 갖는 재산적 이익을 인격권에 의해 보호해야 한다는 견해의 주요 논거 중 하나는, 자기결정권이다. 즉, 자기결정권은 관념적 이익과 재산적 이익의 구별에 대하여 중립적이므로, 자신의 인격을 관념적으로는 물론 경제적으로 이용하는 것도 그 권리자에게 귀속시킨다고 설명된다.[56] 사람의 동일성표지를 무단으로 이용한 경우 인격권 침해를 인정한 독일 판결들도 이러한 입장을 취하고 있다.

우리나라에서도, 인격권의 내용을 자기결정권을 중심으로 이해하는 것은, 인격권이 개인적인 은밀한 영역의 방어적 보호에만 한정되어 있는 것이 아니라는 점을 인식하게 해 주고, 또한 재산적 이익이 인격권의 보호범위 안으로 들어올 수 있는 계기를 마련해 준다고 설명되기도 한다.[57]

인격권은 자신의 인격에 관련된 사항에 대하여 스스로 결정하는 권리라고 할 수 있다. 우리나라의 경우, 이러한 자기결정의 내용이 반드시 관념적 이익에 한정된다고 보아야 할 이유는 없다. 미국의 프라이버시권은 "홀로 있을"(to be let alone) 권리로 이해되어 왔으나,[58] 인격권이 프라이

---

55) 안병하(2009a), 107면.
56) Magold(1994), S. 466f.
57) 안병하(2009a), 111면.
58) 하지만, 프라이버시권의 내용이 이처럼 좁은 범위에 한정된다고 단정하기는 쉽지 않다. 梁彰洙(1991), 507면은, 프라이버시가 무엇이냐, 또는 프라이버시권이란 무엇이냐 하는 것이 반드시 명확한 내용을 가지지 않는다고 하는 것은 미국의 論者들에 의하여도 일치하여 긍정되고 있다고 한다.

버시권과 동일한 내용의 권리라고 보기는 어렵다. 초상 등 동일성표지를 공표할지 여부에 대해 결정할 권리를 초상권 등 인격권에 의해 보호한다면, 그 동일성표지를 상업적 목적으로 공표할 것인지 여부를 결정할 권리 역시 인격권의 내용에 포함된다고 보아야 할 것이다.[59] 이와 달리 인격권의 보호범위를 관념적 이익에 한정하기 위해서는, 오히려 이처럼 제한적으로 해석할 근거가 제시되어야 할 것이다.

(4) 독일과 우리나라 판결의 태도

인격권에 의하여 사람의 동일성이 갖는 재산적 이익을 보호하는 것이 가능하다는 점은, 무엇보다도 독일과 우리나라의 판결들이 보여준다. 이미 살펴본 바와 같이, 독일의 판결들은 사람의 동일성이 갖는 재산적 이익을 인격권에 의해 보호하고 있다. 또한 우리나라 판결들 중에도 초상권

이호선(2009), 31면은, 초기의 소극적인 '혼자 있을 권리(Right to be let alone)'는 문명의 발전과 권리개념의 확장에 따라 적극적인 '자기정보통제권'으로 발전되었다고 하면서, Warren과 Brandeis는 '사적으로 남겨질 권리(Right to Privacy)'를 포괄적 인격권의 일부로 인식하면서 거꾸로 '자신을 공개할 권리(Right to Publicity)'도 인정하고 있는데 이 양자는 논리적으로 동전의 양면과도 같은 것이어서 그 성격은 본질적으로 같다고 볼 수 있다고 한다.

59) 미국에도 퍼블리시티권을 프라이버시권과 관련하여 파악하는 견해들이 있다. 예컨대, Felcher and Rubin(1979), pp. 1620f.는, 프라이버시권과 퍼블리시티권의 이분법을 비판하면서, 이는 같은 권리라고 하였다. 즉, 사람이 어떤 사실의 공개를 금지할 권리를 갖는다면 이 권리를 다른 사람에게 판매할 수 있고, 사람이 자신의 속성을 이용할 권리를 판매할 수 있으면 이를 거부하고 사적으로 유지할 수도 있다고 하였다.

이호선(2009), 47면도, 프라이버시권리와 퍼블리시티권에 대한 인격적 접근 사이의 연관성을 이해하는 방법은 프라이버시권리를 '원하지 않는 공표(unwanted publicity)'에 대한 권리 제공의 관점에서 보는 것이라고 하면서, 퍼블리시티권은 '자신들의 프라이버시권리를 포기하였을 수 있는 공적 인물들'에게도 여전히 원치 않는 공표에 대한 통제권을 행사하도록, 즉 '유보된 프라이버시권'이 존재하고 있음을 보여준다고 한다.

등 인격권에 의한 보호를 인정하는 판결들이 존재한다.

특히, 대법원 2006. 10. 13. 선고 2004다16280 판결은, 초상권에 대하여, 사람은 누구나 "자신의 얼굴 기타 사회통념상 특정인임을 식별할 수 있는 신체적 특징에 관하여 함부로 촬영 또는 그림묘사되거나 공표되지 아니하며 영리적으로 이용당하지 않을 권리"를 가진다고 판단하였다. 즉, 초상이 "영리적으로 이용당하지 않을 권리"를 초상권의 내용으로 파악하고 있다. 이에 의하면, 초상이 갖는 재산적 이익은 당연히 초상권에 의하여 보호될 것이다.

2. 사람의 동일성이 갖는 재산적 이익의 인격권에 의한 보호

(1) 인격권 개념에 의한 판단

위에서 살펴본 바와 같이, 인격권은 관념적 이익은 물론 재산적 이익도 보호할 수 있다. 그렇다면, 인격권의 보호범위에 포함되는 재산적 이익이 무엇인지 결정하는 기준은 무엇일까? 다시 말해, 사람의 동일성이 갖는 재산적 이익이 인격권의 보호범위에 포함되는지 여부를 무엇을 기준으로 판단해야 할까?

이 문제는 앞에서 정립한 인격권의 개념에 의하여 결정되어야 할 것이다. 앞에서, 인격권은 인격의 자유로운 발현을 위한 권리이고 그 중심에는 인간의 존엄성이라는 가치를 갖는다고 파악하였다. 이러한 개념에 의하여 사람의 동일성이 갖는 재산적 이익에 대하여 살펴보면 다음과 같다.

첫째, 사람의 이름, 초상 등 동일성표지를 상업적으로 이용하는 것은 인격의 발현과 밀접한 관련을 갖는다. 사람이 자신의 동일성표지를 상업적으로 이용할 것인지 여부를 결정하는 것은 물론이고, 어떠한 목적을 위해 어떠한 방법으로 이용할 것인지 결정하는 것도 그 자체가 인격의 발현이라고 할 수 있다. 이는 사람의 동일성표지가 무단으로 상업적으로 이용되는 경우를 상정해 보면 더 명확하게 알 수 있다. 이 경우 그 동일성표지가 무단으로 이용된 사람은 자신의 인격 발현에 대한 권리를 침해받으며, 만일 그 사람의 평소 신념과 다른 방법으로 동일성표지가 이용되었다면 그 사람의 인격 발현에 미치는 영향은 더욱 커질 것이다.

또한 사람의 동일성표지를 상업적으로 이용하는 것은 향후 그 사람의 자유로운 인격 발현을 제한하는 결과를 초래할 수도 있다. 이와 관련하여, 인격의 자유로운 발현은 대체불가능한 개인의 고유성을 실현하는 과정으로 이해되나, 상업적 이용의 과정에서 동일성표지의 주체가 갖는 복잡한 인격은 단순하고 고정적인 이미지로 축소되어 버리고 말 위험성이 있다고 지적되기도 한다.[60] 동일성표지를 상업적으로 이용한 이후 그 주체가 자신의 평판이나 이미지를 유지할 의무를 부담하는지 문제되는 경우에 이러한 측면이 잘 나타난다.[61]

둘째, 사람의 이름, 초상 등 동일성표지는 사람과 불가분적으로 결합되어 있고 따라서 그 사람 자체를 의미한다는 점에서, 사람의 동일성표지의 상업적 이용은 인간의 존엄성과도 관련될 수 있다. 인간의 존엄에 대해서는, 인간이 자기책임능력이 있는 인격체라는 의미,[62] 인간을 인간으로 만

---

60) 안병하(2009b), 261면.
61) 대법원 2009. 5. 28. 선고 2006다32354 판결은, 광고모델계약에서 품위유지약정을 한 경우 모델은 계약기간 동안 광고에 적합한 자신의 긍정적 이미지를 유지함으로써 그것으로부터 발생하는 구매 유인 효과 등 경제적 가치를 유지하여야 할 계약상 의무가 있고, 이를 이행하지 않는 경우에는 채무불이행으로 인한 손해배상채무를 면하지 못한다고 판단하였다. 이에 대하여, 안병하(2009b), 270면 이하는 이 판결이 자유로운 인격발현이라는 기본권적 가치에 반하는 방향으로 나아가고 있다고 비판한다.
    南馨斗(2008), 366-367면은, 퍼블리시티권이 이혼시 재산분할이 된 후 celebrity 배우자가 그 퍼블리시티권의 가치가 하락하지 않도록 해야 할 의무를 부담한다고 본다면, 헌법상 보장된 인신의 자유를 지나치게 구속한다는 비판을 면하기 어려울 것이라고 지적한다.
62) 權寧星(2011), 377면.

드는 인격 그 자체로서 인간을 객체로 생각하지 말고 주체(목적)로 생각해야 한다는 것,[63] 인격의 내용을 이루는 윤리적 가치,[64] 인간의 고유한 인격을 가리키며 자율성을 지닌 인간을 도구로서가 아니라 그 자체 목적으로서 대하여야 한다는 것[65] 등을 의미한다고 설명된다. 따라서 인간을 물체화하거나 어떤 목적을 위한 수단으로 격하시키는 것은 인간의 존엄과 가치를 부정하거나 그 실현을 방해하는 것으로 이해된다.[66] 그런데 사람의 동일성표지가 상업적으로 이용되는 경우, 그 동일성표지와 주체의 불가분적 결합 때문에 마치 그 사람 자체가 상업적으로 이용되는 것과 동일하게 평가될 가능성이 있다. 그리고 이는 상업적 이익 추구를 위하여 사람이 객체화된다는 것을 의미할 수 있으므로, 인간의 존엄성 문제를 발생시킬 수 있다.[67]

결국, 사람의 동일성이 갖는 재산적 이익은, 인격의 발현과 직접 관련될 뿐만 아니라, 인간의 존엄성과 관련해서도 문제를 야기할 수 있으므로, 인격권의 보호범위에 포함되고 따라서 인격권에 의하여 규율되어야 할 것이다.

(2) 저작권의 경우와의 비교

사람의 동일성이 갖는 재산적 이익이 인격권의 보호범위에 포함되면, 결국 인격권은 관념적 이익과 재산적 이익을 모두 보호하게 된다. 이와 같이 하나의 권리가 관념적 이익과 재산적 이익을 모두 보호하는 경우로

---

63) 金哲洙(2010), 409면.
64) 許營(2010), 330면.
65) 梁建(2011), 290면.
66) 權寧星(2011), 381면.
67) 안병하(2009b), 258면은, 동일성표지는 인격표지로서 기능하면서 담당주체의 인격의 일부를 이루고 있기에 그에게 인정되는 존엄의 가치에도 참여하고 있다고 하면서, 따라서 동일성표지가 상업적으로 이용되는 과정에서 그 재산적 가치 외에 다른 비재산적 가치들이 외면된다면, 이는 인간존엄에 대한 위험을 내포하고 있다고 한다.

저작권을 들 수 있다. 즉, 저작권은 저작인격권과 저작재산권으로 구성되므로, 저작자의 관념적 이익과 재산적 이익을 모두 보호한다.

그런데 저작권의 권리구성을 어떻게 할 것인지에 대해서는 대립하는 입법례가 존재한다. 저작권 일원론은, 저작권을 재산권적 요소와 인격권적 요소가 유기적으로 결합한 단일의 권리이고, 저작인격권과 저작재산권 양자의 상위에 있는 특수한 권리로서 이들 권리를 발생시키는 근원적 권리라고 한다.[68] 반면에, 저작권 이원론은, 저작권을 저작인격권과 저작재산권이라는 서로 별개의 독립된 권리가 합쳐진 복합적 권리로 보고, 저작한 때로부터 저작인격권과 저작재산권이라는 상호 독립된 2종의 권리가 발생한다고 한다.[69] 또한 대륙법계의 국가는 우리나라, 일본, 프랑스 등 대부분의 국가가 저작권 이원론에 입각한 저작권법을 가지고 있으나, 독일은 독특하게 저작권 일원론의 저작권법을 채택하고 있다고 한다.[70]

그렇다면, 우리나라는 저작권 이원론에 입각한 저작권법을 채택하고 있으므로, 이와 유사하게 인격권은 관념적 이익 보호에 한정시키고 사람의 동일성이 갖는 재산적 이익은 별개의 독립된 권리로 규율하는 것이 타당하지 않은가 문제된다. 실제로 이러한 점에서 문제를 제기하는 견해들도 있다. 이 견해들은 독일 저작권법에 관한 일원적 구성을 인격권에 유추한 다음 인격권의 재산(권)적 요소 즉 퍼블리시티권의 '구속된 양도'가 가능하다고 설명하는 것이 타당할지에 대해 의문을 제기하거나,[71] 독일 저작권법을 모델로 하는 독일의 일원론은 우리나라에서 그대로 받아들이기 힘

---

68) 오승종(2007), 341-342면. 저작권의 양도에 관하여는, 저작인격권이 일신전속적인 성격을 가지고 있으므로 이것과 불가분의 관계로 결합되어 있는 저작재산권의 양도도 역시 불가능하며, 다만 저작재산권의 '설정적 이전'은 가능하다고 한다.
69) 오승종(2007), 342면. 저작권의 양도에 관하여는, 저작인격권은 일신전속성에 의하여 양도가 불가능한 반면에 저작재산권은 자유롭게 양도될 수 있다고 한다.
70) 오승종(2007), 343면.
71) 박성호(2006), 15-16면. '구속된 양도' 이론은 독일 저작권법이 채택하고 있는 저작권의 일원적 구성을 전제로 하여 저작인격권적 권한도 저작재산권과의 경우와 마찬가지로 설정적으로 양도된다는 것을 일관성있게 설명하기 위해 창안된 이론이라고 한다.

든 점이 많다고 한다.[72]

독일의 경우, 저작권에 관한 논의가 인격권에 많은 영향을 끼치고 있다는 점은 부정할 수 없을 것이다. 그러나 인격권의 권리구성이 반드시 저작권과 동일해야 하는 것은 아니다. 인격권과 저작권의 근본적인 차이점은, 그 보호대상이 주체와 어느 정도로 분리되어 있는가 하는 점이다. 즉, 저작권의 보호대상이 되는 저작물은 소설, 음악, 사진 등으로 저작권자로부터 완전히 분리되어 있고 독립적으로 거래의 객체가 될 수 있다. 그러나 사람의 초상, 성명 등 동일성표지는 물리적으로 그 주체와 불가분적으로 결합되어 있고, 위에서 살펴본 바와 같이 그 사람의 인격 발현과 직접 관련되며 또한 인간의 존엄성과 관련해서도 문제를 야기할 수 있다. 그러므로 우리나라의 저작권법이 저작권 이원론을 채택하고 있으므로, 사람의 동일성표지에 관한 권리구성도 반드시 이에 따라야 한다고 주장하는 것은 타당하지 않을 것이다.

---

72) 嚴東燮(2011), 155-156면. 독일 저작권법은 저작재산권의 양도는 인정하지 않지만 독점적 배타적 용익권의 설정은 인정하고, 저작재산권은 상속되며, 저작권자의 신념에 변화에 따른 이용허락의 철회를 인정한다고 설명한다.

제3절 퍼블리시티권을 독립된 재산권으로 인정하는 경우의 문제점

Ⅰ. 우리나라에서 퍼블리시티권을 인정하는 의미

1. 퍼블리시티권의 개념

우리나라에서 퍼블리시티권은 다양하게 정의된다. 학설을 살펴보면, 퍼블리시티권은 "사람의 초상, 성명 등 그 사람 자체를 가리키는 것(identity)을 광고, 상품 등에 상업적으로 이용하여 경제적 이익을 얻을 수 있는 권리,"[1] "사람이 그가 가진 성명, 초상이나 기타의 동일성(identity)을 상업적으로 이용하고 통제할 수 있는 권리,"[2] "자신의 성명, 초상, 목소리, 서명, 이미지 등을 상업적으로 이용하거나 그 이용을 허락할 수 있는 권리,"[3] "성명·사진 등 개인의 인적 속성이 갖는 경제적 가치를 상업적으로 이용하는 것을 통제할 수 있는 권리"[4] 등으로 정의되고 있다.

판결에서도 퍼블리시티권의 개념은 다양하게 나타난다. 퍼블리시티권

---

1) 韓渭洙(1996a), 29면.
2) 서태환(1999), 469면.
3) 정상조(2004), 636면.
4) 구재군(2008), 210면.

을 최초로 인정한 [B-1]판결(이휘소 사건)은 퍼블리시티권을 "재산적 가치가 있는 유명인의 성명, 초상 등 프라이버시에 속하는 사항을 상업적으로 이용할 권리"라고 판시하였다.5) 그러나 이후의 판결들은 이러한 개념정의를 그대로 유지하고 있지 않다. 서울고등법원이 판시한 퍼블리시티권의 개념을 살펴보면, 퍼블리시티권을 "유명 야구선수로서 그 성명과 초상을 재산권으로 이용할 수 있는 권리,"6) "성명이나 초상이 갖는 재산적 가치를 이용하는 권리,"7) "자신의 성명, 초상 등의 상업적 이용에 대하여 배타적으로 지배할 수 있는 권리"8) 등으로 정의되고 있다.

2. 퍼블리시티권과 인격권의 중복 가능성

(1) 문제점

우리나라에서 퍼블리시티권을 독립된 재산권으로 인정할 경우 우선 발생하는 문제점은, 퍼블리시티권의 내용이 인격권의 내용과 중복될 수 있다는 것이다. 이미 살펴본 바와 같이, 우리나라에는 초상권 등 인격권이 인정되고, 초상이 영리적으로 이용당하지 않을 권리가 초상권의 내용으로 인정되어 왔다. 그렇다면, 퍼블리시티권을 독립된 재산권으로 인정하는 것은 인격권의 내용 일부와 동일한 권리를 퍼블리시티권으로 중복하여 인정하는 것이 아닌가 문제된다.

---

5) [B-2]판결(최종림 사건)도 이와 동일하게 퍼블리시티권 개념을 판시하였다.
6) [B-6]결정(박찬호 사건).
7) [B-8]판결(비달사순 사건). 이는 유명인사의 성명과 초상의 "고객흡입력"이 갖는 경제적 이익 내지 가치를 전제로 한 정의이다.
8) [B-13]판결(이영애 사건).

(2) 학설과 판결에 나타난 퍼블리시티권과 인격권의 관계

일부 학설은 독립된 재산권으로서의 퍼블리시티권이 인격권의 내용과 중복될 수 있다는 점을 의식하고 있다. 퍼블리시티권을 처음으로 소개한 문헌에서도, 초상권과 관계된 문제를 촬영거절권, 프라이버시 문제, 퍼블리시티권 문제로 나눌 수 있다고 하면서, 퍼블리시티권은 "결국 인격권의 재산적 측면의 승인이라고 생각된다"고 하였다.9) 또한 일부 견해는, 우리 나라에는 미국과 달리 초상권, 성명권의 개념이 있으므로, 이러한 초상권, 성명권의 개념을 확장하여 상업적 이용에 관한 재산적 권리 개념을 포섭할 수도 있을 것이며, 이 경우 초상권, 성명권은 인격권적 측면과 재산권적 측면의 양자를 포괄하는 권리를 의미하게 될 것이라고 하였다.10) 성명권과 관련하여, 성명권의 내용 중 하나인 무단으로 또는 조건에 위반하여 광고 등에 이용되지 않을 권리 즉 '성명의 무단사용금지권'과 퍼블리시티권이 중첩된다고 설명되기도 하였다.11)

퍼블리시티권에 의한 보호를 인정하는 판결들은, 퍼블리시티권과 인격권의 관계에 대하여 일관된 입장을 보여주고 있지는 않다. [B-13]판결(이영애 사건)은 퍼블리시티권이 원고의 인격으로부터 파생된 것이기는 하나 "원고의 인격권과는 독립된 별개의 재산권"이라고 판시하였다.

그러나 일부 판결들은 퍼블리시티권을 초상권 등 인격권의 내용 일부와 동일한 권리로 파악하고 있다. 먼저, [B-9]판결(시나위 사건)은 "인격권의 한 내용"인 초상권이 촬영·작성거절권, 공표거절권, 초상영리권 등으로 구성된다고 하면서, "초상이 함부로 영리에 이용되지 아니할 권리"인

---

9) 宋永植 등(1987), 800-801면. 한국지적소유권학회(1994), 122면도 같은 취지이다.
10) 韓渭洙(1996a), 37면. 다만, 이 견해는 성명, 초상, 음성 등 사람의 동일성을 상징하는 일체의 것을 상업적으로 이용함에 대한 권리라는 의미에서의 퍼블리시티권의 개념이 가지는 편리성은 부인할 수 없을 것이라고 하면서, 이 용어를 사용하는데 찬성하였다.
11) 朴成浩(2007a), 305면.

"초상영리권"이 이른바 퍼블리시티(publicity)권이라고 하였다. [B-15]판
결(프로야구선수Ⅰ 사건)도 "인격권의 한 내용"인 성명권 중 "성명이 함
부로 영리에 이용되지 않을 권리"의 침해가 민법상의 불법행위를 구성하
는데, 이와 같이 보호되는 한도 내에서 퍼블리시티권을 파악할 수 있다고
하였다. 그러나 [B-11]판결(장정 사건)은 초상권이 "인격권으로서의 초상
권"과 "상업적 권리로서의 이른바 퍼블리시티권"으로 구별된다고 하여
조금 다른 입장을 취하였다.

나아가, [B-16]판결(이효석 사건)은 "퍼블리시티권의 대상이 초상일
경우 초상권 중 재산권으로서의 초상권과 동일한 권리가 된다"고 판단하
였으며, [B-25]판결(엔스닥 사건)은 초상권의 내용 중 "초상의 이용에 대
하여 초상 본인이 가지는 재산적 이익, 즉 재산권으로서의 초상권"이 퍼
블리시티권의 일부이며 성명권의 내용 중 "성명이 함부로 영리에 이용되
지 않을 권리" 역시 마찬가지라고 판단하였다.

(3) 검토

우리나라에서는 인격권이 인정되고 있으며, 초상권·성명권은 인격권으
로 분류되고 있다.12) 그리고 초상·성명이 함부로 영리에 이용되지 않을
권리가 초상권·성명권의 내용으로 인정되어 왔다. 이를 고려하면, 우리나
라에서 퍼블리시티권을 독립된 재산권으로 인정하는 것은 인격권의 내용
중 일부를 분리하여 독립된 권리로 구성하는 것을 의미한다. 즉, 초상권의
내용 중 초상이 함부로 영리에 이용당하지 않을 권리, 성명권의 내용 중

---

12) 예컨대, 郭潤直(2009a), 51면. 그러나 한국지적소유권학회(1994), 159-160면은,
    초상권이 프라이버시권처럼 인격적 이익의 보호를 주된 보호이익으로 전제하고
    있는 것인지 아니면 영미법상 퍼블리시티권처럼 재산권 이익의 보호를 주된 보
    호이익으로 전제하고 있는 것인지 아직 명확히 개념정립이 되어 있지 아니한 상
    황이라고 하였다.

성명이 함부로 영리에 이용당하지 않을 권리 등을 초상권·성명권 등으로 부터 분리하여 독립된 재산권인 퍼블리시티권으로 파악하는 것이다.13)

결국, 우리나라에서 퍼블리시티권을 독립된 재산권으로 인정하기 위해서는, 초상권 등 인격권의 내용을 관념적 이익의 보호를 위한 권리로 한정시키고, 재산적 이익의 보호를 위한 권리를 초상권 등 인격권에서 분리하여 퍼블리시티권으로 파악해야 한다.14) 그러나 이미 살펴본 바와 같이 재산적 이익을 인격권에 의해 보호하는 것이 가능할 뿐만 아니라 사람의 동일성이 갖는 재산적 이익은 인격권에 의해 이를 보호하는 것이 타당하므로, 이러한 법적 구성은 불필요하고 바람직하지도 않다.

II. 퍼블리시티권을 인정할 법적 근거의 존재 여부

1. 퍼블리시티권에 관한 실정법상 근거가 존재하는지 여부

우리나라에서 퍼블리시티권을 독립된 재산권으로 인정하는 것과 관련하여 발생하는 또 하나의 문제는, 이러한 독립된 재산권으로서의 퍼블리시티권을 인정할 법적 근거가 존재하는지 여부이다.

먼저, 퍼블리시티권에 관한 실정법상 근거가 존재하지 않는다는 점은

---

13) 鄭相冀(1995), 133면은, 초상권은 인격적 이익을 보호하는 프라이버시권과 재산적 이익을 보호하는 퍼블리시티권으로 구성된다고 하면서, 초상권을 인격권과 재산권이 결합된 이중적인 권리로 파악할 수 있다고 한다. 또한 이호열(1999), 353면도 같은 취지이다.

14) 박준우(2008b), 153면은, 퍼블리시티권을 규정하는 성문법이 제정되면 '재산권으로서의 초상권'은 의미가 없어질 것이라고 한다.

일반적으로 인정된다. 다만, 퍼블리시티권을 인정할 만한 현행법으로 저작권법상 저작인접권에 관한 규정이 존재한다는 견해가 있다. 이 견해는, 퍼블리시티권에는 저작권 모델형태(copyright model type)와 부산물 모델형태(byproduct model type)라는 두 가지 모델이 있다고 하면서, 저작권 모델형태인 실연(performance)은 저작권법상 저작인접권 조항에 의하여 보호될 수 있다고 한다.15) 그러나 이 견해 역시 퍼블리시티권 분쟁의 대부분을 차지하는 부산물 모델형태인 이름, 초상, 이미지 등은 여전히 이 조항으로도 보호받을 수 없다고 인정한다.16)

퍼블리시티권의 법적 근거와 관련하여, 민법상 물권법정주의의 측면에서 퍼블리시티권의 인정 여부를 검토해야 한다는 견해도 있다. 이 견해는, 일반적으로 퍼블리시티권의 법적 성격을 '배타성을 가지는 재산권으로서의 지적재산권'으로 파악할 수 있을 것인데, 지적재산권도 기본적으로 재산권의 하나로서 지적재산권법에 특별히 규정된 것 이외에는 지적재산권의 성질에 반하지 않는 한 민법 규정이 직접 적용되거나 준용된다고 하면서, 퍼블리시티권의 독점적, 배타적인 권리성을 인정하기 위해서는 민법상의 물권법정주의와의 관계를 검토해야 한다고 주장한다.17)

퍼블리시티권을 독립된 재산권으로 인정하는 경우 이를 물권으로 파악하기는 어려울 것이다. 물권은 그의 객체인 물건을 직접 지배해서 이익을 얻는 것을 내용으로 하는 권리인데,18) 퍼블리시티권의 객체는 물건이라고 할 수 없기 때문이다. 따라서 퍼블리시티권을 독립된 재산권으로 인정한다면 그 성격은 물권에 준하는 권리라고 할 수 있을 것이다. 그 결과, 퍼

---

15) 남형두(2005), 118면. 그러나 金泳勳(2007), 359면은, 실연자에게 인정되는 저작인접권으로서의 복제권은 실제로 실연자가 행한 실연 자체를 복제하는 데에만 권리가 미친다는 점에서 퍼블리시티권의 저작권 모델형태로서의 실연의 경우에도 일반적으로 저작인접권의 보호를 받는다고 단언하기는 어렵다고 반박한다.

16) 남형두(2005), 118면.

17) 金泳勳(2007), 357-358면.

18) 郭潤直(2008), 5면.

블리시티권에 물권법정주의를 직접 적용하기는 어려울 것이지만 유추적
용할 수는 있을 것이다.

2. 퍼블리시티권을 인정할 관습법이 존재하는지 여부

(1) 견해의 대립

퍼블리시티권을 관습법상 인정되는 권리로 파악하는 견해들이 있다.
즉, 물권은 법률 또는 관습법에 의하여 창설할 수 있는데(민법 제185조),
무체재산권인 지적재산권도 같은 논리에서 관습법에 의해 창설될 수 있다
고 하면서, 지난 십 수 년 사이에 우리나라 법원이 물권에 유사한 퍼블리
시티권을 관습법에 의해 인정하여 왔다고 평가하는 견해[19]가 있다. 또한
사람의 사진이나 이름을 상업광고에 이용할 경우 본인의 허락을 얻는 것
이 관행화되어 있고, 그런 허락을 얻음에 있어 이용대가를 지급하고 있는
것이 일반적인데, 그러한 허락이나 금전의 지급은 당연히 사회적으로 보
호되어야 할 법적 이익으로 인식되고 있다고 보여지므로 퍼블리시티권은
관습법상 인정되는 권리라고 보는 견해[20]도 있다.

반면에, 퍼블리시티권에 관한 관습법을 인정할 정도의 법적 확신이 존
재하지 않는다는 견해도 있다. 즉, 우리나라와 같이 소프트웨어·동영상 등
의 불법복제율이 높은 상황에서 저명인들의 성명, 초상 등이 양도가능한
재산권이고, 이를 침해할 경우 그 권리자에게 재산적 손해가 발생한다는
것이 사회의 법적 확신과 인식에 의하여 법적 규범으로 승인·강행되기에

---

19) 남형두(2007a), 136-137면. 다만, 하급심 판결 중에는 퍼블리시티권을 인정을 거
   부한 예가 더러 있어, 법원이 퍼블리시티권을 인정한다고 말하기에는 아직 이른
   면이 있다고 설명하기도 한다.
20) 李漢周(2005), 185면. 또한 엄동섭(2004), 161면도 같은 취지이나, 퍼블리시티권
   의 법적 성격 및 내용의 판단에 있어서는 보다 신중하고 제한적인 입장을 취해야
   한다고 주장한다.

이르렀다고 보기는 어렵다고 한다.[21]

(2) 검토

　관습법이란, 사회에서 스스로 발생하는 관행(관습)이 사회의 법적 확신 내지 법적 인식을 갖춤으로써 많은 사람에 의하여 지켜질 정도로 된 것을 의미한다.[22] 대법원은, 관습법을 "사회의 거듭된 관행으로 생성한 사회생활규범이 사회의 법적 확신과 인식에 의하여 법적 규범으로 승인·강행되기에 이른 것"이라고 한다.[23] 관습법이 성립하려면, 첫째로 관행이 존재하고 있어야 하며, 둘째로 그 관행이 법규범이라고 일반에 의하여 의식될 정도에 이르러야 한다.[24] 그러므로 관습법에 의해 독립된 재산권인 퍼블리시티권이 인정되기 위해서는, 배타성 있는 독립된 재산권인 퍼블리시티권이 존재한다는 관행이 있고, 이 관행에 대한 사회의 법적 확신이 있어야 할 것이다.

　그런데 퍼블리시티권을 관습법상 인정되는 권리라고 파악하는 견해는, 사람의 성명·초상을 상업적으로 이용하기 위하여 허락을 얻으면서 대가를 지급하는 관행이 존재하고, 이러한 관행에 법적 확신이 존재한다는 것을 근거로 퍼블리시티권이 관습법상 인정되는 권리라고 주장한다. 그러나 설령 이러한 관행이 존재한다 하더라도, 이러한 관행이 독립된 재산권인 퍼블리시티권의 존재를 의미한다고 단정하기는 어렵다. 이러한 관행은 사람의 동일성의 재산적 이익을 보호해야 한다는 것을 의미할 뿐, 구체적인 보호 방법으로 독립된 재산권인 퍼블리시티권이 존재한다는 것을 의미하지는 않기 때문이다. 결국, 이러한 관행을 근거로 퍼블리시티권이 관습법

---

21) 김영훈(2007), 361-362면. 나아가, 법률을 전공한 학자나 실무가 사이에서도 퍼블리시티권의 인정 여부나 그 내용이 아직은 치열하게 논의되고 있는 단계일 뿐 법적 규범으로 승인·강제된 단계는 아니라고 한다.

22) 郭潤直(2009a), 17면.

23) 대법원 2005. 7. 21. 선고 2002다1178 전원합의체 판결.

24) 郭潤直(2009a), 17면.

상 인정된다고 하는 것은 부당하다. 이미 언급한 바와 같이, 우리나라의
판결들도 퍼블리시티권에 관한 관습법이 존재하지 않는다는 점을 반복하
여 판시하고 있다.25)

한편, 근대국가에서는 국가가 명시적 또는 묵시적으로 관습규범의 법으
로서의 효력을 인정해야 법이 될 수 있다고 설명된다.26) 이러한 관점에서
살펴보면, 퍼블리시티권에 관한 판결들이 선고되는 것 자체가 독립된 재
산권으로서의 퍼블리시티권에 관한 관습법의 존재를 의미하는 것은 아닌
지 문제될 수도 있다. 그러나 앞에서 살펴본 바와 같이 모든 판결들이 퍼
블리시티권의 존재를 인정한 것은 아닌 점, 퍼블리시티권에 관한 판결들
의 내용도 서로 일치되지 않는 점 등을 고려하면, 이와 같이 해석하는 것
은 다소 무리로 보인다.

3. 퍼블리시티권을 해석상 인정할 수 있는지 여부

(1) 판결에 나타난 퍼블리시티권의 인정 논거

퍼블리시티권을 인정한 판결들은, 퍼블리시티권에 관한 실정법이나 관
습법이 존재하지 않는다는 것을 인정하면서도, 해석상 퍼블리시티권을 인
정하고 있다. 이러한 판결들에서 퍼블리시티권을 인정하는 논거로 제시된

---

25) 물권과 유사한 독점·배타적 재산권인 퍼블리시티권을 인정할 근거로서 확립된
   관습법이 없다는 취지의 판결로는 [B-10]판결(제임스딘Ⅳ 사건), [A-13]판결(김
   민희 사건), [A-14]판결(은지원 사건) 등이 있다. 그리고 퍼블리시티권에 관한
   확립된 관습법이 존재하지는 않으나 퍼블리시티권을 인정할 수 있다는 취지의
   판결로는 [B-13]판결(이영애 사건), [B-15]판결(프로야구선수Ⅰ 사건), [B-24]
   판결(박주봉 사건), [B-25]판결(엔스닥 사건), [B-26]판결(가비엔제이 사건),
   [B-28]판결(프로야구선수Ⅳ 사건) 등이 있다.
26) 郭潤直(2009a), 18면. 구체적으로는, 법원의 판결에서 관습법의 존재가 인정되는
   때에, 그 관습법은 소급해서 관습법으로서 존재하고 있었던 것이 된다고 한다.

것을 살펴보면 다음과 같다.

① 유명인의 성명, 초상 등이 무단히 사용되는 경우 본인들이 입게 되는 손해는 정당한 사용계약을 체결하였을 경우 받을 수 있었던 경제적 이익의 박탈이라고 파악하는 것이 현실에 부합하는 해석론이다.27)

② 미국의 경우, 22개 주에서 성문법으로 퍼블리시티권의 존재를 인정한 것을 비롯하여 판례에 의하여 퍼블리시티권의 존재를 인정하고 있다.28) 또한 인간이 자기의 성명, 초상을 상업적으로 이용할 권리는 미국, 일본, 독일, 영국, 캐나다, 오스트레일리아 등 다수의 국가에서 법령 또는 판례에 의하여 인정되고 있다.29)

③ 국내에서도 퍼블리시티권의 성립을 전제로 하는 판결이 나오고 있다.30)

④ 유명인사의 성명과 초상이 가지는 고객흡입력은 당해 유명인사가 획득한 명성, 사회적인 평가, 지명도 등으로부터 생기는 독립한 경제적 이익 또는 가치로서 그 자체로 보호할 가치가 충분하다.31) 이는 당해 유명인사에게 고유하게 귀속되는 것이고, 그 유명인사는 이러한 고객흡입력이 갖는 경제적 이익 내지 가치를 배타적으로 지배하는 재산적 권리를 가진다.32)

⑤ 원고의 성명, 초상 등에 대하여 형성된 경제적 가치가 이미 광고업 등 관련 업계에서 널리 인정되고 있는 이상 이를 침해하는 행위는 민법상 불법행위를 구성하고, 이와 같이 보호되는 한도 내에서 원고가 자신의 성명, 초상 등의 상업적 이용에 대하여 배타적으로 지배할 수 있는 권리를 퍼블리시티권으로 파악하기에 충분하다.33)

---

27) [B-3]판결(제임스딘Ⅰ 사건), [B-4]판결(제임스딘Ⅱ 사건), [B-14]판결(정준하 사건).

28) [B-3]판결(제임스딘Ⅰ 사건).

29) [B-21]판결(김두한 사건).

30) [B-3]판결(제임스딘Ⅰ 사건).

31) [B-21]판결(김두한 사건).

32) [B-8]판결(비달사순 사건); [B-15]판결(프로야구선수Ⅰ 사건).

33) [B-13]판결(이영애 사건); [B-18]판결(류시원 등 사건); [B-19]판결(김석훈 등

⑥ 인간이 자기의 성명, 초상에 대하여 인격권이 인정되는 것과 마찬가지로 이들을 상업적으로 이용할 권리는 명문의 규정 여하를 불문하고 인정되어야 한다.34)

⑦ 타인의 성명, 초상을 이용하여 경제적 이익을 얻는 것은 부당이득에 해당한다고 봄이 공평의 법관념에 부합한다.35)

⑧ 사회의 발달에 따라 이러한 권리를 보호할 필요성이 점차 증대하고 있다.36)

(2) 검토

위에서 살펴본 바와 같이 우리나라 판결들은 퍼블리시티권을 해석상 인정하는 다양한 논거를 제시하고 있다. 그러나 이 논거들의 설득력은 강하다고 할 수 없다.

첫째, 판결에서 제시하는 논거들 중 상당수는 사람의 동일성이 갖는 재산적 이익을 보호해야 한다는 것을 의미할 뿐이지, 이를 근거로 배타성 있는 독립된 재산권인 퍼블리시티권을 인정해야 한다는 결론을 도출할 수 없다. 즉, ④논거에 나타난 고객흡입력이라는 독립한 경제적 이익 내지 가치를 보호해야 할 필요성, ⑥, ⑦, ⑧논거에 나타난 사람이 자신의 성명, 초상을 상업적으로 이용할 권리를 보호해야 할 필요성 등은 사람의 동일성이 갖는 재산적 이익을 보호해야 한다는 것을 의미할 뿐이지, 그 법적 수단으로 배타성 있는 독립된 재산권인 퍼블리시티권이 인정되어야 한다는 것을 의미하지 않는다. ①논거에 나타난 피해자가 경제적 이익의 박탈이라는 손해를 입게 된다는 사실 역시 그러한 손해를 배상받을 수 있도록

사건); [B-20]판결(배용준 등 사건); [B-23]판결(박신양 등 사건); [B-24]판결(박주봉 사건); [B-25]판결(엔스닥 사건).

34) [B-21]판결(김두한 사건).

35) [B-21]판결(김두한 사건).

36) [B-21]판결(김두한 사건).

할 필요가 있다는 것을 의미할 뿐이다.

둘째, 미국에서 퍼블리시티권을 인정하고 있는 사실(②논거)이 우리나라에서 퍼블리시티권을 인정해야 할 직접적 논거가 된다고 할 수는 없다. 우리나라에서 퍼블리시티권의 성립을 전제로 하는 판결이 있었다는 사실(③논거) 역시 그 자체가 퍼블리시티권의 인정을 정당화하는 것은 아니다. 그리고 ②논거는 인간이 자기의 성명, 초상을 상업적으로 이용할 권리가 미국을 비롯한 다수의 국가에서 인정되고 있다는 점을 지적한다. 그런데 이미 살펴본 바와 같이, 미국에서도 각 주에 따라 퍼블리시티권의 인정 여부와 퍼블리시티권의 내용이 다르고,37) 독일에서는 사람의 동일성이 갖는 재산적 이익을 인격권에 보호하고 있다. 또한 영국에서는 이른바 사칭통용(詐稱通用, Passing-off)에 해당하는 경우만 규제하고 있으며,38) 오스트레일리아의 경우도 마찬가지이다.39) 따라서 다른 나라의 사례도 우리나라에서 독립된 재산권인 퍼블리시티권을 인정할 논거가 되기에는 부족하다.

셋째, 원고의 성명, 초상 등에 대하여 형성된 경제적 가치의 침해가 민법상 불법행위를 구성한다는 점(⑤논거) 역시 독립된 재산권인 퍼블리시티권을 인정해야 한다는 결론을 도출하기에는 부족하다. 이 논거는 서울고등법원이 [B-13]판결(이영애 사건)에서 제시한 것으로, 이후 여러 1심 판결들이 퍼블리시티권을 인정하는 논거로 설시하였다. 그러나 우리 민법은 권리침해가 아니라 위법성을 불법행위의 성립요건으로 하고 있으므로,40) 어떠한 이익의 침해가 불법행위를 구성한다는 것으로부터 그러한

---

37) 예컨대 뉴욕주의 경우 법률에 의한 퍼블리시티권만 인정하고 있는데, 우리나라 판결에서 인정하는 퍼블리시티권의 내용과 보호범위는 뉴욕주에서 인정되는 퍼블리시티권보다 더 넓은 것으로 보인다.

38) Dougherty(1998), pp. 433f.

39) Dougherty(1998), pp. 437f. 다만, 영국과 달리, 몇몇 오스트레일리아의 판례는 "동일한 활동분야(common field of activity)"라는 요건을 완화하여 적용하였다고 하면서, 향후 오스트레일리아의 판례가 기망(deception)이 나타나지 않은 경우도 청구를 인용하는 방향으로 나아갈 수 있을 것이라고 설명한다.

이익을 대상으로 하는 권리의 존재를 직접 도출할 수는 없다. 나아가, 그러한 이익의 보호를 위한 권리를 인정하더라도, 그것이 반드시 독립된 재산권인 퍼블리시티권을 의미하지는 않는다. 예컨대, [B-15]판결(프로야구선수Ⅰ 사건)은 허락 없이 성명을 상업적으로 이용하는 행위가 성명권 중 성명이 함부로 영리에 이용되지 않을 권리를 침해한 민법상의 불법행위를 구성한다 하면서, 이와 같이 보호되는 한도 내에서 퍼블리시티권을 인정할 수 있다고 판단하였다. 그러나 이미 성명권 침해에 의하여 불법행위가 성립된다고 하면서, 그럼에도 불구하고 이를 다시 퍼블리시티권 침해로 구성해야 하는 이유가 무엇인지 이 판결은 제시하고 있지 않다.

Ⅲ. 퍼블리시티권의 법적 성격의 불명확성

1. 학설과 판례

(1) 학설

퍼블리시티권이 재산권의 성격을 갖는다는 점은 대체로 긍정되며, 일부 견해는 퍼블리시티권을 지적재산권으로 파악한다. 즉, 퍼블리시티권이 보호하려고 하는 것은 성명이나 초상 그 자체가 아니라 그 성명이나 초상이 가지고 있는 고객흡인력이라고 하면서,[41] 상표권자의 신용은 전적으로 인

---

40) 郭潤直 編, 民法注解(ⅩⅧ), 205-206면(李尙勳 집필)은, 舊民法은 불법행위의 객관적 요건으로 '권리의 침해'를 들고 있었으나, 현행 민법은 '권리의 침해' 대신 '행위의 위법성'을 요건으로 한다고 하면서, 현행 민법은 舊法時代의 학설과 판례가 주장하던 바를 입법으로 채택한 것이며, 이에 대하여 모든 학자들이 타당한 것으로 인정하고 있다고 설명한다.

41) 李相珵(2001), 317면. 정재훈(2002), 6면도 퍼블리시티권으로 보호하려는 가치가

격 밖의 상품 속에, 그리고 인격을 표상하는 상징과 무관한 기호·문자·도형 등을 통하여 구축되어 있는데 반해 퍼블리시티권이 보호하는 고객흡인력은 인격 속에, 그리고 인격을 표상하는 초상·성명 등을 통하여 구축되어 있고, 이런 의미에서 퍼블리시티권은 일종의 무체재산권이라고 한다.[42] 또한 인격의 재산권화 가능성은 지적재산권의 일종으로서 보호되고 있는 퍼블리시티권에서 논의될 수 있다고 하는 견해[43]도 있다.

그러나 학설 중 상당수는 퍼블리시티권을 인격으로부터 완전히 독립된 권리로 보는 것에 대하여 소극적 입장을 취하고 있다.[44] 즉, 퍼블리시티권은 재산권의 성격을 갖지만 퍼블리시티권이 과연 소유권처럼 성명, 초상의 본인의 인격으로부터 완전히 독립한 권리가 될 수 있는지는 확실하지 않다거나,[45] 퍼블리시티권은 재산권 또는 재산권적 성격이 강한 권리라고 하면서도 본인의 인격으로부터 파생한 것으로 본인의 인격과 일체불가분의 관계에 있다고 한다.[46] 또한 퍼블리시티권을 순수 재산권 또는 독립된 재산권으로 보는 견해에 대해서는, 초상 등 인격이 화체된 재화인 퍼블리시티권이 인격 주체에서 떨어져나가 상업적으로 이용될 때 인격 주체의 정신적 이익을 해하는 결과를 가져올 수 있고, 퍼블리시티권을 양도하는 방법 등으로 인격적 요소를 처분하면 영원히 인격요소를 컨트롤할 기회를 상실하게 된다는 모순이 있다고 비판한다.[47]

소비자들의 시선을 집중시키고 흡인시키는 능력(고객흡인력)이라고 한다.

42) 李相珵(2001), 318면.

43) 남형두(2005), 89면. 이 견해는, 인격으로부터 분리하여 독립적인 거래 대상이 되고 있는 퍼블리시티권을 "상업적 가치가 있는 인격(人格)의 유동화(流動化)"로 표현한다.

44) 퍼블리시티권을 지적재산권으로 파악하는 견해도, 우리나라 판례를 살펴보면, 퍼블리시티권은 결국 "재산권적 요소가 있는 인격권"이라거나, "인격적 요소가 남아 있는 재산권"으로 보는 수밖에 없다고 설명한다. 南馨斗(2008), 364-365면.

45) 韓渭洙(1996a), 30면.

46) 李漢周(2004), 354면; 구재군(2008), 214면.

47) 이재경(2006), 114면. 이 견해도, 퍼블리시티권이 본인의 인격과 일체불가분의 관

한편, 퍼블리시티권은 프라이버시권을 포기할 수 있는 자유권에 불과하다고 보는 견해도 있다. 이 견해는, 미국의 Terrell과 Smith의 견해에 찬성하면서, 퍼블리시티권의 객체인 사람의 아이덴티티의 경제적 가치에는 재산권 개념의 필수적 요소인 특정성(specificity)이 결여되어 있기 때문에, 퍼블리시티권은 재산권이 아니라 실제로는 사람들이 자신들의 프라이버시권을 포기할 수 있는 권리 즉 자유권에 불과하다고 한다.[48]

(2) 판례

퍼블리시티권을 인정한 판결 중 초기에 선고된 [B-3]판결(제임스딘 I 사건), [B-4]판결(제임스딘 II 사건)은, 퍼블리시티권이 한 사람의 인격을 상징하는 성명, 초상 등을 이용할 수 있는 권리를 의미한다는 점에서 그 당사자의 인격과 완전히 분리되어 존재하는 독립된 권리라고 보기 어렵다고 판단하였다.

그러나 이후의 판결들은 대부분 퍼블리시티권을 재산권으로 인정하였다. 서울고등법원의 판결을 중심으로 살펴보면, [B-6]결정(박찬호 사건), [B-8]판결(비달사순 사건), [B-13]판결(이영애 사건) 모두 퍼블리시티권이 "재산권"이라고 하였다. 특히, [B-8]판결(비달사순 사건)은 퍼블리시티권이 인격권과 같이 일신에 전속하는 권리가 아니므로 제3자에 대하여 양도할 수 있다고 하였으며, [B-13]판결(이영애 사건)은 퍼블리시티권이 원고의 인격으로부터 파생된 것이기는 하나 "원고의 인격권과는 독립된 별개의 재산권"이라고 하였다.

계에 있다고 하는 견해에 찬성한다.
48) 엄동섭(2004), 167면. 다만, 계약을 통해 그 사람으로부터 취득한, 그 사람의 아이덴티티를 경제적으로 이용할 수 있는 권리가 재산권(청구권)에 해당한다고 설명한다.

2. 검토

미국의 학설, 판례, 주 법률 등은 대부분 퍼블리시티권을 재산권으로
인정하며, 이에 대하여 별다른 의문이 제기되지 않는다. 그러나 우리나라
에서는 퍼블리시티권을 인정하는 것에 찬성하는 견해 중에도 퍼블리시티
권을 완전히 독립된 재산권으로 인정하는 것에 소극적인 입장을 취하는
견해가 많이 존재한다. 이러한 퍼블리시티권의 법적 성격에 대한 견해의
차이는, 뒤에서 살펴보는 바와 같이 퍼블리시티권의 양도성과 상속성에
대한 논의를 복잡하게 만들고 있다.

미국과 달리 퍼블리시티권의 법적 성격에 대하여 다양한 견해가 존재
하는 이유 역시 우리나라에서 인격권이 인정되기 때문으로 보인다. 즉, 인
격권이 인정되고 인격권의 내용 일부가 퍼블리시티권과 중복된다고 할 수
있기 때문에, 퍼블리시티권을 인정하는 경우 인격권과의 관계를 고려하여
퍼블리시티권의 법적 성격을 어떻게 파악해야 하는지 문제되는 것이다.

그런데 퍼블리시티권의 법적 성격에 대한 이러한 논의에 의하면, 퍼블
리시티권을 인정하는 실익을 약화시키는 결과를 초래할 수 있다. 즉, 퍼블
리시티권의 법적 성격을 인격권으로 파악하는 견해나, 퍼블리시티권이 인
격과 일체불가분의 관계에 있다고 파악하는 견해에 의하면, 퍼블리시티권
을 굳이 인격권과 분리하여 파악해야 하는 이유가 무엇인지 설명하기 어
려워진다. 또한 퍼블리시티권을 인정해야 한다는 견해들 중 일부는 퍼블
리시티권의 양도성, 상속성 등을 인정하는 것에 대하여 소극적 입장을 취
하고 있는데, 그렇다면 퍼블리시티권을 독립된 재산권으로 인정해야 하는
이유가 무엇인지 더욱 알 수 없다.

결국, 우리나라에는 인격권이 인정되고 인격권의 내용 일부와 퍼블리시
티권이 중복되므로, 퍼블리시티권을 인정하는 경우 그 법적 성격을 어떻
게 파악해야 하는지의 문제가 발생한다고 할 수 있다. 이는 퍼블리시티권
의 양도성, 상속성 등 논의를 복잡하게 만드는 원인이 되고 있으며, 나아

가 퍼블리시티권을 독립된 재산권으로 인정하는 실익을 약화시키는 결과
를 초래하고 있다.

제4절 다른 사람의 동일성을 상업적으로 이용하는 자의 보호

I. 개설

사람의 동일성의 재산적 이익 보호와 관련하여, 다른 사람의 동일성을 상업적으로 이용하는 자를 어떻게 보호할 것인지의 문제가 현실적으로 발생한다. 사람은 스스로 자신의 동일성을 상업적으로 이용할 수도 있지만, 그 상업적 이용을 다른 사람에게 맡기거나 허락하는 것도 가능하며, 현실에서는 오히려 이러한 경우가 많다. 미국에서 퍼블리시티권이 처음으로 인정된 1953년 Haelan 판결[1]도, 프로야구 선수들이 껌 판매자와 독점계약을 체결하여 자신들의 사진을 상업적으로 이용할 권리를 타인에게 부여한 사안에 대한 판결이다. 이와 관련하여, 미국에서는 퍼블리시티권의 양도성이 논의되는데, 퍼블리시티권의 양도성은 긍정되어 왔다.[2]

아래에서는, 먼저 우리나라에서 퍼블리시티권의 양도성에 관한 논의를 학설과 판례를 통하여 살펴본다. 그리고 퍼블리시티권의 양도성을 인정해야 할 필요성이 실제로 존재하는지, 퍼블리시티권의 양도성을 인정할 경우 어떤 문제가 발생할 수 있는지 검토한다. 또한 이와 비교하여, 초상권

---

1) Haelan Laboratories, Inc. v. Topps Chewing Gum, Inc., 202 F.2d 866 (2d Cir. 1953).
2) 이에 대해서는 제2장 제4절 Ⅲ. 참조.

등 인격권에 의해 사람의 동일성이 갖는 재산적 이익을 보호하는 방법을 취하는 경우에는, 다른 사람의 동일성을 상업적으로 이용하는 자를 어떻게 보호할 수 있는지 살펴보기로 한다.

II. 퍼블리시티권의 양도성에 관한 학설과 판례

1. 학설

(1) 퍼블리시티권의 양도성을 부정하는 견해

퍼블리시티권을 인격으로부터 완전히 독립된 권리로 보는 것에 소극적 입장을 취하는 견해들은, 퍼블리시티권의 양도성을 부정한다. 그 논거로는, 퍼블리시티권이 재산권이라 하여 당연히 양도할 수 있는 것이라고 보기 어렵고[3] 또한 퍼블리시티권은 한 인간의 인격(동일성)을 상징하는 이름, 초상 등의 상업적인 이용에 관한 권리란 점에서 인격과 완전히 단절될 수 있는 것이라고 하기 어렵다는 점,[4] 퍼블리시티권은 본인의 인격으로부터 파생하는 권리로서 그 사용은 인격주체가 통제할 수 있어야 한다는 점,[5] 퍼블리시티권의 양도에 의하여 용도·기간 등 아무런 제한 없이 타인의 성명, 초상을 사용할 수 있도록 하는 것은 선량한 풍속이나 사회질서에 위반된다고 볼 소지가 없지 아니하는 점[6] 등을 내세운다. 다만,

---

3) 예컨대, 연금청구권은 재산권적 성격을 가지나 양도성이 없다고 한다.
4) 韓渭洙(1996b), 114면.
5) 구재군(2008), 219-220면; 박영규(2009), 284면.
6) 韓渭洙(1996b), 114면. 일단 양도되면 추업(醜業)을 위한 광고, 본인의 이미지를 추락시키는 광고 등에 사용하여도 이를 막을 방법이 없고, 한편, 배우 등이 신인

이 견해들도 사용권의 부여 또는 이용의 허락은 긍정한다.[7)

퍼블리시티권이 인격권적 요소를 가진 재산권이라고 하면서,[8) 인격권으로서의 '신원을 공표할 권리(Right to Publicity)'는 양도불가능하고 다만 이 권리를 당사자가 행사한 '공표권(Right of Publicity)'만 양도가능하다고 하는 견해[9)도 있다. 따라서 이 견해는, 본인이 제3자에게 신원공표권을 양도한다 하더라도 포괄적 양도는 허용되지 않는다고 한다.[10)

퍼블리시티권을 일종의 무체재산권이라고 하면서도 그 양도성을 부정하는 견해도 있다. 즉, 퍼블리시티권은 그 사용을 인격주체가 통제할 수 있어야 하고, 자신의 동일성을 표상하는 성명·초상 등의 양도는 선량한 풍속 기타 사회질서에 위반되므로, 퍼블리시티권은 재산권이기는 하지만 그 양도는 부정하는 것이 옳다는 견해[11)가 있다. 다만, 이 견해 역시 사용허락은 할 수 있다고 인정한다.[12)

(2) 퍼블리시티권의 양도성을 긍정하는 견해

퍼블리시티권을 독립된 재산권으로 파악하는 견해들은, 퍼블리시티권의 양도성을 긍정한다. 즉, 퍼블리시티권은 자신의 성명이나 동일성 등을

시절에 경제적으로 어려운 상태에서 퍼블리시티권을 양도하였다가 나중에 유명하게 된 경우에는 양도인에게는 엄청난 손해를, 양수인에게 횡재를 가져다 주는 불합리를 초래한다고 한다.

7) 韓渭洙(1996b), 114면; 구재군(2008), 220면.

8) 이호선(2009), 56면.

9) 이호선(2009), 52면.

10) 이호선(2009), 52면. 즉, 연예인이나 유명스포츠 선수는 자신의 상업적 신원과 관련된 일부분, 예컨대 특정 캐릭터와 연관된 이미지 부분만 제3자에게 이용토록 하고, 나머지 신원에 대한 공표의 방식과 범위는 여전히 본인에게 남겨 놓게 된다고 설명한다.

11) 李相珵(2001), 318면.

12) 李相珵(2001), 318면.

사용할 수 있는 '지적재산권'이라고 하면서, 개인이 다른 사람에게 그 이용이나 개발을 위하여 그 권리의 일부 또는 전부를 양도할 수 없다고 한다면 그 진정한 가치를 얻기 어려우며, 그 권리로서의 존재이유가 없어지게 된다고 한다.13) 또한 인격의 재산권화 가능성은 지적재산권의 일종으로서 보호되고 있는 퍼블리시티권에서 논의될 수 있다고 하면서, 인격으로부터 분리하여 독립적인 거래 대상이 되고 있는 퍼블리시티권을 "상업적 가치가 있는 인격(人格)의 유동화(流動化)"로 표현하는 견해14) 역시 퍼블리시티권의 양도성을 당연히 전제한 것으로 보인다.

퍼블리시티권을 넓은 의미의 부정경쟁방지법상 인정되는 재산권이라고 하는 견해도, 퍼블리시티권의 양도성을 인정하지만, 퍼블리시티권의 양도가 저명인의 기존의 영업이나 활동과 함께 이루어지거나 상충되지 않는 한도에서만 가능하다고 한다.15)

한편, 퍼블리시티권의 본질은 기본적으로 재산권이지만 본인의 인격으로부터 파생한 것으로 본인의 인격과 일체 불가분의 관계에 있다고 하면서도,16) 퍼블리시티권의 양도성을 긍정하는 견해가 있다. 이 견해는, 퍼블리시티권이 경제적 가치를 갖는 권리인 것은 사실이고, 퍼블리시티권의 권리 대상으로 논의되는 것은 인격 그 자체가 아니고 인격의 발전물에 지나지 않는 점(즉, 권리양도의 관점에서 볼 때, 양도의 대상이 인격 그 자체는 아니라고 한다), 현실사회에서 프로덕션과 탤런트와의 계약 등에 의하여 퍼

---

13) 서태환(1999), 484면. 이 견해는, 양도성이 부정되는 전통적인 프라이버시권과는 달리 재산권으로서 양도성이 있다는 점에서 퍼블리시티권을 프라이버시권에서 분리해서 파악할 실익이 인정된다고 한다.

14) 남형두(2005), 89면. 또한 이미 관련 업계에서는 퍼블리시티권을 양도성 있는 재산권으로 파악한지 오래고, 스타들의 퍼블리시티권이 회사설립을 위해 출자되고 그 지분이 거래되고 있다는 점도 지적한다. 남형두(2007a), 138면, 각주7).

15) 丁相朝(2004), 640면. 그러나 이러한 해석에 의하면 실제로 퍼블리시티권의 양도가 행해질 수 있는지 의문스럽다. 이미, Nimmer(1954), pp. 212f.도, 이러한 점을 들어 부정경쟁 법리가 부적당하다고 지적하였다.

16) 李漢周(2004), 354면.

블리시티권이 양도되고 있으며, 양도의 필요성 또한 부정할 수 없는 점 등을 고려하면 퍼블리시티권의 양도를 인정해야 할 것이라고 한다.[17]

2. 판례

퍼블리시티권을 인정하는 판결 대부분은 퍼블리시티권의 양도성을 긍정하였다. 대표적으로, [B-8]판결(비달사순 사건)[18]은, 퍼블리시티권이 "일종의 재산권으로서 인격권과 같이 일신에 전속하는 권리가 아니므로 그 귀속주체는 성명이나 초상이 갖는 경제적 가치를 적극적으로 활용하기 위하여 제3자에 대하여 양도할 수 있다"고 하였다. 그리고 퍼블리시티권을 양수한 자는 "그 권리에 터잡아 그 침해행위에 대하여는 금지 및 침해의 방지를 실효성 있게 하기 위하여 침해 물건의 폐기를 청구할 수 있다"고 하여, 퍼블리시티권의 양수인이 직접 퍼블리시티권의 침해에 대한 구제수단을 행사할 수 있다고 인정하였다. [B-5]판결(제임스딘III 사건), [B-12]판결(허브좌훈 사건), [B-17]판결(따라와 사건), [B-23]판결(박신양 등 사건) 등도 퍼블리시티권의 양도성을 전제로 판결하였다. [B-28]판결(프로야구선수IV 사건) 역시 "퍼블리시티권의 대상은 '인격 그 자체'가 아니라 '인격의 발현으로 인하여 생성된 경제적 이익'이며 퍼블리시티권은 독립한 재산권이므로, 제3자에게 양도하거나 권리행사를 포괄적·개별적으로 위임할 수 있다"고 판단하였다.

퍼블리시티권이 양도된 이후에는 양수인만 퍼블리시티권 침해에 대한 구제수단을 행사할 수 있다고 판단되기도 하였다. [B-11]판결(장정 사건)은, 초상권이 "인격권으로서의 초상권"과 "상업적 권리로서의 이른바 퍼블리시티권"으로 구별된다고 하면서, "전자는 양도가 불가능하고 그 침해

---

17) 李漢周(2004), 386면.
18) 이 사건의 원고는 비달 사순으로부터 그의 성명, 초상 등을 모든 나라에서 독점적으로 사용할 수 있는 권리를 양수받은 법인이었다.

에 대하여는 본인만이 정신적 손해의 배상을 구할 수 있는 반면에, 후자는 양도가 가능하고 그 침해에 대하여는 양수인만이 재산적 손해의 배상을 청구할 수 있다"고 판단하였다.

이처럼 대부분의 판결은 퍼블리시티권의 양도성을 긍정한다. 그런데 판결의 내용을 구체적으로 살펴보면, 퍼블리시티권이 양도가능하다는 일반론과 달리 당해 사안에서 퍼블리시티권의 양도를 인정하는데 신중한 입장을 취한 판결들도 존재한다. 즉, [B-11]판결(장정 사건)은, 원고가 체결한 후원계약[19]을 퍼블리시티권의 양도가 아니라 다만 그 사용분야, 사용기간 등을 특정하여 성명·초상 등을 상업적으로 이용할 수 있도록 하는 통상사용권만을 부여하였다거나 또는 그 이용만을 허락하였다고 보아야 할 것이라고 판단하였다. 또한 [B-28]판결(프로야구선수Ⅳ 사건)은, "공시방법이 없는 성명권 및 퍼블리시티권의 특성상 위 권리가 양도되었다고 하더라도 법률의 규정 없이 양수인이 자기 이름으로 직접 위 권리들을 행사할 수 있다고 볼 경우 법적불안이 극심해지는 점" 등을 내세워, 자신의 손해배상채권을 양도한다는 내용의 양도계약서[20]를 작성한 선수들만 원고에게 "성명권이나 퍼블리시티권의 침해로 인한 손해배상채권"을 양도했다고 인정하였다.

---

19) 이 계약의 계약기간은 2년이었고, 원고는 계약기간 중 각종 매체 광고에 출연하고 이와 관련된 초상권, 저작권 등 일체는 계약상대방에게 귀속되며, 원고가 계약기간 중 계약상대방의 경쟁업체 및 동종업체로부터 일체의 후원을 받지 않아야 한다는 등의 내용을 포함하고 있다.

20) 이 양도계약서에는 "양도인은 인터넷 야구 게임물을 제작 운영하는 피고에 대하여 본인의 성명권, 초상권, 퍼블리시티권 등에 관한 사용료 채권 및 이에 갈음하는 손해배상채권 일체를 원고에게 양도합니다"라고 기재되어 있었다.

Ⅲ. 퍼블리시티권의 양도성 인정의 문제점

1. 퍼블리시티권 양도의 필요성에 대한 검토

퍼블리시티권의 양도를 인정해야 한다고 주장하는 견해는, 다른 사람의 동일성표지를 상업적으로 이용하는 자를 보호하기 위하여 퍼블리시티권 양도가 필요하다고 한다. 즉, 다른 사람의 동일성표지를 상업적으로 이용할 권리를 취득한 자를 제3자의 침해행위로부터 보호하기 위해서는, 제3자의 침해행위에 대하여 적절한 구제수단을 행사할 수 있다는 것이 보장되어야 하며, 이를 위하여 퍼블리시티권 자체를 양도해야 한다고 주장한다. 즉, 원래의 권리 주체는 퍼블리시티권을 상실하고, 그의 동일성표지를 상업적으로 이용하는 사람이 퍼블리시티권을 취득하는 방법을 주장한다.

그러나 다른 사람의 동일성표지를 상업적으로 이용할 권리를 취득한 자를 보호하기 위하여 반드시 퍼블리시티권 자체가 양도되어야 하는지 의문이다. 위와 같이 퍼블리시티권 자체를 양도하는 방법은, 다른 사람의 동일성표지를 상업적으로 이용하는 사람에게는 필요 이상의 권리를 취득하게 하는 반면에, 원래의 권리 주체에게는 권리의 상실이라는 손실을 발생시킨다. 즉, 다른 사람의 동일성표지를 상업적으로 이용하는 사람의 보호를 위해 퍼블리시티권 자체를 양도해야 한다는 주장은, 그 목적에 비하여 과도한 방법을 주장하는 것으로 보인다.[21]

---

21) 최형구(2010), 271면은, 퍼블리시티권의 범위가 그 목적상 적절한 것인지, 독립된 별개의 재산권으로 보호되는 것만이 그 목적을 달성하는데 필요하고도 적절한 해결책인지의 여부를 반드시 짚고 넘어가야 한다고 지적한다.

2. 퍼블리시티권 양도로 발생하는 문제점

퍼블리시티권의 양도를 인정할 경우 가장 큰 문제점은, 원래의 권리 주체가 자신의 동일성표지의 상업적 이용에 대한 권리를 완전히 상실한다는 것이다. 이미 언급한 것처럼, 우리나라에서 퍼블리시티권을 독립된 재산권으로 인정하는 것은 인격권의 내용 중 일부를 분리하여 독립된 권리로 구성하는 것을 의미한다. 그런데 퍼블리시티권이 양도된다는 것은 이러한 분리가 현실화된다는 것을 의미한다.22) 즉, 퍼블리시티권이 양도되면, 원래의 권리 주체는 자신의 동일성표지의 상업적 이용에 대한 권리를 상실하게 되고, 그의 동일성표지의 상업적 이용에 대한 권리는 이제 퍼블리시티권의 양수인이 취득하여 행사하게 되는 것이다.

이에 대하여, 독일에서는 사람이 타인결정(Fremdbestimmung)에 예속된다는 비판이 제기되고 있다.23) 또한 이러한 권리가 집행의 대상이 되거나 이혼시 재산분할청구의 대상이 될 수 있다는 점도 지적된다.24) 즉, 집행이나 재산분할청구에 의해서 원래의 권리 주체가 자신의 동일성표지의 상업적 이용에 대한 권리를 상실할 위험이 존재한다는 것이다.

우리나라의 경우, 퍼블리시티권의 양도와 관련하여 퍼블리시티권의 부분적 양도가 가능한지 논의되기도 하고,25) 퍼블리시티권이 이혼시 재산분할청구의 대상이 될 수 있다는 견해26)도 존재한다. 반면에, 다음과 같은

---

22) 최형구(2010), 275면도 생존하는 본인이 퍼블리시티권을 보유하고 있는 사안의 경우에는 심각한 문제점이 발견되지 않으나, 퍼블리시티권이 본인의 손을 벗어나 인격권과 분리된 권리로서 타인에게 양도 또는 상속된 경우에는 그 문제점이 확연하게 드러나기 시작한다고 설명한다.

23) Peifer(2002), S. 500.

24) Schack(2000), S. 1062.

25) 鄭熙燮(2003), 79면. 이 견해는, 성명이용권·초상이용권·음성이용권 등으로 퍼블리시티권을 부분적으로 양도하는 것을 인정할 경우 상당한 혼란이 발생할 가능성이 있으므로, 퍼블리시티권의 세분화에는 적정한 한계를 그을 필요가 있다고 하였다.

비판도 제기되고 있다. 즉, 인간의 동일성표지에 존재하는 정신적 가치와 재산적 가치가 동시에 인식되고 고려될 때 합당한 법적인 취급을 받게 될 것이라고 하면서, 인간의 동일성 표지에 순수 재산권의 성립을 인정하여 그 이전적 양도(translative Übertragung)를 인정하는 것은 이에 대한 강제 집행까지 피할 수 없게 만드는 위험이 있다고 비판된다.[27] 또한 퍼블리시티권이 본인의 손을 벗어나 인격권과 분리된 권리로서 타인에게 양도되면, 그 때부터 본인의 초상이나 성명을 광고에 사용할 것인지, 어떤 광고에 사용할 것인지의 여부는 전적으로 타인의 통제 하에 놓이게 되고, 그것으로 얻어지는 경제적 이익 또한 전적으로 타인의 것이기 때문에 문제점이 확연하게 드러난다고 비판된다.[28]

퍼블리시티권의 양도를 인정하는 것은 원래의 권리 주체가 자신의 동일성표지의 상업적 이용에 대한 권리를 상실하는 부당한 결과를 초래한다. 물론 사안에 따라서는, 원래의 권리 주체가 퍼블리시티권의 양수인에 대하여 통제권을 보유할 수도 있을 것이다. 그러나 모든 경우에 퍼블리시티권의 양도인이 양수인을 통제할 수 있다고 볼 수는 없다. 또한 만일 퍼블리시티권의 양수인이 제3자에게 퍼블리시티권을 다시 양도하면, 원래의 권리 주체는 자신의 동일성표지의 상업적 이용에 대한 권리를 완전히 상

---

26) 金世權(2008), 42-45면. 그러나 南馨斗(2008), 365-367면은, 퍼블리시티권이 재산분할청구의 대상이 될 수 있다고 하면서도, 재산분할이 된 후 celebrity 배우자가 그 퍼블리시티권의 가치가 하락하지 않도록 해야 할 의무를 부담한다고 볼 수도 있는데 이는 헌법상 보장된 인신의 자유를 지나치게 구속한다는 비판을 면하기 어려울 것이고, 이러한 비판은 퍼블리시티권을 재산분할청구의 대상으로 삼을 수 없다는 논거에 힘을 실어줄 수 있을 것이라고 지적한다.

27) 안병하(2009a), 114-115면.

28) 최형구(2010), 275면. 예컨대, 퍼블리시티권을 양도한 사람의 초상과 성명이 고리대금업 대출광고나 성인용품 판매광고에 우스꽝스럽게 사용되는 경우 퍼블리시티권의 양도인은 여전히 이러한 사용에 대해 수치를 느끼는데, 이는 인격권이 침해되고 있음을 보여주며, 이러한 사례는 초상이나 성명의 상업적 사용에 대한 통제에 인격권적 요소가 분리될 수 없는 것임을 입증한다고 한다.

실하게 될 것이다. 나아가, 퍼블리시티권의 양도를 인정하는 것은 퍼블리시티권이 담보로 제공될 수 있는지,[29] 강제집행의 대상이 되는지 등의 문제를 야기할 수 있는데, 퍼블리시티권이 담보로 제공되거나 강제집행의 대상이 될 수 있다고 볼 경우에도 동일한 문제가 발생한다. 결국, 이러한 문제점을 고려하면, 퍼블리시티권의 양도성은 쉽게 긍정하기 어렵다.

Ⅳ. 인격권에 의한 보호방법의 모색

1. 인격권의 양도

(1) 학설

사람의 동일성이 갖는 재산적 이익을 인격권에 의해 보호해야 한다는 견해들은, 인격권의 양도에 대하여 부정적이다. 즉, 인격권은 원칙적으로 양도불가능한 권리이고, 따라서 연예인이 자신의 초상·성명을 모두 포괄적으로 양도하여 사용하도록 하는 계약은 효력이 없다고 한다.[30] 또한 인격권의 경제적 가치로서의 초상·성명영리권은 그 재산권적인 성질을 고려한다고 하더라도 일신전속적인 인격권 중 하나의 모습에 지나지 아니하므로 양도할 수 없는 권리라고 한다.[31]

퍼블리시티권의 법적 성격을 사람들이 자신들의 프라이버시권을 포기할 수 있는 권리 즉 자유권에 불과하다고 하는 견해도, 이러한 퍼블리시

---

29) 金世權(2008), 45면은 퍼블리시티권이 담보로 제공되는 것에 대하여 부정적 입장이다.
30) 장재옥(2003), 107면. 이러한 점에서 연예인의 광고나 사진 출연 등에 관한 모든 권리가 기획사에 속하도록 하는 계약 조항의 효력은 부정되어야 할 것이라고 한다.
31) 金泳勳(2007), 374면.

티권은 애당초 양도가 불가능한 권리라고 한다.[32]

(2) 검토

사람의 동일성이 갖는 재산적 이익을 인격권에 의해 보호하는 경우, 인격권 중 재산적 이익을 보호하는 부분과 인격권 중 관념적 이익을 보호하는 부분의 법적 성격이 반드시 동일해야 하는 것은 아니다. 즉, 인격권이 일신전속적이고 양도불가능한 권리라는 것은 우선 인격권 중 관념적 이익을 보호하는 부분의 법적 성격이라고 할 수 있다.

그렇다면 인격권 중 재산적 이익을 보호하는 부분은 양도가능하다고 보아야 할 것일까? 이 문제 역시 인격권의 개념에 근거하여 판단할 수 있다. 먼저, 사람이 자신의 동일성표지를 상업적으로 이용하기로 결정하는 경우 이러한 결정 자체가 인격의 발현에 해당할 수 있다. 또한 자신의 동일성표지를 다른 사람에게 상업적으로 이용하도록 함에 의하여 자신의 인격 발현을 보다 다양한 방법으로 추구할 수 있게 된다. 이러한 측면에서 살펴보면, 인격권 중 재산적 이익을 보호하는 부분의 양도성을 인정하는 것이 정당화될 가능성이 존재한다.

그러나 인격권 중 재산적 이익을 보호하는 부분이 양도가능하다고 할 경우 퍼블리시티권의 양도성을 인정하는 경우와 동일한 문제점이 발생한다. 위에서 살펴본 것처럼, 퍼블리시티권의 양도를 인정할 경우 원래의 권리 주체가 자신의 동일성표지의 상업적 이용에 대한 권리를 상실하는 부당한 결과가 발생하는데, 이는 인격권의 양도를 긍정하는 경우도 마찬가지이다. 즉, 인격권 중 재산적 이익을 보호하는 부분이 양도되고 이것이 자유롭게 유통된다면, 이는 결과적으로 원래의 권리자의 인격 발현을 제한하는 결과를 초래할 수 있으며 인간의 존엄성 측면에서도 문제를 야기

---

32) 엄동섭(2004), 167-168면.

할 수 있다. 따라서 사람의 동일성이 갖는 재산적 이익을 인격권에 의하여 보호하는 경우에도 인격권 중 재산적 이익을 보호하는 부분의 완전한 양도는 부정하는 것이 타당하다.

2. 인격권의 이용허락

(1) 학설과 판례에 나타난 인격권의 이용허락

사람의 동일성이 갖는 재산적 이익을 인격권에 의해 보호해야 한다는 견해들은, 자신의 동일성의 상업적 이용을 허락하는 행위를, 법적으로는 동의,[33) 이용허락, 사용권 부여 등으로 파악한다. 즉, 법률행위를 통하여 인격권을 사용하도록 한다는 것은 법적으로는 인격의 침해에 대한 동의라는 형식으로 행해진다고 하면서,[34) 사용분야·사용기간 등을 특정한 사용권의 부여 또는 이용의 동의 내지 허락만이 인정된다고 한다.[35) 또한 퍼블리시티권의 법적 성격을 사람들이 자신들의 프라이버시권을 포기할 수 있는 권리 즉 자유권에 불과하다고 하는 견해도, 이러한 퍼블리시티권은 그 이용허락만 가능하다고 하면서, 이용계약 체결시 그 조건과 범위가 구체적으로 특정되어야 하고, 추후 사정의 변경이 있으면 그 계약을 쉽게 해제할 수 있도록 하여야 할 것이라고 설명한다.[36) 나아가, 초상의 사용에 대한 본인의 허락을 표창하는 재산권을 "초상사용권"으로 파악하자는 견해[37)도 있다.

---

33) 프라이버시침해의 위법성을 판별하는 사유로서 피해자의 동의에 대한 자세한 설명은 金載亨(1998), 204면 이하 참조.
34) 장재옥(2003), 107면. 나아가, 이러한 동의는 수령을 필요로 하는 의사표시로서 법률행위적 성질을 가지며, 따라서 행위능력이 없는 미성년자는 이러한 동의를 단독으로 할 수 없고 법정대리인의 동의를 요한다고 설명한다.
35) 장재옥(2003), 107-108면; 金泳勳(2007), 374면.
36) 엄동섭(2004), 167-168면.

[A-17]판결(현영Ⅱ 사건)도, 연예인과 체결한 전속계약이 연예인의 초상·성명영리권 자체를 양도하는 내용의 합의라고 보기 어렵다고 한 다음, "소속사들이 연예인의 성명·초상 등을 상업적으로 사용하는 것은 연예인이 부여한 통상사용권 내지는 이용허락에 근거한 행위이거나 전속계약에 기한 대행행위"라고 판단하였다.

(2) 이용허락을 받은 자의 보호방법

(가) 제3자의 채권침해

인격권의 이용허락을 받은 사람은 제3자의 침해행위에 대하여 어떠한 구제수단을 행사할 수 있을까? 이는 독점적 이용허락이 행해진 경우에 주로 문제된다. 왜냐하면, 비독점적 이용허락을 받은 사람은 인격권 보유자가 다른 제3자에게 이용허락을 하는 것에 대하여 이의를 제기할 수 없는 등 그 법적 지위가 약하지만, 독점적 이용허락을 받은 사람은 그 독점적 지위를 보호할 필요성이 크기 때문이다.

독점적 이용허락의 경우도, 이용허락을 받은 사람은 물권적 지위를 취득하는 것이 아니라 채권적 지위를 취득한다. 따라서 이용허락을 받은 사람의 보호는 이른바 "제3자에 의한 채권침해" 문제로 접근해야 할 것이다.[38) 일반적으로, 제3자에 의한 채권침해는 불법행위가 성립될 수 있고, 이를 위해서는 일반불법행위의 요건을 충족해야 한다고 설명된다.[39) 그러므로 제3자가 이용허락의 존재를 알면서 사람의 동일성표지를 무단으로 이용하였다면 불법행위가 성립될 수 있다. 제3자의 채권침해의 위법성은 여러 사정을 고려하여 판단되어야 하나,[40) 독점적 이용허락으로 인한 권리를 침해한

---

37) 최형구(2010), 294면. 이 견해는, 퍼블리시티권 개념을 인정하는 대신에, 이러한 "초상사용권" 개념을 인정하자고 주장한다.

38) 엄동섭(2004), 168면; 金泳勳(2007), 374면, 각주101).

39) 郭潤直(2009b), 72-73면.

경우 위법성이 인정될 가능성이 높으며,41) 제3자가 무단으로 사람의 동일
성표지를 이용한 경우는 위법성을 인정하기 더욱 쉬울 것이다.

이와 관련하여, 퍼블리시티권의 사용권을 받은 사람이 직접 제3자를 상
대로 소를 제기할 수 있다고 설명하는 견해42)와 판결43)이 있다. 지적재산
권과 관련해서도, 특허권의 독점적 통상실시권자는 당해 특허발명의 실시
에 의하여 시장을 독점할 수 있는 법적 이익을 가지는 자이고 따라서 제3
자의 무단 실시에 의한 불법행위의 성립과 그에 대한 손해배상청구권을
인정하여야 할 것이라고 하며,44) 상표권의 독점적 통상사용권자에 대해서
도 마찬가지로 설명된다.45) 그러나 이에 대해서는, 이론적으로 "제3자에
의한 채권침해"로 인한 불법행위가 성립함을 전제로 하였다고 평가된
다.46) 사람의 동일성이 갖는 재산적 이익의 보호의 경우도 역시 마찬가지

---

40) 대법원 2003. 3. 14. 선고 2000다32437 판결은, "채권침해의 위법성은 침해되는
    채권의 내용, 침해행위의 태양, 침해자의 고의 내지 해의 유무 등을 참작하여
    구체적, 개별적으로 판단하되, 거래자유 보장의 필요성, 경제·사회정책적 요인을
    포함한 공공의 이익, 당사자 사이의 이익균형 등을 종합적으로 고려하여야 한다"
    고 하였다.

41) 대법원 2003. 3. 14. 선고 2000다32437 판결은, 채권자가 특정기업으로부터 부여
    받은 "독점판매인으로서의 지위 내지 이익"을 제3자가 침해한 사안에서 불법행
    위의 성립을 긍정하였다.

42) 韓渭洙(1996b), 114면은, 퍼블리시티권의 양도성을 부정하고 사용권의 부여만을
    인정하더라도 특히 독점사용권자는 제3자가 본인의 초상, 성명을 도용할 경우 직
    접 제3자를 상대로 소송을 제기할 수 있다고 한다.

43) [B-11]판결(장정 사건)은, 퍼블리시티권에 대한 통상사용권만이 부여되었거나
    그 이용만이 허락된 경우, 제3자로부터의 침해가 있을 경우 본인만이 그 침해의
    배제, 손해배상 등을 구할 수 있다고 하면서도, 다만 통상사용권자 등은 그 특정
    부분에 한하여 제3자에 대하여 직접 손해배상을 구할 수 있다고 판단하였다.

44) 송영식 등(2008a), 461-462면. 또한 독점적 통상실시권의 경우는 그 독점성을 침
    해하므로 고유의 손해배상청구권을 인정하여야 한다는 것이 일본 하급심의 추세
    이고 다수설이라고 설명한다.

45) 송영식 등(2008b), 217면.

46) 조영선(2009), 93면, 각주40). 또한 오승종(2007), 501면도 저작권의 독점적 허락
    을 받은 이용자는 적어도 독점적 허락이 있다는 것을 인식하면서 저작물의 무단

로 보아야 할 것이다.[47] 즉, 물권적 권리가 아닌 채권적 이용권의 경우 제
3자에 의한 채권침해의 성립을 전제로 불법행위 책임을 물을 수 있다고
해석해야 할 것이다.

제3자가 이용허락이 존재한다는 사실을 알지 못한 경우는 어떠한가?
이 경우 이용허락을 받은 사람은 제3자에게 직접 불법행위 책임을 물을
수는 없고, 당초 이용허락을 부여한 인격권 보유자와의 관계에서 권리구
제를 도모해야 할 것이다. 이와 관련하여, 인격권 보유자가 제3자에 대하
여 갖는 손해배상청구권[48]을 양도하는 방법으로 문제를 해결한 경우가
있다. 즉, [A-13]판결(김민희 사건)은, 탤런트의 초상권 침해로 인한 "위자
료 등 손해배상청구권"을 그 탤런트와 전속계약을 체결한 원고가 양도받
았음을 인정하고, 이를 근거로 피고가 원고에게 손해배상금을 지급할 의
무가 있다고 하였다.

(나) 금지청구권

인격권의 독점적 이용허락을 받은 자가 제3자를 상대로 금지청구권을
행사할 수 있는지도 문제된다. 채권의 효력으로서 제3자에 대하여 방해배
제를 청구할 수 있느냐에 대해서는, 채권을 보호하기 위하여 필요한 경우
에 정책적·예외적으로 가능하다고 설명된다.[49] 이에 의하면, 인격권의 이
용허락을 받은 자는 제3자를 상대로 직접 금지청구를 할 수는 없고, 인격
권 보유자의 금지청구권을 대위하여 행사해야 할 것이다. 일신전속권인
인격권의 대위행사가 불가능하므로 금지청구권을 대위행사할 수 없을 것

이용을 한 침해자에 대하여는 손해배상청구권을 가진다고 설명한다.
47) 金泳勳(2007), 374면, 각주101)도 이러한 입장이다.
48) 제3자에 의한 채권침해로 인한 불법행위가 성립되지 않더라도, 원래의 인격권 보
    유자에 대한 불법행위는 성립할 수 있다.
49) 郭潤直(2009b), 73-74면. 이 견해는, 임차권과 같이 공시방법을 갖춘 채권의 경우
    방해배제청구권을 인정할 수 있다고 한다.

이라는 견해50)도 있다. 그러나 이 경우 인격권이 재산적 이익을 보호한다는 점을 고려하면, 금지청구권의 대위행사가 불가능하다고 단정할 필요는 없을 것이다.51)

나아가, 제3자에 의한 채권침해의 경우, 채권자가 제3자에 대해 직접 금지청구권을 행사할 수 있어야 한다는 견해들도 제시되고 있다. 즉, 손해가 발생할 가능성이 명백한데도 손해발생을 억제하기 위한 아무런 조치를 취하지 못하고 나중에 손해의 발생을 기다렸다가 그 배상만을 청구할 수 있도록 하는 것은 받아들이기 힘든 결론이라고 하면서, 제3자에 의한 채권침해의 우려가 급박한 경우에는 예외적으로 방해예방 또는 금지청구를 인정해야 한다는 것이다.52) 또한 금지청구권의 보호는 우리나라의 경우에도 반드시 (준)물권적 침해에만 한정할 이유는 없으며 침해행위의 양태, 예상되는 손해의 성격 등에 비추어 행위관련적 측면에서도 뒷받침할 수 있다고 설명하는 견해,53) 손해배상의 방법으로 원상회복청구가 가능하다고 하면서 제3자의 채권침해에 대한 방해배제청구권도 불법행위에 기한 원상회복의 문제로 처리하는 것이 간명하다는 견해54)도 있다. 대법원

---

50) 엄동섭(2004), 168면.

51) 참고로, 대법원 2007. 1. 25. 선고 2005다11626 판결(소리바다 사건)은, 저작권의 독점적 이용권자가 권리자를 대위하여 저작권법에 기한 침해정지청구권을 행사할 수 있다고 판단하였다. 이 판결은, 권리자가 스스로 침해정지청구권을 행사하지 아니하는 때에는 독점적인 이용권자로서는 이를 대위하여 행사하지 아니하면 달리 자신의 권리를 보전할 방법이 없고, 저작권법이 보호하는 이용허락의 대상이 되는 권리들이 일신전속적인 권리도 아니라는 점 등을 논거로 하였다.

52) 金載亨(2007a), 431면. 이 견해는, 물권에 기한 방해예방청구권도 물권의 절대성이나 배타성에서 선험적으로 도출된 것이라기보다는 물권에 대한 불법적인 방해를 사전적으로 예방하는 것이 합리적이라는 점에서 그 실질적인 이유를 찾을 수 있다고 한다.

53) 김상중(2010), 163면. 이 견해는, 민법 제750조의 불법행위에 따른 손해배상이 침해 권리의 종류에 따라서만 인정 여부가 판단되지 않고 가해행위의 양태 등을 함께 고려하여 법적으로 보호할 가치가 있는 모든 이익에 대하여 인정된다는 점도 위 주장의 논거로 제시한다.

2010. 8. 25.자 2008마1541 결정[55])도 물권의 침해가 없는 사안에서 금지청구권을 인정하였다.[56]) 금지청구권을 인정할 것인지 여부는 피해자 구제라는 점을 염두에 두고 제반사정을 형량하여 결정해야 할 것이고, 단지채권이기 때문에 금지청구를 할 수 없다고 단정할 필요는 없을 것이다. 인격권에 대한 독점적 이용허락을 받은 자의 경우, 그 권리가 인격권에기초하는 점, 사후의 손해배상이 불충분할 수 있다는 점 등을 고려하면, 침해자에 대하여 직접 금지청구권을 행사할 수 있다고 인정하는 것이 타당하다.

(3) 이용허락을 받은 지위의 양도

인격권의 이용허락을 받은 지위를 양도할 수 있는지에 대하여 많이 논의되고 있지는 않다. 이를 언급하는 견해는, 이용권자의 권리는 제3자에게 양도가 불가능한 것으로 보아야 할 것이라고 한다.[57]) 만일 인격권의이용허락을 받은 사람이 그 지위를 제3자에게 자유롭게 양도할 수 있다면, 퍼블리시티권의 양도를 인정하는 것과 유사하게, 원래의 권리 주체가자신의 동일성의 상업적 이용에 대한 권리를 상실할 위험이 발생한다. 그러므로 이용허락을 받은 지위의 양도는 원래의 권리 주체가 동의한 경우

---

54) 尹眞秀(2003), 109-110면.
55) 이 결정은, 신청인이 운영하는 인터넷 포털 사이트에 피신청인의 광고가 대체 혹은 삽입된 형태로 나타나게 하는 행위가 법률상 보호할 가치가 있는 신청인의 광고영업 이익을 침해하는 부정한 경쟁행위로서 민법상 불법행위에 해당한다 하면서, "위와 같은 무단이용 상태가 계속되어 금전배상을 명하는 것만으로는 피해자구제의 실효성을 기대하기 어렵고 무단이용의 금지로 인하여 보호되는 피해자의이익과 그로 인한 가해자의 불이익을 비교·교량할 때 피해자의 이익이 더 큰 경우에는 그 행위의 금지 또는 예방을 청구할 수 있다"고 판단하였다.
56) 김상중(2010), 168면은, 이 결정이 채권과 영업적 이익의 금지청구권적 보호에대한 최고 법원의 판례법 형성의지를 분명히 밝혀주고 있다고 평가한다.
57) 엄동섭(2004), 168면.

만 가능하다고 보아야 할 것이다.

3. 물권적 지위를 갖는 이용허락의 인정 가능성

인격권의 독점적 이용허락을 받은 사람은, 위에서 살펴본 바와 같이, 제3자에 의한 채권침해를 이유로 한 손해배상청구 또는 금지청구를 할 수 있다. 그런데 여기서 한 걸음 나아가, 인격권의 이용허락을 받은 사람이 물권적 지위58)를 취득할 수는 없는지 문제된다.

이와 관련하여, 독일에서는 '구속된 양도'라는 개념에 의거하여 인격권에 의한 물권적 이용권 부여에 찬성하는 견해들이 있다.59) 우리나라의 경우는 어떠할까? 앞에서 살펴본 바와 같이, 인격권 중 재산적 이익을 보호하는 부분의 양도는 인격 발현에 도움이 될 수 있으나, 결과적으로 인격 발현을 제한하고 인간의 존엄성 측면에서도 문제를 야기할 수 있으므로, 완전한 양도를 인정하기는 어렵다. 그런데 인격권에 의한 물권적 이용권 부여는 인격권의 완전한 양도가 아닌 부분적 양도라고 할 수 있으므로, 이를 허용하는 것은 가능할 수 있다. 인격권이 물권과 마찬가지로 배타적 효력을 갖는 지배권으로 분류되는 점60)도 이를 인정하는 논거가 될 수 있을 것이다. 다만, 인격권에 의한 물권적 이용권이 양도될 수 있다면 사실상 인격권 중 재산적 이익을 보호하는 부분의 완전한 양도를 허용하는 것과 동일한 결과가 되므로, 물권적 이용권의 양도는 본인이 동의한 경우만 가능하다고 보아야 할 것이다.

그러나 인격권에 의한 물권적 이용권을 해석에 의하여 인정하는 것은 우리 법체계에서 다소 부담스러울 수 있으므로, 이는 입법으로 뒷받침되

---

58) 여기서의 '물권적'이라는 의미는 제3자에게 주장할 수 있다는 것을 의미하는 것이지, 자유롭게 유통가능하다는 의미는 아니다.

59) 이에 대해서는 제3장 제4절 Ⅲ. 3. 참조.

60) 郭潤直(2009a), 51-52면.

는 것이 바람직하다. 이와 유사한 경우로는 지적재산권에 관한 사용권에 물권적 지위를 부여하는 것을 들 수 있다. 예컨대, 특허권에 대한 전용실시권, 상표권에 대한 전용사용권 등은 물권적 권리로 인정된다.[61] 또한 2011. 12. 2. 개정된 저작권법(법률 제11110호)은 '배타적발행권' 제도를 도입하였다.[62] 이러한 경우들을 살펴보면, 어떠한 이용권에 물권적 지위를 부여하는 것이 법리적으로 불가능하지 않다는 것을 알 수 있다. 따라서 사람의 동일성표지에 대한 이용권에 대해서도 그 이용권의 효과적인 보호를 위하여 물권적 지위를 부여하는 방법을 도입할 필요가 있다.

---

61) 특허법이 규정하는 전용실시권은 물권적 권리로 이해되는데, 이는 등록을 해야 그 효력이 발생한다(특허법 제100조, 제101조). 상표법이 규정하는 전용사용권도 물권적 권리로 이해되는데, 이것 역시 등록을 해야 그 효력이 발생한다(상표법 제55조, 제56조)

62) 저작권법 제57조 이하. 이는 저작물의 출판과 컴퓨터프로그램에만 인정되던 배타적 권리를 다른 형태의 저작물 발행, 복제, 전송에도 인정되도록 근거규정을 마련한 것이다.

제5절 사망자의 동일성의 재산적 이익 보호

Ⅰ. 개설

기술의 발전으로 사망자의 동일성을 상업적으로 이용하는 것이 가능해 지면서, 사망자의 동일성도 재산적 이익을 가질 수 있게 되었다. 경우에 따라서는 사망자의 동일성이 막대한 재산적 이익을 보유하기도 한다.[1] 이 에 따라, 사망자의 동일성이 갖는 재산적 이익을 보호해야 할 필요성이 인식되었으나, 반면 사망자의 동일성을 자유롭게 이용해야 할 공공의 이 익 역시 주장되었다.

미국에서는 '사망 후 퍼블리시티권(Postmortem Right of Publicity)'을 인정할 것인지에 대하여 많은 논란이 있었다.[2] 우리나라에서도 동일한 문 제가 주로 '퍼블리시티권의 상속성' 문제로 논의되고 있다. 아래에서는, 먼저 우리나라에서 퍼블리시티권의 상속성에 관한 논의를 살펴본다. 퍼블 리시티권의 상속성에 관한 학설과 판결을 살펴본 다음, 만일 퍼블리시티 권을 독립된 재산권으로 인정한다면 그 상속성을 당연히 긍정할 수 있는 지 검토한다. 그리고 초상권 등 인격권에 의해 사람의 동일성이 갖는 재

---

1) 南馨斗(2008), 338면, 각주2)는, 미국에는 인기 정상에 있을 때 사망함으로써 사 후에도 생전 기간 못지 않게 저작권과 퍼블리시티권으로 인한 수입이 많을 뿐만 아니라 오랫동안 지속되는 예가 더러 있다고 하면서, 미국의 FORBES라는 잡지 는 매년 죽은 유명인(Deceased Celebrities)의 수입을 발표한다고 설명한다.
2) 이에 대해서는 제2장 제5절 Ⅲ. 참조.

산적 이익을 보호하는 경우에는 사망자의 동일성이 갖는 재산적 이익을 어떻게 보호할 수 있는지 검토한다. 이와 관련하여 이른바 "사자(死者)의 인격권"이 문제될 수 있으므로, 이에 대해서도 함께 검토하기로 한다.

II. 퍼블리시티권의 상속성에 관한 학설과 판례

1. 학설

(1) 퍼블리시티권의 상속성을 부정하는 견해

퍼블리시티권을 인격으로부터 완전히 독립된 권리로 보는 것에 소극적 입장을 취하는 견해는, 퍼블리시티권의 상속성을 부정한다. 그 논거로는, 재산권이라 하여 당연히 상속되는 것이라 할 수 없는 점,3) 퍼블리시티권 은 한 인간의 인격(동일성)을 상징하는 이름, 초상 등의 상업적인 이용에 관한 권리란 점에서 인격과 완전히 단절될 수 있는 것이라고 보기 어려운 점, 퍼블리시티권의 상속성을 인정할 경우 법률상 명문의 규정없이 그 존 속 기간을 한정하기 어렵고 그렇다고 하여 퍼블리시티권이 영원히 존속한 다고 하는 것도 부당하다는 점 등을 든다.4)

퍼블리시티권이 인격권적 요소를 가진 재산권이라고 하면서, 당사자가

---

3) 예컨대, 연금청구권은 재산권적 성격을 가지나 상속성이 없다고 한다.
4) 韓渭洙(1996b), 116-117면. 이 견해는, 퍼블리시티권의 상속성을 인정하지 아니 하더라도 유족의 亡人에 대한 敬愛追慕의 情에 대한 침해에 이를 경우에는 그 자체 불법행위가 성립할 것이라고 하면서, 다만 과연 유족의 경애추모의 정을 해 할 정도가 되었는가 하는 점이 불명확하므로, 미국의 일부 州와 같이 퍼블리시티 권의 사후존속을 명시적으로 인정하고 그 존속 기간을 규정하는 법률을 제정하 여 입법으로 해결하는 방법이 가장 바람직하다고 한다.

생존해 있는 동안 '신원을 공표할 권리(Right to Publicity)'를 행사하여 구체화된 '공표권(Right of Publicity)'이 상속되는 것은 허용해야 할 것이나 그렇지 않은 경우에는 상속성이 부정된다는 견해5)도 있다.

한편, 퍼블리시티권을 재산권으로 보면서 그 상속성을 부정하는 견해도 있다. 이 견해는, 퍼블리시티권의 상속성을 부인하더라도 권리자를 법의 보호 밖으로 내쫓는 치명적인 결과가 초래되지는 않을 것이라고 하면서, 자신의 권리를 지키기 위해 노력하지 않은 사람을 보호하기 위하여 일반 대중을 잠재적 침해자로 만드는 것은 타당하지 않다고 한다.6)

(2) 퍼블리시티권의 상속성을 긍정하는 견해

퍼블리시티권을 재산권 또는 무체재산권으로 보는 견해들은 대체로 퍼블리시티권의 상속성을 긍정한다. 그 논거로는, 퍼블리시티권이 자유롭게 양도할 수 있는 재산권이라면 생존중에 처분할 수 있었을 재산에 대하여 유언에 의한 상속을 허용하지 않을 수 없는 점,7) 상속성을 부정하면 유족에 의한 규제가 쉽지 않고,8) 이에 따라 사망자의 성명이나 초상이 함부로 광고 등에 이용되는 사태가 발생할 수 있는 점,9) 상속성을 부정하면 생존

---

5) 이호선(2009), 56-57면. 이 견해는, 퍼블리시티권을 법제화하여 상속성을 인정하더라도 그 보호대상인 '신원공표의 가치'는 대중과의 상호교감을 통해 반대급부로 얻은 요인도 있다는 점을 감안하여 단기간내로 국한시키고 일정한 경우 권리 포기 내지 소멸의제 조항을 두어야 할 것이라고 주장한다.

6) 남형두(2005), 121-123면. 예측가능성을 준다는 의미에서 법률에서 퍼블리시티권의 상속성을 인정하지 않을 경우, 자신의 인격을 상용화하는데 관심이 있는 유명인 등은 생전 기간 동안 상표 등록을 하거나, 저작권 또는 계약으로 해결할 수 있을 것이며, 이미 상품화에 성공한 경우는 부정경쟁방지 및 영업비밀보호에 관한 법률에 의해 보호받을 수도 있을 것이라고 설명한다.

7) 서태환(1999), 491면.

8) 李相珵(2001), 320면. 상품에의 사용을 명예훼손적 사용이라고 하기 힘들 것이라는 점을 이유로 든다.

9) 서태환(1999), 491면. 李相珵(2001), 320면은 이를 가리켜 초상본인에게 가까운

중의 퍼블리시티권의 경제적 가치가 상당히 감소될 것이라는 점[10] 등이
제시된다.

　한편, 퍼블리시티권이 재산권 또는 재산권적 성격이 강한 권리이지만 본
인의 인격과 일체 불가분의 관계에 있는 권리라고 파악하면서도 그 상속성
을 긍정하는 견해들이 있다. 즉, 퍼블리시티권의 법적 성격을 이처럼 파악
하면서도, 사람이 사망한 경우 그 인격적 이익은 유족에게 승계되는 것이
므로 그 인격적 이익이 화체된 재화인 퍼블리시티권도 일반재산과 함께 유
족에게 상속된다고 하거나,[11] 상속을 인정하지 않으면 초상 본인에게 가까
운 자보다 초상 본인과 무관한 사업가, 자본가에게 상속이 일어난 셈이 되
어 부당하므로 퍼블리시티권의 상속성을 인정해야 할 것이라고 한다.[12]

2. 판례

(1) 퍼블리시티권의 상속성을 부정한 경우

　퍼블리시티권을 인정한 초기의 판결들 중에는 퍼블리시티권의 상속성
을 부정한 판결들이 존재한다. [B-3]판결(제임스딘 I 사건)은, 퍼블리시티
권의 성립을 인정할 여지가 있다고 하면서도, ① 퍼블리시티권이 아직까
지 성문법상 권리로서 인정되지 않고 있고, 그 향유주체, 양도가능여부 등
에 관하여 아직까지 학설의 대립이 있을 뿐 이에 관한 일치된 견해가 없
는 점, ② 퍼블리시티권이 한 사람의 인격을 상징하는 성명, 초상 등을 상
업적 이용이 가능한 특수분야에서 이용할 수 있는 권리를 의미한다는 점

　　자보다 초상본인과 무관한 사업가, 자본가에게 그 상속이 일어난 것이 된다고 표
　　현한다.
10) 서태환(1999), 492면. 나아가, 계약에 의하여 유명인의 성명이나 초상을 이용할
　　권리를 가진 자를 보호할 필요도 있다고 한다.
11) 李漢周(2004), 392면.
12) 구재군(2008), 222면.

에서 볼 때 그 당사자의 인격과 완전히 분리된 독립된 권리 또는 무체재
산권과 유사한 권리라고 보기 어려운 점, ③ 재산권이라고 하여 반드시
상속이 가능한 것은 아닌 점(예컨대, 연금청구권) 등을 고려하여 볼 때,
"일반적으로 인격권은 상속될 수 없는 것과 마찬가지로 퍼블리시티권도
상속될 수 없는 권리라고 파악하는 것이 타당하다"고 판단하였다.[13]

　　[B-4]판결(제임스딘Ⅱ 사건) 역시, 퍼블리시티권의 성립을 인정할 여지
가 있다고 하면서도, 위 판결의 ①, ②와 유사한 이유를 들어 퍼블리시티
권의 상속성을 부정하였다.[14] 한편, 이 판결은 약 42년 전에 이미 사망한
제임스딘의 퍼블리시티권을 주장하는 당해 사건이 "유명인이 자신의 퍼
블리시티권을 실제 행사하고 있는 경우나 생전에 이를 행사함으로써 그
권리가 구체화되었다가 그 유명인이 사망하는 경우"와 다르다고 하였다.
이와 관련하여, 이 판결은 생전사용(Lifetime exploitation)이 상속성의 요
건임을 가정적으로 제시하였다고 평가되기도 한다.[15]

---

13) 가사 퍼블리시티권의 상속이 인정된다고 하더라도, 이사건 소는 제임스딘이 사망
　　한 후 약 39년이 경과한 후에야 제기되었는데, 퍼블리시티권이 이 기간 동안 존
　　속한다고 볼만한 아무런 근거가 없고, 원고의 주장과 같이 퍼블리시티권의 사후
　　존속기간이 저작권법상의 경우와 동일하게 인정되어야 한다고 보아야 할 만한
　　근거는 더욱 없다고 하였다.
14) 퍼블리시티권의 상속이 인정된다고 가정할 경우에도 퍼블리시티권은 개인의 성
　　가와 밀접한 관계가 있어 세월이 지남에 따라 그 권리로서의 존재가치는 희석화
　　되고 일정기간이 지나면 결국 소멸되고 마는 권리라고 하면서, 이 사건 소가 제
　　기되기 약 42년 전에 사망한 제임스 딘의 퍼블리시티권이 현재까지 존속한다고
　　보기 어렵다고 판시하였다. 그 근거로, 퍼블리시티권은 저작권과는 그 권리의 발
　　생요건, 보호목적, 효과 등을 달리하여 저작권법상 저작자의 권리에 대한 사후
　　존속기간에 관한 규정을 바로 유추, 적용할 수는 없다고 하였다.
15) 남형두(2005), 107면. 이와 관련하여, 박준우(2006), 499-500면은, 법원이 일정요
　　건 하에서는 퍼블리시티권의 상속성을 인정하였고, 법원이 말한 '권리의 구체화'
　　란 결국 인격과 퍼블리시티권의 분리를 의미한다고 볼 수 있다고 설명한다.

(2) 퍼블리시티권의 상속성을 긍정한 경우

먼저, 퍼블리시티권의 상속성을 명시적으로 긍정하지는 않았으나 퍼블리시티권의 상속성을 전제로 판단하였다고 볼 수 있는 판결들이 있다. [B-1]판결(이휘소 사건)과 [B-21]판결(김두한 사건)은 퍼블리시티권의 상속성에 대해 언급하지 않았으나, 사망한 사람의 퍼블리시티권이 침해되었는지 여부를 판단하였다. 그러므로 이 판결들은 퍼블리시티권이 상속될 수 있는 권리임을 전제로 하였다고 해석할 수 있다. [B-5]판결(제임스딘 Ⅲ 사건) 역시 퍼블리시티권이 상속될 수 있다는 것을 전제로 사실인정을 하였다.

퍼블리시티권의 상속성을 명시적으로 긍정한 판결로는 [B-10]판결(제임스딘Ⅳ 사건)의 1심 판결을 들 수 있다. 이 판결은, 퍼블리시티권은 "일종의 재산권으로서 인격권과 같이 일신에 전속하는 권리가 아니어서 상속이 가능"하다고 하면서, 이를 상속한 자는 그 권리에 기하여 침해행위의 금지 또는 침해물건의 폐기를 청구할 수 있다고 하였다. 그러나 이 판결은 항소심에서 취소되었다.16)

이후 퍼블리시티권의 상속성을 명시적으로 긍정한 판결은 [B-16]판결(이효석 사건)이다. 이 판결은, ① 퍼블리시티권은 인격권보다는 재산권에 가까운 점, ② 퍼블리시티권에 관하여는 그 성질상 민법상의 명예훼손이나 프라이버시에 대한 권리를 유추적용하는 것보다는 상표법이나 저작권법의 규정을 유추적용함이 상당한데 이러한 상표권이나 저작권은 상속 가능한 점, ③ 상속성을 부정하는 경우 사망이라는 우연적 요소에 의하여 그 재산적 가치가 크게 좌우되므로 부당한 결과를 가져올 우려가 큰 점 등에 근거하여 퍼블리시티권의 상속성을 인정함이 상당하다고 판단하였다.

---

16) 항소심 판결인 [B-10]판결(제임스딘Ⅳ 사건)은 성문법주의를 취하고 있는 우리나라에서 필요성이 있다는 사정만으로 물권과 유사한 독점·배타적 재산권인 퍼블리시티권을 인정하기는 어렵다고 판단하였다.

나아가, 이 판결은 퍼블리시티권의 존속기간을 해석으로나마 제한해야 한다고 하면서,17) 저작권법의 저작재산권의 보호기간에 관한 규정을 유추 적용하여18) 퍼블리시티권의 존속기간을 해당자의 사후 50년으로 해석함 이 상당하다고 하였다.

Ⅲ. 퍼블리시티권의 상속성을 당연히 긍정할 수 있는지 여부

퍼블리시티권의 상속성을 인정할 것인지 여부에 대하여, 위에서 살펴본 바와 같이 우리나라의 학설과 판결에서는 다양한 견해들이 제시되고 있 다. 우리나라에서는 인격권이 인정되고 있기 때문에 퍼블리시티권을 인정 할 경우 퍼블리시티권과 인격권의 관계를 어떻게 파악할 것인지 문제되는 데, 이에 대한 견해 차이가 퍼블리시티권의 상속성 인정 여부에 대해서도 복잡한 논의를 발생시키는 것으로 보인다.

그러나 미국의 경우를 살펴보면, 사망 후 퍼블리시티권의 인정 여부가 퍼블리시티권의 법적 성격에 따라 결정되었던 것은 아니다. 미국에서도 사망 후 퍼블리시티권은 다분히 정책적 고려에 의하여 인정되었다고 할 수 있다.19) 예컨대, 캘리포니아주의 경우, 사망 후 퍼블리시티권을 부정한

---

17) 퍼블리시티권이 무한정 존속한다고 해석할 경우 역사적 인물을 대상으로 하는 상업적 행위가 대부분 후손들의 동의를 필요로 하게 되어 불합리한 결과를 가져 온다는 점, 현실적으로 상속인을 찾아 그러한 동의를 얻기도 사실상 불가능한 점, 본인의 사망 후 시간의 흐름에 따라 사자의 성명이나 초상을 자유로이 이용 할 수 있도록 하여야 할 공공의 이익도 상당한 점 등을 퍼블리시티권의 존속기간 을 제한해야 할 논거로 제시하였다.
18) 퍼블리시티권이 현행법상의 제 권리 중 저작권과 가장 유사하다고 하면서, 저작 권법의 규정을 유추적용한 것이다.
19) 이에 대해서는 제2장 제5절 Ⅲ. 2. 참조.

판결을 번복하기 위하여 법률이 개정되었고, 현재도 이 법률에 의하여 사
망 후 퍼블리시티권이 인정되고 있다.[20]

우리나라의 경우도, 퍼블리시티권의 법적 성격을 어떻게 규정하는가에
따라 그 상속성의 인정 여부가 결정된다고 보기는 어렵다. 즉, 퍼블리시티
권을 독립된 재산권으로 본다고 하더라도, 이로부터 퍼블리시티권의 상속
성을 긍정해야 한다는 결론이 당연히 도출되지는 않는다. 실제로 퍼블리
시티권을 재산권으로 보면서 그 상속성을 부정하는 견해[21]도 존재한다.

퍼블리시티권의 상속성을 인정할 경우, 사망 후 퍼블리시티권은 사망자
의 동일성을 이용할 공공의 이익, 표현의 자유 등과 충돌한다. 이는 일반
적인 재산권의 상속과 다른 점이라고 할 수 있다. 그러므로 퍼블리시티권
의 상속성을 인정할 것인지의 문제는 이러한 대립하는 이익과의 형량에
의하여 결정되어야 할 것이다.[22] 나아가, 퍼블리시티권의 상속성을 인정
할 경우 그 존속기간을 어떻게 볼 것인지도 문제되는데, 이것 역시 동일
한 이익형량을 필요로 한다.

결국, 퍼블리시티권을 독립된 재산권으로 파악하더라도 이로부터 퍼블
리시티권의 상속성을 당연히 도출하기는 어려우며, 사망자의 동일성이 갖
는 재산적 이익의 보호는 사망자의 이익을 어떤 범위에서 보호할 것인가
의 관점에서 접근해야 할 것이다.

---

20) 이호선(2009), 53-54면은, 캘리포니아주의 사례는 적어도 퍼블리시티권의 상속성
   은 판례법상의 법 논리가 아닌 입법정책적인 선택의 문제임을 보여준다고 하면
   서, 캘리포니아 주정부가 입법을 통해 퍼블리시티권의 상속성을 인정한 배경에는
   지역 내에 헐리우드가 소재하여 있는 까닭에 대중적인 연예인들의 활동을 고무
   하고 이를 통해 지역경제의 활성화와 세수 증대까지 꾀하여야 할 지역적 이해관
   계도 크게 작용하였다고 할 수 있다고 설명한다.
21) 남형두(2005), 121-123면.
22) 이재경(2006), 122면도 공공정책적인 관점에서 퍼블리시티권의 사후 존속과 상속
   을 인정하는 것이 옳은지 여부가 판단되어야 할 것이라고 한다.

IV. 인격권에 의한 보호방법의 모색

1. 사망자의 인격권 일반

(1) 개설

사망자의 동일성이 갖는 재산적 이익을 어떻게 보호할 것인지를 검토하기에 앞서, 먼저 사망 후 인격적 이익의 보호 일반에 관하여 살펴본다. 이는 종래 "사자(死者)의 인격권"으로 표현되었는데, 주로 사람의 관념적 이익이 사망 후 침해되는 경우를 중심으로 논의되었다. 여기서는 이러한 사망자의 인격적 이익 보호에 대한 일반적 논의를 살펴본다.

(2) 학설과 판례

(가) 학설

사망자의 인격권을 부정하는 견해들은, 무엇보다도 사망에 의하여 사람의 권리능력이 소멸한다는 점을 그 논거로 제시한다.23) 또한 사망자의 인격권을 인정하는 경우 누가 무슨 근거로 사망자의 권리를 행사할 수 있는가의 문제가 남는다는 점도 지적된다.24)

현행법에 사자(死者)의 인격권에 대한 규정이 없다는 점이 사망자의 인

---

23) 池泓源(1979), 226면; 韓渭洙(1993), 401면. 또한 朴駿緒 編, 註釋民法 債權各則(7), 68면(박철우 집필)은, 사자(死者)는 법률적 인격을 갖고 있지 않다고 표현한다.

24) 韓渭洙(1993), 401-402면. 따라서 사자(死者)의 명예를 침해함으로써 유족의 경건감정 또는 유족의 명예가 침해되었다고 보아 유족에 대한 불법행위를 구성하고, 유족은 스스로의 권리를 직접 행사하는 것으로 봄이 타당하다고 한다.

격권을 부정하는 논거로 제시되기도 한다. 즉, 헌법 제10조는 다수의 견해
에 의하여 기본권성이 부정되고, 형법 제308조는 사자(死者)의 명예도 법
익으로서 침해가 가능하다고 하는데 지나지 않으며, 저작권법 제14조[25]
제2항은 저작물이 저작자인격의 징표로서 사후에도 보호할 만하고 또한
국가에 있어서 귀중한 문화적 소산이기 때문에 유족에게 저작인격권과 동
일한 내용의 권리를 취득하게 하기 위하여 저작권법이 특별히 창설한 규
정으로 이해되어야 하고, 사자(死者)에 의해서 생전에 행사된 위자료청구
권이 상속된다는 것은 인간의 사후존속을 의미하는 것이 아니라고 한
다.[26]

반면에, 사망자의 인격권을 긍정해야 한다는 견해들은, 살아있는 동안
헌법상 인간의 존엄과 가치를 실효성 있게 보장하기 위해서는 적어도 사
후에 명예를 중대하게 훼손시키는 왜곡 또는 중대한 명예침해행위로부터
보호받을 필요가 있다는 점을 주요한 논거로 제시한다.[27] 또한 사람은 사
망과 함께 물질적인 재화를 남기는 것과 마찬가지로 사망한 후에도 역시
보호할 만한 가치가 있는 정신적인 법익을 남길 수 있다고 한다.[28] 우리
나라에서는 전통적으로 사후에도 생전의 사회적 평가가 왜곡되지 않기를
기대하는 정도가 매우 높은 점, 저작권법에서 사후의 저작인격권을 보호
하고 있는 것과 비교하면 명예 등 인격권을 침해하는 경우 아무런 보호를
하지 않는 것은 불합리한 점, 유족의 명예나 추모감정을 보호하는 방법으

---

25) 저작권법 제14조 (저작인격권의 일신전속성)
　① 저작인격권은 저작자 일신에 전속한다.
　② 저작자의 사망 후에 그의 저작물을 이용하는 자는 저작자가 생존하였더라면
　　그 저작인격권의 침해가 될 행위를 하여서는 아니된다. 다만, 그 행위의 성질
　　및 정도에 비추어 사회통념상 그 저작자의 명예를 훼손하는 것이 아니라고
　　인정되는 경우에는 그러하지 아니하다.
26) 張在玉(2000), 152-156면.
27) 郭潤直 編, 民法注解(Ⅰ), 256면(梁三承 집필); 金載亭(1999), 659면. 또한 金曾
　　漢·金學東(2006), 59면도 같은 취지로 보인다.
28) 郭潤直 編, 民法注解(Ⅰ), 256면(梁三承 집필).

로 해결하는 것만으로는 곤란한 경우가 있는 점 등도 사망자의 인격권을 긍정하는 논거로 제시된다.29)

(나) 판례

먼저, 사망자의 인격권을 명시적으로 긍정한 하급심 판결들이 있다. [B-1]판결(이휘소 사건)은 모델소설에서 모델이 된 사람이 사망한 경우에도 그 유족이 명예훼손 또는 인격권 침해를 이유로 그 소설의 출판금지를 구할 수 있다고 하면서, "왜냐하면 인간은 적어도 사후에 명예를 중대하게 훼손시키는 왜곡으로부터 그의 생활상의 보호를 신뢰하고 그 기대하에 살 수 있는 경우에만, 살아있는 동안 헌법상의 인간의 존엄과 가치가 보장되기 때문이다"고 하였다. 그리고 서울중앙지방법원 2006. 8. 10. 선고 2005가합16572 판결30)은, 사망한 박정희 대통령의 아들이 박정희 대통령을 소재로 한 영화의 상영금지 등을 청구한 사건에서, "사람은 최소한 죽은 후에 자신의 인격적 가치에 대한 중대한 왜곡으로부터 보호되어야만 살아 있는 동안의 인간으로서의 존엄과 가치를 진정으로 보장받는 것이므로, 사자(死者)의 인격적 법익에 대한 침해가 있는 경우에 그 유족이 사자(死者)의 인격권 침해를 이유로 그 침해행위의 금지를 청구할 수 있다"고 하였다.

대법원 판결 중에도 사망자의 인격권을 전제로 한 판결이 있다. 대법원 2010. 7. 15. 선고 2007다3483 판결은, 실미도 사건으로 사망한 훈련병들을 모델로 하여 제작된 영화의 상영금지 등을 청구한 사건에서, 원심판결31)이 영화의 일부 내용이 사망한 훈련병들 또는 그 유가족들의 명예를

---

29) 金載亨(1999), 658-659면.
30) 이 판결에 대해서는 원고와 피고가 모두 항소하였는데, 항소심(서울고등법원 2006나79485 사건)에서 조정이 성립하였다.
31) 원심판결은, 이 사건 영화에서 훈련병들 전원에 대하여 살인범이나 사형수 또는 사회의 낙오자들로 표현한 것에 대하여, 이 사건 망인들 또는 원고들의 명예를

훼손한 것으로 볼 여지가 있다고 하면서도 피고들에게 불법행위책임이 인정되지 아니한다고 판단한 것을 그대로 유지하였다. 이는 사망한 훈련병들의 경우도 그 명예가 보호된다는 것을 전제로 하였다고 평가할 수 있다.

한편, 대법원 2008. 11. 20. 선고 2007다27670 전원합의체 판결[32])에서는, 사망자의 인격권을 인정할 수 있는지에 관한 서로 대립되는 견해가 표출되었다. 다수의견에 대한 보충의견[33])은, "사람은 생존하는 동안 권리와 의무의 주체가 되는 것이므로(민법 제3조), 사망한 후에는 그 주체가 될 수 없는 것이다. 또한 인격권은 일신전속권으로서 그 주체의 인격에 전속하여 그 주체와 분리될 수 없는 것이므로, 재산권과는 달리 양도나 상속의 대상이 될 수 없고, 따라서 법률에 특별한 규정이 없는 한 그 귀속주체가 사망함에 따라 소멸한다고 보아야 한다"고 하면서, "법률에서 망인의 인격권의 행사방법 등을 규정하고 있는 경우가 아닌 한 망인의 인격권을 쉽사리 인정하는 것은 경계해야" 한다고 하였다.[34])

그러나 반대의견에 대한 보충의견[35])은, "인간의 존엄성을 보호해야 할 국가의 의무는 사후에도 계속 존재하는 것이다. 그리고 만약 사람의 사후에 그 인격이 비하된다면 인간의 존엄과 가치는 훼손되고 살아있는 동안

훼손한 것으로 볼 여지가 있다고 하면서도, 피고들이 이 부분이 진실이라고 믿을 상당한 이유가 있었다고 봄이 상당하므로 피고들에게는 불법행위책임이 인정되지 아니한다고 판단하였다.

32) 이 판결의 다수의견은, 피상속인이 생전행위 또는 유언으로 자신의 유체·유골을 처분하거나 매장장소를 지정한 경우에도 제사주재자가 무조건 이에 구속되어야 하는 법률적 의무까지 부담한다고 볼 수는 없다고 판단하였다. 반면에, 반대의견은, 망인이 자신의 장례 기타 유체를 그 본래적 성질에 좇아 처리하는 것에 관하여 생전에 종국적인 의사를 명확하게 표명한 경우에는, 그 의사는 법적으로도 존중되어야 하며 일정한 법적 효력을 가진다고 함이 타당하다고 판단하였다.

33) 다수의견에 대한 대법관 이홍훈, 대법관 김능환의 보충의견이다.

34) 또한 오히려 유족 고유의 인격권 보호를 통해 망인의 인격권을 간접적으로 보호함으로써 망인의 인격권을 일반적으로 인정할 경우 발생하는 문제점을 해소할 수 있을 것이라 하였다.

35) 대법관 안대희, 대법관 양창수의 반대의견에 대한 대법관 안대희의 보충의견이다.

의 인간의 존엄성 보장조차 유지될 수 없다. 이는 인간의 존엄성에 기초한 우리 헌법의 기본 정신과 헌법 제10조에 근거한 개인의 인격권 보장의 이념에 반하는 것으로 받아들일 수 없다. 그렇다고 한다면, 실정법에 명문의 규정이 있는지 여부를 불문하고 사람의 명예와 같은 일반적 인격권은 사후에도 보장되어야 하고, 그러한 범위 내에서 사자(死者)도 인격권의 주체가 된다. 즉, 사자(死者)의 권리는 사망 후 단순한 사체로서는 주체성을 인정하기 어렵다 할지라도 사자(死者)가 생존시에 이루어 놓은 명예, 인격과 의사표시 등에 대하여는 당연히 헌법상 보장의 대상이 된다"고 하였다.36)

(3) 검토

사망자의 인격권을 인정할 것인지의 문제는, 사람이 사망한 이후 그의 인격적 이익이 침해될 경우 이를 법에 의해 보호해야 하는가의 문제이다. 그런데 사망자의 인격권을 부정하는 견해들도 보호의 필요성을 부정하지 않는다. 즉, 사망자의 인격권을 부정하는 견해들도, 입법에 의하여 사자(死者)의 인격권을 보호하는 것이 가능하다거나37) 합목적적이라고 한다.38) 또한 사자(死者)의 인격적 이익을 보호하기 위하여 그 유족의 경건감정, 경애추모의 정 또는 인격적 이익의 침해 등으로 구성하는 것이 타당하다고 한다.39) 대법원 2008. 11. 20. 선고 2007다27670 전원합의체 판결의 다수의견에 대한 보충의견 역시 실정법에서 망인의 인격권에 관한 보호규정을 두고 있는 경우에는 사망자의 인격권을 긍정한다.

---

36) 다만, "사자(死者)의 인격권은 영원히 보장되는 것이 아니라 망인에 대한 기억이 희미해져가고 시간이 흐름에 따라 그 보호의 필요성은 그만큼 사라져가는 것"이라고 하였다.

37) 池弘源(1979), 226면.

38) 朴駿緖 編, 註釋民法 債權各則(7), 68면(박철우 집필).

39) 韓渭洙(1993), 401면; 張在玉(2000), 156면 이하; 李銀榮(2009), 144면.

　　사망자의 인격권 보호에 관한 실정법이 존재하는 경우에는, 이에 의하여 사망자의 인격권이 인정된다. 이러한 법률 규정으로, 사망 후 저작인격권을 보호하는 저작권법 제14조 등을 들 수 있다. 또한 2005년 시행된 '언론중재 및 피해구제 등에 관한 법률' 제5조의2[40])는 언론등에 의한 인격권 침해에 있어서 사망자의 인격권이 보호된다고 명시적으로 규정하였다.

　　문제가 되는 것은 사망자의 인격권 보호에 관한 실정법이 없는 경우에도 사망자의 인격권을 인정할 수 있는지 여부이다. 이와 관련하여, 인격권의 개념과 근거를 다시 고려할 필요가 있다. 앞서 살펴본 바와 같이, 인격권은 헌법 제10조에 근거를 갖는 권리로서, 인격의 자유로운 발현을 위한 권리이며 그 중심에는 인간의 존엄성이라는 가치를 갖는다. 그렇다면, 사람이 사망한 경우는 어떠한가? 사망자는 더 이상 인격발현을 할 수 없으므로 인격의 자유로운 발현을 위한 권리로서의 인격권은 소멸한다고 할 수 있다. 그러나 사망자의 경우 인간의 존엄성까지 완전히 상실한다고 볼 수는 없다. 또한 이는 사람이 살아있는 동안의 인간의 존엄성에도 영향을 미칠 수 있다. 그러므로 사망자의 인격권을 완전히 부정하는 것은 타당하지 않으며, 인간의 존엄성과 관련된 범위에서는 사망자의 인격권이 인정되어야 할 것이다. 결국, 사망자의 인격권 보호에 관한 실정법이 없는 경

---

40) 언론중재 및 피해구제 등에 관한 법률 제5조의2 (사망자의 인격권 보호)
　　① 제5조 제1항의 타인에는 사망한 자를 포함한다.
　　② 사망한 자에 대한 인격권의 침해가 있거나 침해할 우려가 있는 경우에는 이에 따른 구제절차를 유족이 수행한다.
　　③ 제2항의 유족은 다른 법률에서 특별히 정함이 없으면 사망한 자의 배우자와 직계비속에 한하되, 배우자와 직계비속이 모두 없는 경우에는 직계존속이, 직계존속도 없는 경우에는 형제자매가 되며, 동순위의 유족이 2인 이상 있는 경우에는 각자가 단독으로 청구권을 행사한다.
　　④ 사망한 자에 대한 인격권 침해에 대한 동의는 제3항에 따른 동순위 유족의 전원의 동의가 있어야 한다.
　　⑤ 다른 법률에서 특별히 정함이 없으면 사망 후 30년이 경과한 때에는 제2항에 따른 구제절차를 수행할 수 없다.

우도 인간의 존엄성을 보장하는 범위 내에서는 사망자의 인격권이 인정되어야 할 것이다.[41]

한편, 사망자의 인격권을 부정하는 견해들은, 유족의 경건감정, 경애추모의 정 또는 인격적 이익의 침해 등으로 구성하는 방법을 주장하나, 사망자의 이익과 유족의 이익이 항상 동일한 것은 아니므로[42] 이는 적절한 해결방법이 될 수 없다.

그런데 사망자의 인격권을 인정할 경우, 누가 권리를 행사할 것인지 문제된다. 실정법에서 이에 관한 규정을 두고 있는 경우는 그 법률에서 규정하는 바에 따라야 할 것이다. 저작권법 제128조[43]는 이를 "유족이나 유언집행자"로 규정하고 있으며, '언론중재 및 피해구제 등에 관한 법률' 제5조의2 제3항은 구제절차를 수행할 유족의 순서를 자세하게 규정하고 있다. 실정법에서 이에 관한 규정이 없는 경우는 위 법률들을 유추적용하는 방법을 생각해 볼 수 있을 것이다. 그러나 아래에서 살펴보는 바와 같이, 사망자의 인격적 이익 보호를 위한 권리를 행사하는 자의 범위는 상속인의 범위와 일치시키는 것이 바람직해 보인다.

---

41) 따라서 사망자의 인격권 보호에 관한 실정법이 없는 경우, 사망자의 인격권 보호에 관한 실정법 규정을 유추적용할 수 있을 것이다. 그러나 유추적용이 가능한 실정법이 존재하는지 여부가 사망자의 인격권을 인정하는 절대적 기준이 되지는 않는다.

42) 위 대법원 2008. 11. 20. 선고 2007다27670 전원합의체 판결은, 사망자의 장남이 이미 매장된 사망자의 유체(遺體)의 인도를 청구한 사건에 대한 판결이었다. 이 사건에서 피고들은 사망자의 생전 의사에 따라 매장한 것이라고 주장하였는데, 이에 의하면 사망자의 의사와 그 장남인 원고의 의사가 충돌한다.

43) 저작권법 제128조 (저작자의 사망 후 인격적 이익의 보호)
   저작자가 사망한 후에 그 유족(사망한 저작자의 배우자·자·부모·손·조부모 또는 형제자매를 말한다)이나 유언집행자는 당해 저작물에 대하여 제14조 제2항의 규정을 위반하거나 위반할 우려가 있는 자에 대하여는 제123조의 규정에 따른 청구를 할 수 있으며, 고의 또는 과실로 저작인격권을 침해하거나 제14조 제2항의 위반한 자에 대하여는 제127조의 규정에 따른 명예회복 등의 청구를 할 수 있다.

2. 사망자의 동일성의 재산적 이익 보호

(1) 인격권 중 재산적 이익을 보호하는 부분의 상속

살아있는 사람의 동일성이 갖는 재산적 이익을 초상권 등 인격권에 의해 보호하는 입장을 취한다면, 사망자의 동일성이 갖는 재산적 이익 역시 인격권에 의해 보호하는 것이 논리적이다. 즉, 살아있는 사람의 경우와 마찬가지로 사망자의 경우도 관념적 이익과 재산적 이익 모두 사망자의 인격권의 보호범위에 포함된다고 해석해야 할 것이다.

그런데 사망자의 인격권 중 재산적 이익을 보호하는 부분이 상속인에게 상속된다고 볼 수 있는지 문제된다. 이것이 문제되는 이유는, 인격권 중 재산적 이익을 보호하는 부분은 그 상속을 인정하지 않는 경우 충분한 보호가 어려워질 수 있기 때문이다. 즉, 사망자의 동일성표지를 무단으로 이용하는 등의 침해행위가 발생한 경우, 금전의 지급으로 배상될 수 있는 손해를 사망자가 입는다고 보기는 어려우므로, 사망자의 손해배상청구권을 인정하기 어렵다. 그러므로 인격권 중 재산적 이익을 보호하는 부분의 상속을 인정하여 그 상속인이 침해자를 상대로 손해배상청구를 할 수 있는지 문제되는 것이다.

이러한 점에 대하여, 우리나라에서는 논의가 별로 행해지고 있지 않다. 우선, 퍼블리시티권 개념 대신에 채권적 성격의 초상사용권을 사용하자고 하면서, 초상권 이용허락계약에 따른 초상 등 사용허여채무가 상속인에게 상속된다고 설명하는 견해[44]가 있다. 이 견해는, 초상사용권의 상속인은 피상속인이 설정한 초상사용 채무를 상속하는 것뿐, 새로운 계약을 체결하여 제3자에게 초상사용권을 설정하지는 못한다고 한다.[45] 그러나 이 견

---

44) 최형구(2011), 354면.
45) 최형구(2011), 354-355면. 초상 또는 성명 등에 관한 상업적 가치가 (저작권과는 판이하게) 전적으로 본인의 노력에 의한 산물이 아니라 오히려 시장이나 수요자들

해에 의하면, 사망자가 생전에 이용허락계약을 체결하지 않은 경우는 보호할 수 없다는 문제점이 있다. 또한 상속인이 새로운 이용허락 계약을 체결할 권리를 갖지 못한다면 그 침해에 대해서도 손해배상 등의 구제수단을 행사하는 것을 인정하기 어렵다.

다음으로, 사망자의 성명, 초상 등 인격권의 재산적 가치를 지니고 있는 부분의 상속이 인정되어야 할 것이라고 하는 견해[46]가 있다. 이 견해는, 사망자 자신의 노력에 의해 획득된 명성 혹은 사망자와 동일시될 수 있는 요소의 공개가치 등을 제3자에게 이용하게 하여 상속인이 이익을 취하는 것은 허용되어야 할 것이라고 한다.[47] 반면에, 독일연방대법원이 인격권의 재산권적 구성부분의 상속성을 인정한 것은 일원주의적 입장과 부합하지 않는다고 비판하면서, 인격권의 사후 존속을 어느 정도 인정하여 그러한 권리를 유족들이 신탁적으로 행사토록 함이 타당하다는 견해[48]도 있다.

인격권 중 재산적 이익을 보호하는 부분의 상속성을 인정할 수 있는지와 관련하여, 인격권의 일신전속성이 문제된다. 즉, 인격권은 일신전속적인 권리로 여겨져 왔는데, 사망 후 인격권의 일부가 그 주체와 분리하여 상속되는 것이 가능한지 문제되는 것이다.

앞에서 살펴본 바와 같이, 사망자는 더 이상 인격발현을 할 수 없으므로, 사망자의 인격권은 인격의 자유로운 발현을 위한 권리라는 의미를 더 이상 갖지 않는다. 즉 인격권 중 재산적 이익을 보호하는 부분은 그 주체의 사망 이후에는 재산권으로서의 성격을 더 강하게 가지며, 이러한 관점

에 의해 창설되는 점이 많다는 점, 본인의 인격권적 요소는 본인에 의하여만 통제되는 것이 합리적이라는 점 등에서 보면, 상속인에게 (본인이 생전에 누리지 못했던) 새로운 사용권 설정의 혜택을 주는 것은 그다지 바람직하지 않다고 한다.

46) 박영규(2009), 287-288면.
47) 박영규(2009), 287-288면. 다만, 이 견해는 저명한 사망자의 성명, 초상 등 인격권적 요소의 상표를 보호해야 한다는 논거로서 이러한 주장을 하는 것으로 보인다.
48) 안병하(2012), 103-104면.

에서는 그 상속성을 인정할 여지가 있다. 법정책적으로도, 사망자의 동일성표지가 무단으로 이용되는 침해행위에 대하여 효과적으로 방어할 수 있기 위해서는, 상속성을 인정하여 상속인이 손해배상청구권을 행사할 수 있도록 하는 것이 바람직하다. 이러한 점들을 고려하면 인격권 중 재산적 이익을 보호하는 부분의 상속성을 인정할 수 있을 것이다.

다만, 사망자가 인간의 존엄성까지 상실하는 것은 아니므로, 인격권 중 재산적 이익을 보호하는 부분의 상속을 긍정하더라도, 이것이 상속인이 자유롭게 처분할 수 있는 대상이 된다고 할 수는 없다. 또한 상속인은 사망자의 실제적 의사 또는 추정적 의사에 부합하는 한도 내에서만 이를 이용할 수 있다고 보아야 할 것이다.

(2) 상속인

인격권 중 재산적 이익을 보호하는 부분의 상속성을 인정한다면, 결국 이는 상속순위에 따라 상속될 것이다. 그런데 이 경우 사망자의 인격권 중 관념적 이익을 보호하는 부분의 권리를 행사하는 자와의 관계가 문제될 수 있다. 이와 관련하여, 독일에서도 사망자의 관념적 이익 보호와 재산적 이익 보호가 분열된다는 비판이 제기되고 있다.[49] 그러므로 우리나라에서 인격권 중 재산적 이익을 보호하는 부분의 상속을 인정하는 경우, 사망자의 관념적 이익 보호를 위한 권리를 행사하는 자와 재산적 이익 보호를 위한 권리를 행사하는 자를 일치시키는 것이 바람직해 보인다. 결국, 사망자의 상속인이 사망자의 관념적 이익 보호를 위한 권리와 재산적 이익 보호를 위한 권리를 모두 행사할 수 있다고 보아야 할 것이다.

---

49) Schack(2010), Rn. 58; Larenz/Wolf(2004), S. 142

(3) 존속기간

인격권 중 재산적 이익을 보호하는 부분의 상속성을 인정하는 경우, 그 상속된 권리가 어느 정도의 기간 동안 존속하는 것이 바람직한지 문제된다. 이러한 문제가 제기되는 이유는, 사망 후 시간이 경과하면서 사망자의 동일성을 이용할 공공의 이익이 점점 커지는 반면에 사망자의 상속인이 이를 독점하도록 할 필요성은 점점 약해진다고 할 수 있기 때문이다. 따라서 인격권 중 재산적 이익을 보호하는 부분에 대하여 일정한 존속기간을 정해야 할 필요가 있다.

그러나 그 존속기간을 어느 정도로 정해야 하는지는 해석론으로 정하기 어렵다. 이와 관련하여, '언론중재 및 피해구제 등에 관한 법률' 제5조의2 제5항은 사망자의 인격권 보호를 위한 기간을 사망 후 30년으로 정하고 있다. 이 규정을 유추하여 인격권 중 재산적 이익을 보호하는 부분도 사망 후 30년 동안 존속한다고 해석할 수도 있을 것이다. 그러나 인격권 중 재산적 이익을 보호하는 부분의 존속기간에 대해서는 저작권법의 규정을 유추하는 것이 바람직해 보인다. 이는 저작자가 사망한 이후 시간이 경과하면서 그 저작물을 자유롭게 이용할 공공의 이익이 점점 커지는 등 저작물에 관한 이익상황이 인격권 중 재산적 이익을 보호하는 부분의 이익상황과 유사하다고 볼 수 있기 때문이다. 우리나라의 저작권법은 저작재산권을 저작자의 사망 후 50년까지 보호하고 있었는데, 2011. 6. 30. 개정을 통하여 이를 저작자의 사망 후 70년까지로 연장하였다.[50] 따라서 인격권 중 재산적 이익을 보호하는 부분도 원래의 인격권 보유자의 사망 후 70년 동안 존속하는 것으로 보아야 할 것이다.

---

50) 저작권법 제39조. 다만, 이 규정은 2013. 7. 1.부터 시행된다.

제6절 권리 침해에 대한 구제수단

I. 퍼블리시티권 침해에 대한 구제수단의 검토

1. 금지청구

(1) 학설

퍼블리시티권 침해의 경우 그 침해행위에 대한 금지청구를 할 수 있다는 것은 일반적으로 인정되는 것으로 보인다.

우선, 퍼블리시티권이 지적재산권의 성격을 갖는다고 하면서 다른 지적재산권과의 균형상 그 침해에 대한 금지청구가 인정되어야 한다는 견해가 많다. 즉, 퍼블리시티권은 지적재산권적 성격을 띠는 배타적인 권리인데 다른 지적재산권인 저작권, 상표권에는 모두 침해금지 또는 예방청구권이 인정되므로,[1] 퍼블리시티권 침해에 대하여 저작권법 제123조[2]를 유추적용할 수 있다고 한다.[3] 또한 퍼블리시티권이 물권유사의 배타적 권리라는

---

1) 韓渭洙(1996b), 126면.
2) 저작권법 제123조는, 저작권 등을 가진 자는 그 권리를 침해하는 자에 대하여 침해의 정지 또는 예방을 청구할 수 있고(제1항), 나아가 침해행위에 의하여 만들어진 물건의 폐기나 그 밖의 필요한 조치를 청구할 수 있다고(제2항) 규정한다.
3) 오승종(2007), 835-836면; 韓志咏(2008), 265면.

점을 논거로 제시하기도 한다.4)

퍼블리시티권이 인격권과 관계되므로 금지청구를 인정할 수 있다고 보는 견해도 있다. 즉, 우리 법원이 인격권의 침해에 대하여 금지청구를 적절한 구제방법으로 받아들이고 있으므로 퍼블리시티권을 인격권에 포괄되는 일종의 재산권이라고 인식한다면 그 침해의 구제방법으로 금지청구를 부인할 이유가 없다고 한다.5)

한편, 퍼블리시티권의 성격과 상관없이 효과적인 구제를 위하여 금지청구가 인정되어야 한다고 보는 견해도 있다. 즉, 현재 침해가 일어나고 있는데 그 금지를 청구할 수 없다면 가장 효과적인 구제수단의 하나를 빼앗는 것이 된다거나,6) 퍼블리시티권의 침해는 가해자가 자신의 이익을 위해서 지속적으로 위법행위를 한다는 특징을 가지고 있으므로 만족적인 구제를 위하여 그 침해 자체를 금지할 필요가 있다고 한다.7) 이와 관련하여, 불법행위 일반에 대하여 금지청구를 허용해야 한다는 논의를 소개하기도 한다.8)

(2) 판례

퍼블리시티권 침해에 대하여 금지청구권을 인정한 판결이 있으나, 그 논거가 구체적으로 제시되지는 않았다. [B-8]판결(비달사순 사건)은, 특별한 이유의 설시 없이, 퍼블리시티권을 양수한 자는 그 권리에 터잡아 "그 침해행위에 대하여는 금지 및 침해의 방지를 실효성 있게 하기 위하여 침

---

4) 李相珵(2001), 326면.
5) 金圓日(2003), 130면. 또한 李相珵(2001), 326면도 무단이용의 객체가 성명·초상 등 인격권과 관계되어 있다는 점을 지적한다.
6) 李相珵(2001), 326면.
7) 丁相朝(2004), 640-641면. 이 견해는, 부정경쟁방지법이 영업비밀의 침해에 대한 금지청구권을 부여한 것도, 영업비밀보유자의 권리를 물권에 유사한 권리로 승격시켜주기 위한 규정이라기 보다는 영업비밀의 속성상 그 침해에 대한 만족적인 구제를 위한 것이라고 설명한다.
8) 金圓日(2003), 130면; 李相珵(2001), 326면.

해물건의 폐기를 청구할 수 있다"고 판단하였다. [B-10]판결(제임스딘Ⅳ 사건)의 1심 판결9) 역시 퍼블리시티권을 가진 사람은 "그 권리에 기하여 침해행위의 금지 또는 침해물건의 폐기를 청구할 수 있다"고 판단하였다. [B-27]결정(프로야구선수Ⅲ 사건)도 퍼블리시티권 침해의 경우 피해자가 그 침해의 금지를 구할 권리가 있다고 판단하였다.

(3) 검토

미국에서는 퍼블리시티권 침해에 대하여 금지청구권을 인정하는 논거로 형평법상 구제수단이라는 점, 다른 지적재산권과의 균형, 유명인이 이름과 외형에 대해 갖는 재산적 이익의 독특성 등이 제시되고 있다.10) 그런데 우리나라에서 퍼블리시티권을 독립된 재산권으로 인정할 경우, 그 침해에 대하여 금지청구권을 인정하는 근거가 무엇인지 설명하기가 쉽지 않을 수도 있다.11)

이와 관련하여, 일부 학설과 판결은 인격권을 원용하여 문제를 해결할 수 있다고 한다. 즉, 만일 퍼블리시티권에 의한 금지청구권은 인정하기 곤란하다고 하더라도, 실무상 대부분 성명권, 초상권 등 인격권의 침해와 퍼블리시티권의 침해를 동시에 내세울 것이므로 금지청구를 인용함에 큰 애로는 없을 것이라고 한다.12) [B-15]판결(프로야구선수Ⅰ 사건) 역시 원고들의 "인격권으로서의 성명권"과 "퍼블리시티권"이 모두 침해되었다고 인정하면서도, 인격권으로서의 성명권에 근거하여 원고들의 사용금지 청

---

9) 다만, 이 판결은 항소심에서 취소되었다.
10) 이에 대해서는 제2장 제6절 Ⅱ. 참조.
11) 李漢周(2004), 412면은, 어떠한 권리의 침해금지청구를 인정하기 위해서는 그 권리의 본질이 배타성을 갖고 있어야 한다고 하면서, 퍼블리시티권의 본질에 관한 인격권설에 의하는 경우와 달리, 퍼블리시티권을 인격권과 별개의 재산권으로 보면 금지청구를 인정하는 근거의 설명이 매끄럽지 못하다고 지적한다.
12) 韓渭洙(1996b), 126면.

구를 인용하였다. 나아가, 퍼블리시티권에 근거하여 가처분을 신청하는 것이 어렵다는 견해도 있다. 즉, 퍼블리시티권 침해에 대한 구제수단으로 가처분의 인정은 우리 법상 어렵다고 하면서 다만 인격권 침해에 기초하여 퍼블리시티권 침해 사안에서 판매 금지 가처분을 받아들이는 것은 가능하다고 한다.[13]

퍼블리시티권을 인격권으로부터 독립된 재산권으로 구성한다고 하여 그 침해에 대한 금지청구나 가처분이 불가능하다고 볼 수는 없을 것이다. 그러나 위의 논의를 살펴보면, 우리나라에서 퍼블리시티권을 독립된 재산권으로 인정할 경우 인격권과의 관계에서 퍼블리시티권의 법적 성격을 어떻게 파악할 것인지가 계속 문제된다는 것을 알 수 있다. 또한 미국에서도 유명인이 이름과 외형에 대해 갖는 재산적 이익의 독특성이 금지청구권의 인정근거로 제시되고 있는 점 등을 보면, 퍼블리시티권은 그 본질상 인격적 측면과 완전히 분리하기가 쉽지 않다는 것을 알 수 있다.

2. 손해배상청구

(1) 재산적 손해[14]의 배상청구

퍼블리시티권 침해의 경우 피해자가 재산적 손해의 배상을 청구할 수 있다는 것은 학설과 판례 모두에서 인정된다. 일반적으로, 퍼블리시티권의 침해로 인한 손해는 그 상업적 이용 자체에 대하여 권리자가 받을 수 있는 대가를 받지 못한 것이라고 하면서, 당해 이용행위에 사용된 성명, 초상의 공정한 시장가치(fair market value) 즉 불법사용에 대한 사용료 상당이 그

---

13) 최승재(2008), 215면.

14) 郭潤直 編, 民法注解(Ⅸ), 469면(池元林 집필)은, 재산적 손해라 함은 재산적 법익(재산적 가치가 있는 법익)에 대하여 발생한 손해를 말하며, 이 손해는 금전으로 산정할 수 있다고 설명한다.

손해라고 설명된다.15) 우리나라 판결도 이러한 관점에서 재산적 손해배상 청구을 인정했는데, 이를 유형별로 분류하여 살펴보면 다음과 같다.

첫째, 피고가 계약을 체결하고 원고의 동일성표지를 광고에 이용했는데 계약기간 이후에도 광고를 계속한 경우, '피고가 원고로부터 동의를 얻어 광고행위를 계속하기 위하여 원고에 추가로 지급해야 할 보수 상당액'이 원고의 재산적 손해라고 할 수 있다. [B-13]판결(이영애 사건)이 이렇게 판단하였다. [B-22]판결(심형래 사건),16) [B-24]판결(박주봉 사건)17) 역시 같은 취지이다. 이 경우 당초 계약의 내용이 손해배상액을 산정하는 1차적 기준이 된다.

둘째, 피고가 아무런 계약을 체결하지 않고 무단으로 원고의 동일성표지를 사용한 경우, '피고가 원고의 승낙을 받아 원고의 초상 등을 사용할 경우에 원고에게 지급하여야 할 대가 상당액'이 원고의 재산적 손해라고 할 수 있다. [B-14]판결(정준하 사건), [B-15]판결(프로야구선수Ⅰ 사건) 등이 이렇게 판단하였다. 손해배상액 산정과 관련하여, [B-14]판결(정준하 사건)은 원고와 다른 회사의 계약 내용, 피고와 다른 연예인의 계약 내용 등을 고려하였고, [B-15]판결(프로야구선수Ⅰ 사건)은 "일응 그 업계에서 일반화되어 있는 사용료"18)를 기준으로 삼을 수 있다고 하였다.

셋째, 피고가 계약을 체결하고 원고의 동일성표지를 상업적으로 이용하였으나 계약 내용이 아닌 별도의 상업적 목적에도 이용한 경우에도, '피고

---

15) 韓渭洙(1996b), 122-123면.

16) 이 판결은, 원고의 모습을 형상화한 캐릭터의 사용을 허여한 것이 당초의 계약에 수반하여 행해졌다고 인정한 다음, 이에 따라 계약기간 만료 이후의 캐릭터 사용은 원고의 퍼블리시티권을 침해한다고 판단하였다.

17) 이 판결은, 피고가 당초 계약에서 정한 활동비 지급기간을 경과하여 원고의 성명과 초상을 사용하여 광고를 하였으므로, 피고가 원고의 퍼블리시티권을 침해하였다고 인정하였다.

18) 다만, 이 판결은, 피고들 사이의 계약에서 정한 내용을 이 사건 게임물과 유사한 모바일게임 업계에서 일반화되어 있는 사용료로 추인할 수 있다고 판단하였다.

가 원고의 승낙을 받아 원고의 초상 등을 사용할 경우에 원고에게 지급하여야 할 대가 상당액'이 원고의 재산적 손해라고 할 수 있다. [B-18]판결(류시원 사건), [B-19]판결(김석훈 등 사건), [B-20]판결(배용준 등 사건), [B-23]판결(박신양 등 사건) 등이 이렇게 판단하였다. 이 판결들은 변론에 나타난 제반 사정을 고려하여 재산적 손해에 대한 배상액을 산정하였는데, 당초 원고와 피고가 체결했던 계약의 내용도 고려하였다.

한편, 사용료 상당액 손해 외의 추가적인 재산적 손해의 배상을 구하는 것도 가능하다고 설명된다. 즉, 조악품을 위한 광고 또는 자기의 이미지를 해치는 광고 등 자발적으로는 결코 이용을 허락하지 아니하였을 이용행위에 대하여는 그러한 이용에 의하여 성명, 초상의 상업적 가치가 감소하게 된 부분의 평가액 또는 장래의 수입감소분의 배상을 구할 수 있고, 특정 상품을 보증하거나 추천하는 취지의 허위광고를 하였거나, 본인의 명성이나 신용을 훼손하는 이용행위를 하였다면 이를 바로잡는 데 필요한 광고비용 등도 배상을 구할 수 있다고 설명된다.[19]

나아가, 침해자가 얻은 이익액을 피해자의 손해액으로 볼 수 있는지도 문제된다. 이를 긍정하는 견해는 별로 보이지 않는다. 다만, 퍼블리시티권 침해로 인하여 침해자는 이득을 얻을 것이므로 그 부당이득상당이 연예인이나 유명 운동선수의 손해라고 할 수 있을 것이라고 설명하는 견해[20]가 있다. 반면에, 이를 부정하는 견해는, 침해자가 얻은 이익액을 피해자가 입은 손해액으로 추정할 수 있다는 취지의 저작권법 및 상표법의 규정은 손해액에 대한 입증책임을 예외적으로 경감하는 규정이므로 입법론으로서는 몰라도 해석론으로 이를 유추적용하는 것은 무리라고 한다.[21] [B-12]판결(허브좌훈 사건)도 침해행위가 "부정경쟁방지 및 영업비밀보호

---

19) 韓渭洙(1996b), 123면.
20) 최승재(2008), 214면. 만일 그 광고에 연예인 등이 출연하지 않았다면 얻지 못했을 매출액 상당이 그 연예인이나 유명 운동선수이 기여분이라고 설명한다.
21) 韓渭洙(1996b), 123-124면.

에 관한 법률22)의 적용대상이 되지 아니하는 이상" 피고가 얻은 이익을 배상액의 기준으로 삼을 수 없다고 판단하였다. 퍼블리시티권 침해의 경우 침해자가 취득한 이익을 피해자의 손해로 추정하는 법률 규정이 없는 상황에서 이를 인정하기는 어려워 보인다.

(2) 정신적 손해23)의 배상청구

퍼블리시티권 침해의 경우 피해자가 정신적 손해에 대한 배상을 청구할 수 있는지에 대하여 학설은 대립한다. 이를 긍정하는 견해는, 퍼블리시티권은 인격권적 성격을 완전히 배제할 수 없는 점, 자기의 성명, 초상의 이용에 대한 결정권이 침해된 것에 대한 정신적 고통이 있을 수 있는 점,24) 본인이 제3자와 광고 전속계약을 체결한 경우 퍼블리시티권 침해에 의하여 이중으로 이익을 얻고 있는 인상을 주어 본인의 평가명성이 훼손될지 모른다는 것에 대한 정신적 고통이 있을 수 있는 점 등을 들어 퍼블리시티권의 침해에 대하여 위자료를 청구할 수 있을 것이라고 한다.25) 반면에, 이를 부정하는 견해는, 퍼블리시티권은 무체재산권이므로, 특별손해

---

22) 부정경쟁방지 및 영업비밀보호에 관한 법률 제14조의2 제2항은, 부정경쟁행위로 영업상의 이익을 침해당한 자가 손해배상을 청구하는 경우, 영업상의 이익을 침해한 자가 그 침해행위에 의하여 이익을 받은 것이 있으면 그 이익액을 영업상의 이익을 침해당한 자의 손해액으로 추정한다고 규정하고 있다.

23) 郭潤直 編, 民法注解(IX), 469-470면(池元林 집필)은, 비재산적 손해 또는 정신적 손해라 함은 생명·신체·자유·명예 등 비재산적 법익에 대하여 발생한 손해를 말하며, 이러한 비재산적 법익에 대한 배상을 특히 위자료라 한다고 설명한다. 그런데 비재산적 법익에 대한 침해는 비재산적 손해(예컨대 신체 자체의 상해)와 더불어 재산적 손해(예컨대 신체상해의 경우의 치료비의 지출)를 결과할 수도 있다고 한다.

24) 본인이 원하지 아니하는 광고나 제품에 이용되는 경우는 물론 정상적인 교섭이 있었으면 허락을 하였을 경우라도 자기의 성명, 초상의 이용에 대한 결정권이 침해된 데 대한 정신적 고통이 있을 수 있다는 것이다.

25) 韓渭洙(1996b), 124면. 또한 金世權(2008), 194면도 이에 찬성한다.

가 인정되지 않는 한, 재산권 침해로 인한 정신적 고통은 재산적 손해배
상으로 보장되므로 별도로 위자료 손해배상은 청구할 수 없다고 한다.26)
퍼블리시티권을 재산권으로 보아 그 침해에 기한 위자료 배상을 인정하지
않는 법원의 태도는 재산권 침해에 대한 기존의 판례와 일관되는 것이라
고 평가하는 견해27)도 있다.

우리나라 판결은 퍼블리시티권 침해의 경우 정신적 손해에 대한 배상
청구를 원칙적으로 부정한다.28) 특히, 퍼블리시티권 침해가 문제되는 사
안에서 인격권으로서의 초상권 침해로 인한 위자료 청구 역시 부정하고
있다. [B-13]판결(이영애 사건)의 1심 판결은 "인격권으로서의 초상권"과
"퍼블리시티권" 침해를 인정하면서도 인격권으로서의 초상권 침해로 인
한 위자료 청구를 배척하였고,29) [B-14]판결(정준하 사건) 역시 동일한
태도를 취하였다. 이외에도 [B-15]판결(프로야구선수Ⅰ 사건), [B-18]판결
(류시원 사건), [B-19]판결(김석훈 등 사건), [B-20]판결(배용준 등 사건),
[B-22]판결(심형래 사건), [B-24]판결(박주봉 사건) 등이 모두 위자료 청
구를 배척하였다.

위자료 청구를 배척하는 판결들은, 유명인의 경우 성명권, 초상권을 재
산권인 퍼블리시티권으로 보호받으므로, ① 타인의 불법행위로 성명권,
초상권이 침해된 경우 특별한 사정이 없는 한 재산상 손해 외에 정신적
손해가 발생한다고 보기 어렵고, ② 가사 원고에게 정신상 손해가 발생하

---

26) 李漢周(2004), 410-411면. 다만, 인격권으로서 초상권 침해를 이유로 위자료청구
　　를 병합하여 청구하는 것은 별개의 문제라고 한다.
27) 최승재(2008), 215면. 다만, 이 견해도 인격권 침해에 의한 손해배상을 인정하는
　　것은 가능하다고 한다.
28) 다만, [B-23]판결(박신양 등 사건)은, "원고 배우들이 정신적인 피해를 입었을 것
　　이라는 것은 분명한 점"을 손해배상액 산정을 위한 하나의 요소로 인정하였다.
29) 이에 대하여 원고가 항소하지 않았기 때문에 "인격권으로서의 초상권" 침해로
　　인한 위자료 청구를 배척한 부분은 [B-13]판결(이영애 사건)에서 직접 다루어지
　　지는 않았다.

였다고 하더라도 재산상 손해의 배상에 의하여 정신적 고통 역시 회복된 다고 보아야 한다는 입장을 취한다. 또한 ③ 프로스포츠 선수들의 경우 대중과의 접촉을 직업으로 하는 사람들로서 통상 자기의 성명 등이 일반 대중에게 공개되는 것을 희망 또는 의욕하는 "직업적 특성"이 있다는 것 을, 특별한 사정이 없는 한 정신적 고통을 받았다고 보기 어렵다고 판단 하는 논거로 제시하기도 한다.30) ④ 해당 사안과 관련하여, 정신적 손해 를 입었다고 볼 만한 특별한 사정이 없다거나,31) 별도의 이미지 손상이나 평가, 명성, 인상 등의 훼손 또는 저하 또는 명예훼손 등이 있었다고 볼 수 없다는 점도 논거로 제시한다.

(3) 검토

퍼블리시티권을 독립된 재산권으로 인정할 경우 퍼블리시티권 침해에 대하여 재산적 손해의 배상청구를 인정하는 것은 논리적으로 자연스럽다. 그런데 우리나라 판결을 살펴보면, 대부분의 사안에서 재산적 손해배상으 로 불법사용에 대한 사용료 상당액만 청구되고 그 외의 재산적 손해의 배 상은 문제되지 않고 있다.

그리고 퍼블리시티권 침해로 인한 정신적 손해의 배상청구를 인정할 것 인지에 대하여, 학설에서는 견해가 대립되나, 판례는 사실상 이를 부정하고 있다. 그러나 이러한 판례의 태도가 타당한지는 의심스럽다. 일부 학설이 지적하는 바와 같이, 사람이 자신의 성명, 초상의 이용에 대해 갖는 결정권 이 침해된 것에 의하여 정신적 고통이 발생한다고 볼 수 있기 때문이다.

---

30) [B-15]판결(프로야구선수 I 사건)
31) 예컨대, [B-13]판결(이영애 사건)의 1심은, "원고의 의사에 반하여 광고물을 제 작한 것이 아니라 원고와의 계약에 기하여 이미 제작되어 공표한 적이 있는 광고 물을 사용기간을 넘어 임의로 사용한 것이므로" 원고가 위에서 인정한 재산상 손해와는 별도로 정신상 손해까지 입었다고 보기 어렵다고 판단하였다.

판례의 태도에 의하면, 무단으로 다른 사람의 성명, 초상 등을 상업적으로 이용하더라도 대부분의 경우 그 사용료 상당액의 재산적 손해를 배상하는 것으로 침해자의 책임이 한정된다. 일부 판결이 인격권 침해로 인한 위자료 청구까지 배척하고 있는 것을 고려하면 이는 더욱 그러하다. 결국, 현재 판결의 태도에 의하면, 퍼블리시티권을 독립된 재산권으로 인정하는 것은 피해자 보호에 미흡한 결과를 초래한다. 나아가, 이는 다른 사람의 동일성을 무단으로 상업적으로 이용하는 행위를 예방하는 기능을 갖지 못하고, 오히려 이러한 침해행위를 조장할 수도 있다.[32]

한편, 미국의 일부 주에서는 징벌적 손해배상청구를 인정하며, 이에 따라 퍼블리시티권 침해에 대하여 피해자가 징벌적 손해배상을 청구하는 것이 가능한 경우도 있다.[33] 우리나라의 경우 징벌적 손해배상청구를 도입하는 방안이 그동안 입법론의 차원에서 논의되어 왔으며,[34] 퍼블리시티권 침해의 경우 징벌적 손해배상제도를 적극적으로 검토할 필요가 있다고 주장되기도 한다.[35] 그러나 입법론으로 징벌적 손해배상 제도를 도입하는 것이 타당한지 여부와 상관없이, 현재와 같이 징벌적 손해배상청구를 인정할 법적 근거가 없는 상황에서 이를 인정할 수는 없다. 미국과 우리나라 사이에 이러한 차이가 존재하므로, 설령 독립된 재산권인 퍼블리시티권에 의한 보호방법이 미국에서 효과적이더라도, 우리나라에서는 피해자를 효과적으로 보호하지 못하는 결과를 초래할 수 있다.

---

32) 韓渭洙(1996b), 123면도, 퍼블리시티권의 침해에 대하여 권리자가 사용료 상당만을 배상받게 한다면 이는 결국 권리자에게 사용허락을 강요하는 셈이 되고 나아가 권리자가 그 성명, 초상을 어디에 어떻게 이용할지에 대한 결정권을 박탈하는 결과를 초래할 수 있다고 지적한다.
33) 이에 대해서는 제2장 제6절 Ⅳ. 참조.
34) 징벌적 손해배상제도를 도입하는 방안에 대한 비판으로는, 우선 金載亨(2007b), 171-179면 참조.
35) 金世權(2008), 209-210면.

3. 부당이득반환청구

퍼블리시티권 침해의 경우 피해자가 부당이득반환청구권을 행사할 수 있는지에 대해서는 많이 논의되고 있지 않다. 이를 논하는 견해는, 퍼블리시티권의 침해는 법률상 원인없이 타인에게 속한 성명, 초상 등의 재산적 가치를 이용하여 이익을 얻고 타인에게 손해를 가하는 것이므로, 그 타인은 그 성명, 초상의 이용가치 상당액의 부당이득반환을 구할 수도 있을 것이라고 한다.36)

그러나 우리나라 판결에서는 부당이득반환청구권이 문제된 경우가 거의 없다. 다만, [B-14]판결(정준하 사건)은, 원고의 부당이득반환청구37)에 대하여, 피고가 캐릭터를 이용하여 벌어들인 매출액이 2,417,880원에 불과하다고 인정한 다음, 퍼블리시티권의 침해로 인한 손해배상으로 5,000,000원을 원고가 지급받는 이상 부당이득반환청구가 이유 없다고 판단하였을 뿐이다.

II. 인격권 침해에 대한 구제수단의 검토

1. 금지청구

인격권 침해의 경우 금지청구를 할 수 있다는 것은 일반적으로 인정된

---

36) 韓渭洙(1996b), 124면; 李漢周(2004), 413-414면. 이 견해들은, 부당이득반환청구권이 침해자의 고의, 과실을 요하지 않고, 소멸시효기간이 10년으로 장기이며, 수익자가 악의인 경우 그 받은 이익에 이자를 붙여 반환받도록 되어 있는 점 등에서 불법행위에 의한 손해배상청구권보다 원고에게 유리하다고 설명한다.

37) 원고는 피고의 매출액이 18,180,570원이라고 주장하며 이 금액에 대한 부당이득 반환을 청구하였다.

다. 그 근거에 대해서는, 인격권이 물권과 마찬가지로 절대권의 일종으로 그 침해를 배제할 수 있는 배타적 권리이므로, 소유권에 대하여 방해배제 및 예방청구권을 규정한 민법 제214조를 유추적용하여 금지청구권을 인정해야 한다고 설명된다.[38] 우리나라 판례도 이를 긍정한다. 대법원 1996. 4. 12. 선고 93다40614,40621 판결은, 인격권은 그 성질상 일단 침해된 후의 구제수단(금전배상이나 명예회복 처분 등)만으로는 그 피해의 완전한 회복이 어렵고 손해전보의 실효성을 기대하기 어려우므로 인격권 침해에 대하여는 사전(예방적) 구제수단으로 침해행위 정지·방지 등의 금지청구권도 인정된다고 한 원심의 판단이 옳다고 하였다.[39] 또한 대법원 2005. 1. 17.자 2003마1477 결정은, "인격권으로서의 명예권은 물권의 경우와 마찬가지로 배타성을 가지는 권리"이므로 "인격권으로서 명예권에 기초하여 가해자에 대하여 현재 이루어지고 있는 침해행위를 배제하거나 장래에 생길 침해를 예방하기 위하여 침해행위의 금지를 구할 수도 있다"고 판단하였다.[40]

사람의 동일성이 갖는 재산적 이익을 인격권에 의해 보호하는 경우도, 그 침해에 대한 금지청구가 일반적으로 인정된다. 초상·성명영리권을 인격권의 일부로 파악하고, 그 침해로 인하여 권리자에게 정신적 고통이 발생하였다고 본다면, 위와 같은 기존 판례의 논의에 따라 쉽게 침해금지청구를 인정할 수 있다고 설명된다.[41] 또한 [A-12]판결(이미연 사건)은 피고들에게 초상권침해행위 중지의무가 있다고 하면서 원고의 금지청구를 인용하였고, [A-18]결정(프로야구선수Ⅱ 사건)은 성명권 침해를 근거로

---

38) 金載亨(2004), 85-87면.
39) 대법원 1997. 10. 24. 선고 96다17851 판결도 같은 취지로 판단하였다.
40) 한편, 부산고등법원 1995. 5. 18. 선고 95카합5 판결은, 인간의 건강하고 쾌적한 생활이익이 인격권의 일종에 속한다고 하면서, 이러한 인격권은 그 지배권 내지 절대권적 성격으로부터 물권적 청구권에 준하는 방해배제청구권이 인정되므로, 인격권에 터잡아 방해배제 또는 방해예방청구권을 행사할 수 있다고 판단하였다.
41) 金泳勳(2007), 377면. 또한 엄동섭(2004), 176-177면도 같은 취지이다.

사용금지를 명하는 가처분을 결정하였다.

인격권의 배타적 성격을 고려하면, 사람이 자신의 동일성의 상업적 이용에 대하여도 배타적 절대권을 갖는다고 할 수 있으므로, 그 침해에 대하여 금지청구를 할 수 있다고 보아야 할 것이다. 결국, 사람의 동일성이 갖는 재산적 이익을 인격권에 의해 보호하는 경우, 퍼블리시티권을 인정하는 경우와 비교하여 비교적 쉽게 피해자의 금지청구권을 인정할 수 있을 것이다.

2. 손해배상청구

(1) 재산적 손해의 배상청구

사람의 동일성의 재산적 이익을 인격권에 의해 보호하는 경우, 그 침해에 대하여 재산적 손해의 배상청구를 할 수 있다고 인정된다. 즉, 초상 등에는 경제적 이익의 측면도 있기 때문에 그 침해에 대한 재산적 손해의 배상을 청구할 수도 있다거나,[42] 유명인의 성명이나 초상의 영리적 이용이라는 측면은 인격권 침해에 의해 발생하는 재산적 손해라고 파악할 수 있을 것이라고 한다.[43] 또한 원칙적으로 인격권 침해로 인한 손해배상에는 재산상 손해와 정신적 손해가 포함되는 점, 초상·성명영리권은 그 경제적 가치가 고려된 것이고, 일반 거래계에서 초상·성명의 영리적 이용이 광범위하게 이루어지고 있는 점 등을 고려할 때 재산상 손해배상청구도 가능하다고 보아야 할 것이라고 한다.[44]

---

42) 장재옥(2003), 108면 이하.
43) 박성호(2006), 15면. 또한 엄동섭(2004), 176면도, 퍼블리시티권 자체는 그 본질에 있어 인격권이라 하더라도, 그 침해로 인해 현실적으로 발생하는 손해는 재산적 손해(기회박탈에 따른 재산적 손해)가 주종을 이룰 것이라고 한다.
44) 金泳勳(2007), 375-376면.

판례도 이를 긍정한다. 특히 퍼블리시티권 개념이 인정되기 이전의 판결에서 이미 인격권 침해로 인한 재산적 손해배상청구가 긍정되었다. 즉, [A-2]판결(한혜숙 사건)은 초상권 침해를 인정하면서 그 손해배상액을 "추가사용에 따른 별도의 모델료"를 산정하는 방법을 중심으로 산정하였다. [A-3]판결(최애숙 사건)도 원고의 성명권 및 초상권 침해 주장을 받아들이면서 "원고가 이미 제작된 위 광고물을 계속 방영하는 데 동의함으로써 그 방영 당시 얻을 수 있는 보수 중 그 방영기간에 상응하는 금액"을 재산적 손해로 인정하였다. 이후에도, [A-8]판결(황인정 사건)은 "상업적 초상권" 침해를 인정하면서 재산적 손해의 배상청구를 받아들였고, [A-10]판결(최진실 사건)도 "재산적 권리로서의 초상권" 침해를 인정하면서 재산적 손해의 배상청구를 받아들였다. [A-16]판결(현영 I 사건) 역시 초상권, 초상영리권의 침해를 인정하면서 재산상 손해의 배상청구를 받아들였다.

손해배상액을 산정하는 방법은, 위에서 살펴본 퍼블리시티권 침해로 인한 재산적 손해배상액을 산정하는 방법과 동일하다고 할 수 있다. 즉, 연예인의 초상이 동의 없이 타인의 광고에 이용된 경우, 광고에 출연함으로써 통상적으로 얻을 수 있는 수입이 일실이익으로서 손해에 해당하고, 이는 연예인이 광고에서 초상 등의 사용을 승낙하였다면 받았을 보수를 그 범위로 한다고 설명된다.45) 오히려, 시간적 순서에 따라 살펴보면, [A-2]판결(한혜숙 사건), [A-3]판결(최애숙 사건)에서 나타난 손해배상액 산정방법을 이후에 선고된 퍼블리시티권 관련 판결들이 따른 것으로 볼 수 있다.

나아가, 일실이익 이외의 추가적인 재산적 손해에 대한 배상도 인정된다. 즉, 무단이용에 따른 피해자의 성명이나 초상의 가치감소분에 대한 손

---

45) 장재옥(2003), 109면; 박성호(2006), 15면, 각주43). 또한 엄동섭(2004), 176면도 같은 취지이다. 그리고 金泳勳(2007), 375-376면은, 저작권법, 상표법의 손해액 간주규정을 유추적용하여 '권리자가 그 상업적 이용 자체에 대하여 받을 수 있었던 대가 상당액'을 손해로 파악함이 타당할 것이라고 한다.

해배상청구,46) 초상의 사용으로 개인의 명성이나 신용이 훼손된 경우에 이를 불식시키기 위해 필요한 광고비용에 대한 배상청구도 인정된다고 한다.47)

(2) 정신적 손해의 배상청구

사람의 동일성의 재산적 이익을 인격권에 의하여 보호하는 경우, 그 침해에 대하여 정신적 손해의 배상청구가 인정되는지에 대해서는 다소 논란이 되고 있다.

먼저, 정신적 손해의 배상청구를 제한하지 않고 인정하는 견해가 있다. 이 견해는, 초상 등이 본인이 원하지 않는 광고나 제품의 선전 등에 무단으로 이용되는 경우 자신의 정신적·경제적 인격이 침해된 데에 대한 위자료 청구가 가능하고, 또한 본인이 제3자와 전속계약을 체결한 경우 타인의 무단광고로 인해 이중으로 광고에 출연했다는 인상을 줌으로써 본인에 대한 평가나 명성이 훼손되는 침해가 발생할 수 있으므로 이에 대한 위자료 청구가 인정될 것이라고 한다.48)

반면에, 정신적 손해의 배상청구를 제한적으로만 인정하는 견해도 있다. 이 견해는, 초상영리권이 침해되어 재산적 손해가 주로 문제된 경우 그 사용방법, 태양, 목적 등으로부터 보아 초상본인의 평가, 명성, 인상 등을 훼손 또는 저하시키는 경우이거나 기타 자기의 성명이나 초상을 상품선전에 이용하지 않는 것을 의욕한 경우와 같이 특별한 사정이 있는 경우에 정신적 고통으로 인한 손해도 발생한다고 한다.49) 또한 초상·성명영리

---

46) 장재옥(2003), 110면; 엄동섭(2004), 176면; 박성호(2006), 15면.
47) 장재옥(2003), 110면.
48) 장재옥(2003), 114면. 이와 유사하게, 엄동섭(2004), 176면도, 허락결정권 침해에 따른 정신적 손해를 쉽게 상정할 수 있고, 명성의 손상에 따른 정신적 손해도 고려될 수 있을 것이라고 한다.
49) 정경석(2007), 143면. 나아가 이러한 특별한 사정은 초상본인이 입증하여야 할

권이 침해된 경우에는 원칙적으로 정신적 고통이 있다고 보아야 한다고 하면서도,[50] 인격권의 일부인 초상·성명영리권의 침해로 인한 재산상 손해를 인정하는 이상, 하나의 인격권 중 나머지 모습인 인격적 이익의 침해로 인한 정신적 고통도 재산상 손해의 배상에 의하여 회복된다고 보아야 할 것이라고 설명하는 견해[51]도 있다.

판례는 정신적 손해의 배상청구를 긍정한다. 그런데 퍼블리시티권이 인정되기 이전의 [A-3]판결(최애숙 사건)은 재산적 손해의 배상청구와 정신적 손해의 배상청구를 모두 인정하였으나, 이후 초상권 등 인격권 침해를 인정한 판결들은 대부분 재산적 손해의 배상청구를 언급하지 않고 정신적 손해의 배상청구만 인정하였다.

한편, 위자료를 산정함에 있어 위자료의 예방·재재의 기능을 중시해야 한다는 견해가 있다. 이 견해는, 위자료는 그 전보(塡補)기능과 위자료의 제재와 예방적 성질을 중시한 만족(滿足)기능을 분리하여 산정해야 한다고 하면서,[52] 현대의 많은 이익추구형 인격 침해행위에는 그러한 불법수단으로 "취득한 이익의 반환"이라는 관점에서 손해배상(위자료)의 예방·제재의 기능을 생각해야 하고, 특히 가해자가 명백한 고의로 피해자의 초상·성명 등을 무단이용하는 경우에는 침해된 권리의 시장가치를 명백하게 초월하는 액(가정적인 사용료를 초과하는 액)을 손해로 인정해야 한다고 주장한다.[53]

─────────────

것이라고 한다.

50) 金泳勳(2007), 376면. 초상·성명영리권이 기본적으로 인격권으로서의 성질을 가지고 있고, 권리자가 원하지 아니하는 광고나 제품에 사용되는 경우에 정신적 고통이 전혀 없다고 할 수 없으며, 권리자가 자신의 초상·성명영리권의 사용을 자유의 의사로 통제할 수 있는 자기결정권이 침해되었기 때문이라고 한다.

51) 金泳勳(2007), 377면.

52) 장재옥(2003), 116면. 위자료의 만족기능은, 귀책사유 있는 민사불법에서 피해자의 법감정의 침해가 발생된 손해보다 크게 보여지는 경우, 불법행위의 미수에 그쳐 현실의 손해가 발생하지 않은 것으로 보이는 경우, 법인에게 가해진 인격침해의 경우 등에 의미를 갖는다고 한다.

(3) 검토

사람의 동일성의 재산적 이익을 인격권에 의해 보호하는 경우, 그 인격권의 침해에 대해서는 우선 재산적 손해의 배상청구가 인정되어야 한다. 보호되는 이익의 성격이 재산적 이익이므로 그 침해에 의하여 재산적 손해가 발생한다는 것이 자연스러운 결론이다. 그러므로 우리나라에서 초상권 등 인격권 침해를 인정한 판결 대부분이 정신적 손해의 배상청구만 인정한 것은 부당하다. 이러한 판결의 태도에 의하면, 재산적 이익이 문제되는 사안에서 인격권 침해를 인정하면서도, 그 구제수단을 정함에 있어서는 정작 재산적 이익을 고려하지 않는 모순된 결과가 초래된다. 일부 판결은 위자료 액수를 정하면서 재산적 이익을 고려하기도 하였지만,54) 이러한 방법 역시 바람직하다고 평가하기 어렵다. 퍼블리시티권 개념이 인정되기 이전의 [A-2]판결(한혜숙 사건), [A-3]판결(최애숙 사건)은 초상권 등 침해를 인정하면서 그로 인한 재산적 손해의 배상청구를 인정하였는데, 이와 같이 재산적 손해의 배상청구를 인정하고 그 손해배상액도 구체적으로 산정해야 할 것이다.

사람의 동일성의 재산적 이익을 인격권에 의해 보호하는 경우, 그 인격권의 침해에 대한 정신적 손해의 배상청구 역시 인정되어야 한다. 무엇보다 사람이 자신의 동일성의 상업적 이용에 대하여 갖는 결정권이 침해된다는 점을 부정할 수 없기 때문이다. 그러므로 특별한 사정이 있는 경우만 정신적 고통이 발생한다거나, 재산적 손해의 배상에 의하여 정신적 손해가 당연히 회복된다고 보는 것은 부당하다.

또한 정신적 손해의 배상청구는 다른 사람의 동일성표지를 무단으로

---

53) 장재옥(2003), 119면. 또한 박성호(2006), 15면, 각주44)도 같은 취지이다.
54) [A-6]판결(임꺽정 사건), [A-7]판결(H.O.T. 사건)은 '원고가 피고와 계약을 체결할 경우 얻을 수 있었을 모델료의 정도'를 위자료의 액수를 정하는 데 있어 참작할 요소의 하나로 설시하였다.

이용하는 행위를 예방하는 기능도 가질 수 있다. 앞서 살펴본 바와 같이, 징벌적 손해배상이 인정되지 않는 우리나라에서 재산적 손해의 배상청구만 인정하는 경우, 다른 사람의 동일성을 무단으로 상업적으로 이용하는 행위를 예방하지 못하고 오히려 이를 조장할 수도 있다. 그런데 정신적 손해의 배상청구를 인정하면, 침해자에게 재산적 손해배상 이외에 추가적인 책임을 부담시킬 수 있다. 따라서 위자료의 만족기능과 예방기능 등을 인정하는지 여부와 관계없이, 정신적 손해의 배상청구를 인정하는 것은 다른 사람의 동일성표지를 무단으로 이용하는 행위를 예방하는 기능을 사실상 가질 수 있다.[55)]

3. 부당이득반환청구

사람의 동일성의 재산적 이익을 인격권에 의해 보호하는 경우, 그 인격권의 침해에 대하여 피해자가 부당이득반환청구를 할 수 있는지에 대해서는 우리나라에서 많이 논의되고 있지 않다. 이를 긍정하는 견해는, 법률상 원인없이 타인 초상 등의 경제적 가치를 이용하여 이익을 얻고 타인에게 손해를 가해 초상권의 침해가 이루어진 경우에 그 타인은 초상 등의 이용가치 상당액에 대해 부당이득반환청구를 할 수 있고, 이는 초상권 등의 경제적 측면에 따른 구제수단으로서 인정되는 것이라고 한다.[56)] 다만, 부당이득에 의한 해결의 전제로는 이득의 이동(移動)이 손실자(피해자)와 수익자(가해자) 사이에 있어야 하나 그 인정이 쉽지 않은 경우가 많다는 점도 지적한다.[57)]

---

55) 권영준(2009), 99-100면은, 비재산적 손해배상의 영역에서는 상대적으로 예방의 기능이 중요하게 고려된다고 하면서, 인격권침해에 대한 위자료의 만족적·제재적 측면을 이와 같은 예방 패러다임의 작동으로 설명할 수 있다고 한다.

56) 장재옥(2003), 117면.

57) 장재옥(2003), 117-118면. 특히 유명하지 않은 사람의 인격이 침해된 경우 이를 인정하기 어렵다고 한다.

독일에서는 가해자의 고의 또는 과실을 입증할 필요가 없다는 점 등의
이유에서 부당이득반환청구권이 실무에서 행사되는 경우가 많았고, 부당
이득반환청구권을 어떤 범위에서 인정할 것인지에 대해서도 많이 논의되
어 왔다.[58] 그러나 우리나라의 경우는, 인격권 침해와 관련하여 부당이득
반환청구가 별로 논의되지 않았고, 이에 관한 판결도 찾기 어렵다. 하지
만, 부당이득반환청구권을 행사하는 경우 피해자는 가해자의 고의 또는
과실을 입증할 필요가 없고, 피해자가 그 이용을 허락하지 않았을 침해행
위가 발생한 때에도 부당이득반환청구를 할 수 있는 등 손해배상청구와
비교하여 피해자에게 유리한 점이 존재한다.[59] 따라서 앞으로는 사람의
동일성이 갖는 재산적 이익을 보호하는 인격권이 침해된 경우 부당이득반
환청구를 적극적으로 활용할 필요가 있다.

4. 준사무관리에 의한 이익반환청구

인격권 침해의 경우 침해자가 취득한 이익의 반환을 피해자가 청구할
수 있는지에 대하여, 우리나라에서 많이 논의되고 있지 않다. 특별한 법률
의 규정이 없는 한, 침해자가 취득한 이익의 반환을 피해자가 청구할 수
있다고 인정하기는 어려울 것이다.

그런데 이른바 준사무관리(準事務管理)[60]를 인정하여 침해자가 취득한
이익의 반환을 청구할 수 있는지 문제된다. 독일에서는, 사무처리에 권한
이 없음을 알면서 타인의 사무를 자기의 사무로 처리하는 경우, 위임에 관

---

58) 이에 대해서는 제3장 제6절 Ⅲ. 참조.
59) 장재옥(2003), 117면은 민법 제748조 제2항의 악의 수익자의 반환범위에 의하게
    되는 점도 피해자에게 유리한 측면이라고 한다.
60) 郭潤直(2009c), 342면은, 준사무관리로서 문제가 되는 것은 오신사무관리(타인의
    사무를 자기의 사무라고 잘못 믿고서 하는 관리행위)와 불법관리(타인의 사무임
    을 알고 있으면서 이를 자기의 사무라 하여 관리행위를 하는 때)의 두 가지가
    있으나, 주로 문제되는 것은 불법관리라고 한다.

한 규정을 준용하여 사무처리로 인하여 취득한 것의 인도의무를 인정한다.

그러나 우리나라에서는 준사무관리 자체를 인정하는 것에 부정적인 견해가 많다. 즉, 이를 인정하는 것은 오히려 본인을 지나치게 보호하는 것이 되고, 본인이 그 사무를 관리하였더라면 얻었으리라고 객관적으로 인정되는 범위의 것만을 본인에게 돌려주면 좋다고 하면서, 이러한 결과는 부당이득 또는 불법행위에 의한 손해배상의 이론으로 충분히 이를 수 있다고 설명된다.[61] 또한 우리나라의 경우 독일, 스위스와 달리 이에 관한 법규정이 없고,[62] 파파라찌에 의한 초상침해나 판매고 증대 목적으로 유명연예인 자신은 원하지 않는 인터뷰기사나 사진을 게재하는 경우 등에는 '타인사무의 관리'라는 요건을 결하기 때문에 준사무관리이론을 적용하기 어렵다고 설명되기도 한다.[63] 준사무관리에 관한 법률 규정이 없는 현재의 상황에서는, 준사무관리에 의한 이익반환청구를 허용하기는 어려울 것으로 보인다.

---

61) 郭潤直(2009c), 343면. 또한 준사무관리의 경우에는 원칙적으로 불법행위가 있게 되는데, 특별한 법률적 근거도 없이, 그러한 '불법'한 행위를 '적법'한 행위로 다루는 것도 마땅치 못하다고 한다.
62) 독일민법에는 준사무관리에 관한 규정이 있고, 스위스민법과 스위스채무법에는 인격침해의 경우 준사무관리에 관한 규정을 준용하여 그 이득을 상환하도록 하는 규정을 두고 있다고 한다.
63) 장재옥(2003), 118-119면.

제7절 결어

1. 인격권의 개념을 헌법 제10조에 의하여 정립하면, 인격권은 인격의 자유로운 발현을 위한 권리로서, 그 중심에는 인간의 존엄성이라는 가치를 갖는다고 파악할 수 있다. 인격권의 보호범위에는 재산적 이익도 포함될 수 있다. 인격권을 비재산권으로 분류하는 것이 그에 의해 보호되는 이익을 한정하는 것이 아닌 점, 인격권으로부터 무체재산권이 발전된 역사적 과정, 자기결정권이 관념적 이익과 재산적 이익 모두에 적용될 수 있는 점, 독일과 우리나라의 인격권에 관한 판결의 내용 등이 이를 뒷받침한다. 그리고 사람의 동일성이 갖는 재산적 이익은, 인격의 발현과 직접 관련될 뿐만 아니라, 인간의 존엄성과 관련해서도 문제를 야기할 수 있으므로, 인격권의 보호범위에 포함되고 따라서 인격권에 의하여 규율되어야 한다.

2. 인격권이 인정되고 있는 우리나라에서 퍼블리시티권을 독립된 재산권으로 인정하는 것은 인격권의 내용 중 일부를 분리하여 독립된 권리로 파악하는 것을 의미한다. 그러나 재산적 이익을 인격권에 의해 보호하는 것이 가능할 뿐만 아니라 사람의 동일성이 갖는 재산적 이익은 인격권에 의해 이를 보호하는 것이 타당하므로, 이러한 법적 구성은 불필요하고 바람직하지도 않다. 그리고 독립된 재산권인 퍼블리시티권을 인정할 실정법상 근거가 없고, 이에 관한 관습법도 존재한다고 보기 어려우며, 판결에서

퍼블리시티권을 해석상 인정하기 위해 제시한 논거도 설득력이 약하다. 또한 우리나라에서는 인격권이 인정되고 있으므로 퍼블리시티권을 인정하는 경우 그 법적 성격을 어떻게 파악해야 하는지의 문제가 발생하며, 이는 퍼블리시티권의 양도성, 상속성 등의 논의를 복잡하게 만들고, 퍼블리시티권을 인정하는 실익을 약화시키는 결과를 초래한다.

3. 퍼블리시티권의 양도성을 인정할 것인지에 대하여, 학설에서는 견해가 대립하나 판결은 양도성을 긍정하고 있다. 그런데 다른 사람의 동일성표지를 상업적으로 이용하는 사람의 보호를 위해 퍼블리시티권 자체를 양도하는 것은, 그 목적에 비하여 지나치게 과도한 법적 방법을 선택하는 것이다. 또한 퍼블리시티권의 양도를 인정하면 원래의 권리 주체가 자신의 동일성표지의 상업적 이용에 대한 권리를 상실하는 부당한 결과를 초래한다.

인격권에 의한 보호방법에 의하는 경우, 인격권 중 재산적 이익을 보호하는 부분이 양도가능하다면 퍼블리시티권의 양도성을 인정하는 경우와 동일한 문제점이 발생하므로, 그 완전한 양도는 부정되어야 한다. 인격권의 이용허락은 인정될 수 있다. 인격권의 독점적 이용허락을 받은 사람은 제3자의 침해행위에 대하여 제3자에 의한 채권침해를 주장할 수 있으며, 직접 금지청구권을 행사할 수도 있다고 보아야 한다. 이용허락을 받은 지위의 양도는 원래의 권리 주체가 동의한 경우만 가능하다. 나아가, 인격권에 의한 물권적 이용권 부여는 인격권의 부분적 양도로서 허용될 수 있으나, 이는 입법으로 뒷받침되는 것이 바람직하다.

4. 퍼블리시티권의 상속성을 인정할 것인지에 대하여, 학설에서는 견해가 대립하고 있으며, 판결도 그 입장이 일치하지 않으나 상속성을 긍정하는 판결이 다수로 보인다. 그런데 퍼블리시티권의 법적 성격을 어떻게 규정하는가에 따라 상속성의 인정 여부가 반드시 결정된다고 볼 수는 없으

며, 이 문제는 사망자의 이익을 법적으로 어떤 범위에서 보호할 것인가의 관점에서 접근하는 것이 바람직하다.

사망자의 인격권 보호에 관한 실정법이 존재하는 경우, 이에 의하여 사망자의 인격권이 인정된다. 사망자의 인격권 보호에 관한 실정법이 없는 경우도 인간의 존엄성을 보장하는 범위 내에서는 사망자의 인격권이 인정되어야 할 것이다. 그리고 사망자의 인격권은 인격의 자유로운 발현을 위한 권리라는 의미가 없어 재산권으로서의 성격을 더 강하게 가지고, 사망자의 동일성표지에 대한 침해행위에 대하여 효과적 방어가 필요하므로, 인격권 중 재산적 이익을 보호하는 부분의 상속성을 인정할 수 있다. 사망자의 관념적 이익 보호를 위한 권리와 재산적 이익 보호를 위한 권리는 모두 상속인이 행사할 수 있다고 보아야 할 것이다. 인격권 중 재산적 이익을 보호하는 부분은, 저작권법의 규정을 유추하여, 사망 후 70년 동안 존속하는 것으로 보아야 할 것이다.

5. 퍼블리시티권 침해에 대한 구제수단으로 금지청구가 인정된다. 그러나 일부 견해는 인격권을 원용하여 문제를 해결하려 하며, 이는 인격권과의 관계에서 퍼블리시티권의 법적 성격을 어떻게 파악할 것인지 계속 문제된다는 것을 의미한다. 퍼블리시티권 침해에 대하여 재산적 손해의 배상청구를 인정하는 것은 논리적으로 자연스러우나, 대부분의 경우 불법사용에 대한 사용료 상당액만 청구되고 있으며 그 외의 재산적 손해의 배상은 문제되지 않고 있다. 정신적 손해의 배상청구에 대하여, 학설에서는 견해가 대립하며, 판례는 사실상 이를 부정하고 있다. 그러나 사람이 자신의 동일성의 이용에 대해 갖는 결정권이 침해된 것에 의하여 정신적 고통이 발생할 수 있으므로, 정신적 손해의 배상청구를 부정하는 것은 부당하다. 판례의 태도에 의하면, 다른 사람의 동일성을 무단으로 상업적으로 이용하는 행위를 예방하지 못하며 오히려 이러한 침해행위를 조장할 수도 있다. 퍼블리시티권 침해에 대하여 부당이득반환청구를 할 수도 있을 것이

나, 판결에서 부당이득반환청구권이 문제된 경우는 거의 없다.

　사람의 동일성이 갖는 재산적 이익을 인격권에 의해 보호하는 경우, 그 침해에 대한 금지청구를 인정할 수 있다. 인격권의 배타적 성격을 고려하면, 사람이 자신의 동일성의 상업적 이용에 대하여도 배타적 절대권을 갖는다고 할 수 있기 때문이다. 그리고 사람의 동일성의 재산적 이익을 보호하는 인격권의 침해에 대하여 재산적 손해의 배상청구가 인정되어야 한다. 이러한 관점에서 보면, 초상권 등 인격권 침해를 인정한 판결 대부분이 정신적 손해의 배상청구만 인정한 것은 부당하다. 정신적 손해의 배상청구 역시 인정되어야 한다. 사람이 자신의 동일성의 상업적 이용에 대하여 갖는 결정권이 침해된다는 점을 부정할 수 없기 때문이다. 정신적 손해의 배상청구를 인정하는 것은 다른 사람의 동일성표지를 무단으로 이용하는 행위를 예방하는 기능도 가질 수 있다. 또한 피해자는 부당이득반환청구를 할 수도 있다. 부당이득반환청구권을 행사하는 경우 가해자의 고의 또는 과실을 입증할 필요가 없고, 피해자가 그 이용을 허락하지 않았을 침해행위가 발생한 때에도 부당이득반환청구를 할 수 있는 등 피해자에게 유리한 점이 존재한다.

　6. 결국, 우리나라에서 사람의 동일성이 갖는 재산적 이익에 대한 규율은 인격권에 의하여 이루어지는 것이 바람직하다. 퍼블리시티권을 독립된 재산권으로 구성하는 것은 부당하며, 퍼블리시티권 개념은 인격권의 한 내용으로 이해되어야 한다. 이에 관한 입법은 인격권에 의한 보호가 가능하다는 것을 확인하고 각 쟁점사항을 규율하는 형태로 민법에서 행해지는 것이 바람직하다.[1]

---

1) 金載亨(2011), 97-99면은, 민법에 인격권에 관한 규정을 두고 이와 관련하여 퍼블리시티권에 관한 규정을 두는 개정안을 제시하고 있다.

제6장 결 론

1. 사람의 동일성표지가 상업적으로 이용되는 현상이 증가하고 이를 둘러싼 분쟁이 증가하고 있다. 그러나 우리나라에서 사람의 동일성이 갖는 재산적 이익을 법적으로 어떻게 규율해야 할 것인지에 대해서는 견해가 대립하고 있으며, 판례의 입장도 일치되어 있지 않다. 본서는, 사람의 동일성이 갖는 재산적 이익을 법적으로 어떻게 규율하는 것이 바람직한지 검토하였다.

2. 제2장에서는 미국에서 인정되는 퍼블리시티권에 의한 보호방법을 살펴보았다. 미국에서 퍼블리시티권은 1953년 판결에서 처음 인정되었고, 1977년 연방 대법원 판결에서도 인정되었다. 연방주의를 취하는 미국에서 각 주는 퍼블리시티권에 대해 다양한 태도를 취하고 있다. 퍼블리시티권의 주체와 관련하여, 유명인은 물론 비유명인의 퍼블리시티권도 긍정되나, 법인 등 단체의 퍼블리시티권은 부정된다. 퍼블리시티권의 궁극적 보호대상은 사람의 동일성이 갖는 재산적 가치라고 할 수 있는데, 이는 이름, 초상 등 영상, 목소리 등 다양한 방법으로 나타날 수 있다.

퍼블리시티권은 발생 당시부터 양도가능한 권리로 여겨졌고, 이후에도 이에 대해서는 별로 다투어지지 않았다. 학설과 판례도 퍼블리시티권의 양도성을 긍정하며, 몇몇 주의 법률은 이를 명시적으로 규정한다. 퍼블리시티권의 이용허락도 인정된다. 퍼블리시티권의 배타적 이용허락을 취득한 사람은 제3자를 상대로 소를 제기할 수 있다.

사망 후 퍼블리시티권은, 퍼블리시티권이 재산권이라는 점, 이를 인정하는 것이 정책적으로 바람직하다는 점 등을 논거로 하여 인정된다. 사망후 퍼블리시티권을 인정하기 위하여 이른바 '생전 이용' 요건이 필요한지에 대하여, 학설의 다수는 비판적이며, 판례와 각 주의 법률도 이 요건을 채택하지 않았다. 사망 후 퍼블리시티권의 존속기간에 대하여, 학설의 다수는 저작권의 존속기간을 유추적용하는 것에 찬성하나, 각 주의 법률은 다양한 기간을 규정하고 있다.

퍼블리시티권 침해에 대한 구제수단으로 금지명령, 손해배상청구와 이익반환청구, 징벌적 손해배상 등이 인정된다. 손해배상의 내용으로는 원고의 동일성의 이용이 갖는 공정한 시장 가치에 상당하는 손해, 장래의 공표가치에 대한 손해, 정정광고 비용의 손해 등이 인정된다.

3. 제3장에서는 독일에서 인정되는 인격권에 의한 보호방법을 살펴보았다. 독일의 경우, 개별 법률이 개별적 인격권을 규정하고 있으며, 일반적 인격권은 기본법에 근거하여 판례를 통해 인정되었다. 사람의 동일성이 갖는 재산적 이익을 어떻게 보호할 것인지에 대해서는, 인격권에 의한 재산적 이익의 보호를 긍정하는 견해가 다수로 보이며, 판례도 같은 입장을 취하고 있다.

독일의 판례는 인격권의 양도를 부정하면서도, 인격권에 근거하여 동일성표지의 상업적 이용에 관한 권한을 부여하는 것을 허용하고, 이러한 권한을 제3자와의 관계에 있어서도 비교적 두텁게 보호하고 있다. 학설도 인격권의 양도성을 부정하나, 인격권의 보유자가 자신의 동일성표지의 상업적 이용에 대하여 채권적 허락을 할 수 있다고 인정한다. 인격권에 의한 물권적 이용권 부여가 가능하다는 견해도 있다.

사망자의 경우, 그 관념적 이익에 대한 보호는 판례와 학설 모두에서 인정된다. 사망자의 동일성이 갖는 재산적 이익의 보호와 관련하여, 판례는 인격권의 재산가치 있는 부분을 인정하고 그 상속성을 긍정한다. 학설도 이에 찬성하는 견해가 많다. 인격권의 재산가치 있는 부분의 보호기간에 대해서는, 다양한 견해가 주장되고 있으나, 저작권법에 의거하여 사망후 70년을 주장하는 견해가 다수로 보인다.

사람의 동일성이 갖는 재산적 이익을 인격권에 의해 보호하는 경우, 그 인격권 침해에 대해서는 방해배제청구와 부작위청구, 부당이득반환청구, 부진정사무관리 규정에 의한 이익반환청구, 불법행위에 의한 손해배상청구 등이 인정된다. 피해자가 자신의 동일성표지의 이용을 허용했을 것으로 인정되지 않는 경우에도 부당이득반환청구를 할 수 있다는 견해가 많으나, 이 경우 손해배상청구를 할 수 있는지에 대해서는 견해가 대립한다.

4. 제4장에서는 사람의 동일성의 재산적 이익 보호에 관한 우리나라의 판례와 학설을 살펴보았다. 우리나라에서는, 사람의 동일성이 갖는 재산적 이익에 관하여, 퍼블리시티권에 의한 보호를 인정한 판결과 초상권 등 인격권에 의한 보호를 인정한 판결이 모두 존재한다. 학설에서도, 퍼블리시티권에 의한 보호를 주장하는 견해와 인격권에 의한 보호를 주장하는 견해가 대립하고 있다.

5. 제5장에서는 우리나라에서 바람직한 규율방법을 모색하였다. 인격권은 인격의 자유로운 발현을 위한 권리로서, 그 중심에는 인간의 존엄성이라는 가치를 갖는다. 사람의 동일성이 갖는 재산적 이익은, 인격의 발현과 직접 관련될 뿐만 아니라, 인간의 존엄성과 관련해서도 문제를 야기할 수 있으므로, 인격권의 보호범위에 포함되고 따라서 인격권에 의하여 규율되어야 한다. 퍼블리시티권을 독립된 재산권으로 인정하는 것은 인격권의 내용 중 일부를 분리하여 독립된 권리로 파악하는 것을 의미하나, 이러한 법적 구성은 불필요하고 바람직하지도 않다.

다른 사람의 동일성표지를 상업적으로 이용하는 사람의 보호를 위해 퍼블리시티권 자체를 양도하는 것은, 그 목적에 비하여 지나치게 과도한 법적 방법을 선택하는 것이다. 퍼블리시티권의 양도를 인정하면 원래의 권리 주체가 자신의 동일성표지의 상업적 이용에 대한 권리를 상실하는 부당한 결과를 초래한다. 인격권 중 재산적 이익을 보호하는 부분의 완전한 양도 역시 부정되어야 한다. 인격권의 이용허락은 인정될 수 있다. 인격권의 독점적 이용허락을 받은 사람은 제3자의 침해행위에 대하여 제3자에 의한 채권침해를 주장할 수 있으며, 직접 금지청구권을 행사할 수도 있다. 나아가, 인격권에 의한 물권적 이용권 부여는 인격권의 부분적 양도로서 허용될 수 있으나, 이는 입법으로 뒷받침되는 것이 바람직하다.

퍼블리시티권의 법적 성격을 어떻게 규정하는가에 따라 상속성의 인정 여부가 반드시 결정된다고 볼 수는 없으며, 이 문제는 사망자의 이익을 법적으로 어떤 범위에서 보호할 것인가의 관점에서 접근하는 것이 바람직하다. 사망자의 인격권은 인간의 존엄성을 보장하는 범위 내에서 인정되어야 한다. 사망자의 인격권은 인격의 자유로운 발현을 위한 권리라는 의미가 없어 재산권으로서의 성격을 더 강하게 가지고, 사망자의 동일성표지에 대한 침해행위에 대하여 효과적 방어가 필요하므로, 인격권 중 재산적 이익을 보호하는 부분의 상속성을 인정할 수 있다. 사망자의 관념적 이익 보호를 위한 권리와 재산적 이익 보호를 위한 권리는 모두 상속인이 행사할 수 있다고 보아야 할 것이다. 인격권 중 재산적 이익을 보호하는 부분은, 저작권법의 규정을 유추하여, 사망 후 70년 동안 존속하는 것으로 보아야 할 것이다.

퍼블리시티권 침해에 대한 구제수단으로 금지청구, 재산적 손해의 배상청구, 부당이득반환청구가 인정된다. 판례는 정신적 손해의 배상청구를 사실상 부정하고 있다. 그러나 사람이 자신의 동일성의 이용에 대해 갖는 결정권이 침해된 것에 의하여 정신적 고통이 발생할 수 있으므로, 이는 부당하다. 판례의 태도에 의하면, 다른 사람의 동일성을 무단으로 상업적으로 이용하는 행위를 예방하지 못하며 오히려 이를 조장할 수도 있다. 사람의 동일성이 갖는 재산적 이익을 보호하는 인격권이 침해된 경우, 금지청구, 재산적 손해와 정신적 손해의 배상청구, 부당이득반환청구가 인정된다. 따라서 초상권 등 인격권 침해를 인정한 판결 대부분이 정신적 손해의 배상청구만 인정한 것은 부당하다. 정신적 손해의 배상청구를 인정하는 것은 다른 사람의 동일성표지를 무단으로 이용하는 행위를 예방하는 기능도 가질 수 있다.

6. 결국, 우리나라에서 사람의 동일성이 갖는 재산적 이익에 대한 규율

은 인격권에 의하여 이루어지는 것이 바람직하다. 퍼블리시티권을 독립된 재산권으로 구성하는 것은 부당하며, 퍼블리시티권 개념은 인격권의 한 내용으로 이해되어야 한다. 이에 관한 입법은 인격권에 의한 보호가 가능하다는 것을 확인하고 각 쟁점사항을 규율하는 형태로 민법에서 행해지는 것이 바람직하다.

참고문헌

1. 국내 문헌

(1) 단행본

郭潤直, 2008, 物權法, 博英社.
_____, 2009a, 民法總則, 博英社.
_____, 2009b, 債權總論, 博英社.
_____, 2009c, 債權各論, 博英社.
郭潤直 編, 2005, 民法注解(Ⅰ), (ⅩⅧ), (ⅩⅨ), 博英社.
_____, 2006, 民法注解(Ⅸ), 博英社.
權寧星, 2011, 憲法學原論, 法文社.
김상용, 2009, 민법총칙, 화산미디어.
金曾漢·金學東, 2006, 民法總則, 博英社.
金哲洙, 2010, 憲法學新論, 博英社.
박용상, 2008, 명예훼손법, 현암사.
朴駿緖 編, 2000, 註釋民法 債權各則(7), 韓國司法行政學會.
宋永植·李相珵·黃宗煥, 1987, 知的所有權法, 育法社.
송영식·이상정·황종환·이대희·김병일·박영규·신재호, 2008a, 송영식 지적소유권
　　　　법(상), 육법사.
_____, 2008b, 송영식 지적소유권
　　　　법(하), 육법사.
梁建, 2011, 憲法講義, 法文社.
오승종, 2007, 저작권법, 博英社.
李相潤, 2009, 英美法, 博英社.
李時潤, 2009, 新民事訴訟法, 博英社.
이영록, 2003, 퍼블리시티권에 관한 연구(Ⅰ), 저작권심의조정위원회.
_____, 2004, 퍼블리시티권에 관한 연구(Ⅱ), 저작권심의조정위원회.
李英俊, 2007, 民法總則, 博英社.

李銀榮, 2007, 債權各論, 博英社.

_____, 2009, 民法總則, 博英社.

장영진·하혜경, 2008, 미국법강의, 세창출판사.

丁相朝, 2004, 知的財産權法, 弘文社.

한국지적소유권학회, 1994, 광고와 저작권, 공보처.

許營, 2010, 韓國憲法論, 博英社.

(2) 논문

구재군, 2008, "퍼블리시티권에 관한 연구," 외법논집(한국외국어대학교 법학연구소) 제30집(2008. 5).

권영준, 2009, "불법행위법의 사상적 기초와 그 시사점", 저스티스 제109호(2009. 2).

권태상, 2010a, "미국 퍼블리시티권(the right of publicity)의 개념과 보호대상", 法學論叢(檀國大學校 法學研究所) 제34권 제1호(2010. 6).

_____, 2010b, "사망자의 동일성(identy)의 상업적 이용", 民事法學 제50호(2010. 9).

김상중, 2010, "불법행위의 사전적 구제수단으로서 금지청구권의 소고," 比較私法 제17권 제4호(2010. 12).

金昄煥, 2009, "퍼블리시티權의 法理와 立法方案에 관한 研究," 韓南大學校 大學院 博士學位論文, 2009. 8.

金世權, 2008, "퍼블리시티권에 관한 연구," 全北大學校 大學院 博士學位論文, 2008. 2.

金圓日, 2003, "퍼블리시티 權利에 대한 小考," 法曹 제52권 제1호(2003. 1).

金泳勳, 2007, "하급심 판결례의 퍼블리시티권(Right of Publiciy) 인정에 대한 비판적 고찰," 司法論集 제44집(2007).

金載亨, 1997, "모델小說과 人格權," 人權과 正義 제255호(1997. 11).

_____, 1998, "言論의 事實報道로 인한 人格權 侵害", 서울대학교 法學 제39권 1호(1998. 5).

_____, 1999, "人格權 一般," 民事判例研究(21), 박영사.

_____, 2004, "言論에 의한 人格權 侵害에 대한 救濟手段," 人權과 正義 339호(2004. 11).

_____, 2007a, "제3자에 의한 債權侵害," 民法論 Ⅲ, 박영사.

金載亨, 2007b, "징벌적 손해배상제도의 도입문제", 언론과 법의 지배, 박영사.

_____, 2011, "인격권에 관한 입법제안", 民事法學 제57호(2011. 12).

남형두, 2005, "세계시장 관점에서 본 퍼블리시티권," 저스티스 제86호(2005. 8).

_____, 2007a, "퍼블리시티권의 철학적 기반 (上)," 저스티스 제97호(2007. 4).

_____, 2007b, "퍼블리시티권의 철학적 기반 (下)," 저스티스 제98호(2007. 6).

_____, 2007c, "스포츠경기와 퍼블리시티권," 스포츠와 법 제10권 제3호(2007. 8).

_____, 2008, "재산분할청구권의 대상으로서 지적재산권," 家族法研究 제22권 3호(2008).

柳美珍, 2010, "스포츠선수의 퍼블리시티권에 관한 연구," 高麗大學校 大學院(體育學科) 博士學位論文, 2010. 2.

박성호, 2006, "人格權의 變容," 法學論叢(한양대학교 법학연구소) 제23집 제2호(2006).

_____, 2007a, "實演者의 '藝名'에 대한 법적 보호(上)", 法曹 제56권 제10호 (2007. 10).

_____, 2007b, "實演者의 '藝名'에 대한 법적 보호(下)", 法曹 제56권 제11호 (2007. 11).

박영규, 2009, "인격권, 퍼블리시티권 그리고 지적재산권", 저스티스 제112호 (2009. 8).

박인수, 1999, "판례상의 퍼블리시티권," 嶺南法學(영남대학교 법학연구소) 제5권 제1·2호(1999. 2).

박준석, 2009, "퍼블리시티권의 법적성격-저작권과 상표 관련 권리 중 무엇에 더 가까운가?," 산업재산권 제30호(2009. 12).

박준우, 2006, "퍼블리시티권의 침해요건 중 '상업적 이용'의 판단기준," 比較私法 제13권 2호(2006. 6).

_____, 2007a, "유명인의 목소리에 대한 퍼블리시티권의 보호," 지적재산권 제18호(2007. 3).

_____, 2007b, "부정경쟁방지법에 의한 퍼블리시티의 보호," 산업재산권 제22호(2007. 4).

_____, 2008a, "퍼블리시티권 침해의 유형에 관한 연구." 서강법학(서강대학교 법학연구소) 제10권 제1호(2008).

_____, 2008b, "엔터테인먼트와 퍼블리시티권", 엔터테인먼트법(下), 진원사,

서태환, 1999, "퍼블리시티권(Right of Publicity)의 意義와 그 讓渡性 및 相續性," 淸州法律論壇 제1집(1999. 9).

안병하, 2009a, "인격권의 재산권적 성격," 民事法學 제45-1호(2009. 6).

_____, 2009b, "무형의 인격표지의 상업적 이용에 내재된 위험성," 법학연구 (연세대학교 법학연구원) 제19권 제3호(2009. 9).

_____, 2012, "독일 인격권 논의의 근래 동향," 韓獨法學 제17호(2012. 2).

梁彰洙, 1991, "情報化社會와 프라이버시의 保護," 民法研究 제1권, 박영사.

_____, 1999, "憲法과 民法," 民法研究 제5권, 박영사.

엄동섭, 2004, "퍼블리시티(Publicity)權," 서강법학연구(서강대학교 법학연구소) 제6권.

_____, 2011, "한국에서의 퍼블리시티권 논의: 법적 성격을 중심으로", 民事法學 제57호(2011. 12).

오세용, 2007, "퍼블리시티권(The right of publicity) 관련 국내 판례의 동향", Entertainmnet Law, 박영사.

윤기창, 2010, "퍼블리시티권에 관한 연구," 호서대학교 대학원 박사학위논문, 2010. 8.

尹眞秀, 2003, "損害賠償의 方法으로서의 原狀回復", 比較私法 제10권 제1호(2003. 6).

李相珵, 2001, "퍼블리시티권에 관한 소고," 亞細亞女性法學 제4호(2001. 6).

이재경, 2006, "퍼블리시티권의 법제화 가능성", 법학논총(숭실대학교 법학연구소) 제15집(2006. 2).

李昌鉉, 2008, "不法行爲를 原因으로 한 非財産的 損害賠償에 관한 比較法的 研究", 서울大學校 大學院 博士學位論文, 2008. 8.

李太燮, 1999, "미국 Publicity權에 관한 연구," 裁判資料 제84집 外國司法研修論集[17].

李漢周, 2004, "퍼블리시티권에 관하여," 司法論集 제39집(2004).

_____, 2005, "경주마(競走馬)의 퍼블리시티권," 저스티스 제85호(2005. 6).

이호선, 2009, "퍼블리시티권(신원 공표권)의 성격에 관한 연구," 법학연구(연세대학교 법학연구원) 제19권 제4호(2009. 12).

_____, 2010, "프로야구선수들이 갖는 퍼블리시티권의 법적 성격과 그 행사," 人權과 正義 제401호(2010. 1).

이호열, 1999, "퍼블리시티권에 관한 법적인 문제," 知的所有權法研究 제3집.

張在玉, 2000, "死後의 人格과 遺族의 人格保護," 法學論文集(중앙대학교 법학연구소) 제24집 제1호(2000. 2).

_____, 2003, "연예인의 성명·초상의 경제적 가치 보호와 손해배상법의 역

할," 법학논문집(중앙대학교 법학연구소) 제27집 제1호(2003. 8).

정경석, 2007, "肖像權의 侵害要件과 救濟方法," 저스티스 제98호(2007. 6).

鄭相冀, 1995, "PUBLICITY權에 관한 小考," 한국저작권논문선집(Ⅱ).

정연덕, 2009, "퍼블리시티권에 관한 연구," 산업재산권 제29호(2009. 8).

정재훈, 1998, "퍼블리시티權의 制限," 창작과 권리 제10호(1998년 봄호).

_____, 2002, "演藝人(實演者)의 知的財産權," 知的所有權法研究 제6집, 2002.

鄭熙燮, 2003, "퍼블리시티(Publicity)權利의 移轉性에 관한 研究," 東亞大學校 大學院 博士學位論文, 2003. 2.

조영선, 2009, "특허실시권자의 손해배상 및 금지청구권," 저스티스 제110호 (2009. 4).

池弘源, 1979, "人格權의 侵害," 司法論集 제10집(1979).

최성준, 2005, "퍼블리시티권의 인정 여부," LAW & TECHNOLOGY 제1권 제1호(2005. 7).

최승재, 2003, "퍼블리시티권 침해와 손해배상의 범위에 대한 연구," 스포츠와 법 제11권 제3호(2008. 8).

최형구, 2010, "퍼블리시티권의 양도성에 대한 재검토," 산업재산권 제31호 (2010. 4).

_____, 2011, "퍼블리시티권의 사후존속", 산업재산권 제34호(2011. 4).

하홍준, 2005, "個人의 同一性(Identity)의 商業的 利用에 대한 보호 법제," 比較私法 제12권 3호(2005. 9).

韓渭洙, 1993, "名譽의 毀損과 民事上의 諸問題," 司法論集 제24집(1993).

_____, 1996a, "퍼블리시티權의 侵害와 民事責任(上)," 人權과 正義 제242호(1996. 10).

_____, 1996b, "퍼블리시티權의 侵害와 民事責任(下)," 人權과 正義 제243호(1996. 11).

韓志咏, 2008, "초상과 성명의 보호에 관한 연구," 중앙법학 제10집 제3호 (2008. 10).

허명국, 2009, "독일에서의 사자(死者)의 인격보호와 인격권의 간접적 침해에 관한 소고," 한림법학 FORUM(한림대학교 법학연구소) 제20권(2009).

황보영, 1994, "RIGHT OF PUBLICITY에 의한 상업광고의 제한," 월간 지적재산(1994. 1).

2. 영미 문헌

Bloustein, Edward J., 1964, Privacy as an Aspect of Human Dignity: An Answer to Dean Prosser, 39. N.Y.U. L. Rev. 962.

Beverley-Smith, Huw and Ansgar Ohly, Agnès Lucas-Schloetter, 2005, Privacy, Property and Personality, Cambridge UK, New York : Cambridge University Press.

Dobbs, Dan B., 1993, Law of Remedies, 2d ed., St. Paul, Minn. : West Publishing Co..

Dougherty, F. Jay, 1998, Foreword: The Right of Publicity-Towards a Comparative and International Perspective, 18 Loy. L.A. Ent. L.J. 421.

Felcher, Peter L. and Rubin, Edward L., 1979, Privacy, Publicity, and the Portrayal of Real People by the Media, 88 Yale L.J. 1577.

_____, 1980, The Descendibility of the Right of Publicity: Is There Commercial Life After Death?, 89 Yale L.J. 1125.

Goodenough, Oliver R., 1996, Go Fish: Evaluating the Restatement's Formulation of the Law of Publicity, 47 S.C. L. Rev. 709.

Goodman, Eric J., 1999, A National Identity Crisis: The Need for a Federal Right of Publicity Statute, 9 DePaul-LCA J. Art&Ent. L. 227.

Gordon, Harold R., 1960, Right of Property in Name, Likeness, Personality and History, 55 Nw. U. L. Rev. 553.

Grady, Mark. F., 1994, A Positive Economic Theory of the Right of Publicity, 1 U.C.L.A. Ent. L. Rev. 97.

Haemmerli, Alice, 1999, Whose Who? The Case for a Kantian Right of Publicity, 49 Duke L.J. 383.

Hoffman, Steven J., 1980, Limitations on the Right of Publicity, 28 Bull Copyright Soc'y 111.

Hughes, Justin, 1988, The Philosophy of Intellectual Property, 77 Geo. L.J. 287.

Kalven, Harry, Jr., 1966, Privacy in Tort Law: Were Warren and Brandeis Wrong? 31 L. & Contemporary Prob. 326.

Kwall, Roberta Rosenthal, 1983, Is Independence Day Dawning for the Right of Publicity?, 17 U.C. Davis L. Rev. 191.

Kwall, Roberta Rosenthal, 1997, Fame, 73 Ind. L.J. 1.

Madow, Michael, 1993, Private Ownership of Public Image: Popular Culture and Publicity Rights, 81 Cal. L. Rev. 125.

McCarthy, J. Thomas, 2009, The Rights of Publicity and Privacy, 2d ed., Thomson Reuters.

Nimmer, Melville B., 1954, The Right of Publicity, 19 Law & Contemp. Probs 203.

Posner, Richard. A., 1978, The Right of Privacy, 12 Ga, L. Rev. 393.

Prosser, William L., 1960, Privacy, 48 Calif. L. Rev. 383.

Prosser/Keeton, 1984, Prosser and Keeton on Torts, 5th ed., St. Paul, Minn. : West Publishing Co..

Saret, Larry L. and Stern, Martin L., 1981, Publicity and Privacy-Distinct Interests on the Misappropriation Continuum, 12 Loyola U. Chi. L.J. 675.

Savell, Lawrence Edward, 1983, Right of Privacy: History and Scope in New York, 48 Alb. L. Rev. 1.

Sims, Andrew B., 1981, Right of Publicity: Survivability Reconsidered, 49 Fordham L. Rev. 453.

Terrell, Timothy P. and Smith, Jane S., 1985, Publicity, Liberty, and Intellectual Property: A Conceptual and Economic Analysis of the Inheritability Issue, 34 Emory L.J. 1.

The American Law Institute, 1977, Restatement of the Law, Torts, 2d ed., St. Paul, Minn.. American Law Institute Publishers.

_____, 1995, Restatement of the Law, Unfair Competition, 3d ed., St. Paul, Minn.. American Law Institute Publishers.

Warren, Samuel D. and Brandeis, Louis D., 1890, The Right to Privacy, 4 Harv. L. Rev. 193.

3. 독일 문헌

Beuthien, Volker, 2002, Schützt das allgemeine Persönlichkeitsrecht auch kommerzielle Interessen der Person?, in: Persönlichkeitsgüterschutz vor und nach dem Tode, Baden-Baden : Nomos Verlaggesellschaft, S. 75ff.

Beuthien, Volker, 2003, Was ist Vermögenswert, die Persönlichkeit oder ihr

Image?, NJW 2003, 1220ff.

Beuthien, Volker and Schmölz, Anton S., 1999, Persönlichkeitsschutz durch Persönlichkeitsgüterschutz, München : Verlag C.H.Beck.

Canaris, Claus-Wilhelm, 1999, Gewinnabschöpfung bei Verletzung des allgemeinen Persönlichkeitsrecht, in: Festschrift für Erwin Deutsch zum 70. Geburtstag, Köln : C. Heymanns.

Claus, Sabine, 2004, Postmortaler Persönlichkeitsschutz im Zeichen allgemeiner Kommerzialisierung, Baden-Baden : Nomos Verlaggesellschaft.

Erman, Walter, 2008, Erman Bürgerliches Gesetzbuch, 12. Aufl., Köln : Verlag Dr. Otto Schmidt KG.

Fischer, Annette, 2004, Die Entwicklung des Postmortalen Persönlichkeitsschutzes, Frankfurt am Mein : Peter Lang GmbH.

Forkel, Hans, 1988, Lizenzen an Persönlichkeitsrechten durch gebundene Rechtsübertragung, GRUR 1988, 491ff.

Götting, Horst-Peter, 1995, Persönlichkeitsrechte als Vermögensrechte, Tübingen : J. C. B. Mohr (Paul Siebeck).

_____, 2001, Die Vererblichkeit der vermögenswerten Bestandteile des Persönlichkeitsrechts - ein Meilenstein in der Rechtsprechung des BGH, NJW 2001, 585ff.

_____, 2004, Sanktionen bei Verletzung des postmortalen Persönlichkeitsrecht, GRUR 2004, 801ff.

_____, 2007, Verwendung des Namens einer verstorbenen Persönlichkeits als Internetadresse, GRUR 2007, 170ff.

_____, 2008, Ideeller und kommerzieller Persönlichkeitsrechts, in: Handbuch des Persönlichkeitsrechts, München : C.H. Beck.

_____, 2010, Perspektiven der Kommerzialisierung des Persönlichkeit srechts, in: Aktuelle Entwicklungen im Persönlichkeitsrecht, Baden-Baden : Nomos Verlaggesellschaft, S. 11ff.

Heldrich, von Andreas, 1970, Die Persönlichkeitsschutz Verstorbener, in: Festschrift für Heinrich Lange zum 70. Geburtstag, München : C.H.Beck.

Helle, Jürgen, 1991, Besondere Persönlichkeitsrechte im Privatrecht, Tübingen : J. C. B. Mohr (Paul Siebeck).

Hubmann, Heinrich, 1967, Das Persönlichkeitsrecht, 2. Aufl., Köln : Böhlau Verlag.

Klippel, Diethelm, 1985, Der Zivilrechtliche Schutz des Namens, Paderbon : Ferdinand Schöningh.

Klüber, Rüdiger, 2007, Persönlichkeitsschutz und Kommerzialisierung, Tübingen : Mohr Siebeck.

Larenz, Karl/Canaris, Claus-Wilhelm, 1994, Lehrbuch des Schuldrechts, Ⅱ/2, 13. Aufl., München : C.H.Beck'sche Verlagsbuchhandlung.

Larenz, Karl/Wolf, Manfred, 2004, Allgemeiner Teil des Bürgerlichen Rechts, 9. Aufl., München : C.H.Beck.

Magold, Hans Arno, 1994, Personenmerchandising, Frankfurt am Mein : Peter Lang GmbH.

Medicus, Dieter, 2005, Schuldrecht Ⅰ, Allgemeiner Teil, 16. Aufl., München : C.H.Beck.

Münchener Kommentar zum Bürgerlichen Gesetzbuch, 2006, Band 1, Allgemeiner Teil, §§1-240, 5. Aufl., München : C.H.Beck.

Peifer, Karl-Nikolaus, 2000, Indiviualität im Zivilrecht, Tübingen : Mohr Siebeck.

_____, 2002, Eigenheit oder Eigentum - Was schützt das Persönlichkeitsrecht?, GRUR 2002, 495ff.

Reber, Nikolaus, 2007, Die Schutzdauer des postmortalen Persönlichkeitsrechts in Deutschland und den USA (von Marlene Dietrich über Klaus Kinski zu Marilyn Monroe) - ein Irrweg des Bundesgerichtshofs?, GRUR Int 2007, 492ff.

Schack, Haimo, 2000, Anmerkung zu BGH, Urteil vom 1. Dezember 1999 - "Marlene Dietrich", JZ 2000, 1060ff.

_____, 2010, Urheber- und Urhebervertragrecht, 5. Aufl., Tübingen : Mohr Siebeck.

Staudinger, J. von, 1999, J. von Staudinger Kommentar zum Bürgerlichen Gesetzbuch, Zweites Buch, §§ 823-825, Berlin : Sellier - de Gruyter.

_____, 2004, J. von Staudinger Kommentar zum Bürgerlichen Gesetzbuch, Buch 1, Allgemeiner Teil, §§ 1 - 14, Berlin : Sellier - de Gruyter.

_____, 2006, J. von Staudinger Kommentar zum Bürgerlichen Gesetzbuch, Buch 3, Sachenrecht, §§ 985 - 1011, Berlin : Sellier - de Gruyter.

Stoll, Hans, 1993, Haftungsflogen im bürgerlichen Recht, Heidelberg : C.F. Müller.

Wandtkte, Arthur-Axel/Bullinger, Winfried, 2006, Praxiskommentar zum Urheberrecht,

München : C.H.Beck.

Wagner, Gerhard, 2000, Anmerkung zu BGH, Urteil vom 1. Dezember 1999 - "Der Blaue Engel", GRUR 2000, 717ff.

Ullmann, Eike, 1999, Persönlichkeitsrechte in Lizenz?, AfP 1999, 209ff.

Wenzel, Karl Egbert, 2003, Das Recht der Wort- und Bildberichterstattung, 5. Aufl., Köln : Verlag Dr. Otto Schmidt KG.

찾아보기

권 태 상

서울대학교 법과대학 사법학과 졸업
서울대학교 대학원 법학과 졸업 (법학석사, 법학박사)
제42회 사법시험 합격
법무법인 화우 변호사
단국대학교 법과대학 법학과 전임강사/조교수
현재 이화여자대학교 법학전문대학원 조교수

퍼블리시티권의 이론적 구성

값 30,000원

2013년 7월 20일	초판 인쇄
2013년 7월 30일	초판 발행

저　　자 : 권 태 상
발 행 인 : 한 정 희
발 행 처 : 경인문화사
편　　집 : 강 하 은
서울특별시 마포구 마포동 324 - 3
전화 : 718 - 4831~2, 팩스 : 703 - 9711
이메일 : kyunginp@chol.com
홈페이지 : www.kyungin.mkstudy.com
등록번호 : 제10 - 18호(1973. 11. 8)

ISBN : 978-89-499-0931-8 93360